KB214667

예수의 복음과 기독교 신학의 중심에 "하나님 나라"가 있다는 사실에 대해서는 어느 누구도 이의를 제기하지 않는다. 하지만 그것을 어떻게 이해하고 또 살아낼 것인가에 대해서는 이견이 많았고 논쟁도 심했다. 이 책에서 저자는 "하나님 나라"에 대한 지난 한 세기 동안의 학문적 논의와 실천적 대안들을 균형 잡힌 안목으로 분석하고 정리해놓았다. 신학을 연구하는 내내 "하나님 나라"의 의미를 제대로 이해하기 위해 씨름해본 나는 이 책을 아주 흥미롭게 읽었고, 많은 통찰을 얻었다. 복음의 핵심을 이해하기 원하는 신학도와 현장 목회자에게 이 책을 꼭 추천하고 싶다.   _ 김영봉 | 와싱톤한인교회 담임목사

오늘날 하나님 나라가 대세다. 하나님 나라를 이야기하지 않으면 교회에서 뭔가 뒤처지는 사람처럼 여겨질 정도다. 그러나 성서가 말하는 하나님 나라에 대해서, 예수가 전하고 사도들이 살아내었던 하나님 나라에 대한 진지한 탐구는 쉽사리 만나지 못한다. 신약학자이자 내 은사 중 한 사람이었던 스캇 맥나이트는 세속 사회의 사회정의와 거의 동의어로 쓰이는 하나님 나라가 아니라, 예수가 선포한 하나님 나라와 그 하나님 나라를 살아내는 삶에 대해서 우리에게 도전한다. 비록 저자의 성서 해석에 전적으로 동의하지는 않지만, 저자의 방대하고 자세한 논의는 하나님 나라가 피상적으로 이해되고 있는 우리 한국교회에 성서적 각성과 상황적 고민을 하게 만든다. 이 책은 세상 속에서 하나님 나라의 진정한 백성으로 살아가길 원하고, 건강한 교회로 성장하고 성숙하는 동시에 그런 교회를 세우길 원하는 모든 이들에게 귀한 길잡이가 될 것이다.

_ 김형국 | 나들목교회, 하나복DNA네트워크 대표목사

이 책은 하나님 나라의 복음으로 교회의 사명을 감동적으로 재정의하고 있다. 한 지역 교회가 자신이 속한 나라와 공동체의 여러 쟁점을 기독교 신앙의 빛 아래서 분석하고 그것들에 대한 해결책을 제시하려고 노력할 때 스캇 맥나이트의 『하나님 나라의 비밀』은 유용한 길잡이가 될 것이다. 이 책은 하나님 나라를 개인적인 속죄 경험이나 거듭남으로 한정하며 기독교 신앙의 공공성을 극도로 억제하는 마틴 로이드 존스식의 하나님 나라 이해에 머무는 많은 한국 그리스도인에게 신선하고 균형 잡힌 하나님 나라 복음을 가르쳐준다. 하나님 나라 복음은 개인의 구원을 가르치지만, 그것에만 머물지 않는다. 하나님 나라 복음은 성부와 성자와 성령 삼위일체 하나님의 영원한 경륜을 가장 입체적으로 밝히는 복음이다. 이 책이 명료하게 설명하는 하나님 나라 복음을 올바르게 이해한다면 한국교회는 정치적 극

우 보수와 압제자들의 이데올로기에 우호적으로 편승하기보다는 가난한 자와 병든 자, 영적 냉담자와 마음 상한 청년 세대들을 복음의 능력으로 다시 섬길 수 있을 것이다. 하나님 나라 복음이 쩌렁쩌렁 울려 퍼지는 교회는 악한 정치지도자들을 두렵게 하고, 예수 그리스도의 경고에 순복하게 할 것이며, 창과 칼을 쟁기와 보습으로 변화시킬 것이며, 열방의 평화를 증진하는 하나님의 동역자가 될 것이다. 이 책의 중심 논지를 한마디로 요약하면 이렇다. "하나님 나라 복음은 교회를 통해 하나님을 아는 지식이 온 세상의 상식이 되는 날까지 선포되고, 집행되고, 육화되어야 한다."

_ 김회권 | 숭실대학교 기독교학과 교수

성서를 관통하는 중심 주제는 무엇일까? 다양한 의견이 개진되겠지만 한 가지 중심 주제에는 대부분 동의한다. 곧 "하나님 나라"다. 문제는 하나님 나라가 무엇인가 하는 것이다. 어느 관점으로 하나님 나라를 바라볼 것인가? 여기에 새로운 성서신학적 관점으로 하나님 나라를 이해할 것을 촉구하는 강력한 목소리가 있다. 이 책의 저자 스캇 맥나이트다.

그는 모형론을 사용하여 하나님 나라에 대한 전통적 이해를 두 그룹으로 나눈다. 바로 스키니진을 입은 신세대 그룹과 정장바지를 입은 기성세대 그룹이다. 전자는 하나님 나라를 정의와 사랑과 봉사 같은 사회적·수평적 개념으로 이해하고, 후자는 구속과 구원 같은 교회적·수직적 개념으로 이해한다. 저자는 이 두 그룹을 자세하게 설명한 이후에 제3의 의견을 개진한다. 그의 주장은 직설적인 동시에 매우 정교하다. 그는 하나님 나라가 왕과 그의 백성에 관한 것이라는 명제에서 출발해 성서 전체를 관통하는 왕과 그 백성에 관한 이야기를 "원안(A)-깨어짐(B)-수정된 원안(A')"의 삼중 틀 안에서 이해한다. 이것은 "창조-타락-구속-완성"이라는 전통적인 사중구조의 틀과는 상당히 다른 새로운 제안이다. 이런 논의 과정에서 저자는 자연스레 하나님 나라와 교회와의 복잡 미묘한 관계에 대해 깊이 있게 논의를 전개한다. 그의 결론은 과히 충격적이다. "하나님 나라가 곧 교회이고, 교회가 곧 하나님 나라다!"라는 것이다. 그 둘은 동일하지는 않으나 같다. 독자들은 저자의 이런 결론 도출 과정을 주의 깊게 따라가야 한다. 그 후로부터 저자는 자연스럽게 지상 교회의 혁신적이고 급진적인 사명에 대해 말할 수 있는 위치에 선다. 이 책의 부제인 "하나님 나라 내러티브와 교회의 비전과 사명"을 보면 저자의 저술 목적이 분명하게 보인다. 지상 교회는 도덕적 공동체이자 사회변혁적인 대안세력이며 종말을 향해 열려 있는 소망 공동체로서 급진적 사명이 있다.

스캇 맥나이트의 논리는 설득력이 있고, 성서 전체를 보는 그의 안목은 탁월하며, 신학 전반에 대한 지도 그리기는 후학들에게 신뢰할 만한 안내서가 될 것이다. 이 책은 가히 기독교 세계관에 대한 새로운 목소리임에 틀림없다. 성서의 가르침에 배고픈 독자에겐 풍성하게 차려진 정찬이 될 것이며 땀 흘린 독자에겐 시원한 한 잔의 냉수가 될 것이다. 물론 "부록 1"의 "콘스탄티누스의 유혹"과 "부록 2"의 "오늘의 하나님 나라"는 달콤한 디저트가 될 것이다.

_ 류호준 | 백석대학교 신학대학원 교수

한국교회는 지난 30년 동안 "예수천당, 불신지옥"이라는 단선적 복음을 극복하고 하나님 나라 운동을 매우 효과적으로 이식했다. 그 결과 교회는 풍성한 복음을 누렸다. 하지만 안타깝게도 근래 하나님 나라의 복음은 다소 방향을 잃어가고 있는 듯 보인다. 심지어 보수와 진보라는 진영논리에 따라 극단화되는 경향을 보이기도 한다. 스캇 맥나이트는 이 책에서 현재 진행 중인 하나님 나라 운동을 성서적으로 정직하게 분석하면서 건강한 비판과 대안을 제시한다. 또한 그는 순전한 복음을 퇴색시키지 않으면서도, 하나님 나라의 온전성을 확고히 제시한다. 한국교회가 소위 제2기 하나님 나라 운동기를 맞이하여 『하나님 나라의 비밀』의 지혜로부터 바른 길을 발견하기를 고대한다.

_ 송태근 | 삼일교회 담임목사

매우 논쟁적인 책 한 권이 출간되었다. 독자들은 이 책의 1장과 2장에서 마음이 불편할 수 있지만, 이 부분을 끝까지 읽어낼 수 있다면 나머지 부분은 빨려 들어가듯 소화할 것이다. 그리스도인들이 기존에 "하나님 나라"에 대해 듣고 배웠던 것들이 이 책에서는 모두 재검토 대상으로 취급된다. 이 책은 조지 래드를 비롯한 성서학자, 아브라함 카이퍼, 리처드 니버, 구스타보 구티에레즈 같은 익숙한 신학자, 그리고 미국 기독교의 문화 변혁 논리를 비판한 제임스 헌터 같은 종교사회학자까지 망라하여 비판적으로 검토한다. 저자는 성서 본문에서 "하나님 나라"의 의미와 작동방식을 찾아내어 독자들에게 일목요연하게 제시하는 것을 목표로 삼는다. 『하나님 나라의 비밀』이라는 결과물은 재세례파의 관점으로 하나님 나라에 관한 논의를 가장 세련되게 다룬다. 그의 논의는 치밀한 논증으로 간주할 수 있다. "하나님 나라는 교회와 직결된다"는 다소 단순한 주장을 매우 폭넓은 독서와 새로운 논리로 제시했기 때문에, 『하나님 나라의 비밀』에 완전히 설득당할 뻔했다. 신학도와 목회자, 그리고 일반 그리스도인 모두가 이 책을 꼭 읽고 토론하길 바란다.

_ 양희송 | 청어람 ARMC 대표

달라스 윌라드는 그의 저서 『하나님의 모략』에서 개인의 죄에 치중하는 우파 복음이나 사회적 악을 해결하려는 좌파 복음 모두 결국은 죄 관리의 복음에 머무르고 있다고 지적했다. 그러면서 그는 사랑, 정의, 진리라는 하나님의 모략을 실현시키기 위해 제자도를 제시했다. 그의 제안은 좋은 제안이었지만 구체성이 적다는 점이 아쉬웠다.

의사에 빗대어 본다면 철학이 전공인 달라스 윌라드는 사변적인 기초의학자이고, 스캇 맥나이트는 탁월한 임상의다. 임상의라는 말에는 증거 기반의 치료보다는 감에 의존하는 치료자라는 뉘앙스가 풍기지만 스캇은 철저히 신학적 증거에 충실한 학구적인 사람이다. 동시에 그는 목회적이다. 뿐만 아니라 스캇에게는 재치 있는 유머 감각은 물론 듣는 이를 너무 몰아붙이지 않고 이해될 때까지 기다릴 줄 아는 배려심도 있다.

스캇의 표현대로 사회정의와 공공선을 추구하는 진보적인 스키니진의 복음과, 하나님 나라를 영역이 아닌 통치라는 개인 구원으로 보는 정장바지 복음 사이에는 여전히 갈등이 있다. 통전적인 하나님 나라는 종말론적 관점에서 이미 이루어졌으나 아직 완성되지 않은 모습인 지역 교회를 통해서 구현되어야 한다는 저자의 주장은 신데렐라처럼 자신의 미래적 정체성을 망각한 채 재를 뒤집어쓰고 있는 초라하고 답답한 현재의 지역 교회들로 인해 차갑게 식어버린 내 심장을 다시 설레게 한다.

저자는 하나님 나라의 사명과 하나님 나라 이야기란 곧 회심, 제자로서의 삶, 종말론적 소망임을 깨닫고 교회 공동체가 증언과 이웃 사랑이라는 본질적 사명에 충실할 뿐 아니라 왕이신 예수 안에서 통치하시는 하나님에 관한 진정한 복된 소식을 전파해야 한다고 제안한다. 나아가 그는 전작인 『예수 왕의 복음』의 연장선에서 실천적 기준을 제시하는데 왕이신 예수 안에서 평화를 추구하며, 높은 곳에서 들려오는 음성을 따라 돈과 소유를 포기하며 살라고 권한다.

나는 하나님 나라의 삶을 미래적 관점으로 오늘을 살기라고 정리하는데 구체적으로 어디에서 무엇을 어떻게 하는지에 관한 답을 찾는 이들에게 제시할 답이 없다는 게 늘 고민이었다. 그렇다고 사랑과 긍휼이라는 이름 아래 이러저러한 운동으로 환원하기에는 늘 아쉬움과 답답함이 있었고 단순히 찬양과 교제와 예전으로 표현하기에는 뜬구름 잡는 허전함이 있었다. 이 책으로 이러한 답답함의 체증이 뻥 뚫리는 것 같아서 시원하다.

그나저나 늘 정장바지를 입다가 최근에야 청바지를 즐겨 입는 나로서는 스캇의 책을 읽고 이제는 어떤 바지를 입어야 할지 새로운 고민이 생겼다. ＿이철규 | 치의학박사

스캇 맥나이트에 따르면, "하나님 나라"는 오늘날 그리스도인들이 가장 오용하는 성서 용어다. 그것은 성서의 말과 전혀 조화를 이루지 못하는 의미를 취했고 사회정의와 구속 양쪽 모두를 위한 유행어가 되었다. 『하나님 나라의 비밀』에서 맥나이트는 이 용어를 성서의 입장에서 아주 흥미롭게 수정하고, 동시에 하나님 나라 안에서의 교회의 역할에 대한 매우 급진적인 비전을 제공한다.

목회자이자 활동가로서 나는 『하나님 나라의 비밀』이 우리에게 가하는 충격은 그것이 우리를 격앙시키는 정도만큼 중요하다고 말할 수 있다! 이 책을 읽는 동안 나는 때로 "아멘!"을 외쳤고, 때로는 화가 나서 고함을 치기도 했다. 그러나 만약 당신이 씨름을 계속해 나간다면, 이 책은 교회에 대한 보다 큰 비전에 이르도록 당신을 고무할 것이다. 즉 이 책은 자기에게 초점을 맞추는 은둔보다 더 큰 비전, 새롭고 은밀한 크리스텐덤의 강압보다 더 큰 비전, 개인적인 사회 활동보다도 더 큰 비전에 이르도록 당신을 고무할 것이다. 스캇은 우리가 마땅히 되어야 할 교회의 모습에 대한 염원을 안고 피를 흘릴 때까지, 그리하여 하나님의 뜻이 이루어지고, 하나님 나라가 도래하고, 성육신이 계속되고, 하나님의 미래가 현재가 될 때까지 목회자들과 활동가들과 더불어 싸우는 쪽을 택한 하나님 나라의 평화주의자다.

_ 자로드 맥케나 | 호주 평화상을 수상한 활동가 겸 목회자
퍼스트 홈 프로젝트의 공동창설자

『하나님 나라의 비밀』에서 맥나이트는 하나님 나라를 사회적 활동이나 개인 구원으로 축소시키는 이들을 비판한다. 이어서 그는 우리가 교회에 뿌리를 둔 하나님 나라 신학을 받아들이도록 초대하는데, 그것은 교회로 모이는 것 그리고 교회가 하도록 부르심을 받은 일들을 하는 단순한 일이다.

_ 시라 바튼 | 페퍼다인 대학교 교수
A Woman Called: Piecing Together the Ministry Puzzle의 저자

예수의 신부인 교회를 향한 스캇 맥나이트의 목회자적 마음과 관심은 당신의 눈에 눈물이 고이도록 만들 것이다. 『하나님 나라의 비밀』에 함축된 의미는 그것이 가르치는 내용을 실천하도록 당신을 이끌 것이다! 이 책은 기독교 이후 시대를 살아가는 교회를 위한 필독서다. 누군가에게 호의를 베풀라. 그들에게 이 책을 사주라. 이 책은 모든 그리스도인에게 읽힐 필요가 있다.

_ 더윈 L. 그레이 | 트랜스포메이션 교회 지도목사

요즘에는 "하나님 나라"에 관한 담론들이 아주 많다. 하지만 이 용어의 의미에 대한 혼란도 매우 크다! 그 결과 마땅히 교회를 하나로 묶어야 할 아름답고 강력한 개념이 오히려 교회를 분열시키고 있다. 바로 이것이 『하나님 나라의 비밀』이 최근에 쓰인 책들 중 가장 중요하고 시의적절한 책이 되는 한 이유다. 맥나이트는 "하나님 나라"가 무엇을 의미하며 무엇을 의미하지 않는지, 또한 그것이 교회 및 교회의 사명과 어떤 관계가 있는지를 아는 데 필요한 명확성을 부여한다. 이 책은 왕이신 예수의 추종자가 되는 것의 의미를 이해하고 지속적으로 그런 이해를 따라 살아가고자 하는 모든 이들—학자와 평신도 모두—이 반드시 읽어야 할 책이다.
_그레고리 A. 보이드 | 우드랜드힐즈 교회 담임목사
*Repenting of Religion*과 *Benefit of the Doubt*의 저자

일시적으로 유행하는 용어들을 남용하는 것은 그리스도인들에게 불행한 일이 될 수 있다. 우리가 "하나님 나라 신학"이나 "선교적 교회"와 같은 표현들에 대해 논하면서 드러내 보이는 태평스러운 태도는 견고한 교회론을 세우려는 우리의 노력에 역효과를 가져올 수 있다. 오늘날 "하나님 나라"라는 말은 선교적 공동체들 안에서 새로운 유행어가 되었다. 이 말은 거의 "선교적"이라는 단어만큼이나 유행하고 있다. 이 책에서 맥나이트는 예지력 있는 분석과 목회적인 통찰을 바탕으로 그동안 이 말을 자주 들었음에도 그 의미를 깊이 성찰하지 못했던 이들에게 성서적이고 신학적인 텍스트를 제공하는 데 성공한다. 맥나이트는 자신이 처한 상황 속에서 먼저 하나님 나라를 구하는 예수의 추종자들에게 입문서 역할을 하게 될 이 책을 통해 하나님 나라에 관한 신선한 견해를 제공한다.
_ 나승찬 | 노스파크 신학교 교수
*The Next Evangelicalism*의 저자

예수가 "하나님 나라"라는 말로 의미했던 것을 밝히는 것은 복음에 대한 우리의 증언에 꼭 필요한 일이다. 만약 오늘날 그리스도인들이 세상에서 교회로 살아가고자 한다면, 우리는 이 책의 메시지를 이해할 필요가 있다.
_ 리처드 스턴스 | 미국 월드비전 회장
*Unfinished*와 *The Hole in Our Gospel*의 저자

그러므로 우리는 기회 있는 대로 모든 이에게 착한 일을 하되 더욱 믿음의 가정들에게 할 지니라.

_갈라디아서 6:10

우리에게 확실한 믿음이 필요한 것은 그 믿음의 대상이 반드시 참되기 때문이 아니다. 오히려 그 믿음이 우리가 진리를 엿볼 수 있는 안정된 지점 위에 설 수 있게 해주기 때문에 필요한 것이다.

_크리스챤 위맨, *My Bright Abyss* 중에서

"영원 속에서 이 세상은 트로이가 될 것이다"라고 나는 믿는다. 또한 이 세상에서 벌어진 모든 일은 우주의 서사시, 곧 사람들이 거리에서 부르는 발라드가 될 것이다.

_메릴린 로빈슨, 『길리아드』 중에서

기독교는 주로 정치, 즉 복음에 의해 정의된 정치의 문제다. 복음의 일부가 되라는 부르심은 낯선 백성에게 받아들여지라는, 어떤 대항문화적 현상 곧 교회라고 불리는 새로운 폴리스에 참여하라는 즐거운 부르심이다. 그들이 자신들을 자유주의자로 여기든 보수주의자로 여기든, 또는 도덕적으로나 정치적으로 좌파로 여기든 우파로 여기든 상관없이, 오늘날 그리스도인들은 우리가 그리스도인답게 살고자 애쓰기만 한다면 교회는 사실상 아무런 문제가 되지 않는 것처럼 행동하는 나쁜 습관에 빠져 있다.

_ 스탠리 하우어워스와 윌리엄 윌리몬, 『하나님의 나그네 된 백성』 중에서

나는 "문화를 구속하는 것", "하나님 나라를 진척시키는 것", "하나님 나라를 세우는 것", "세상을 변혁하는 것", "문화를 갱신하는 것", "문화를 개혁하는 것", "세상을 변화시키는 것"에 대한 모든 말을 전적으로 포기해야 한다고 생각한다. 그리스도인들은 이 말들을 뒤에 남겨 둘 필요가 있다. 왜냐하면 이것들은 너무 무거운 것을 운반하고 있기 때문이다. 그것은 정복, 인수, 혹은 지배를 의미하는데, 내가 보기에 정확하게 그것은 하나님이 우리에게 추구하지 말도록 명하시는 것이다.

_ 제임스 데이비슨 헌터, 『기독교는 어떻게 세상을 변화시키는가』 중에서

요즘 나는 복음전도에 대한 열정이 너무 커서 정의를 행할 필요에 대해 의문을 제기하는 그리스도인들은 자주 만나지 못한다. 반면 정의에 대한 열정이 너무 커서 복음전도의 필요에 대해 의문을 제기하는 그리스도인들은 훨씬 더 자주 만난다.…요컨대 정의를 위해 일하는 것은 멋지다. 그러나 복음을 선포하는 것은 그렇지 않다.

_ 앤디 크라우츠, *Playing God* 중에서

"하나님 나라가 이루어지이다." 이것은 이 세상에서 도망치려는 경건한 영혼의 기도가 아니다. 또한 이것은 유토피아적이고, 광적이고, 완고한 세상 개혁가의 기도도 아니다. 오히려 이것은 이 세상 한가운데서 이 세상의 깊은 곤경과 매일의 삶과 예속 속에서 인내하고 있는…세상의 자녀들로 이루어진 교회 공동체만이 드릴 수 있는 기도다.

_ 디트리히 본회퍼, *Berlin: 1932–1933* 중에서

참으로 작가들은 가난해서가 아니라, 자기들이 구매할 수는 있으나 좋아하지 않는 책들에 만족을 느끼지 못해서 책을 쓰는 사람들이다.

_ 발터 벤야민, *Illuminations* 중에서

오! 자비로우신 하나님, 성령으로 하나가 되어 모인 당신의 교회가 모든 사람 가운데서 당신의 능력을 드러내게 하소서. 당신과 성령과 함께 살며 다스리시는 우리 주님 예수 그리스도를 통하여 영원토록 당신의 이름에 영광을 돌리게 하소서. 아멘.

_『공동기도서』 중에서

Kingdom Conspiracy

Returning to the Radical Mission of the Local Church

Scot McKnight

하나님
나라의
비 밀

하 나 님 나 라 내 러 티 브 와 교 회 의 비 전 과 사 명

스캇 맥나이트 지음 | 김광남 옮김

Holy
WavePlus

아내 크리스에게

차례

제1장 스키니진 스타일의 하나님 나라
Skinny Jeans Kingdom

최근에 어느 목회자들의 컨퍼런스에서 강연할 기회가 있었다. 그때 내 친구 목사 하나가 회의장 뒤쪽 복도로 나를 끌고가더니 이렇게 물었다. "스캇, 도대체 **하나님 나라***가 뭐야? 지금 컨퍼런스 진행을 돕는 스태프 가운데 스키니진을 입은 친구들이 한창 하나님 나라가 어쩌고저쩌고 하는데, 나는 그들이 하는 말을 당최 알아먹을 수가 없어. 내게 그것은 그저 '사회정의'라는 말로밖에 들리지 않아." 이어서 그는 빈정거리며 다음과 같이 말했다. "도대체 내가 그것에 대해 뭘 알겠어? 저들은 지금 나를 '정장바지 아저씨'Mr. Pleated Pants라고 부르고 있는데!" 이것은 정말로 스키니진 대 정장바지 간의 싸움이다. 하지만 지금 하나님 나라에 관한 대화에서 나타나는 이런 현상은 단순히 세대차이의 문제로만 환원될 수 없다. 우리는 그리스도인이 되는 과거와 현재의 방

※ 이 책에서 맥나이트는 줄곧 "하나님 나라"(kingdom of God)라는 용어를 축약해 "나라"보다 정확한 우리말 표현인 "왕국"(kingdom)이라고 부른다. 그러나 이 번역서에서는 주제에 대한 인식을 지속시키기 위해 "하나님 나라"라는 표현을 사용했다. 다만 문맥상 혹은 어감상 필요한 곳에서는 "왕국"이라는 용어를 사용했다―역자 주.

식에서 벗어나 새로운 방식으로 이행하는 것에 대해 논하려 한다. 바야흐로 하나님 나라의 신학이 떠오르고 있다.

스키니진 스타일의 하나님 나라 백성

스키니진 스타일의 목회자이자 얼터너티브 컨트리 록을 추구하는 미국의 새털라이트 소울Satellite Soul 밴드의 리더인 팀 서틀Tim Suttle은 자신이 영적 복음spiritual gospel에서 하나님 나라의 복음으로 옮겨간 이야기를 들려준다.[1] 서틀이 영적 복음의 단순함과 부적합성에서 깨어날 수 있었던 것은 그의 가슴을 후벼파는 질문, 곧 과연 자신이 이 세상에서 의미 있는 변화를 만들어내고 있는지에 관한 물음이 생기면서부터다. 그는 "우리가 주변의 모든 세상이 변화되는 것을 목도해야 한다"고 생각했다. 어째서인가? "복음이 세상을 변화시킬 수 있기 때문이다." 2011년에 출간한 『복음주의적 사회복음?』An Evangelical Social Gospel?에서도 서틀은 자신이 예수에게서 발견한 일, 곧 차이를 만들고 세상을 변화시키는 일을 거듭 "하나님 나라의 일"이라고 부른다. 책의 후반부에서 그는 다음과 같이 말한다. "참된 구원을 고백하기 위해서…우리는 단순히 내적이고 인격적인 표현만이 아니라 사회적인 표현을 통해서도 우리가 회심했다는 것의 진정성을 평가해야 한다." 여기서 서틀은 내가 말하려는 종류의 이행移行을 보여준다. 하지만 과거와 현재의 방식에서 탈피하는 이런 이행은 그 안에 어떤 잠재적인 저류低流를 갖고 있다.

언젠가 내 친구이자 펜실베이니아 랜스데일의 리뉴 커뮤니티The

Renew Community 교회의 목사인 J. R. 브릭스Briggs가 내게 싱어송라이터 데릭 웹Derek Webb이 만든 노래 "한 왕과 한 왕국"A King and a Kingdom을 들어볼 것을 권했다. 나는 그의 권유대로 데릭의 노래를 듣고 그 노래에 빠져든 적이 있다. 그것은 매우 날카롭고 비판적인 정치 노래로 좀처럼 내 뇌리에서 떠나지 않았는데, 그 노래 가사 중 가장 인상적인 구절은 후렴 부분이었다. "내 최우선의 충성은 어떤 깃발이나 국가나 사람이 아니라…한 왕과 한 왕국을 향한 것이라네."

웹의 노래를 들을 때마다 나는 그가 말하는 "왕국"이 무엇을 의미하는지 궁금했다. 그 왕은 예수였고, 그 왕국은… 글쎄, 이 노래에서 왕국이 의미하는 것은 무엇일까? 그리고 교회는 어떨까? 웹의 노래는 내 친구인 어느 목사가 말했던 스키니진 무리에 속해 있다. 그들은 모두 "왕국"이라는 단어를 좋아하며 그 단어의 의미를 알고 있는 것처럼 보인다. 그러나 또한 대체로 그들은 지역 교회에 대해 혹은 하나의 제도로서의 교회에 대해서는 다소 피상적인 의식을 갖고 있는 듯 보인다. 이것은 데릭 웹이 최근에 행한 인터뷰에서 〈그녀는 자유롭게 가야 하고 그렇게 갈 것이다〉She Must and Shall Go Free라는 자신의 앨범에 관한 질문을 받았을 때 스스로 인정한 것이기도 하다.

저는 그 곡을 캐드먼스 콜Caedman's Call [2]에서 활동하면서, 그리고 수많은 교회와 교회의 문화권에서 연주하면서, 다시 말해 교회라는 세상 안에서 살면서 10년을 보낸 후에 만들었어요. 그 밴드에 소속되어 10년을 보낸 끝에 교회에 관해, 교회의 역할에 관해, 교회 안에서의 내 역할에 관해, 그리고 문화 안에서의 교회의 역할에 관해 스스로 많은 질문을 던지게 되었어요. 나는 교회에 가야만 할까? 교회는 기독교의 일부인가? 교회는 문화 안에서 어떤 독특한 역할을 할까? 그래서 저는 그 질문 중 몇 가지에 대해 첫 번째 음반을 통해 답하고자 했습니다.[3]

"한 왕과 한 왕국"이라는 곡을 썼을 때 그는 왕국에는 몰두하고 있었으나 교회에 대해서는 별다른 확신을 갖고 있지 않았다. 하지만 2013에 발표한 앨범 〈잘못했습니다, 미안합니다, 그리고 사랑합니다〉 *I Was Wrong, I'm Sorry & I Love You*에서 웹은 자신이 그리스도의 신부인 교회에 대해 취했던 태도를 사과한다. 전문가 매트 코너Matt Connor는 웹의 노래에 관해 다음과 같이 말한다. "웹은 교회를 사랑하기 위해 교회를 떠나야 했던 것으로 보인다. 그는 그 여행으로 인해 보다 나은 사람이 되어 돌아왔다. 그의 앨범 〈잘못했습니다, 미안합니다, 그리고 사랑합니다〉는 그의 (교회로의) 승리의 귀환이다."[4]

어느 목회자가 내게 말하기를 그는 자신이 원하면 어느 주말에든 "하나님 나라[왕국] 사역"과 사회 활동을 위해, 가난한 자를 돕기 위해, AIDS 퇴치를 위해, 그리고 아프리카에서 우물을 파는 일을 위해 필요한 많은 돈과 자원봉사자들을 끌어모을 수 있다고 했다. 그리고 이어서 이렇게 말했다. "하지만 내가 복음전도를 위해 사람들에게 돈을 요구한다면, 아마도 그들은 내게 한 푼도 주지 않을 겁니다!"

언젠가 한 무리의 목회자들과 저녁식사를 하던 중에 한 사람이 내게 이런 말을 했다. "제가 저희 교회의 청년 하나와 대화를 한 적이 있어요. 그 청년은 선교 여행에 무려 일곱 번이나 참가했던 친구입니다. 한데 그가 참가했던 모든 선교 여행은, (그 목사는 이 부분에서 힘을 주어 말했다) 사람들에게 예수에 대해 말하거나 교회를 세우고 성서를 가르치는 것과는 **아무런** 상관이 없었어요. 그 여행은 단지 의료시설 같은 것을 세우는 봉사 프로젝트였을 뿐이었거든요." 그에게 물었다. "그 청년이 자기가 하고 있던 일에 대해 '하나님 나라'라는 단어를 사용하던가요?" 그 목회자는 이렇게 답했다. "몇 번이고요." 그날 저녁, 그가 한 마지막 말은 오래도록 내 마음에서 떠나지 않았다. "저는 하나님께서 그들에게 복을 주시기를 원합니다. 그 젊은이들은 '하나님 나라'가 '교회'와 아무런 상관이 없다고 여기고 있어요."

최근 한 선교사가 내게 다음과 같은 내용의 편지를 보내왔다. "아프리카에서 종교 활동은 매우 흥미롭습니다. 거의 모든 선교사가 성서를 가르치거나, 복음을 전하거나, 제자훈련을 시키거나, 교회를 세우는 일을 하지 않고 있습니다. 우리 모두는 고아원이나 직업훈련학교를 운영하고, 청각장애인들을 돕거나, HIV/AIDS와 관련된 교육을 실시하고 있을 뿐입니다. 우리의 상황이 어쩌다 이리 되었는지 그저 당혹스러울 뿐입니다." 그가 직접 그렇게 말하지는 않았으나, 나는 그런 선한 일을 하는 선교사들이 혹시 자기들이 "하나님 나라의 일"을 수행하고 있다고 여기는 것은 아닌가 하는 생각을 했다.

하나님 나라에 대한 스키니진 스타일 관점을 대표하는 가장 영향력 있는 인물 중 하나는 짐 월리스Jim Wallis다. 최근 월리스는 남침례신학교 총장인 알버트 몰러Albert Mohler Jr.와 함께 복음에 관한 공개적인 대화를 나눈 후 그날의 대화에 대한 소감을 요약해 표현한 바 있다. 그는 몰러가 복음을 속죄와 개인 구원으로 축소시킨다고 말했다. 반면 월리스는 복음을 최대치까지 확대시킨다. 그는 자신의 복음을 "하나님 나라에 관한 복음"이라고 부른다. 이것은 무엇을 의미하는가? 그의 말을 직접 들어보자.

따라서 나에게 "사회정의"는 복음(개인 구원과 사회변혁 모두를 포괄하는 통전적 메시지)의 의미와 불가결하게 연결되어 있다. 그것은 하나님 나라에 관한 복음이지, 단지 속죄에 관한 복음이 아니다. 속죄의 복음과 관련해서 예수님은 공생애 3년을 온통 가르치고, 비유를 행하고, 치유를 베풀면서 시간을 허비한 것으로밖에 보이지 않는다. 그렇다면 차라리 그분은 우리의 죄를 속하기 위해 곧장 십자가로 나아가시는 편이 나았을지도 모른다.[5]

월리스에게 하나님 나라는 개인 구원에서 흘러나오는 사회정의 및 사회변혁과 상관이 있다. 또한 그에게 하나님 나라의 일은 우리가 공동선을 이루기 위해 행하는 일과 상관이 있다. 그가 제목에 에이브러햄 링컨Abraham Lincoln, 1809-1865의 말을 차용해 붙여 출간한 『하나님 편에 서라』On God's Side(IVP 역간, 2014)의 주제도 공동선이다. 그리고 이 책의 부제목인 "공동선을 추구하는 것과 관련해 종교가 잊고 정치가 배우지 못한 것"What Religion Forgets and Politics Hasn't Learned about Serving the Common Good은 월리스가 생각하는 하나님 나라 복음의 지향점을 드러낸다. 아마도 우리는 하나님 나라와 사회정의에 관한 논의를 다른 이들의 목소리를 추가하면서 여러 장에 걸쳐 확대할 수도 있을 것이다. 예컨대, 우리는 오늘날 많은 이들이 확대해서 말하는 방식을 따라 다음과 같이 말할 수 있다. 미국 버지니아 대학교의 종교학과 교수인 찰스 마쉬Charles March[6]처럼 "하나님이 사랑하시는 공동체"를 하나님 나라로 보거나, 뉴욕 어번 신학교의 성서학 교수였던 월터 윙크Walter Wink, 1935-2012[7]처럼 하나님 나라를 정의, 평등, 평화, 비폭력, 그리고 지배와 조직적 불의(권력들)의 종말이라는 특징을 지닌 세상으로 여길 수도 있다. 핵 폐기 운동을 벌이는 미국 기독교 단체 투퓨처스프로젝트Two Futures Project의 대표인 타일러 위그-스티븐슨Tyler Wigg-Stevenson[8]은 심지어 그리고 중요하게도 스키니진 스타일의 활동가들에게 우리는 (하나님처럼) 하나님 나라를 세우는 것이 아니며 세상은 우리가 구원할 곳이 아니라고 경고한다. 간략하게 몇몇 사람의 논의를 살펴보았지만, 이 논의들은 앞으로의 우리의 논의를 위한 대체적인 윤곽을 제시해주고 있다.

이제 스키니진 스타일 접근법에서 사용되는 "하나님 나라"라는 용어에 대해 간략히 정의해보자. 그 스타일의 사람들이 "하나님 나라"라는 말로 의미하는 것은 무엇인가?[9] 나는 성서에 등장하는 하나님 나라에 대해 30여 년간 가르쳐왔고 그 용어의 점증하는 용법들에 대해서도 30여 년간이나 들어왔다. 그리고 마침내 요즘 한창 유행하고 있는, 그리고 엔간해서는 교정하기 어려울 것처럼 보이기도 하는 스키니진 스타일 용법과 관련해 다음과 같은 결론에 이르렀다.

하나님 나라는
선한 사람들이 (그들이 그리스도인이든 아니든 간에)
공동선을 위해
공적 영역에서 행하는

선한 일들을 의미한다.

핵심 요소를 중심으로 요약하자면 스키니진 스타일 접근법에서 하나님 나라의 사명은 사회정의와 평화를 위해 일하는 것이다. 그리고 대부분의 경우 이런 노력들을 위한 기초는 빌 맥키벤Bill Mckibben(「뉴요커」 기자 출신으로 주로 자연과 환경 그리고 인간의 문명에 관한 책들을 쓰고 있다-역자 주)이나 웬델 베리Wendell Berry(시인이자 농부 그리고 문명비평가로 주로 문명을 비판하는 글을 쓰고 있다-역자 주) 같은 이들이 쓴 책들 외에도, 성서에서 나온 생생하고 중요한 본문 몇 군데에 있다. 우리는 신명기에 실려 있는 가난한 자들에 대한 놀랄 만한 관심에 대해, 착취에 대한 예언자들의 비판(그것은 언제나 도덕적인 관심이었지 결코 이론 경제학이나 경제 시스템에 대한 것이 아니었다)에 대해,[10] 예수가 했던 가차 없이 날카로운 말과 행동에 대해, 그리고 미래의 하나님 나라에서 이루어질 정의와 평화에 대한 비전이 지니고 있는 종합적인 영향력에 대해 생각해볼 수 있다. 권리가 당연하게 여겨지고 보호되며, 그렇지 않을 경우에는 누군가가 그 권리를 쟁취하기 위해 나서는 서구의 자유민주주의 안에 살고 있는 우리는 성서 안에서 작동하고 있는 가장 단순한 이야기를 계속해서 우리 자신에게 상기시킬 필요가 있다. 그 이야기는 다음과 같이 진행된다. 노예가 되어 억압을 받던 이스라엘 백성이 유월절을 통해 압제자들(애굽)에게서 해방된다. 그들은 하나님의 이끄심을 받아 광야와 물을 건너 약속의 땅으로 들어간다. 그리고 그 땅에서 하나님의 가르침을 통해 하나의 국가로서 살아가는 법을 배운다. 직설적으로 말하자면 이것은 하나의 정치적인 이야기, 곧 하나님이 어느 한 민족에게 정치적 자유를 제공하시는 이야기다. 그렇다면 그 해방의 이야기는 공동선을 위해 일하는 방식을 우리에게 일러주지 않겠는가? 물론, 그 방식을 일러줄 것이다.

"하나님 나라"라는 용어에 대한 이 네 줄짜리 정의와 관련한 몇 가지 사항을 간략하게 짚어보자. 첫째, 성서에 등장하는 가장 강력한 용어 중 하나에 관한 이처럼 가볍고도 투명한 정의定意는 실제로 성서에서 "하나님 나라"라는 단어가 **단 한 번도** 의미한 적이 없는 것이다. 성서는 공동선을 위한 일을 결코 "하나님 나라의 일"이라고 부르지 않는다. 둘째, 이 용어의 의미는 우리가 하나님 나라의 "일"work 혹은 "사명" mission을 수행할 때 일어나는 일을 형성하기 때문에 중요하다. 여기에 나는 다음과 같은 세 번째 사항을 덧붙이고자 한다. 곧 사람들이 하나님 나라에 대한 이런 식의 이해를 따라 하나님 나라의 "일"을 행할 때, 그들은 하나님 나라의 "사명"을 이행하는 데 실패한다는 것이다. 그리고 유감스럽지만 나는 네 번째 사항을 덧붙일 수밖에 없다. 그것은 이 사람들이 "하나님 나라"라는 용어를 사용하는 방식에는 심원한 아이러니가 있다는 것이다. 통계학자들은 하나같이 밀레니엄 세대Millennials 가 교회를 떠나고 있으며, 그 이유는 일반적으로 교회가 너무 정치적이 되었기 때문이라고 주장한다. 당신은 이 말에 동의하는가? 만약 동의한다면 다음과 같은 주장에 귀를 기울여보라. 하나님 나라에 대한 스키니진 스타일의 비전을 형성하고 있는 밀레니엄 세대는 예수의 하나님 나라 메시지를 정치적으로 형성된 메시지로 바꾸어놓고 있다. 어쩌면 우리는 혹시 사람들이 교회를 떠나는 이유가 교회가 선포하는 메시지가 너무 정치적이어서가 아니라, 오히려 그것이 표방하는 정치가

지나치게 보수적이어서가 아닌지에 대해 물을 필요가 있을지도 모른다. 이 모든 말은 어렵고 거칠다. 그러니 이쯤에서 차라리 하나의 이야기를 전하고 한 가지 질문을 제기해보려 한다. 아마도 그 질문은 이 책의 나머지 부분이 답해야 할 질문이 될 것이다. 하지만 그 과정에서 나는—혹시 당신이 스키니진 스타일의 지지자이며 지금 내가 하는 말에 짜증을 느낀다면 유념하라—정장바지 스타일의 사람들 역시 "하나님 나라"를 이해하는 일에서 스키니진 스타일의 사람들보다 결코 낫지 않음을 주장할 것이다.

스키니진과 제인 애덤스

나는 일리노이 주 프리포트 출신이다. 그리고 그 소문은 사실이다. 우리 고등학교의 별명은 프레첼Pretzel(서방세계에서 많이 먹는 빵에 가까운 과자인데 나트륨 함량이 많아 몸에 좋지 않다—역자 주)이었고, 지금도 그렇고 아마 앞으로도 그럴 것이다. 그러나 그 무의미한 별명은 잊기 바란다. 이제부터 나는 우리의 (운동선수가 아닌) 영웅 중 한 사람에 관해 말하고자 한다. 어린 시절에 나는 누군가 미국의 사회 운동가 제인 애덤스Jane Addams의 이름을 언급하면 그 이름을 들은 모든 이들이 한마음이 되어 우리 마을 출신인 그녀에게 무언의 박수갈채를 보냈던 기억이 난다. 비록 그녀가 대학 공부를 위해 일리노이 주 록포드라는 대도시로 떠났고 그 후에는 자기 평생의 소명을 위해 그보다 훨씬 더 큰 도시인 시카고로 옮겨가기는 했지만 말이다.[11] 우리에게 중요한 것은 제인이 프리포트에서 북쪽으로 자전거로 약 8킬로 거리에 있는 시더빌

Cedarville에서 성장했다는 사실이었다. 제인은 노벨 평화상을 받은 최초의 미국 여성이었다. 그녀가 1931년에 그 상을 받은 것은 단호하고 가차 없이 모든 사람을 위한 평화와 정의를 옹호했기 때문이다. 제인은 시카고 웨스트 사이드에 헐 하우스Hull House라고 불리는 "정착" 시설을 세웠다. 그녀의 전기 작가인 루이즈 나이트Louise Knight는 제인의 진보적인 삶에 대해 이렇게 요약한다. "그녀는 아동 노동을 종식시키고, 노동조합과 노동자들의 권리를 지지하며, 자유 언론과 시민권을 보호하고, 모든 문화를 존중하며, 여성의 참정권을 획득하고, 인간의 잠재력을 키우는 상황을 촉진시키기 위해, 또한 그로 인해 (그녀가 믿기로) 평화의 확산을 촉진시키기 위해 분투했다."

제인을 추동했던 야심은 "보편적이고 민주적인 교제라는 이상을 실현하는 것"이었다. 실제로 제인 애덤스는 민주주의의 의미를 이해하고 삶의 모든 차원(가족, 인종, 성, 노동, 경제, 교육, 국제관계, 그리고 자유언론)에 급진적으로 그것을 적용할 수 있었다. 그녀는 모든 사람을 조건 없이 존중했으며, 연방 정부가 급진적인 민주주의의 실현을 가능케할 힘을 갖고 있다고 믿었다. 사회정의를 옹호하는 모든 이들처럼, 애덤스는 억압받고 무시당하고 주변화되고 자기 목소리를 낼 수 없는 이들을 위해 자신의 삶을 바쳤다. 그녀의 예리한 통찰 중 하나는 **선행이 계급제도를 함축하고 있다**는 것이었다. 보다 직접적으로 말하자면 선행은 특권 계층에 속한 부유한 백인들이 사회적으로 낮은 계층에 속한 이들에게 베푸는 행위였다. 그리고 그런 식의 선행은 민주주의와 정반대되는 것을 영속화시켰다. 그래서 애덤스는 선행에 참여하는 일을 그만 두어야 했다. 대신에 그녀는 보다 급진적인 의미의 평등을 이루기 위해 투쟁했다.

그런데 이런 일이 대체 하나님 나라와 무슨 상관이 있을까? 나는 이 질문에 답하기 위해 우선 애덤스의 믿음에 대해 살펴보려 한다. 그녀는 독립성이 아주 강한 퀘이커교도와 비슷한 장로교인 아버지 밑에서 성장했다. 그녀의 아버지는 교회의 신조를 결코 인정하지 않았는데, 그것은 그가 양심의 자유, 강압의 부재, 그리고 자주적으로 결정하는 삶을 추구했기 때문이다. 제인은 아버지에게 확고한 결단력을 물려받았다. 그녀는 대학을 졸업하고 나서 자신의 사회정의에 대한 의식과 사회복음을 통해 표현되는 사회적 기독교에 교회가 적합함을 인식한 후에야 비로소 교회에 나가기 시작했다. 그러나 기독교의 구원 신학, 하나님과 화해하기 위해 죄에서 돌이키는 것의 중요성, 그리스도의 구속 사역, 그리고 천국에 대한 전통적인 견해 등은 거부했다. 그녀에게 "그리스도의 메시지가 전하는 실제적 의미는 우리 자신의 도덕적 판단을 신뢰하고 자신의 양심에 귀를 기울이라는 것이었다." 이것을 그녀는 "그리스도의 평화"라고 불렀다. 그녀는 레프 톨스토이Leo Tolstoy가 말하는 "무저항" 의식의 열렬한 추종자였다. 독자들이 제인 애덤스의 삶에서 가슴에 와 닿는 것은, 그녀가 예수의 도덕적 비전을 **정의, 평화, 평등으로 이끌어가도록 설계된 사회-정치적 승강장으로 사회화시켰다**는 것이다. 그녀가 보기에 예수의 비전은 세상을 재형성하도록 설계되어 있었다. 어느 복음주의자는 애덤스를 지켜본 후 이렇게 말해야 했다. "그녀는 종교 없는 그리스도인처럼 보인다." 시카고 대학교에서 정치학을 가르쳤던 진 베스키 엘시타인Jean Bethke Elshtain은 애덤스의 믿음에 관한 중요한 연구서를 통해 이렇게 말한다. "훗날 그녀는 비평가들에게 헐 하우스에는 종교가 있었다고 말하곤 했다.…성육신과 부활에 관한 복음은 뽑혀나갔고, 애덤스는 그 빈 포도주 부대를 사회적 메시지로, 즉 그녀가 생각하기에 가난한 이들에게 필요로 한 것을 제공하는 기독교의 기원에 관한 이야기, 다시 말해 일시적인 위로, 여행을 위한 힘, 그리고 지금 이곳에서 이루어지는 사회변혁에 대한 소망을 약속하는 유용한 이야기로 다시 채워 넣었다."[12]

제인 애덤스에게 일어난 일은 하나님 나라의 일을 수행하는 방식으로서 세상 안에 존재하는 특정한 정치적 과정 혹은 문화적 과정에 관심을 두는 이들에게서 끊임없이 일어나고 있다. 그럴 경우 그리스도는 특정한 삶의 방식을 위한 상징이 되는데, 애덤스의 경우에는 그것이 민주주의였다. 그녀에게 예수의 윤리는 세속적 유비들로 환원된다. 그리고 그 과정에서 예수 사건의 핵심을 이루는 모든 것(십자가, 부활, 구속, 중생, 교회, 혹은 심판 등)은 믿어도 되고 믿지 않아도 되는 조항들로 증발해버린다. 이와 함께 문화는 구원과 중생에 관한 기독교 신학과 무관하거나 심지어 그것들에 반하는 인간의 노력과 정치적 과정을 통해 구속될 수 있다고 간주된다. 그로 인해 하나님 나라의 일은 전적으로 인간의 행위가 된다. 더 나아가 교회는 그녀의 사회적 활동을 지지하는 경우를 제외하고는 결코 아무런 역할도 하지 않는다. 하나님의 역사의 자리는 **세상** 속에 있다. 그로 인해 교회는 워싱턴 D.C.에 의해 대체되고, 예수의 윤리는 서구의 자유주의라는 고귀한 이상으로 변화된다. 그렇게 해서 하나님 나라의 일은 선한 사람들이 공동선을 위해 공적 영역에서 선한 일을 수행할 때 나타나는 그 무엇이 된다.[13]

지금까지 내가 한 말들은 상당히 거칠었다. 하지만 내가 이런 말을 하는 것은 우리가 사는 세상에서 정의와 평화를 위해 열심히 일하고 있는 어떤 이들의 삶을 깎아내리려는 것이 결코 아니다.[14] 오히려 나는 우리 앞에 논박할 여지가 없을 만큼 선한 행동주의의 한 예를 제시하고 다음과 같은 한 가지 질문을 제기하려 한다. 제인 애덤스는 과연 하나님 나라 사역을 했던 것일까? 오늘날 많은 이들이 이 질문에 "예"라고 답할 것이다. 왜냐하면 분명히 그녀는 선하고 정의롭고 평화적인 일을 행했기 때문이다. 하지만 나는 그 질문에 "아니오"라고 답한다. 이어지는 장들에서는 내가 그렇게 답하는 이유를 밝힐 것이다. 그리고 그 과정에서 우리는 하나님 나라와 하나님 나라의 사명이라는 말로 의미하는 것이 우리가 헌신하는 일에 얼마나 큰 차이를 만들어내는지 분명하게 보게 될 것이다.

스키니진 스타일의 사람들은 하나님 나라를 공동선을 위한, 그리고 공적 영역에서 수행되는 "사회적 행동"으로 이해한다. 반면에 정장바지 스타일의 사람들은 하나님 나라를 때때로 우리의 마음 안에서, 온갖 종류의 치유들 안에서, 그리고 공적 영역 안에서 나타나는 "구속의 순간들"로 축소시켜왔다. 먼저 정장바지 스타일의 사람들이 그들의 입장을 어떻게 설명하는지 살펴보자.

제2장

정장바지 스타일의 하나님 나라
Pleated Pants Kingdom

그동안 여러 성서학자와 신학자, 목회자들(남자와 여자 모두를 포함하는 정장바지 스타일의 사람들)은 성서가 가르치는 하나님 나라와 관련해 수많은 책을 펴냈다. 그런데 그들이 하는 말을 들어보면 과연 그들이 동일한 성서를 살피고 있는 것인지 의문이 생길 정도다! 3세기에 걸친 하나님 나라에 대한 논의 과정에서 정장바지 스타일의 사람들은 논리적인 설명을 요구하는 두 가지 질문을 제기했다.

하나님 나라는 **언제** 나타나는가?
하나님 나라는 **어디에** 있는가?

좀 더 상세히 말하면 그들의 질문은 이런 것이었다. 하나님 나라는 이미 이곳에 있는가, 아니면 여전히 미래에 속해 있는가? 하나님 나라는 하나님의 역동적인 통치 rule 인가, 아니면 하나님이 다스리시는 영역 realm 인가? 즉 하나님 나라는 (예컨대, 덴마크 왕국 같은) 하나의 나라인가, 백성인가, 혹은 영토인가? 정장바지 스타일의 사람들에게 하나님 나라의 사명 혹은 하나님 나라의 일이 어떻게 보이는지는 그들이 이 두 가지 질문에 어떻게 답하느냐에 달려 있었다. 우리는 이 질문들에 대한 그들의 답을 다음 두 가지 진술로 요약할 수 있다. 첫째, 하나님 나라는 현재인 동시에 미래다. 둘째, 하나님 나라는 통치인 동시에 (하나님이 다스리시는) 영역이다.[1] 사실 이것은 그다지 재미있는 결론이 아니다. 나도 인정한다. 특히 스키니진 스타일을 옹호하는 이들이 말하고 행동하는 것과 비교할 때 더욱 그러하다.

현재인 동시에 미래인 하나님 나라

여기서 나는 해당되는 성서 구절 모두를 길게 나열하는 대신, 현재로서의 하나님 나라와 미래로서의 하나님 나라에 대한 예수의 진술을 각각 두 가지씩만 제시하려 한다. 다음은 하나님 나라가 "현재"에 속해 있음을 알려주는 구절들이다.

> 요한이 잡힌 후 예수께서 갈릴리에 오셔서 하나님의 복음을 전파하여 이르시되, 때가 **찼고** 하나님의 나라가 **가까이 왔으니** 회개하고 복음을 믿으라 하시더라(막 1:14-15).

> 바리새인들이 하나님의 나라가 어느 때에 임하나이까 묻거늘, 예수께서 대답하여 이르시되, 하나님의 나라는 볼 수 있게 임하는 것이 아니요, 또 여기 있다 저기 있다고도 못하리니, 하나님의 나라는 **너희 안에**

있느니라(눅 17:20-21).

다음은 하나님 나라가 "미래"에 속해 있음을 알려주는 구절들이다.

진실로 너희에게 이르노니, 내가 포도나무에서 난 것을 하나님 나라에서 새 것으로 마시는 날까지 다시 마시지 아니하리라(막 14:25).

그들이 이 말씀을 듣고 있을 때에 비유를 더하여 말씀하시니, 이는 자기가 예루살렘에 가까이 오셨고 그들은 하나님의 나라가 당장에 나타날 줄로 생각함이더라(눅 19:11).

당신이 빵을 어떻게 자르든 간에—세로나 가로로, 혹은 아무렇게나 싹둑 자르든—상관없이 이런 본문들은 오랜 약속인 하나님의 나라가 **이미 현존하면서** 그와 동시에 **아직 미래에 속해 있음**을 분명하게 알려준다. 분명히 예수에게 하나님 나라는 현재인 동시에 미래였다. 그리고 대개 정장바지 스타일의 사람들은 이에 대해 동의한다. 제1급 정장바지 스타일 학자인 조지 엘든 래드George Eldon Ladd의 용어를 빌려 말하자면, 하나님 나라는 "완성 없는 현존"present without consummation 상태다. 이것은 심원한 진리다. 하지만 정장바지 스타일 학자들은 하나님 나라를 지나치게—때로는 프랑스와 독일의 전문용어들까지 가미해가면서—이론적이고 추상적인 것으로 만들었기에 교회에 속한 이들조차 그것의 명확한 의미를 알고 싶어한다. 하나님 나라가 "종말론적 현존" 혹은 "시간들 사이에서 살기" 혹은 "이미와 아직 사이의 긴장 안에 거하기"라고 말하는 것은—실제로 정장바지 스타일 사람들은 종종 그렇게 말한다—강의실에서는 먹힐는지 모른다. 하지만 솔직히 말해 우리가 하나님 나라의 사명이나 하나님 나라의 일에 대해 말할 때 무엇보다도 알고 싶은 것은 도대체 하나님 나라가 **무엇과 같으냐**다. 하나님 나라의 사명이란 무엇인가? 그것은 예배인가? 사회적 행동인가? 복음전도인가? 가정생활인가? 문화를 만드는 일인가? 도대체 이 세상의 구체적인 현실 속에서 그것은 무엇을 의미하는가? 이 그룹의 습관, 즉 좀처럼 우리를 다음 단계(교회의 삶)로 이끌어가지 않는 습관은 하나님 나라에 관한 연구를 칼 바르트Karl Barth가 "비눗방울 불기"라고 불렀던 것으로 바꿔놓는다.[2] 그렇다. 바로 이것이 우리 안에서 때때로 (아마도 종종) 일어나는 일이다.

정장바지 스타일 사람들은 대체로 민감한 자아를 지니고 있다. 그래서 나는 하나님 나라가 도래하는 시기의 문제를 하나의 이론적인 경구警句로 표현하고자 한다. 하나님 나라는 **그것이 예수 안에서 출범한 정도만큼 오늘 우리의 세상에서 실현될 수 있다.** 하나님 나라는 그리스도 안에서 이루어진 구속을 통해 이 세상 속으로 침투했는데, 그 나라는 그것이 출범한 정도만큼 우리를 새로운 백성으로 만들 수 있다. **지금의** 하나님 나라는 **미래의** 완전한 하나님 나라가 아니다. 그리고 이것은 그 나라의 시민들이 아직 완전하지 않고, 아직 충분히 사랑하지 않고, 아직 충분히 거룩하지 않고, 아직 충분히 정의롭지 않고, 아직 충분히 평화롭지 않음을 의미한다. 그러나 예수의 구속의 주권은 지금도 작용하고 있으며, 따라서 하나님 나라의 시민들은 그 주권을 반영해야 한다. 이제 정장바지 스타일의 사상가들이 제기하는 두 번째 질문으로 넘어가 보자.

통치와 영역으로서의 하나님 나라

만약 우리가 용어 색인이 달린 구약성서를 읽고 거기서 "하나님 나라"라는 단어를 살핀다면, 우리는 그 단어가 누군가가 통치하는 영역(국가, 백성, 영토)과 왕의 적극적인 통치 두 가지 모두를 묘사하는 데 사용되고 있음을 알 수 있을 것이다. 몇 가지 구절이 이것을 예시해준다.

> 너희가 내게 대하여 제사장 **나라**가 되며 거룩한 백성이 되리라. 너는 이 말을 이스라엘 자손에게 전할지니라(출 19:6).

여기서 "나라"와 "백성"과 "이스라엘 자손"이라는 단어는 평행어이며, "너희"는 분명히 하나의 백성을 의미한다. 따라서 이때 "나라"는 분명히 "한 왕에 의해 다스림을 받는 백성"을 가리킨다. 이것은 다음 본문에서 보다 분명하게 드러난다.

> 모세가 갓 자손과 르우벤 자손과 요셉의 아들 므낫세 반 지파에게 아모리인의 왕 시혼의 **나라**와 바산 왕 옥의 **나라**를 주되 곧 그 땅과 그 경내의 성읍들과 그 성읍들의 사방 땅을 그들에게 주매(민 32:33).

여기서 우리는 왕과 땅과 도시들에 관해 듣는데, 이는 "나라"가 "한 왕에 의해 다스림을 받는 백성"임을 분명하게 밝혀준다. 이것은 다음과 같은 시편 구절을 통해서도 잘 드러난다. "이 **족속**에게서 저 족속에게로, 이 **나라**에서 다른 민족에게로 떠돌아다녔도다"(시 105:13). 여기서 "족속"과 "나라"는 평행어다. 역시 시편에 등장하는 우주를 다스리시는 하나님에 관한 본문들은 어떠한가?

하나님이여 주의 보좌는 영원하며 주의 나라의 규는 공평한 규이니이다(시 45:6).

주님은 그 보좌를 하늘에 든든히 세우시고, 그의 **나라**는 만유를 통치하신다(시 103:19, 새번역).

이 본문들은 구약성서에서 "나라"(하나님 나라)가 영역과 다스림(혹은 통치)을 모두 가리킨다는 것을 의심할 여지가 없도록 만들어준다. 사실 그것들은 때로는 전자를 그리고 때로는 후자를 강조하지만, 항상 그 두 가지 의미를 모두 포괄한다.

어딘가에서 정장바지 스타일 사람 중 어떤 이가 "하나님 나라"에 해당하는 히브리어[3]는 "통치" 혹은 "지배" 혹은 "주권"을 의미하지만 "영역"을 의미하지는 않는다고 주장했다. 그로 인해 마지막 종이 울렸고 게임은 종료되었다. 그리고 사람들은 거실로 물러나 한담을 나누거나 차를 마시고 값비싼 시가를 즐기며 저녁시간을 보냈다. 거의 모든 이들이 (물론 전부는 아니었다) 연합해 한 가지 합의를 이뤄냈다. 그것은 하나님 나라는 "통치"를 의미하지 "영역"을 의미하지 않는다는 것이었다.[4] 또한 왕이신 하나님은 이스라엘의 구주이시기에(시 74:12; 사

33:22; 44:8), 하나님이 이루시는 통치는 구원하며 구속하는 통치다. 이와 같은 의미의 변화는 그 나라 전역에서 들려왔고, 그로 인해 "통치"라는 단어가 "구속"이라는 단어로 바뀌었다.

그러나 앞서 내가 인용한 구절들은 그중 어느 것이라도, 혹은 그것들과 함께 인용될 수 있는 다른 어떤 구절이라도 전부 "하나님 나라"가 **통치와 영역 모두**를 의미한다는 것을 아주 분명하게 밝혀준다. 이렇게 생각해보라. 다스리는 자가 없는 영토는 존재하지 않는다. 또한 통치하는 이는 누구라도 그가 통치하는 영토를 가져야만 한다. 그러니 누군가 우리에게 둘 중 하나를 선택하도록 강요하는 것은 성서에 대한 공정한 입장이라고 할 수 없다. 조지 래드는 "통치"를 거듭 옹호하면서, 그리고 그런 까닭에 "하나님 나라"는 결코 "영역"을 의미하지 않는다고 주장하면서 선택을 강요했다. 이런 식의 결론으로 인해 "하나님 나라"라는 단어가 **세상에서 작용하는 하나님의 구속적 통치와 능력**을 의미하게 된 것이다. 래드가 남긴 유명한 말이 있다. "하나님 나라는 사람들 사이에 그분의 통치를 세우기 위해 역동적으로 활동하시는 하나님의 구속적 통치다. 그리고⋯종말에 묵시적 행위로 등장하게 될 이 나라는 악을 극복하고, 인간을 악의 능력에서 구해내고, 그들을 하나님의 통치라는 복된 상태로 이끌어가기 위해 예수의 삶과 사역을 통해 인간의 역사 안에 이미 들어와 있다."[5]

여기서 작용하고 있는 근본적인 개념은 하나님 나라가 **그리스도 안에 있는 하나님의 역동적인 구속**이라는 것이다. 따라서 "하나님 나라"는 어떤 장소나 공간이나 영역, 혹은 경계와 왕과 성전을 갖추고 있는 어떤 백성을 의미하지 않는다. 아니다. "하나님 나라"는 지금 하나님이 이 세상에서 예수 그리스도를 통해 개인들을 구속하시는 추상적인 역학을 가리킨다. 그리고 예수 그리스도를 통한 이런 통치는 그 나라가 온전히 도래하는 종말에 우주적으로 완성될 것이다. 따라서 래드의 입장에서는 하나님 나라를 **구속적 통치 역학**으로 보는 것이 적절한 일이었다.[6] 그러나 도대체 이런 표현은 무엇을 의미하는가?

모든 곳에 있고, 아무 데도 없으며, 모든 것에 해당되는, 순전히 종교적인 것으로서의 하나님 나라

여기서 우리는 약간 놀라운 결론에 이르게 되며, (만약 이렇게 말하는 것이 가능하다면) 바르트가 말한 "비눗방울 불기"의 한 가지 좋은 사례를 접하게 된다. 그것은 바로 정장바지 스타일 사람들에게 하나님 나라는 **아무 데도 없는 동시에 모든 곳에 있다**는 것이다! 하나님 나라는 구속이 발생하는 모든 곳에 있다. 물론 이때 "구속"의 의미는 우리에게 그 사실을 공지조차 하지 않은 채 영적인 의미에서 사회적인 의미로 바뀔 수 있다. 독일의 위대한 신학자 루돌프 슈나켄부르크Rudolf Schnackenburg는 그의 영향력 있는 연구서 『하나님의 통치와 하나님 나라』God's Rule and Kingdom에서 다음과 같이 말함으로써 그의 논지를 꼼짝없이 공적인 공격에 노출시켰다. "하나님의 통치와 나라 안에서 예수에 의해 선포되고 약속된 구원은 **그 특성상 순전히 종교적이다.** 예수는 하나님 나라basileia에 대한 개념에서 국가적이고 정치·종교적인 요소들을 철저하게 배제시켰다. 그리고 그렇게 하면서 이스라엘에 널리 퍼져 있던 영광스러운 메시아적 하나님 나라에 대한 소망을 거부했다."[7]

슈나켄부르크가 예수 당시의 유대인들이 분명히 하나님 나라를 사회·정치적 맥락에서 이해했음을 인정했을 때, 그것은 마치 그가 창문을 열어놓고 떠남으로써 비가 마루 위로 떨어지게 한 것과 같다고 할 수 있다. 그가 말한 것은 옳다. 유대인들에게 하나님 나라는 곧 이스라엘, 국가, 땅, 율법, 그리고 예루살렘에 있는 왕에 대해 말하는 것이었다. 하지만 슈나켄부르크는 예수가 그 용어를 사용했을 때 모든 것이 부정되었다고 보았다. 예수에게 하나님 나라는 "순전히 종교적인 것"이었다. 즉 그에게 하나님 나라는 구속의 현실이었다.

하지만 도대체 그것은 어떤 종류의 구속인가? 어떤 이들에게 "구속으로서의 하나님 나라"kingdom-as-redemption는 집안의 모든 창문을 열어젖히는 것과 같다. 예를 하나 들어보자. 캐나다 리젠트 칼리지에서 학생들을 가르치는 존 스택하우스John Stackhouse는 하나님 나라에 대해 이렇게 말한다. "우리는 빛이 어둠을 꿰뚫는 모든 곳에서, 선이 악과 타성에 맞서며 나아가는 모든 곳에서, 추함과 지루함 가운데 아름다움이 드러나는 모든 곳에서, 그리고 진리가 오류와 잘못을 두드려 울리는 모든 곳에서 하나님 나라의 징표를 발견한다."[8]

솔직히 나는 스택하우스가 이 문장에서 "모든 곳에서"라고 말할 때마다 당혹스러워진다. 하지만 그는 오늘날 많은 이들이 믿고 있는 것을 정확하게 표현하고 있다. 그들에게 하나님 나라는 하나님의 큰 뜻이며, 그것이 무엇이든 하나님의 큰 뜻이 나타나는 모든 곳에는 하나님 나라가 존재한다. 그의 책의 후반부에서 존은 자기가 의미하는 것을 보다 분명하게 밝힌다.

따라서 어떤 이가 "당신은 하나님 나라를 위해 무엇을 하고 있는가?"라고 물을 때, 우리는 다음 중 어느 것으로도 대답을 할 수 있다.

- 나는 잔디를 깎고 있다.
- 나는 설거지를 하고 있다.
- 나는 3살 먹은 내 아이와 퍼즐을 맞추고 있다.
- 나는 비용을 지불하고 있다.
- 나는 시를 쓰고 있다.
- 나는 전화로 어머니와 이야기를 나누고 있다.
- 나는 이웃집 아이에게 공 던지는 법을 가르쳐주고 있다.
- 나는 시장에게 편지를 쓰고 있다.
- 나는 설교를 하고 있다.

모든 것. 모든 곳. 모든 순간. 그것이 우리의 삶을 향한 하나님의 부르심의 범위다. 그리고 바로 그것이 우리의 삶이 즐기는 존엄함이다.[9]

이것이 "하나님 나라"를 의미할 때, 그 나라는 모든 것을 의미하기에 결국 아무것도 의미하지 않는다. 나는 예수가 "나라가 가까이 왔느니라"고 말했을 때, 그가 잔디를 깎거나 설거지를 하는 것에 대해 말하고 있었다고 여기지 않는다! 하지만 스택하우스는 오늘날 대다수의 사람들의 견해, 즉 모든 "구속의" 순간이 "하나님 나라"라는 견해를 대변하고 있다. 우리는 오늘날 하나님 나라의 일에 관한 N. T. 라이트Wright의 여러 가지 진술에서도 동일한 관점이 작용하고 있다는 것을 안다.[10]

나 역시 전에는 그런 식으로 생각하곤 했다. 하지만 나는 하나님 나라에 대한 이런 식의 지향에 대한 확신으로부터 조심스럽게 빠져나왔다. 그리고 어느 날 미몽에서 깨어났을 때 우리가 보다 나은 길을 찾아야만 한다는 것을 알게 되었다.

나는 정장바지 스타일의 사람들이 구체적인 현실과 하나님 나라의 사명에 무심한 것에 대해 불평했지만,[11] 어떤 이들은 이런 추상적이고 아무데도-없고-모든-곳에-있는 구속적 통치 역학을 넘어서 실천적인 사역으로 그리고 정치적 영향을 끼치는 일로 나아갔다. 그렇게 해서 이 구속적 통치 역학은 살아 있는 현실이 되어 다음 두 가지 방식으로 그 모습을 드러냈다.

평범한 복음전도를 통해. 그때 우리는 다른 이들에게 그리스도의 구속적 통치에 굴복할 것을 요구한다. 그런 의미에서 하나님 나라는 거의 하나님에 대한 혹은 "구원"에 대한 복종과 동의어다.

권능에 의한 전도 혹은 구원을 통해. 이때 우리는 치유나 축귀 혹은 하나님의 어떤 강력한 행위를 "하나님 나라 사역"으로 여긴다.[12]

따라서 정장바지 스타일의 사람들에게 하나님 나라는 구속의 순간들, 즉 하나님의 구속적 통치가 이 세상 속으로 깨치고 들어와 구원하고 회복시키고 화해시키고 치유를 일으키는 순간들로 요약되었다. 위에서 언급한 우리의 간략하고 간소한 정의, 즉 하나님 나라가 "한 왕에 의해 다스림을 받는 백성"을 가리킨다는 정의는 정장바지 스타일의 사람들에 의해 "다스림을 받는"이라는 단어로 축소되며, 다시 그 "다스림을 받는"이라는 단어는 "구속된" 혹은 "구원을 얻은"이라는 단어로 바뀐다. 하나님 나라를 정의하는 이런 방식은 너무 만연해 있고 너무 추상적이며 구체적 현실성도 너무 부족하다. 그래서 나는 미국의 작가이자 아이오와 작가협회에서 활동하는 메릴린 로빈슨Marilynne Robinson, 1947-의 말에 동의한다. 그녀는 이렇게 말한 바 있다. "이것은 모든 것을 설명하는 이론이 실제로는 아무것도 설명하지 않는다는 것을 보여주는 한 예다."[13]

그러나 이 역동적 구속이 오늘날 우리의 상황 속에서 나타나는 세 번째 방식이 있는데, 그것은 거의 스키니진 스타일의 사람들과 손을 잡는 것처럼 보인다. 이 세 번째 방식은 "구속"을 문화적·정치적·지구적 측면에서 보는 것이다. 요컨대, 하나님 나라는 **공적인 행동**을 표현한다.

정장바지 아저씨들, 행동주의자가 되다

이 지점에서 우리는 그동안 교회가 "교회"를 "문화" 그리고 "국가"와 상관시키는 방식과 관련해 오랫동안 나눠왔던 대화 속으로 들어갈 수도 있을 것이다. 하지만 나는 성서가 하나님 나라에 관한 우리의 연구를 복잡하게 만들지 않기 위해 그 논쟁을 이 책의 말미에 실려 있는 두 가지 부록으로 넘겨 놓았다. 대신 여기서는 그동안의 관찰을 통해 발견한 두 가지 사실을 바탕으로 하나님 나라의 "구속의 역학"redemptive dynamic이라는 개념이 (이른바) 하나님 나라의 사명을 위해 얼마나 중요한지를 밝힐 것이다. 첫째, 많은 이들에게 하나님 나라의 구속의 역학에 관한 대화는 문화 형성, 문화 변혁, 그리고 문화적 영향력에 관한 대화로 바뀌었다. 그들은 문화를 변혁하는 것이 곧 하나님 나라의 사역이라고 주장했다. 주목할 만한 복음주의자들 몇 사람이 지금 내가 말하는 것을 예증해줄 것이다.[14] 칼 헨리Carl Henry는 1956년부터 1969년까지 「크리스채너티 투데이」Christianity Today의 편집장으로 그리고 그가 행한 공개적인 발언들을 통해 공적 영역에서 균형 잡힌 그러나 "사회적으로 진보적인" 기독교적 입장을 제시했다. 거기에는 백악관 바로 건너편에 가게를 세우는 일도 포함되어 있었다. 현재 「크리스채너티 투데이」 수석 편집자이자 국제정의선교회IJM 연구소의 수석 연구원으로 활동하는 앤디 크라우치Andy Crouch는 그리스도인들이 다양한 전략을 통해 "문화"에 영향을 주고 그것을 재형성하는 방법들에 대해 말한다. 그리고 다른 각도에서 미국 칼빈 대학교의 철학과 교수 제임스 스미스James K. A. Smith는 우리가 사랑하고 예배하는 것을 통해 형성되는 문화적 예전들과 구체적인 실천들의 중요성을 주장한다. 예일 대학교에서 신학과 철학을 가르치는 미로슬라브 볼프Miroslav Volf는 신자들의 범지구적 상황에 대한 공적 개입을 위한 기틀을 마련한다. 기독교 변증가이자 작가인 오스 기니스Os Guinness는 범지구적 시민권, 관용, 그리고 영혼의 자유를 호소한다. 미국 버지니아 주립대학교 사회학과 교수인 제임스 데이비슨 헌터James Davison Hunter는 그리스도인의 최상의 "전략"은 "신실한 현존"이라고 주장한다.[15] 뉴욕 리디머 장로교회의 담임목사인 팀 켈러Tim Keller는 그의 일상적인 평화 만들기 과정에서 여러 가지 접근법 사이의 공통성을 추구한다.[16] 아마도 이런 접근법에 대한 최고의 묘사는 존 스택하우스가 제안한 새로운 종류의 기독교적 현실주의에서 발견될 것이다. 스택하우스는 자신의 이론을 거의 견강부회적인 표현을 통해 묘사한다. "기독교를 가장 잘 이용하기."[17]

하지만 이 모든 접근법에는 한 가지 경고가 나타난다. 헌터가 수행한 연구는 우리에게 문화를 변화시키고자 하는 모든 시도에서 작용하고 있는 근본적인 문제들을 상기시킨다. 그는 문화의 변화는 하향식으로 일어나는 것이지 상향식으로 일어나는 것이 아니라고 주장한다. 그에 따르면 좌파든 우파든 모든 복음주의자는 문화를 변화시키기에 충분한 만큼의 사회적·문화적 역량을 갖고 있지 않다. 게다가 문화는 그것을 변화시키고자 하는 그 어떤 의도적인 움직임에 대해서도 저항한다. 또한 오늘날 대부분의 기독교 집단들은 **권력을 추구하는 일에 지나치게 정치적으로 행동한다.** 그러나 복음은 권력이 아니라 사랑 어린 섬김을 높이 평가한다. 헌터는 세상에 대한 보다 깊은 이해를 제공한다. 또한 그는 그리스도인들의 가장 현명한 접근법은 공적 소동에서 물러나 그가 "신실한 증인"faithful witness이라고 부르는 상태로 들어가는 것이라고 결론짓는다. 본질적으로 서로에 대한, 우리의 소명에 대한, 그리고 우리가 영향을 끼칠 수 있는 영역에 대한 "신실한 현존"faithful presence이라는 헌터의 전략은 오늘날 기독교의 행동주의를 지배하고 있는 변혁과 해방 모델에 대해 이의를 제기한다.[18]

내가 관찰한 두 번째 내용은 이러하다. "문화"를 변혁하기 위한 우리의 노력은 우리가 가진 능력에 훨씬 못 미치는 목표를 갖고 있을 뿐 아니라(문서상으로는 제외하고), 이 "문화"라는 단어는 성서가 말하는 "세상"이라는 단어를 대체하고 있는 것처럼 보인다.[19] 조금 뭉뚱그려 말하자면 오늘날 우리는 "세상"에 약간의 세례수洗禮水를 뿌려놓고는 그것을 "문화"라고 부른다. 그런 의미에서 "문화"는 세상의 구속적 요소가 된다. 하지만 종종 그것은 퇴짜 맞은 세상이라는 함의를 지닌다. 그런데 도대체 우리는 왜 그런 식으로 말하는 것일까? 그것은 신약성서에서 "세상"이라는 단어가 좋게 표현되지 않기 때문이다. 요한복음에 나오는 몇 개의 구절들에 주목해보자.

> 빛이 세상에 왔으되 사람들이 자기 행위가 악하므로 빛보다 어둠을 더 사랑한 것이니라(3:19).

> 예수께서 이르시되 너희는 아래에서 났고 나는 위에서 났으며 너희는 이 세상에 속하였고 나는 이 세상에 속하지 아니하였느니라(8:23).

> 너희가 세상에 속하였으면 세상이 자기의 것을 사랑할 것이나 너희는 세상에 속한 자가 아니요, 도리어 내가 너희를 세상에서 택하였기 때문에 세상이 너희를 미워하느니라(15:19).

> 내가 그들을 위하여 비옵나니 내가 비옵는 것은 세상을 위함이 아니요 내게 주신 자들을 위함이니이다. 그들은 아버지의 것이로소이다.…내가 세상에 속하지 아니함 같이 그들도 세상에 속하지 아니하였사옵나이다(17:9, 16).

> 예수께서 대답하시되 내 나라는 이 세상에 속한 것이 아니니라(18:36).

제4복음서에서 선별한 이 본문들은 인간의 일들로 가득 찬 구속되지 않은 영역, 곧 예수가 보내심을 받아 거기서 자신의 사람들을 구해내는 영역으로 "세상"을 생각하는 신약성서의 입장을 보여준다. 내가 주장하려는 것은, 예수는 "세상"을 보다 나은 장소로 만들거나 세상에 "영향을 주거나" "변화시키러" 오신 게 아니라는 것이다. 오히려 그분은 세상에서 사람들을 구속하기 위해 오셨다.[20] 세상을 보다 살기 좋은 곳으로 만들고자 애쓰는 것은 일종의 세속성이다. 하우어워스와 윌리몬의 말을 인용하면, "세속성은 깨기 힘든 습관이다."[21]

분명히 세상은 하나님의 선한 피조물이다(혹은 이었다). 그러나 타락으로 인해 세상은—모든 사악함을 지닌 인간과 체계들을 포함해—구속되지 못하고, 타락하고, 혼란스러운 것이 되었다. 제3세계 목회자와 리더들에게 교육 및 문서 사역을 펴나가는 랭햄 파트너십 인터내셔널Langham Partnership International의 국제 디렉터로 일하는 크리스토퍼 라이트Christopher Wright의 말을 인용하면, "그것은 하나님의 놀라우리만큼 선한 피조물인 동시에 하나님과 맞선 인간과 사탄의 반역으로 인해 나타난 끔찍하리만큼 사악한 무대다."[22]

신약성서에서 "세상"은 선과 악 사이에서 깔끔하게 균형을 이루지 않는다. 미국 노트르담 대학교의 기독교 윤리학 교수였던 존 하워드 요더John Howard Yoder[23]의 말을 인용하면, 신약성서에서 "세상"은 대체로 "반역 상태에 있는 피조물적 질서"다. 또한 그에 따르면 세상은 모든 자연도, 모든 인간도, 모든 "문화"도 아니다. 오히려 그것은 하나님 나라의 질서가 되어야 했던 것의 파편을 지니고 있는 **구조화된 불신앙**이다.[24] 스탠리 하우어워스는 교회의 첫 번째 임무가 "교회가 되는 것, 그래서 세상이 그 자신을 세상으로 이해하도록 돕는 것"이라는 놀라운 표현을 만들어냈다.[25] 그는 자신의 입장을 명쾌하게 밝힌다. "교회가 교회 되는 것은 결코 반세상적인 것이 아니다. 오히려 그것은 하나님의 선한 창조물인 세상이 본래 되어야 할 모습이 어떠한지를 보이고자 하는 시도다."[26] 유진 피터슨Eugene Peterson은 자신의 책 『메시지』 The Message(복있는사람 역간, 2015)에서 바울이 에베소 교인들에게 한 말을 풀어쓰면서 이렇게 말한다. "여러분도 아시다시피 교회가 세상에 대해 지엽적인 것이 아니라, 세상이 교회에 대해 지엽적인 것입니다" (엡 1:23).

하나님 나라에 관한 논의가 나아갈 길

언젠가 강의를 마쳤을 때 대학 1학년 학생 하나가 내게로 다가왔다. 그녀는 자기가 내게 하고자 하는 말을 들을 사람이 나 외에는 주변에 아무도 없음을 확인하려는 듯 좌우를 살핀 후 내가 불편함을 느낄 정도로 자신의 입을 내 왼쪽 귀에 가까이 들이대면서 속삭였다. "교수님이 미국 공군을 위해 일하시는 게 아니라면, 진한 감색 바지를 입으실 때 검정색 구두는 절대로 신지 마세요." 그녀는 몸을 흔들며 한두 발자국 뒤로 물러선 후 내 눈을 바라보며 마치 자신이 내게 일생일대의 비밀이라도 털어놓은 양 윙크를 했다. 그러고는 으쓱거리며 강의실을 빠져나갔다. 나는 그녀가 그 말을 했을 때 내 머릿속에서 떠올랐던 것을 지금껏 아무에게도 말한 적이 없다. 하지만 분명히 말하지만 그것은 그다지 좋은 것이 아니었다. 그러나 이제 나는 새로운 법칙 하나를 정하려 한다. 그것은 우리가 이 "세상"에서 하는 일에 대해 "하나님 나라"라는 단어는 절대로 사용하지 말자는 것이다.

하나님 나라에 대한 이 두 가지 접근법—하나는 공적이고 정치적인 과정을 통한 사회적 행동에 초점을 맞추고, 다른 하나는 구속의 순간들에 초점을 맞춘다—은 성서가 말하는 하나님 나라에 관한 중요한 진리들을 드러낸다. 그러나 나는 하나님 나라에 대한 이 두 가지 접근법 모두가 예수가 의미했던 하나님 나라에는 심각하게 미치지 못하며, 따라서 다시 한 번 인내하면서 성서가 가르치는 것을 충분히 숙고할 필요가 있다고 믿는다. 메릴린 로빈슨의 말을 빌리자면, 이 두 가지 접근법이 제공하는 것은 "불규칙한 우주 안에 있는 직선으로 된 자다."[27] 아마도 "하나님 나라"라고 불리는 이 "불규칙한 우주"에 대해 논하려면 여러 개의 장章이 필요할 것이다.

내 아내 크리스와 나는 어느 청명하고 아름다운 토요일에 캐나다 브리티시컬럼비아 주 밴쿠버에 있었다. 우리는 그날 세계에서 가장 큰 도심 공원인 스탠리 파크를 산책하며 보내기로 했다. 스탠리 파크는 거의 전체가 물에 에워싸여 있었다. 그곳에서 우리는 하나님이 함박웃음을 짓고 계시는 듯한 느낌을 받았다. 바위로 된 해변에 이르렀을 때 그곳에서 우리는, 바브라 스트라이샌드Barbra Streisand(미국의 가수 겸 감독 겸 배우—역자 주)가 앤드리 애거시Andre Agassi(미국의 프로 테니스 선수—역자 주)에 대해 표현했던 말을 빌리자면, "오랜 세월 동안 진화해 온" 까마귀 한 마리를 지켜볼 수 있었다. 까마귀는 대합조개 하나를 낚아챘는데, 즙으로 가득찬 조개의 내장을 먹고 싶어하는 듯했다. 하지만 까마귀는 딱따구리처럼 조개껍데기를 부리로 쪼아 깨뜨릴 수 없었다.

그래서 대신에 대합조개를 입에 물고 바위 꼭대기로 날아 올라가 그것을 바위 위로 떨어뜨려서 깨뜨리려 하고 있었다. 그 까마귀는 우리가 지켜보고 있는 동안 서너 차례나 위아래를 오르락내리락 했음에도 대합조개의 딱딱한 껍데기를 깨고 들어갈 마법의 지점을 찾지 못했다. 우리는 버스를 타야 했기에 그 이야기의 마지막을 보지 못했다. 하지만 나는 그 까마귀가 자신이 원하는 것을 얻을 때까지 여러 차례 되풀이하며 위아래로 오르락내리락 했으리라는 것을 의심치 않는다.

이어지는 장들에서 나는 그 까마귀가 했던 것과 같은 일을 할 것이다. "하나님 나라"라고 불리는 대합조개를 입에 물고 성서 위로, 그리고 예수의 세계 위로 낮게 날면서 그것을 성서의 여러 책들이라는 바위 위로 떨어뜨려 부수는 일을 말이다. 나는 그 껍데기가 부서질 것이고, 우리가 그 일에 지칠 무렵에—아마도 버스가 오기 전에, 혹은 당신이 나를 그 버스 아래로 내던지기 전에—결국 성서에서 나온 즙이 가득 찬 "하나님 나라"라는 살코기를 낚아채 함께 연회를 열게 되리라고 확신한다. 나는 그렇게 하나님 나라라는 대합조개를 거듭 떨어뜨리면서 그것의 다양한 요소들을 살필 것이다. 그리고 이런저런 단어들에 대해 이야기하면서 그것들에 미국의 시인 크리스챤 위맨Christian Wiman이 "명쾌함의 분노"fury of clarity라고 부르는 것을 적용할 것이다.[28] 나는 우리가 하나님 나라를 이해하려면 그와 관련된 단어들을 연구해야 한다는 미국 캘리포니아 주 샌타바버라에 위치한 웨스트몬트 대학의 영문학 교수인 메릴린 챈들러 맥엔타이어Marilyn Chandler McEntyre의 말에 동의한다. 반면에 "무엇보다도 정의定意를 피하라. 그것은 당신에게 치명적인 것이 될 것이다"라고 말했던 영국의 여류 소설가 마리아 에지

워스Maria Edgeworth에게 반대한다. 맥엔타이어는 프린스톤에서 강의하고 훗날 『거짓의 문화 속에서 단어들 돌보기』*Caring for Words in a Culture of Lies*라는 제목으로 출간된 탁월한 스톤 강좌Stone Lectures에서 상황을 정확하게 짚어냈다. "정확성은 용어들을 정의하는 데서 시작된다."[29] 또 그녀는 같은 책의 한 페이지 뒤에서 이렇게 말했다. "저는 학생 여러분께 말씀드립니다. 여러분이 사용하는 동사들이 정확하다면, 그리고 여러분이 가능한 한 명확하게 누가, 어떻게, 누구에게, 무엇을 행했는지 특정한다면, 여러분의 글쓰기는 50퍼센트 향상될 것입니다." 계속해서 그녀는 방주傍註를 통해 이렇게 말한다. "또한 나는 그것들을 말할 때 통계들을 사용했다. 나는 단어들을 사용하는 데 정확성을 기했다. 숫자들은 또 다른 문제들이다." 나 역시 필요할 경우에는 숫자들을 정확하게 표기하는 것을 포함해 그 두 가지 모두를 시도할 것이다.

그렇다면 이처럼 격렬하게 명확성을 추구하는 일을 어디서부터 시작해야 할까? 하나님 나라에 그것의 의미와 상황을 제공하는 것에서, 곧 이스라엘의 이야기에서 시작해야 한다. 거기서 우리는 튜닉tunic(고대 그리스나 로마인들이 입던, 소매가 없고 무릎까지 내려오는 헐렁한 웃옷—역자 주)과 터번으로 치장한 하나님 나라를 발견하게 될 것이다.

제3장

하나님 나라의 이야기
Tell Me the Kingdom Story

하나님 나라의 으뜸 단어는 "이야기"다. 잠언은 이렇게 전한다. "이야기(혹은 우리의 삶의 계획을 지도하는 묵시)가 없으면 백성이 망한다"(잠 29:18, 저자의 의역). 이스라엘 백성은 그들이 스스로 말하도록 배운 이야기를 통해 삶을 이해했다. 그래서 오늘날 성서학자들은 성서의 이야기를 말하는 최상의 방법을 찾고 있는 중이다. 하나님 나라에 대한 정장바지 스타일의 접근법은 구속적 통치의 역학에 그 초점을 맞추고 있다. 따라서 이 경우에 성서의 핵심 이야기는 각각의 개인들에 관한 것이 되는데, 각 개인의 위기는 그들의 죄와 죄로 인한 결과들이다. 그 위기의 해결책은 죄의 결과를 종식시키는 동시에 그들에게 새로운 삶과 하나님 나라에 대한 소망을 제공하는 그리스도의 구속 사역이다. 성서의 이야기에 대한 이런 식의 접근법은 분명히 이야기의 필수적인 요소들(등장인물, 사건, 긴장, 해결)을 모두 갖추고 있다. 반면에 스키니진 스타일의 이야기는 우리가 살고 있는 세상을 보다 살기 좋은 곳으로 만드는 데 도움을 주는 방식으로 그 세상의 목표에 참여하는 것과 관련이 있다. 따라서 삶의 주제는 의미 있는 존재가 되는 것이다. 그리고 이때의 의미는 대개 정의와 평화 같은 것들로 둘러싸여 있다. 우리가 아는 것은 정장바지 스타일과 스키니진 스타일의 접근법 모두가 어떤 사명으로 이어진다는 것이다. 곧 전자는 전도와 교회로, 후자는 사회 활동과 보다 나은 세상으로 이어진다. 하나님 나라 이야기는 하나님 나라의 사명을 만들어내지만, 그것은 우리를 복음전도와 사회 활동 너머로 이끌어간다.

모든 것은 우리가 **어떤** 이야기를 말하는지에 달려 있다. 나는 우리가 수용하기만 한다면 상황을 크게 바꿀 수도 있을 한 가지 주장을 하고자 한다. 곧, 우리는 예수를 이해할 수 있는 이야기에 대해 말하는 것을 배울 필요가 있다. 그것은 우리가 구성한 각본에 맞게 행동해달라고 예수에게 요구하는 이야기가 아니다. 그런 이야기가 아니라, 우리는 예수 자신과 사도들이 말했던 이야기를 찾아낼 필요가 있다. 흔히들 말하는 대로 만약 예수가 **해답**이었다면, 그 해답을 초래한 **질문**은 무엇이었는가? 나는 만약 우리가 그런 식으로 질문을 한다면, 아마도 그 "질문"은 기독교 신학의 스펙트럼 전체를 헤집고 돌아다닐 수도 있다고 여긴다. 그런 까닭에 그 질문을 이렇게 좁혀보고자 한다. 만약 예수가 해답이었다면, 그리고 그 해답이 예수가 메시아/왕이라는 것이었다면, 그런 해답을 초래한 질문은 무엇이었는가? 이 해답은 질문을 변화시킨다. 그리고 그 질문은 올바른 이야기로 이어진다.

엘리자베스 악트마이어의 증언

그렇다. 성서학자들은 성서가 전하는 포괄적인 이야기를 찾아내 설명하는 일에 공을 들이고 있다. 하지만 오늘날 많은 이들은 성서를 무시하거나, 그 이야기의 어느 한 요소에만 집착하거나, 혹은 여러 가지 방법으로 성서를 공격한다. 여기서 나는 이 책을 추동하고 있는 요점 하나를 강조해두고자 한다. **나는 성서를 믿는다. 또한 나는 우리가 헌신할 만한 가치가 있는 유일한 신학은 성서를 통해서 그리고 성서에 의해서 형성된 신학이라고 믿는다.** 나는 내 블로그에 글을 쓸 때나 공적인 장소에서 강연을 할 때 늘 속으로 이런 질문들을 웅얼거린다. "사람들은 성서에 관심이 없는 것인가? 만약 사람들이 성서의 이야기가 그들의 생각을 형성하도록 허락하지 않는다면, 도대체 그들은 어떻게 자신들의 생각을 권위 있는 것으로 내세우는 것일까?" 혹은 좀 더 자주 나는 이렇게 중얼거린다. "그래, 좋다, 나는 그것이 당신의 견해라는 것을 안다. 하지만 성서는 무엇이라고 말씀하는가? 혹은 성서가 당신에게 중요하기는 한가?"

나는 이 책이 이루고자 하는 일을 했던 한 사람을 좋은 본보기로 제시하고자 한다. 그녀의 이름은 엘리자베스 악트마이어Elizabeth Achtemeier다. 그녀는 미국의 버지니아 주에 위치한 유니언 신학교에서 구약성서와 설교학을 가르쳤던 교수다(그녀의 남편 폴 악트마이어Paul Achtemeier는 같은 학교에서 신약학을 가르쳤다). 그녀의 이야기는 성서가 우리의 삶을 형성하도록 허락하는 것에 관한 이야기다. 그 이야기는 그녀의 경건한 어머니에 관한 이야기로 시작한다.[1] "정기적인 훈련을 통해, 그리고 가르침과 모범을 통해 어머니는 점차 내 삶에 교회가 필요하다는 인식을 심어주셨다. 그리고 나는 그런 은혜의 통로를 통해 내 하늘 아버지와 그분의 아들 예수 그리스도에 대해 알게 되었다. 또한 그때 이후 그분의 성령이 내 삶에 동행하셨다."

그녀가 여성이어서 그런가? 엘리자베스는 그녀의 회고록을 교회와 여성에 관한 문제로 시작한다. 그리고 어디서나 항상 잘 수용되지는 않는 모종의 페미니즘을 드러낸다. 그녀의 주장은, 자신은 성서의 여성이며, 그렇지 않다면 참된 기독교적 페미니즘은 존재하지 않는다는 것이다. 그녀는 "교회가 오랫동안 여성들을 온전하게 활용하지 않음으로써 피폐해졌다"고 주장한다. 하지만 급진적인 페미니즘이 기대에 크게 미치지 못함을 발견하고 이렇게 말한다. "급진적인 페미니스트들이 스스로를 '희생자'라고 주장할 때, 그리고 성서와 하나님의 본성에 대한 성서의 증언을 거부하면서 기독교 신앙의 핵심을 공격할 때, 사실 그들은 자기들이 향상시키고 있다고 믿는 교회를 서서히 쇠퇴시키고 있는 셈이다." 그녀는 자신이 차별을 거의 경험해보지 못했다고 주장하며 이렇게 고백한다. "나는 그동안 내가 방해받지 않고 일할 수 있었던 것이 내 자신의 능력 때문이 아니라, 하나님의 말씀의 능력 때문이라고 말할 수밖에 없다." 이어서 그녀는 다음과 같은 질문으로 비성서적이며 정치화된 페미니즘을 밀어낸다. "그 급진적인 페미니스트들은 그동안 내 삶 전체를 이끌어오셨던 성부 하나님을 대체하도록 내게 어떤 종류의 하나님을 제공할 것인가?" 이어서 그녀는 또 다른 고백을 한다. "내가 시도하는 것은 내 자신이 참되다고 알고 있는 복음의 전도자가 되는 것뿐이다."

엘리자베스 악트마이어는 성서가 자신의 삶과 교회의 삶에 대해 갖는 의미를 증언한다. 그녀가 쓴 여러 책은 말씀에 대한 그녀의 열정을 드러낸다. 노스캐롤라이나 주 개스토니아 시에 있는 뉴호프침례교회New Hope Baptist Church의 청소년부 담당 목회자인 브랜든 맥코이Brandon McKoy는 아주 영리한 표현을 사용하여 다음과 같이 주장한다. "만약 우리가 엘리자베스 악트마이어의 삶에 대해 알고자 한다면, 우리는 '무오류와 오류'inerrancy and errancy에 관한 논쟁에서 '상속'inheritancy에 대한 헌신으로 옮겨갈 필요가 있다."[2] 그리고 바로 그것이 내가 말하고자 하는 성서에 대한 하나님 나라 이야기식 접근법이다. 그 이야기는 우리를 그 안으로 빨아들여서, 다시 말해 그 이야기를 상속하고 다음 세대에 전달하여 우리의 이야기가 된다.

하나님 나라 신학은 우리가 그 이야기에 대한 참으로 성서적인 개념을 형성할 수 있게 하기 위해 반드시 성서에 근거를 두어야 한다. 이것은 우리로 하여금 다음과 같은 질문을 제기하도록 이끈다. 성서의 하나님 나라 이야기란 무엇인가? 우리는 스스로 성서의 하나님 나라 이야기를 말로 표현할 수 있기 전까지는 절대로 하나님 나라의 사명을 수행할 수 없다.

하나님 나라 이야기 안에 있는 두 가지 "이야기"

하나님 나라 이야기 안에서는 사실상 두 가지 이야기가 들린다. 그중 하나는 얼마간 스키니진 스타일의 관점으로, 그리고 다른 하나는 얼마간 정장바지 스타일의 관점으로 이야기된다. 그 두 이야기는 서로 분리되어 있으나 하나로 합쳐질 필요가 있다. 하지만 우리가 그 둘을 하나로 합칠 때―우리는 다음 장에서 그 일을 할 것이다―하나님 나라 이야기는 스키니진 스타일과 정장바지 스타일 접근법 모두를 넘어서게 될 것이다. 그 두 이야기는 보다 좁은 C-F-R-C 이야기와 보다 완전한 A-B-A′ 이야기다.[3]

C-F-R-C

C-F-R-C 이야기는 성서 안에 있는 구원의 이야기다. 그 이야기는 다음과 같이 진행된다.

- 하나님은 **창조**(Creation)의 주인이시며 모든 것을 선하게 만드셨다. 또한 그분은 인간을 자기의 모양과 형상을 따라 지으셨고, 인간은 에덴동산에서 무고하고 선한 삶을 살았다.
- 아담과 하와가 그들 자신의 길을 가기로 결정하고, 하나님께 죄를 짓고, 하나님이 하지 말라고 명하신 일을 했다. 그리고 결국 이것은 인간이 **타락**(Fall)해 죄에 빠지는 상황으로 이어졌다. 그동안 그 죄가 얼마나 널리 퍼지고 얼마나 전염성이 있는지에 관한 수많은 논쟁이 있었다. 모든 이들이 "원래의 죄책"original guilt을 받아들이지는 않으나, 대부분의 프로테스탄트 신자들은 모종의 "원죄"original sin를 받아들인다. 여하튼, 미국의 만화 작가였던 제임스 서버James Thurber의 말을 인용하자면, 바로 그것이 "혼란의 기점"이다.[4] 받아들여져야 할 필요가 있는 또 다른 사항은 그 "타락"이 모든 사람을 위한 전형이라는 것인데, 왜냐하면 우리는 모

두 상황을 완전히 통제하려 들기 때문이다. 칼 바르트가 남녀를 포괄하는 용어가 나타나기 전 시대에 말했듯이, "인간Man은 하나님에게서 떨어져나가는 것을, 그분에게서 독립하는 것을, 그리고 자신을 절대적 위치에 올려놓는 것을 좋아한다."[5]

- 다음으로 **구속**(Redemption)이 온다. 은혜로우신 하나님이 아브라함과 언약을 맺으시고, 이스라엘을 자신의 백성으로 택하시며, 이스라엘을 통해 세상을 위한 자신의 사명을 수행하신다. 이스라엘은 하나님과의 언약에 충성을 다하는 데 실패한다. 그래서 하나님이 온전한 구속을 이루시기 위해 완전한 이스라엘 사람을 보내신다. 그 완전한 이스라엘 사람은 예수 그리스도다. 그의 삶, 죽음, 매장, 부활, 그리고 십자가 위에서의 고양高揚을 통해 이루어진 구속 사역은 지금 이곳에서 하나님 나라를 위한 교두보를 세운다.

- 구속은 그리스도의 재림 시에 혹은 종말에 비로소 완성될 것이다. 그때 하나님은 새 하늘과 새 땅이라고 불리는, 그리고 새 예루살렘을 갖고 있는 온전한 하나님 나라를 세상 안으로 들여오실 것이다. 바로 그것이 구속의 **완성**(Consummation)이 될 것이다.

만약 이와 같은 구속의 역학이 하나님 나라 백성들이 말하는 이야기 전체를 관통한다면, 하나님 나라의 사명은 오직 하나님 나라 그 자체뿐이다. 성서를 읽는 누구라도 창조주 하나님, 인간의 타락, 구속의 필요성과 그것의 제공은 물론 하나님 나라 안에서의 미래, 마지막, 그리고 영광스러운 영원한 구속에 관한 이야기를 발견한다.

성서를 읽는 이런 오래된 방식에 의문을 제기하는 것은 커피가 충분히 따뜻한지 확인하기 위해 커피 잔 속으로 손가락을 넣어보는 것이나 다름없다. 하지만 나는 그렇게 해보려 한다. 왜냐하면 C-F-R-C 이야기에는 다음 세 가지의 중요한 문제가 있기 때문이다. (1) 그동안 사람들이 성서를 읽는 방식을 그것이 거의 전적으로 떠맡아왔다. (2) 그것은 각 개인의 공감을 불러일으키는 성서 읽기 방식이다. 따라서 (3) 그것은 협소한 혹은 부적절하게 성서를 읽는 것이다. 사실 할 말은 더 많다. 성서를 전적으로 C-F-R-C 줄거리를 통해 읽는 이들은 자신들의 C(창조)와 F(타락)에 관한 이야기를 얻기 위해 창세기 1-3장을 읽으면서 짜증스러운 성향을 보인다. 하지만 그 후에 그들은 R(구속)을 얻기 위해 **모든 것을 건너뛰어** 로마서 3장이나 복음서들에 실려 있는 십자가 처형 장면으로 직행한다. 이것은 구약성서의 내용 중 99.5퍼센트를 건너뛰는 것이다. 또한 어떤 이들은 하나님이 이 세상에서 행하시는 일의 궤적으로서의 이스라엘, 혹은 교회, 혹은 하나님의 백성에 관한 그 어떤 진지한 논의도 생략하는 경향이 있다.[6] 어째서인가? C-F-R-C 이야기의 초점이 개인 구원personal salvation에 맞춰져 있고, 또한 그것이 개별적인 구원individual salvation에 집중하기 때문이다. 어찌되었건 성서는 구속의 이야기를 전하고, 우리 모두는 구원을 받아야 할 필요가 있으며, C-F-R-C 이야기는 우리에게 그 일이 어떻게 일어나는지 알려준다. 그것은 좋은 일이다. 하지만 성서의 이야기가 구속의 이야기로 축소될 때, 우리는 그 이야기의 많은 부분을 잃게 된다.

제발 당신의 스마트폰을 내려놓으라. 그것을 꺼놓으라. 그리고 이 주장에 귀를 기울이고, 시간을 들여 과연 그것이 옳은지 판단해보라.

성서 전체에서 우리가 성서를 어떻게 읽어야 할지를 알려주는 가장 결정적인 본문은 고린도전서 15:3-5에 실려 있는 복음에 대한 간결한 요약이다. 우리는 그것을 다음의 네 가지로 말할 수 있다.

나는 내가 받은 가장 중요한 것을 여러분에게 전하였습니다. 그것은

1. 그리스도께서 성서대로 우리 죄를 위하여 죽으시고,
2. 장사 지낸 바 되셨다가,
3. 성서대로 사흘 만에 다시 살아나사,
4. 게바에게 그리고 그 후에 열두 제자에게 자신을 보이셨다는 것입니다.

복음은 예수에 관한 이야기다. 그리고 예수에 관한 것이기에 또한 우리에 관한 이야기이기도 하다. 그 이야기를 먼저 우리에 관한 것으로, 혹은 나와 내 구원에 관한 것으로 만드는 것은 그 이야기를 축소시키는 것이며, 그 이야기의 중심인물인 예수에게서 영광을 빼앗는 것이다. 언젠가 나는 어느 학술대회에서 어떤 주제에 관해 강연한 적이 있는데, 그것은 내가 그 주제에 대해 말해달라는 부탁을 받았기 때문이었다. 강연을 끝냈을 때 한 사람이 내게 다가오더니 대답하기 쉽지 않은 질문을 했다. "교수님, 말씀해주십시오. 도대체 이게 **나**와 무슨 상관이 있는 겁니까?" 나는 약간 직설적으로 답했다. "아마도 아무런 상관이 없을 겁니다. 하지만 그것이 성서가 말씀하는 내용입니다." 그러자 돌아온 반응은 나를 슬프게 했다. "그렇다면, 저는 관심 없습니다." 그 사람이 나를 떠나갈 때 나는 우리가 성서의 이야기를 "나"Me에 관한

그리고 나를 위한 이야기로 바꿀 경우에 발생하는 일에 대해 생각했다. 여기서 나는 다시 그것에 대해 이야기하려 한다. 복음은 예수에 관한 이야기다. 복음은 **예수가 메시아, 왕, 주님, 그리고 구주라고** 선포한다. 이것은 이것이냐/저것이냐의 문제, 즉 나에 관한 것이냐 아니면 예수에 관한 것이냐의 문제가 아니다. 하지만 그 이야기의 순서는 우리가 그 이야기를 나에 관한 것으로 만들고 있는지, 아니면 예수에 관한 것으로 만들고 있는지에 대해 알려준다. 먼저 예수고, 그다음이 당신과 나다. 그것이 복음의 순서다.

당신의 스마트폰이 아직 꺼져 있다면, 이제 나는 당신에게 좀 더 큰 요구를 해보려 한다. 만약 고린도전서 15:3-5이 그 이야기의 목표라면, 우리는 성서의 이야기를 예수에 관한 혹은 하나님에 관한 이야기로 말하는 법을 배울 필요가 있다. 다시 말해 **우리가 예수가 메시아라는 복음의 주장으로 이끌어가는 이야기를 발견하지 못한다면, 우리는 아직 올바른 성서 이야기를 갖고 있지 못한 셈이다.** 가장 정확한 성서 이야기는 우리를 창세기 1장부터 메시아이신 예수에게, 유일하게 참된 왕이신 예수에게, 우주의 주님이신 예수에게, 우리가 하나님 나라 안으로 들어가게 하기 위해 우리를 구속하신 예수에게 이끌어가는 이야기다. 그런데 C-F-R-C 이야기는 "구속하는 분이신 예수"에 관해서는 말하지만, 메시아이신 예수, 왕이신 예수, 그리고 주님이신 예수에 관해서는 말하지 않는다. 또한 종종 그것은 우리에게 하나님 나라에 대해 충분히 말하지 않는다. 따라서 우리에게는 C-F-R-C 이야기를 보다 큰 이야기 속으로 합병시키는 어떤 이야기가 필요하다. 그리고 그런 이야기를 전하는 이들의 좋은 본보기가 N. T. 라이트다.

예수에 관해 널리 알려진 책 『예수와 하나님의 승리』 *Jesus and the Victory of God*(크리스챤다이제스트 역간, 2004)에서 톰 라이트는 다음과 같은 주장을 하면서 하나님 나라 이야기의 틀을 만든다. 예수가 "'하나님 나라가 가까이 왔다'고 말한 것은 오직 청중이 '지금까지 전개된 그 이야기'를 알고 있고 그것이 완성되기를 기다리고 있을 때만 이해될 수 있다."[7] 우리는 계속되는 이야기를 톰의 책 『신약성서와 하나님의 백성』 *The New Testament and the People of God*(크리스챤다이제스트 역간, 2003)에서 찾아볼 수 있다.[8] 거기서 그는 예수와 함께 계속되는 그 이야기가 단지 창조와 출애굽과 추방처럼, 아브라함과 모세와 다윗 같은 인물들처럼, 왕들, 예언자들, 침략, 포로살이, 경제, 정치, 가정생활, 국제관계, 평화로운 시기 등이 만들어낸 희극과 비극들처럼 이스라엘의 역사 속에서 일어난 그 무엇에 불과한 것이 아님을 증명하는 중요한 일을 수행했다. 물론 그 이야기 안에는 그런 요소들이 있다. 하지만 그런 요소들은 그 백성과 사건들을 어떤 의미를 만들어내는 이야기 속에 위치시키는 하나의 세계관—이야기, 상징들, 그리고 실천으로 이루어진—의 일부다.

톰이 이 모든 것에 틀을 지우는 방식은 우리가 아래서 살피게 될 것을 미리 보여준다. 따라서 여기서 우리는 간략하게나마 그것을 다시 거론할 필요가 있다. 그 이야기는 창조주 하나님과 인간의 타락으로 시작되어 족장들에 대한 부르심으로, 그리고 모세의 지도 아래 이루어지는 출애굽을 통한 구출과 해방—이스라엘에서 전형적인 이야기가 되는 이야기—으로 이어진다. 그 후에는 정복 활동이 다윗 이야기의 틀을 지운다. 그러나 다윗의 후계자들은 실패했고, 그들의 실패는 바빌론에서 백성들의 포로살이로 이어진다. 그리고 이것은 또 다른 (새로운) 출애굽과 고국으로의 귀환에 대한 소망을 불러일으킨다. 하지만 그 귀환조차 기대되었던 모든 것을 이루지는 못한다(그리고 이것은 그 이야기에 관한 라이트의 이해의 토대를 이룬다). 톰은 이렇게 말한다. "그러므로 제2성전 시기에 히브리 성서의 위대한 이야기는 불가피하게 어떤 결론을 찾는 이야기로 읽혔다." 이와 관련해 라이트는 다음과 같은 놀라운 선언을 한다. 이스라엘은 여전히 "포로살이 중에 있으며" 예수가 선포하는 것은 "포로살이의 종결"이다. 따라서 하나님 나라와 포로살이의 종결은 그 웅장한 이야기를 말하는 방식들이다. 그동안 라이트가 예수 시대에 그 이야기를 읽는 방식으로서 포로살이의 종결에 초점을 맞추는 것은 비판의 대상이 되어왔다.[9] 하지만 나는 라이트의 표현은 이스라엘의 예언자들이 품었던 기대에서 유기적으로 나타난 것이며 우리에게 하나님 나라에 대한 누적된 이해를 보다 직접적으로 제시한다고 주장하고자 한다. 여하튼 "포로살이의 종결"은 "하나님의 나라가 임했다"를 의미한다. 어쩌면 라이트의 제안은 우리 앞에 예수 시대에 제기되었던 일련의 질문들을 제시하는 것일지도 모른다. 그리고 그는 1세기의 유대인 사상가들이 제시했던 일련의 답을 열거하고 있는 것일지도 모른다. 예수의 하나님 나라 이야기는 바로 그런 정황 속에서 피어난다. 톰 라이트가 제시하는 질문과 답은 다음과 같다.[10]

1. 우리는 누구인가? 우리는 이스라엘, 즉 창조주 하나님이 택하신 백성이다.

2. 우리는 어디에 있는가? 우리는 성전이 중심이 된 거룩한 땅에 있다. 하지만 역설적으로 우리는 아직 포로 상태에 있다.

3. 무엇이 잘못되었는가? 우리는 잘못된 통치자들을 갖고 있다. 한편으로는 이방인 통치자들을, 그리고 다른 한편으로는 타협한 유대인 통치자들을, 혹은 그 중간 어디쯤엔가 있는 헤롯과 그의 가문에 속한 자들 같은 이들을 갖고 있다. 우리 모두는 이상적이지 않은 상황에 개입해 있다.

4. 해결책은 무엇인가? 우리의 신은 우리에게 참된 통치, 즉 적절하게 임명된 관리들(참된 제사장들, 그리고 가능하다면 참된 왕)을 통해 행사되는 그분 자신의 왕적 통치를 제공하시기 위해 다시 행동하셔야 한다. 그리고 그러는 동안에 이스라엘 백성은 그들이 맺은 언약의 헌장에 충실해야 한다.

내가 생각하기에 이런 일련의 질문들은 "이야기"에 대한 우리의 접근법에 새로운 방향을 정해준다. 그리고 분명히 그것은 C-F-R-C식 접근법을 넘어선다. 하지만 여기서 나는 톰 라이트의 이야기조차 그 초점을 그 이야기의 유익(포로살이가 끝났다)보다는 그 이야기의 왕에게 맞춰야 한다고 주장하고자 한다. 그리고 나는 A-B-A′ 이야기가 그 일을 한다고 여긴다.

A-B-A′

예수가 "때가 찼고 하나님의 나라가 가까웠으니 회개하고 복음을 믿으라"라고 선포했을 때, 그 말을 들은 유대인들은 아마도 다음과 같이 말하지 **않았을** 것이다. "마침내 내가 구원 얻을 방법을 내게 알려줄 이가 나타났군." 오히려 예수가 그렇게 하나님 나라의 도래에 대해 말했을 때 아마도 그들의 마음에 가장 먼저 떠오른 것은 "다윗"과 "왕"과 "메시아"와 "성전"과 "예루살렘"과 "로마인들을 내쫓으라!"와 "정의"에 대한 생각이었을 것이다. 신약성서에서—복음서부터 바울서신까지 그리고 계시록에 이르기까지—하나님 나라라는 용어는, 만약 당신이 하나님 나라가 말하는 **그 특화된 이야기**를 이해하지 못한다면 전혀 뜻이 통하지 않을 것이다. 나는 아래의 A-B-A′ 이야기가 하나님 나라 이야기를 추동하는 이야기이며, C-F-R-C 이야기는 A-B-A′ 이야기 안에 있는 하나의 주제일 뿐이라고 주장하고자 한다. 가장 중요한 것은 A-B-A′ 이야기가 우리로 하여금 분명하게 예수가 메시아, 주, 그리고 구주라는 복음의 선언에 주목하게 하리라는 것이다.

플랜 A | 플랜 A는 아담과 아브라함에게서 시작해 사무엘까지 확대된다. 그 기간은 다음과 같은 한 가지 중요한 주제로 인해 두드러진다. **하나님은 그분이 택하신 백성을 통해 세상을 다스리시지만, 오직 그분만이 유일한 왕이시다.** 하나님은 창조주이시다. 그것이 성서 이야기가 시작되는 방식이다. 창조주이신 하나님은 왕이시다. 그런데 그분은 놀라울 정도로 과격한 일을 행하신다. 그분은 자신의 통치를 아담과 하와와 공유하신다. 하지만 그들은 창세기 3장에 실려 있는 타락 이야기가 분명하게 밝혀주듯이 하나님과 통치를 공유하는 것으로 만족하지 않았다. 그러나 A-B-A′ 이야기는 우리가 C-F-R-C 이야기의 F(타락) 부분을 조정할 것을 요구한다. 고전적인 기독교 사고에

따르면 우리는 아담과 하와가 "타락해서" 원죄를 갖게 되었다. 따라서 구속에 의해 해결되어야 할 문제는 불순종과 원죄다. 여기까지는 좋다. 하지만 그런 설명만으로는 충분하지 않다. 구속에 의해 해결되어야 할 문제는 아담과 하와가 **그들에게 부과된 임무라는 관점에서** 저질렀던 죄다.

이제 창세기 1장으로 돌아가 보자. 아담과 하와는 형상들*eikons*, 즉 하나님의 우주적 성전 안에서 통치하도록 하나님에 의해 임명된 그분의 형상의 담지자들이다(창 1:26-27).[11] 하나님의 형상의 담지자들은 무슨 일을 하는가? 그들은 하나님을 위해 혹은 하나님을 대신해 다스리도록 임명되었다. 그들은 이 임무에서 "타락"한 것이었다. 즉 그들은 "하나님을 대신해"가 아니라 "하나님처럼" 다스리는 쪽을 택했는데, 이것은 그들이 왕권의 **찬탈자**가 되었음을 의미한다. 그들이 저지른 죄는 하나님을 대신해 다스리는 책임 이상의 것을 원하는 죄였다. 그 죄는 창세기 3장에 나오는 징그러운 뱀이 한 말을 통해 분명하게 드러난다. "너희가 그것을 먹는 날에는 너희 눈이 밝아져(플레전트빌 *Pleasantville*[1998년에 나온 영화 제목으로 겉보기에 유토피아처럼 보이는 것이 실제로는 인간이 견디기 힘든 곳임을 알려주는 이야기를 담고 있다—역자주] 방식으로), (여기서 아주 강력한 말이 등장한다) **하나님과 같이 되어** 선악을 알 줄 하나님이 아심이니라"(3:5, 강조는 덧붙인 것임). **성서에 나오는 죄의 이야기는 하나님이 택하신 사람들이 하나님의 뜻에 순종하기보다 하나님처럼 되기를 바라는 것에 대한, 그리고 하나님을 대리해 통치하고 그분의 통치를 받기보다 스스로 통치하고자 하는 것에 대한 이야기다.**

하나님은 자신에 대한 인간의 반항을 종결시키기 위해, 그리고 그와 동시에 플랜 A를 따라 인간을 용서하시고 그들을 자신에게 단단히 붙들어 매기 위해 한 사람을 **택하시고**, 그와 더불어 은혜의 언약을 체결하시고, 그와 그의 사람들에게 자신을 위해 다스릴 것을 명령하신다. 바로 이것이 C-F-R-C 이야기의 R(구속)을 발생시킨다. 이때 택함을 받은 사람의 이름은 아브라함이며, 이 이야기 부분과 관련한 주요 본문은 창세기 12, 15, 17장이다. 아브라함의 후손은 야곱 혹은 이스라엘이다. 이야기는 족장들과 요셉에서 애굽으로 넘어가며, 그 후에 우리는 모세와 만난다. 모세는 R(구속) 주제를 속죄와 희생과 용서와 순결에 관한 신학으로 발전시킨다. 이어서 여호수아가 나오고, 그 이후에는 고통스럽게 되풀이되는 사사들의 이야기가 등장한다. 그리고 마침내 우리는 사무엘을 만난다. 이 모든 것은 이스라엘을 통해 통치하시는 하나님에 관한 이야기다. 인간 왕은 존재하지 않는다. 정의대로 하면 인간 왕이란 찬탈자이기 때문이다.

플랜 A는 다음 네 가지 특징을 지니고 있다.

- 하나님만이 왕이시다.
- 아담과 하와로부터 아브라함에 이르기까지 인간은 하나님 아래서 다스려야 한다.
- 인간이 하나님의 통치를 찬탈한다.
- 하나님이 찬탈자들을 용서하시고 아브라함과 더불어 언약을 맺으신다.

플랜 B | 하나님을 대신해 그리고 하나님을 위해서 이 세상을 다스리는 이스라엘의 이야기는 아주 이상하게 발전해나간다. 하지만 그것은 하나님 나라에 관한 논의에서 거의 언제나 무시된다.[12] 사실 그것은 너무 많이 무시되기 때문에 나는 우리가 그것을 다시 볼 수 있게 하기 위해 그 이야기에서 먼지를 털어내야 할 필요를 느낄 정도다. 명의상 왕이 아니었던 사무엘은 자신을 이어서 이스라엘을 다스리도록 자기 아들들을 임명해 자신의 통치를 왕조의 형태로 바꾸려 한다(삼상 8:1). 하지만 그의 아들들은 지도자가 될 만한 재목들이 아니었다. 그래서 사무엘은 하나님께로 나아가 이스라엘의 몇몇 교만한 "장로들"이 (자신의 아들들 대신) 왕을 갖기를 원한다고 아뢴다. 그들의 요구는 사실상 아담과 하와가 지은 죄와 다름없었다. 더 나아가 그들의 요구는 정확히 기드온이 거부했던 선택이었다(삿 8:23). 그 교만한 장로들이 사무엘에게 한 말은 그의 나이, 그리고 그가 죽은 후에 그의 얼간이 같은 아들들이 다스릴 때 나타나게 될 일에 관한 것이었다. "당신은 늙고 당신의 아들들은 당신의 행위를 따르지 아니하니 **모든 나라와 같이 우리에게 왕을 세워 우리를 다스리게 하소서**"(삼상 8:5, 강조는 덧붙인 것임).

사무엘의 불쾌감(삼상 8:6)[13]은 하나님 나라 개념을 이해하기 위한 열쇠 중 하나를 제공하는 하나님이 주시는 계시의 말씀을 마주한다. 야웨께서는 사무엘에게 주신 말씀을 통해 다른 나라들처럼 왕을 원하는 이들의 마음속에서 실제로 이루어지고 있는 일에 대해 설명하신다. 야웨의 말씀을 통해 우리는 이스라엘 백성이 이 세상에서 하나님을 **위해** 다스리는 것이 아니라, 세상과 같아지기를 그리고 하나님**처럼** 다스리기를 원하고 있음을 알게 된다.

여호와께서 사무엘에게 이르시되 백성이 네게 한 말을 다 들으라. 이는 그들이 너를 버림이 아니요 **나를 버려 자기들의 왕이 되지 못하게 함이니라.** 내가 그들을 애굽에서 인도하여 낸 날부터 오늘까지 그들이 모든 행사로 나를 버리고 다른 신들을 섬김 같이 네게도 그리하는도다. 그러므로 그들의 말을 듣되 너는 그들에게 엄히 경고하고 그들을 다스릴 왕의 제도를 가르치라(삼상 8:7-9, 강조는 덧붙인 것임).[14]

아담과 아브라함부터 사무엘에 이르기까지 하나님은 왕이셨다. 그분의 계획은 신정정치였다. 하나님은 분권화된 방식으로 그리고 종종 오로지 하나님의 부르심만으로 구별되었던 지도자를 통해 이스라엘을 다스리셨다. 사무엘상 8장에 기록된 사건 이후, 즉 사울 이후로는 **왕이** 이스라엘을 다스리기 시작한다(삼상 8:10-18). **하나님에게 이스라엘을 위한 인간 왕은 플랜 B였다.**

플랜 B, 혹은 (좀 더 일반적인 용어로 말하자면) 구약성서 이야기의 나머지 부분은 다윗의 이야기다.[15] 이것은 역대기에서 눈에 띄게 강조된다. 거기에는 이야기 전체를 관통하여 흐르면서 금방이라도 폭발할 것 같은 저류가 존재한다. 다윗은 선한 왕이었다. 현재의 왕들은 다윗에 미치지 못한다. 그리고 우리는 다윗 계열의 새로운 왕을 고대한다. 다윗이 하나님의 플랜 B에서 얼마나 중요한 인물이었는지 알고 싶다면 역대기 기자가 한 말들을 들어보라.

내가 영원히 그를 내 집과 내 나라에 세우리니 그의 왕위가 영원히 견고하리라(대상 17:14).

여호와께서 내게 여러 아들을 주시고 그 모든 아들 중에서 내 아들 솔로몬을 택하사 여호와의 나라 왕 위에 앉혀 이스라엘을 다스리게 하려 하실새(대상 28:5).

솔로몬이 여호와께서 주신 왕위에 앉아 아버지 다윗을 이어 왕이 되어 형통하니 온 이스라엘이 그의 명령에 순종하며(대상 29:23).

당신의 하나님 여호와를 송축할지로다. 하나님이 당신을 기뻐하시고 그 자리에 올리사 당신의 하나님 여호와를 위하여 왕이 되게 하셨도다. 당신의 하나님이 이스라엘을 사랑하사 영원히 견고하게 하시려고 당신을 세워 그들의 왕으로 삼아 정의와 공의를 행하게 하셨도다(대하 9:8).

이제 너희가 또 다윗 자손의 손으로 다스리는 여호와의 나라를 대적하려 하는도다. 너희는 큰 무리요 또 여로보암이 너희를 위하여 신으로 만든 금송아지들이 너희와 함께 있도다(대하 13:8).

플랜 B에서 하나님은 다윗 왕에게 초점을 맞추신다. 다윗의 후손들은 이스라엘에서 통치자가 될 것이고, 그들의 "왕국"은 "하나님의 나라"가 될 것이다. 위에 인용한 마지막 구절보다 하나님의 생각을 더 분명하게 드러내는 것은 없다. "너희가 또 **다윗 자손의 손으로 다스리는 여호와의 나라를 대적하려 하는도다**"(강조는 덧붙인 것임). 그러므로 다윗은 이스라엘 이야기의 핵심이다.

그렇게 해서 플랜 B에는 다음 6가지 요소가 나타난다.

- 하나님만이 (여전히) 왕이시다.
- 이스라엘은 하나님이 창조하신 세상을 하나님 아래서 다스려야 한다.
- 이스라엘은 하나님의 통치를 찬탈하기를 원한다.
- 하나님은 이스라엘 백성에게 인간 왕을 허락하심으로써 그들에 게 자신을 맞추신다.
- 구약성서의 이야기는 다윗의 이야기가 된다.
- 하나님은 계속해서 희생제사, 성결, 그리고 용서라는 성전 시스 템을 통해 이스라엘의 죄를 용서하신다.

왕좌에 앉은 인간 왕은—심지어 다윗까지도—여전히 플랜 B다.[16] 그럼에도 그것이 다윗 시대 이후 구약성서의 이야기다. 하나님은 이스 라엘의 왕좌에 앉은 인간 왕을 원치 않으셨다. 탐욕스러운 솔로몬은 하나님이 인간 왕을 원치 않으신 이유에 대한 한 가지 좋은 실례다. 왕 권이 의미하는 것은 왕조, 제국, 그리고 자기들이 하나님이라고 여기 는 왕들이다. (나쁜) 왕 아래서 이스라엘은 성전-국가가 되었다. 그리 고 세금이 마치 만나처럼 온 땅을 뒤덮었다. 신정theocracy 곧 하나님의 통치는 사라지고, 군주제monarchy가 등장했다. 조약들은 모호해졌다. 왕이신 야웨는 먼 기억이 되었다. 하지만 오직 야웨 한 분이 다스리시 던 때에 대한 기억은 여전히 남아 있었다.

그 기억은 플랜 B 기간에 소망으로, 즉 언젠가는 하나님이 다시 세 상을 다스리실 것이라는 소망으로 변한다. 이 소망은 그 닻을 다윗과 미래의 다윗 안에 내리고 있다. 하지만 이 소망 역시 다윗 이후의 실패에 대응하면서 그 실패의 한가운데서 구체화된다.[17] 아모스 이후에 올바른 왕과 하나님 나라에 대한 소망이 나타나는데, 그것은 종종 남은 자들에 대한 소망을 통해 드러난다(사 4:2-4; 10:20-27; 37:30-32을 보라). 야고보가 사도행전 15장에서 아모스의 말을 인용하는 것은 결코 우연이 아니다. 그가 인용한 말은 아모스 9:11에서 가져온 것인데, 아모스 9장의 맥락에서 그 구절은 남은 자들에 대한 잠재적인 심판, 포로살이의 종결, 다윗 계열 왕위의 회복을 결합하고 있다.

> 그날에 내가 다윗의 무너진 장막을 일으키고
> 그것들의 틈을 막으며
> 그 허물어진 것을 일으켜서
> 옛적과 같이 세울 것이다.

톰 라이트가 그의 책 『예수와 하나님의 승리』에서 포로살이에 대한 설명에 집중하는 것은 우리로 하여금 A-B-A′ 이야기가 얼마나 중요한지를 면밀하게 살피도록 이끌어간다.[18] 하나님은 남쪽 지파인 유다의 불충에 대한 징벌로서 그들을 바빌론으로 쫓아내 포로살이를 하게 하셨다. 그로 인해 바빌론에서의 포로살이를 끝내고 고국으로 돌아간다는 개념이 소망의 이야기 안에 통합되었다. 실제로 포로들은 약 70여 년 후에 고국으로 귀환했다. 하지만 그들이 돌아옴으로써 **모든 약속이 성취된 것은 아니었다.** 그런 이유로 톰 라이트는 비록 이스라엘 백성이 고국으로 돌아오기는 했으나 그들의 포로살이가 완전히 끝난 것은 아니었다고 주장한다. 그렇다면 그들의 포로살이는 언제 끝날 것인가? 하나님이 다시 한 번 왕좌에 앉으셔서 그 나라를 다스리실 때다. 포로살이는 하나님이 다스리실 때, 이사야 40-66장에 나타나는 열정적인 말들이 그 땅의 현실에서 그저 얼핏 드러나는 것 이상이 될 때, 다시 말해 사무엘상 8장이 전하는 (인간 왕으로 인한―역자 주) 폐해가 해소되고 원상이 회복될 때 비로소 참되게 끝날 것이다. 예루살렘이 하나님에 의해 그리고 오직 하나님만에 의해 통치되기 전까지 포로살이는 계속된다. 하나님의 통치 방식에 대한 모형은―이것은 반드시 강조되어야 한다―다윗을 통한 하나님의 통치다.

포로살이 주제에 대해서는 언급할 것이 더 있다. 포로살이는 C-F-R-C 이야기의 R(구속) 부분에서의 새로운 발전과 밀접하게 관련되어 있다. 이스라엘의 포로살이는 이스라엘의 죄가 용서될 때 혹은 용서됨으로써 끝난다. 그리고 이런 속죄를 가장 잘 상기시키는 이미지 중 하나가 이사야 52:13-53:12에서 발견된다. 거기서 "종"the Servant―이것은 포로살이 중에 있는 이스라엘, 이스라엘의 신실한 지도자, 그리고 이스라엘 백성이 고대했던 다윗 계열의 메시아적 왕과 구속주이신 예수를 동시에 의미하는 용어다[19]―은 온 백성이 용서를 얻도록, 그들의 포로살이가 끝날 수 있도록, 포로들이 고국으로 돌아올 수 있도록 하기 위해 온 백성을 대신해 고난을 당한다. 그로 인해 이제 구속(R)은 단일한 대표적 인물, 즉 종이신 왕the Servant King이 된다. 이것이 이스라엘의 하나님 나라 이야기 안에서 이루어진 발전이다. 왜냐하면 모세의 지도 아래서 이루어진 출애굽이라는 구속 사건과 이사야 40-66장에서 나타나는 "제2의 출애굽"과 귀환을 통과하기 전까지 하나님 나라 이야기는 존재할 수 없기 때문이다. 우리는 이것에 주목해야 한다. 예수는 하나님 나라에 관한 자신의 비전을 이사야서의 이런 장들의 토대 위에 세우고 있다.

이제 나는 우리가 그 큰 그림을 하나로 엮는 방식을 설명하고자 한다. 플랜 A는 세상을 위한 하나님의 뜻이다. 하나님은 그분을 대신해서 그분을 위해 다스리는 이스라엘과 함께 다스리신다. 그러나 이스라엘 백성이 다른 나라들처럼 왕을 갖기 원했기에 플랜 A는 플랜 B 안에서 우회로를 택한다. 플랜 B에서 하나님은 이스라엘의 이기적인 갈망에 자신을 맞추신다. 플랜 B가 시행되는 동안 플랜 A에 대한 기억과 그 시절, 즉 이스라엘에 그 어떤 인간 왕도 없이 하나님이 다스리시던 때로 돌아가고자 하는 소망이 나타난다. 이 소망이 자라감에 따라 고난을 통해 구속하고 구속을 통해 다스리는 종이신 왕이 모습을 드러낸다. 그래서 이사야서에서는 A-B-A′ 이야기가 C-F-R-C 이야기를 하나님 나라 이야기 안으로 밀어 넣는다. 이사야조차 예상하지 못했던 일이 발생하고, 그 일이 하나님 나라와 하나님 나라의 사명 모두의 의미를 완전하게 규정한다(어쩌면 지금쯤 당신은 C-F-R-C 방식의 성서 읽기가 보다 단순하며 따라서 더 선호되어야 한다고 생각하려는 유혹을 받고 있을지도 모르겠다. 그러나 좀 더 버티기 바란다. 왜냐하면 일단 우리가 큰 주제들을 이해하고 나면 성서의 이야기가 제자리를 찾게 될 것이기 때문이다).

수정된 플랜 A | 플랜 A는 하나님이 이스라엘을 통해 통치하시는 것이었다. 플랜 B는 이상적으로는 다윗이 통치하고 다윗 이후에는 어느 이스라엘 왕이 통치하는 것이었다(그리고 대체로 이것은 그다지 성공적이지 않았는데, 사정이 그렇게 된 것은 인간이 하나님을 바르게 대하지 않았기 때

문이다). 예수와 더불어 플랜 A가 새로운 형태를 취하기 시작했다. 어떻게 그럴 수 있었는가? 예수 안에서 하나님이 다시 통치를 시작하시면서 플랜 A로 되돌아오셨기 때문이다.[20] 그러므로 예수가 "하나님의 나라가 가까이 왔다"고 선언할 때, 우리는 잠시 멈춰 서서 "하나님의"of God라는 표현에서 아주 특별한 무언가를 찾아낼 필요가 있다. 그것은 모세나 사무엘, 다윗이나 솔로몬 혹은 이스라엘과 유다의 그 어떤 다른 왕의 나라도 아니다. 오히려 그것은 사무엘의 치명적인 요청과 이스라엘에 대한 하나님의 맞춤이 발생하기 전에 있었던 것과 같은 하나님의 나라다. 그러나 이 새 왕은 다윗을 그 모델로 삼을 것이다. 예수는 **하나님이 다시 한 번 이스라엘 안에서 신적 통치를 시작하셨다고** 선언한다.

성서를 세심하게 읽는 독자들은 마태복음이 예수가 "하나님의 나라"kingdom of God보다 "천국"kingdom of heaven이라는 표현을 선호한다는 것을 알 것이다(마 4:17. 이것을 막 1:15과 비교해보라). 한 세기 넘게 대부분의 학자들은—나 자신을 포함해서—마태가 하나님에 대한 공경의 표시로 "하나님의" 대신에 "하늘의"of heaven라는 표현을 사용했다는 결론을 되풀이해왔다. 즉 예수는 하나님에 대한 공경심 때문에 그분을 직접 거론하지 않고 대신 "하늘의"라고 말했다는 것이다. 그러나 미국 남침례신학교에서 해석학을 가르치는 조나단 페닝톤Jonathan Pennington은 최근에 그가 수행한 연구 결과를 바탕으로 "하늘의"라는 표현이 하나님에 대한 공경보다는 오히려 하나님이 원하시는 것과 인간이 행하는 것 사이의 대조와 상관이 있다고 설득력 있게 주장했다. 그렇다면 "천국"kingdom of heaven은 하나님의 통치가 세상 안으로 침투하면서 인간 왕의 부패한 통치에 도전하고 있음을 가리키는 예수의 방식이었다고 할 수 있다.[21] 그렇다면 이것은 내가 수정된 플랜 A와 관련해 하고자 하는 주장을 뒷받침해준다.

예수는 이스라엘의 오랜 역사와 보다 최근에 나타난 이스라엘의 위대한 예언자들의 비전을 돌이켜 살피면서 하나님이 다시 책임을 맡으셨다고 선언한다. 이제 이상적인 다윗 계열의 왕이 도래했다. 하지만 우리는 예언자들 중 마지막 사람으로부터 수세기에 걸친 삶과 발전과 비전들을 뛰어넘어 곧장 예수에게 나아가서는 안 된다. 하나님 나라 개념에 대한 온갖 종류의 변화—질병과 결함의 제거, 이방인들을 포함시키는 것, 그와 동시에 로마와 같은 점령군들의 패퇴, 절정의 환란기, 파멸에 대한 생생한 예상 같은—를 포함하고 있는 역사가 있다. 그 역사는 중요하며 예수와 초기 그리스도인들의 가르침에 영향을 준다. 따라서 나는 예수가 처해 있던 유대적 상황 안에서 그를 살펴야 할 필요가 있다는 주장에 동의한다. 하지만 우리는 그 일을 다음 장으로 미룰 것이다.

여기에 수정된 플랜 A가 있다. 메시아("왕"을 의미한다)라고 불리는, 또한 하나님의 아들(이것 역시 "왕"을 의미한다)이라고 불리는 예수 안에서 **하나님은 플랜 A 아래서처럼 다시 한 번 이스라엘에 대한 자신의 통치를 세워나가신다.** 수정된 플랜 A의 중요한 요소들은 다음과 같다.

- 하나님만이 왕이시다.
- 이제 하나님은 왕이신 예수 안에서 통치하신다.
- 이스라엘과 교회는 왕이신 예수의 통치 아래서 살아간다.

- 왕이신 예수 곧 구주를 통해 용서가 제공된다.
- 예수의 이런 통치는 최종적인 하나님 나라 안에서 완성될 것이다.

예수는 이스라엘의 중요한 지도자들의 총체다. 아니, 그 이상이다. 그는 새로운 모세이고, 특히 새로운 다윗이고, 새로운 솔로몬이며, 새로운 종이고, 새로운 인자이며, 완전히 새로운 구속의 질서다. 요셉과 마리아는 그의 이름을 예슈아*Yeshua*라고 지었는데, 이것은 그가 "자기 백성을 그들의 죄에서 구원할 자"(마 1:21)이기 때문이다. 수정된 플랜 A의 이야기는 이제 하나님이 예수 안에서 다시 통치하신다는 것이다. 또한 하나님의 통치는 구원하고, 구출하고, 구속하고, 의롭게 하며, 화해시키는 통치라는 것이다. 십자가와 부활은 하나님 나라를 모든 방향에서 재정의한다. 이제 이스라엘은 전과 동일하지 않다. 순종도, 사랑도, 평화도, 정의도 전과 동일하지 않다. 요컨대, 하나님 나라가 가까이 왔다고 말하는 것은 기독론적 주장을 하는 것이다. 그것은 하나님 나라가 지금 예수 안에 현존하고 있다고 말하는 것이다. 누가복음이 전하듯, "하나님의 나라는 볼 수 있게 임하는 것이 아니요 또 여기 있다 저기 있다고도 못하리니 하나님의 나라는 너희 안에 있다"(눅 17:20-21). 어떤 이들은 이 구절의 "너희 안에"가 "너희의 영혼 안에" 혹은 "너희 내부에"를 의미한다고 주장해왔으나—그들은 실제로 그렇게 믿고 책을 통해 그렇게 주장했다—그보다 훨씬 더 설득력 있는 해석은 예수가 이 말로써 의미하고자 했던 것은 "지금 하나님의 나라가 너희 가운데 있는데, 내가 바로 그 나라다!"라는 것이다. 언제라도 인용할 만한 가치가 있는 칼 바르트의 말이 있다. "신약성서에서 하나님 나라의 현존이 의미하는 것은 무엇인가?…그것이 의미하는 것은 신약성서가 전하는 모든 말의 핵심과 근원과 기초와 주제와 내용을 이루는 예수 그리스도의 역사다.…'하나님의 나라가 가까이 왔다'는 선포는 곧 '말씀이 육신이 되어 우리 가운데 거하셨다'[요 1:14]는 것을 의미한다."[22]

예수가 "하나님의 나라가 가까이 왔다"라고 말했을 때, 그는 오래된 이야기 속에 등장하는 새로운 한 날을 선언했던 셈이다. 나는 우리가 그 이야기를, C-F-R-C 이야기를 하나님 나라 이야기 속으로 포함시키고 변형시키는 A-B-A′ 이야기로 여길 것을 제안한다. 그것은 무엇보다도 왕이신 하나님에 관한 이야기다. 그리고 하나님은 왕이신 예수 안에 계신 왕이시다. 따라서 이야기는 바로 거기서 시작된다. 그것은 예수, 주, 왕, 메시아, 그리고 구주에 관한 이야기다. 이제 예수가 그런 칭호들을 지닌 자가 된다. 또한 예수는 하나님 나라가 온전하게 세워질 때, 우리가 세상에서 새 하늘과 새 땅과 새 예루살렘을 볼 때, 자신이 빛과 어린 양이 되는 곳에서, 그리고 하나님이 그분의 백성과 함께 거하실 곳에서 그런 칭호들의 의미를 온전하게 드러낼 것이다. 바로 그것이 예수가 이 세상에서 하나님의 사명을 설명하기 위해 "하나님 나라"라는 단어를 선택한 이유를 설명해주는 유일한 이야기다.

하나님 나라의 사명과 하나님 나라 이야기

만약 하나님 나라가 어느 한 이야기가 말해지는 것을 의미한다면, 하나님 나라의 사명kingdom mission은 적어도 다음과 같은 것을 의미한다. **우리는 회심을 통해 세상에 관한 하나의 참된 이야기인 그 이야기 속**

으로 들어가야 하며, 또한 제자로서의 삶을 통해 그 이야기에 대한 우리의 참여를 심화시켜야 한다. 하지만 우리는 아직 하나님 나라가 온전하게 성취되지 않은 지금의 시점에서 살아가고 있기에 우리의 회심과 제자로서의 삶이 부분적일 뿐임을 상기할 필요가 있다.

회심

첫째, 하나님 나라의 사명은 우리에게 회심을 통해 그 이야기 속으로 들어갈 것을 요구한다. 만약 A-B-A' 이야기가 성서의 보다 큰 이야기를 전한다면, 거기에는 개인을 위한 구속 이야기도 포함되어야 한다. 그러므로 여기서 나는 개인의 회심에 초점을 맞출 것이다. 바울이 로마서 5:12-21과 고린도전서 15:21-22에서 아주 분명하게 말하듯이, 아담과 하와의 이야기는 우주의 역사 속에서 다른 그 어떤 것과도 같지 않은 유일회적인 사건이 아니었다. 아담과 하와는 모든 남자와 모든 여자다. 그들은 우리 모두를 대표한다. 그리고 그들의 이야기는 우리의 이야기다. 그것은 그들의 죄가 곧 우리의 죄요, 그들의 이야기의 결과가 곧 우리 이야기의 결과임을 의미한다. 바울은 그것을 두고 이렇게 말한다. "사망이 한 사람으로 말미암았으니 죽은 자의 부활도 한 사람으로 말미암는도다. 아담 안에서 모든 사람이 죽은 것 같이 그리스도 안에서 모든 사람이 삶을 얻으리라"(고전 15:21-22).

　우리가 아담과 하와에 대해 논하면서 먼저 살펴볼 바울서신의 한 구절인 로마서 5:12-21은 고린도전서의 논의를 뚜렷하게 진척시키지 않는다. 아담과 하와는 죄를 지었다. 그리고 그들은 죽었다. 죄는 사망으로 이어진다. 그들이 지은 죄는 찬탈의 죄, 즉 하나님의 뜻에 순종하기god-ly보다는 하나님처럼God-like 되고자 했던 죄였다. 그들은 죄 때문에 죽었다. 우리 역시 찬탈자들이다. 자신이 죽는 순간을 의식하는 순간부터 우리는 스스로 자신의 삶에 대한 책임을 떠맡으려 하고, 스스로 그것을 통제하려 하며, 스스로 그것을 다스리려 한다. 그것이 모든 남자와 모든 여자가 짓는 죄다.

만약 하나님 나라 이야기가 참된 이야기라면 우리는 그 이야기를 통해 교만과 자신의 삶을 지배하고자 하는 갈망을 포기하라는, 그리고 그것들을 우리와 같은 죽음을 죽으시고 매장되시고 부활하시고 지금은 왕으로서 성부 하나님의 오른편에 앉아 계신 분 앞에 내려놓으라는 명령을 받는다. 우리는 우리 자신의 다스림으로부터 왕의 다스림으로 돌아서야 한다. 이런 포기 덕분에 우리는 하나님의 새로운 창조의 영의 능력을 힘입어 회심하게 된다.

우리는 포기하지 않고서는 이 이야기 안으로 들어가지 못한다. 어째서인가? 만약 예수가 유일한 왕이라면, 우리는 왕이신 예수께 복종해야 하기 때문이다. 왕이신 예수께 복종하고, 다른 이들을 왕이신 예수 앞에 부복하도록 요청하는 일과 동떨어진 하나님 나라의 사명은 존재하지 않는다. 정장바지 스타일의 접근법은 바로 이것을 제대로 보지만 스키니진 스타일의 접근법은 이것을 너무 자주 놓친다. 스키니진 스타일 접근법은 너무 자주 하나님 나라를 정의의 문제로 환원시키고, 그 후에는 공동선을 위한 공통의 근거를 이루기 위해 정의와 평화를 세속화시킨다. 공동선을 추구하는 것은 좋은 일이다. 하지만 그것을 위해 왕이신 예수께 개인적으로 복종하는 것을 포기해서는 안 된다. 만약 하나님 나라 이야기가 참된 이야기라면, 사실 **인간이 왕이신**

예수께 복종하기 전까지 공동선은 별 소용이 없다.

제자로서의 삶

둘째, 하나님 나라의 사명은 제자로서의 우리의 삶이 점점 더 그 이야기 속으로 흡수되는 것을 의미한다. 성서학자들과 목회자들은 아주 쉽게 평신도가 성서를 알지 못하는 것을 비난한다. 그러나 만약 우리가 많은 이들—그들 중에는 주목을 끌려고 마구 떠들어대는 어린아이를 가진 부모들이 있다—과 동일한 시간표를 갖고 있다면, 우리는 평신도에게 훨씬 더 연민을 느끼게 될 것이다. 더 나아가 모든 사람이 책을 읽을 줄 아는 것은 아니다. 따라서 참된 그리스도인이라면 계속해서 용어색인을 붙들고 단어를 체크하거나, 성서사전을 붙들고 지명을 확인하거나, 주석을 붙들고 자기 해석의 올바름을 점검하거나, 그 모든 것을 하나의 새로운 묶음으로 종합하기 위해 신학서적을 붙들고 씨름해야 한다는 식의 주장, 즉 그런 일이 하나의 규범이 되어야 한다는 식의 그어떤 주장도 성서나 그리스도인들에 대해 공정하지 못하다.

제자로서의 삶을 사는 것은 성서를 공부하는 사람이 되는 것을 의미하지 않는다. 오히려 그것은 **성서의 이야기에 의해 정복되는 동시에 우리 자신을 위해 그 이야기를 정복하는 것에 관한 동시 발생적 행위**와 관련이 있다. 만약 목회자와 설교자와 교사들이 주일 아침에 그리고 주일학교 수업시간이나 성서공부 모임에서 그들의 일을 바르게 행한다면, 나는 평범한 그리스도인들이 3년이나 5년에 한 번씩은 성서 이야기 전체를 들을 수 있다고 확신한다. 그렇다면 스물다섯 살 이전에 회심한 사람은 일생 동안 성서 이야기 전체를 약 열 차례 정도

접할 수 있다. 지역 교회가 하나님 나라 이야기에 비추어 성서를 읽고 가르치는 임무를 충실하게 이행한다면 말이다. 나는 그리스도인들 중 상당수가 혹은 대부분이 C-F-R-C 이야기를 알고 있으며, 약간의 질문만으로도 교사들의 강의노트를 들춰보지 않고서도 그 이야기의 핵심 요소들을 떠올릴 수 있다고 확신한다. 하지만 그보다 큰 A-B-A′ 이야기는 그다지 널리 알려져 있지 않은데, 그것은 그 이야기가 개인적이지도 않고 나에 관한 것도 아니기 때문이다. 그동안 교회는 **구원 이야기**salvation story의 기초들을 문답식으로 가르치는 일을 아주 잘 수행해왔다. 그런데 어째서 교회는 성서가 전하는 그보다 큰 **하나님 나라 이야기**kingdom story의 도전에는 응하지 못하는 것일까?

우리는 어떻게 그 일을 할 수 있는가? 나는 우리가 제자로서의 삶을 살아가면서 실천해야 할 세 가지 하나님 나라의 사명을 제안하고자 한다. 첫째, 우리는 단지 우리가 좋아하는 구절들이 아니라 **성서 전체를 설교할** 필요가 있다(전자의 형태의 설교는 주로 교회를 순회하면서 아주 제한된 성서 구절과 주제들에 관해 설교하는 이들에게서 나오는데, 실제로 나 역시 종종 내가 쓴 책들에 관해 말해달라는 부탁을 받고 있다!). 가장 안전하고 현명한 방법은 종종 「개정공동성구집」*the Revised Common Lectionary*이라고 불리는 성구집을 바탕으로 설교하는 것이다. 이 성구집은 교회사 속에서 아주 이른 시기에—대략 기원후 2세기경에—개발된 도구로서 매주 구약성서, 시편, 신약성서, 복음서(복음서 중 하나의 복음서에서 발췌한 구절)의 일부를 읽도록 되어 있다. 만약 완벽하게 사용되기만 한다면, 「개정공동성구집」은 독자들이 3년마다 성서의 거의 모든 부분을 읽도록 이끌어줄 것이다. 그러나 지금 우리는 성서를 공적으로 읽는 것에 관한 이야기를 하고 있는 중이다. 따라서 나는 이런 의견을 제시한다. 만약 우리가 교회에서 공동성구집을 사용해 설교를 한다면 교인들은 매주 웅장한 주제들과 하나님 나라 이야기에, 그리고 3년마다 성서 전체의 각 부분들에 노출될 것이다.

둘째, 우리는 교회에 출석하는 사람들 모두에게 **정기적으로 성서를 읽도록** 권할 필요가 있다. 어떤 이들은 1년에 한 번씩, 그리고 다른 이들은 2년에 한 번씩 성서를 읽으려고 노력한다. 1년에 한 번씩 성서를 읽으려면 매일 성서 4장을 읽으라. 2년에 한 번씩 읽으려면 성서를 반으로 갈라서 읽으라. 다른 이들은 다른 계획을 따라 성서를 읽는다. 구약성서에서 한 권을 읽고 이어서 신약성서에서 한 권을 읽는 식으로 말이다. 어떤 이들은 구약성서 한 장을 읽고 신약성서 두 장을 읽는다. 그러나 성서를 **어떤 방식으로** 읽느냐는 중요하지 않다. 중요한 것은 그것을 **읽는 것**이다. 하지만 여기서 우리는 한 가지 문제를 제기할 필요가 있다. 어떤 이들은 성서를 "경건하게"devotionally 읽는다. 이 표현은 그들이 성서를 조용히 그리고 천천히 읽으면서 하나님이 직접 그들에게 주시는 말씀을 듣고자 한다는 것을 의미한다. 종종 "렉시오 디비나" lectio divina(거룩한 독서)라고 불리는 이런 식의 읽기는 좋은 것이다. 하지만 그것은 지금 내가 말하고 있는 것이 아니다. 지금 나는 성서를 우리가 다른 책을 읽는 방식으로 읽는 것에 대해 말하고 있는 중이다. 그래서 **그것이 말하는 것을 배우고 또한 잊었던 것을 상기할** 수 있을 것이다. 우리는 경건한 읽기라는 습관을 무시하지 않으면서도 그것을 할 수 있다.

셋째, 나는 오늘날 우리 교회의 요리문답 프로그램 중 너무 많은 것들이 신조들과 신앙진술서들의 내용은 가르치면서도 성서의 하나님 나라 이야기에 대해서는 가르치지 않는다고 확신한다. 우리가 자녀들에게 니케아 신조나 자신이 속한 교회의 교리적 진술을 차근차근 설명하고 그 아이들이 자리에서 일어나 "이것이 우리가 믿는 내용입니다"라고 말하기 전에 몇 가지 성서 구절들에 대해 말해주었기 때문에 아이들에게 요리문답을 행했다고 생각하는 것은 옳지 않다. 그러나 만약 우리가 신조를 그보다 훨씬 더 큰 실재를 바라보는 창문으로 사용하면서 부족한 부분을 보충한다면—사실 그것은 결코 모든 것을 포함하도록 되어 있지 않다—우리는 잘하는 셈이 될 것이다. 신조를 보완하려면 어떻게 해야 하는가? 앞서 언급한 구절로 돌아가 보자. 우리가 성서 이야기를 정복하고 그 이야기에 의해 정복되기 위해서는 성서를 첫 장부터 끝 장까지 반복해서 읽어야 한다. 우리는 오직 성서를 읽으면서 이런 일을 할 수 있다. 하지만 그것이 완전히 옳은 것은 아니다.

만약 우리가 운 좋게도 이탈리아 시에나 현 외곽에 있는 산지미냐노San Gimignano(중세의 건물들이 많은 도시다—역자 주)에서 성장해 매주 그곳의 유명한 성당에서 거행하는 미사에 참석할 수 있다면, 아마도 거기서 우리는 그 지역의 평민들이 글을 읽지 못했던 시절에 그곳의 교사들과 설교자들과 사제들과 신학자들이 그들을 가르쳤던 방식과 마주하게 될 것이다. 성당 내부 오른쪽 방향에서 왼쪽 방향으로 돌면서 교회의 벽면 전체를 보면, 거기에는 성서의 중요한 사건들을 연대기 순으로 묘사하고 있는 프레스코화가 가득 차 있다. 그것은 그다지 훌륭한 작품은 아니다. 형상들은 단조롭다. 그리고 화가들은 하나의 프레스코화에 가능한 한 많은 내용을 담아내기 위해 그들이 할 수 있는 모든 것을 했다. 하지만 나는 그 각각의 프레스코화들을 바라보면서, 그리고 화가들이 그 장면들 속에 그려 넣었던 모든 것을 찬찬히 살피면서 넋을 잃고 말았다. 내가 말하고자 하는 것은 만약 당신이 정기적으로 이런 종류의 예술 세계 안으로 들어간다면 당신은 하나님 나라 이야기를 이해할 수 있으리라는 것이다. 그러나 지금 나는 토스카나Tuscany(이탈리아 중부의 지명. 피렌체, 피사, 시에나 같은 관광도시들을 포함하고 있다—역자 주)에 살고 있지 않으며, 아마도 당신 역시 그러할 것이다. 그렇다면 당신이 하나님 나라 이야기를 배울 수 있는 유일한 길은 (1) 스스로 성서를 읽고, (2) 공적인 성서 읽기에 관심을 기울이는 것뿐이다.

종말론적 소망

마지막으로 하나님 나라의 사명은, 출범한 하나님 나라가 회심을 의미한다는 것과 우리의 제자로서의 삶은 하나님 나라가 최종적으로 완성되기 전에는 불완전하다는 것을 인정한다. 우리는 하나님 나라가 가까이 왔음을 기뻐하며 선포한다. 또 우리는 언젠가 그 나라가 온전하게 수립되리라는 것도 기뻐하며 선포한다. 이 두 가지 선포를 통해 우리는 우리가 두 개의 때 사이에서 살고 있음을 고백한다. 하지만 우리는 지금 구속과 성결과 사랑과 평화가 부분적으로만 실현되어 있음을 고백한다. 앞서 했던 진술로 되돌아가 보자. 하나님 나라는 **그것이 출범한 정도만큼만 오늘 우리의 세상에서 실현될 수 있다.** 우리는 여기서도 같은 말을 할 수 있다. 하나님 나라가 **아직 실현되지 않은 정도만큼 우리는 오늘 거기서 살아갈 수 없다.** 우리는 완전을 기대해서는 안 된다. 그럼에도 어떤 그리스도인 집단들은 완전을 추구해왔고, 결국 그들의 그런 추구는 우울한 실망 속에서 끝나고 말았다.

개개의 그리스도인들은 성자인 동시에 죄인들이다. 지역 교회들은 우리의 신앙 형성에 심원하리만큼 중요하지만, 그와 동시에 믿기 어려우리만큼 실망스럽다. 바로 이것이 디트리히 본회퍼Dietrich Bonhoeffer가 신학교 학생들에게 현재의 교회를 이상화하는 일을 중단하라고 권고하면서 말했던 것이다. 그는 이렇게 말한다. "기독교 공동체 자체보다 기독교 공동체에 대한 자신들의 꿈을 사랑하는 이들은, 비록 그들의 개인적인 의도가 아주 정직하고 진지하고 희생적일 것일지라도 결국 그 기독교 공동체의 파괴자가 된다."[23]

금세 우리는 존경하는 신자들이 우리가 기대했던 것에 못 미치고 우리의 지역 교회가 우리가 소망했던 것을 "전하는 데" 실패하고 있음을 발견하게 된다. 바로 여기가 우리가 출범한 하나님 나라의 현실을 받아들일 기회를 얻는 지점이다. 우리는 우리 자신과 동료 "신자들"을 은혜와 용서와 사랑이 필요한 존재들로 받아들여야 한다. 본회퍼가 그의 생각을 마무리하며 말하듯, "기독교 공동체의 밝은 날은 이른 아침의 꿈같은 비전의 안개가 걷히는 곳에서 동튼다."

따라서 우리는 동료 신자들 안에서 죄를 발견할 때 실망하는 동시에 우리 자신의 악함을 떠올린다. 우리가 실망하는 것은 하나님 나라가 작동 중이기 때문이고, 우리가 자신의 악함을 떠올리는 것은 우리가 여전히 하나님 나라의 온전한 구속을 기다리고 있기 때문이다.

나는 미시간 주 그랜드래피즈에 있는 한 서점 안으로 들어가 갓 출간되어 수북이 쌓여 있던 조지 엘든 래드의 『신약신학』A Theology of the

New Testament(은성 역간, 2001)[24]을 보았던 날을 기억한다. 당시 나는 대학생이었고 신학교에 입학하기 전에 그 책을 꼼꼼하게 읽고 싶었다. 신학교에 입학하기 직전 여름에 크리스와 나는 신학 공부를 위한 돈을 벌기 위해 일을 하려고 일리노이 주 프리포트에 있는 고향으로 돌아가 부모님과 함께 살았다. 나는 도로 보수 작업을 하는 회사에 취직해 도로에 선 그리는 일을 했다. 그해 여름 내내 나는 일하다가 틈을 얻을 때마다, (하루 종일 뙤약볕 아래서 일하느라 파김치가 되었음에도) 저녁 시간 내내, 그리고 주말은 종일토록 래드의 책을 읽고 공부하며 숙고하고 지냈다. 그것은 내 삶을 변화시킨 책이었는데, 그 사실은 내가 그 책에 그어놓은 줄들과 여백에 기록해둔 말들을 통해 입증된다.

나는 래드에게 영향을 받은 유일한 사람이 아니었다. 노트르담 대학교의 역사학 교수인 마크 놀Mark Noll, 1946-은 1984년에 복음주의 계열 교수들을 상대로 한 조사를 실시했는데, 그 결과 대체로 그들이 다음과 같은 세 가지 중요한 그룹으로 나뉜다는 것을 발견했다. 첫째는 복음주의신학회ETS, 둘째는 성서연구소IBR, 셋째는 웨슬리신학회WTS다. 그가 조사를 실시하며 제시했던 질문 중 하나는 그들의 사고에 가장 큰 영향을 준 이가 누구였느냐 하는 것이었다. ETS 그룹에 속한 이들은 첫째로 장 칼뱅John Calvin, 1509-1564을, 둘째로 조지 래드를 꼽았다. IBR 그룹 사람들은 조지 래드를 첫째로, 그리고 F. F. 브루스Bruce를 둘째로 꼽았다.[25] 그때로부터 10년 이내에 래드의 『신약신학』은 복음주의의 중요한 분파들에게 심원한 영향을 끼쳤다. 내가 신학교에 입학했을 때 나는 그 책을 다시 읽었다. 그 책을 읽는 것이 신약학 수업 시간에 과제로 주어졌기 때문이었다. 그리고 1983년에 내가 트리니티복음주의 신학대학원에서 가르치기 시작했을 때, 나는 학생들에게 그 책을 읽는 것을 과제로 내주었다.

　여기서 내가 이것을 언급하는 이유는 조지 래드의 이야기가 이 세상에서 출범한 하나님 나라에 대해 가르치고 그 하나님 나라의 삶을 살았던 한 사람에 대한 이야기라는 데 있다. 내가 트리니티 복음주의 신학교에서 교수로 있을 때였다. 어느 날 점심시간에 한때 래드의 동료였던 내 동료 중 하나가 내게 래드가 자신의 학문적 경력의 많은 부분을 싸워서 얻어냈다는 말을 해주었다. 그는 그 이상의 말을 더는 하지 않았고, 나는 영국 런던에 있는 미국 인터내셔널 교회의 담임목사 존 디엘리아John A. D'Elia가 래드에 대해 쓴 공정하지만 폭로적 성격의 글을 읽기 전까지는 그의 싸움이 어떤 것이었는지에 대해 듣지 못했다.[26] 래드의 경력은 만족스럽지 않은 학위와 함께 시작되었다. 그래서 그는 지적 인정을 받기 위해 애를 썼고 그 과정에서 칼 헨리가 그의 유명한 책 『복음주의자의 불편한 양심』The Uneasy Conscience of Modern Fundamentalism(IVP 역간, 2009)을 통해 제시한 비전에 고무되었다.[27] 헨리는 복음주의자들에게 최고의 교육기관에서 박사학위를 얻어 복음주의가 지적으로 존경받을 만한 것임을 입증하라고 요구했다. 그리고 래드는 하버드 대학교에서 학위를 얻으면서 그 일을 해냈다. 그 후 래드는 풀러 신학교에서 중량감 있고 위협적이며 영향력 있는 교수가 되었다. 그러나 출판되지 않은 이야기에 따르면, 조지 래드는 복음주의권에서 터부시되는 알코올 중독과 심각하게 씨름했으며 종종 중독 상태에 빠졌다. 그 외에도 그는 자녀들에게 썩 좋지 않은 아버지였고, 짜증을 잘 내며 강박적인 일 중독자였다. 또한 친구와 동료들에게 신랄한 소리를 퍼붓는 정서 불안증이 있었고, 사람들이 지도자들에게 기대하지 않는 결혼생활을 했다. 디엘리아는 래드가 인생의 말년에 결혼생활을 명목상으로 유지했다고 전한다. 내가 래드의 이야기를 꺼낸 것은 오직 이것을 위해서다. 하나님 나라는 **단지 부분적으로 실현되었을 뿐이고, 우리의 구속은 아직 완성되지 않았으며, 이 신학을 가장 잘 이해하는 이들조차 성결하고 사랑스러운 존재가 되기 위해 힘겹게 싸우고 있는 중일 수 있다.** 그렇다. 나는 래드의 삶과 관련된 이런 사실들을 알았을 때 몹시 슬펐다. 그러나 내가 래드를 읽기 전부터 읽었었던 본회퍼의 말이 나를 지탱해주었다. 그것은 우리는 아직 완전히 구속받지 못했으므로 다른 이들과 교회에 대한 이상화를 중단해야 하며 미래에 있을 완성을 기다리는 하나님 나라의 출범에 관한 이야기 속으로 들어가 사는 법을 배워야 한다는 것이었다. 우리는 래드가 이 세상에서 하나님 나라가 **단지 출범만 했을 뿐 아직 완성되지 않았다**는 그 자신의 신학을 예증한다고 말할 수도 있을 것이다.

당신은 그들의 도덕적인 혹은 내적인 삶이 사납게 역류하고 있음에도 겉으로는 평온하고 강력해 보이는 영향력 있는 그리스도인들에 관한 이야기들을 알고 있을 것이다. 나는 존 하워드 요더의 (소위) 성적 경험들,[28] 칼 바르트와 그의 비서였던 샤로테 폰 키르쉬바움Charlotte von Kirschbaum, 1899-1975의 오랜 관계[29]—많은 이들은 그것을 그저 중혼重婚에 불과한 것이라고 말하지만, 다른 이들은 사실상 우리는 그것에 대해 알지 못한다고 여긴다—에 대한 혐오스러운 폭로에 대해 말할 수도 있다. 그리고 그런 문제들은 더 이상의 해명이 필요하지 않을 정도다. 내가 말하고자 하는 것은 우리는 그리스도인들의 악함으로 인해

충격을 받아야 하는 동시에 충격을 받아서는 안 된다는 것이다. 그리
스도인들은 한편으로는 구속의 출범 이후 시대를 살고 있으며, 따라서
그리스도처럼 살아야만 한다. 하지만 다른 한편으로 그들은 아직 영원
을 위해 온전한 채비를 갖추지 못한 때를 살고 있으며 따라서 육의 징
표들을 지니게 될 것이다. 하나님 나라 신학은 우리를 바로 이런 결론
으로 이끌어간다.

제4장

하나님 나라의 사명은
전적으로 상황과 연관되어 있다
Kingdom Mission Is All about Context

이스라엘의 기억과 희망을 형성한 이야기들은 무시간적인 것이 아니었다. 그 이야기들은 특정한 상황을 향해 말하기 위해 쓰인 찰스 디킨스Charles Dickens, 1812-1870의 소설 『크리스마스 캐럴』A Christmas Carol이나 미국 남부 문학을 대표하는 플래너리 오코너Flannery O'Connor, 1925-1964의 소품 『절름발이가 먼저 들어가리라』The Lame Shall Enter First와 같다. 디킨스 작품의 경우에는 관대하면서도 인본주의적인 크리스마스 이야기의 조합이 구빈법救貧法을 정면으로 겨냥한다. 그리고 오코너 작품의 경우에는 모두를 위한 십자가와 은혜의 복음의 뜨거운 열기에 맞서 남부의 보수적인 기독교가 제기된다.

어떤 이야기를 살아 있게 만드는 것은 **그것이 특정한 상황 안에 있는 특정한 사람들에게 어떤 관점과 기억 그리고 희망을 불러일으키는 능력**에 있다. 바로 그것이 예수가 하나님 나라 이야기를 갖고서 한 일이었다. 그의 이야기는 무시간적인 "성서신학"이 아니었다. 그의 하나님 나라 이야기는 성서의 A-B-A′ 줄거리를 취했고, 헤롯 안티파스와 성전의 제사장들과 로마에 있는 황제를 정면으로 겨냥했다. 그는 자신의 생각이 얼마나 인기를 얻을 것이냐에 대해서는 걱정하지 않았다. 처음부터 끝까지 그의 메시지는 대항문화적이었고 그 시대의 권력에 대해 전복적이었다. 그가 그 상황을 향해 말했을 때 그의 곁에는 평범한 사람들, 가난한 사람들, 주변화된 사람들, 그리고 신실한 사람들이 서 있었다. 그들은 예수가 전하는 하나님 나라 이야기 안에서 마치 새로운 노래처럼 들리는 옛 노래의 박자에 맞춰 발을 구르기 시작했다. 예수의 하나님 나라 비전은 그들의 기억에, 그리고 그들의 소망에 영향을 주었고, 그로 인해 그들은 불현듯 자기들이 서 있는 곳과 나아가야 할 곳이 어디인지를 깨닫게 되었다. 옛 이야기가 새로운 생명을 얻은 것이었다.

한 걸음 더 나아가기 전에, 오늘날 하나님 나라의 사명과 관련해 한 마디 해두고 싶다. 만약 하나님 나라의 사명이 하나님 나라 이야기에서 흘러나온다면, 그리고 만약 예수의 하나님 나라 신학이 그 자신이 처했던 상황에 의해 형성되었다면, 우리는 그의 하나님 나라의 사명 역시 그 상황을 위한 것이었다고 여길 수 있다. 그것은 예수에게는 적절한 것이었고 우리로서는 부정할 수 없는 것이다. 오늘날 하나님 나라의 사명은 오직 **우리가 이 세상에서 처해 있는 상황에 묶인 상태로 예수의 하나님 나라 비전을 따라 살고자 할 때만** 유효하게 작동한다. 하나님 나라의 사명은 상황에 의해 그리고 상황을 위해 형성되었고, 앞으로도 늘 그러할 것이다. 예수 자신의 하나님 나라의 사명이 얼마나 그 당시 상황에 합치하는 것이었는지를 보이기 위해, 나는 영국 더럼 신학대학교의 명예교수인 제임스 던James D. G. Dunn이 수행한 연구에 대해 언급할 것이다. 하지만 우선은 렘브란트에 관한 이야기에서 시작해보자.

애초의 상황 읽기: 렘브란트, 아리스토텔레스, 호메로스

노던 신학교에 있는 내 연구실 책상 너머 벽면에는 렘브란트 판 레인 Rembrandt van Rijn, 1606-1669이 그린 〈아리스토텔레스, 호메로스의 흉상〉 Aristotle, Bust of Homer이라는 그림의 모조품 하나가 걸려 있다. 렘브란트가 이 그림을 통해 우리에게 보여주고자 한 것은 아리스토텔레스 Aristotle, 기원전 384-322가 그 유명한 그리스의 이야기꾼 호메로스Homer, 기원전 8세기의 흉상을 어떻게 조각했는지, 혹은 얼마나 그것에 대해 감탄했는지다. 그 그림에서 호메로스의 흉상은 단색으로, 즉 박물관에서 흔히 볼 수 있는 오래된 흉상의 느낌을 갖게 하는 희미하게 어두운 음영을 지닌 황갈색으로 처리되어 있다. 하지만 사실상 이 그림에서 렘브란트가 초점을 맞추고 있는 것은 호메로스가 아닌 아리스토텔레스다. 이렇게 판단할 수 있는 것은 그 그림의 제목에 "아리스토텔레스"가 들어 있기 때문이 아니다. 그가 호메로스보다 많은 공간을 차지하고 있을 뿐 아니라 그림의 중앙에 위치해 있기 때문이다. 게다가 그는 아주 다채로운 색상의 옷을 차려입고 있다. 사실 아리스토텔레스는 렘브란트 시대의 왕처럼 옷을 입고 있다. 그의 턱수염은 풍성하고, 그가 쓴 모자는 유행을 따른 것처럼 보인다. 그는 물결치는 소매와 반짝이는 금빛 장식 띠를 갖춘 옷을 걸쳐 입고 있다. 그리고 만약 내가 가진 모조품이 부정확하게 그려진 것이 아니라면, 그는 그의 작은 손가락의 손톱과 첫 번째 마디 사이에 반지를 끼고 있는 것처럼 보인다.

왜 내가 여기서 렘브란트 이야기를 하는 것일까? 그것은 이 그림이 우리에게 아리스토텔레스보다 렘브란트에 대해 훨씬 더 많은 것을 말해주기 때문이다. 사실 우리는 이 그림에서 아리스토텔레스가 렘브란트처럼 보인다고 말할 수 있을 정도다. 비평을 위해 성서의 언어를 사용해 말하자면, 렘브란트는 호메로스를 고대 그리스 시대에 남겨둔 반면, 아리스토텔레스는 자신의 형상을 따라 만들었다.

내가 이 이야기를 하는 이유는 그동안 이런 일이 성서 해석에서도 자주 일어났기 때문이다. 프로테스탄트 운동의 원동력은 우리가 성서 저자와 영감 받은 성서 본문의 메시지를 듣기 위해서는 거듭 **그 본문을 그것이 쓰인 시대에 비추어 읽어야 한다**는 인식이다. 우리는 자주 자신의 견해를 확증해주는 말을 들으려 한다. 그러나 때때로 우리는 도전의 음성을 듣는다. 나는 우리가 처한 상황 속에서 들려오는 하나님 나라의 메시지야말로 우리에게 도전을 제기하는 음성이라고 믿는다. 우리는 렘브란트처럼 "하나님 나라"를 우리 자신의 형상을 따라 만들고자 하는 유혹을 받는다. 그래서 성서에서 우리가 듣기 원하는, 그리고 우리 자신의 의제를 뒷받침해줄 메시지를 듣는다. 그런 메시지를 사회적 행동을 위한 근거로 만들거나, 아니면 슬쩍 그것의 어조를 약화시켜 어디에서나 발생하는 구속의 순간들로 만들려 한다. 그러나 우리가, 렘브란트가 호메로스에게 한 일을 한다면, 즉 성서 본문을 그것이 쓰인 시대를 위한 본문이 되게 한다면, 그때 우리는 다시 한 번 애초에 성서가 말하고자 했던 것을 듣게 될 것이다. 제임스 던은 탁월한 솜씨로 성서가 그것이 쓰인 시대의 메시지를 전하도록 만든다. 그리고 그가 해온 일은 우리에게 렘브란트가 아리스토텔레스에게 입힌 옷을 벗겨내 원래의 아리스토텔레스를 찾는 길을 제시해준다. 따라서 우리는 원래의 하나님 나라 메시지가 그것이 선포된 상황 속에서 어떻게 들렸는지 알아보기 위해 던에게 돌아설 필요가 있다.

그 당시의 하나님 나라 비전

자, 그럼 어디서부터 시작해야 할까? 던은 우리가 그 이야기의 "상황"에서 시작해야 한다고 말한다. "그것은 그들 자신의 군주제가 시행되던 과거에 대한 이스라엘 백성의 기억, 유대인들이 다른 민족의 왕권 아래서 겪고 있는 현재의 경험, 그리고 신실한 이들이 미래에 있을 하나님의 왕권과 관련해 품고 있는 소망이라는 상황이 되어야 한다."[1] 그는 세 가지의 간단한 관찰에서 시작해, 그 세 가지 관찰을 예수 시대에 존재했던 다양한 뉘앙스를 지닌 유대교에서 나온 강력한 증거들에 비추어 상세하게 설명한다. 그가 관찰한 세 가지는 다음과 같다. (1) 하나님은 온 세상을 통치하는 왕이시다(시 103:19). (2) 오직 이스라엘만이 하나님 나라를 시인한다. 그리고 이것은 이스라엘의 왕이 특별히 왕이신 하나님과 관련되어 있음을 의미한다. (3) 하나님의 우주적 왕권은 언젠가—아마도 곧—온 세상으로 확대될 것이다. 이스라엘의 큰 이야기의 핵심 요소들은 다음과 같다. 첫째, 하나님은 왕이시다. 둘째, 이스라엘은 하나님의 백성이며, 따라서 하나님의 나라다. 셋째, 하나님의 나라는 언젠가 지구 전체를 포괄할 것이다. 그러므로 우리는 그 이야기가 다음 세 가지의 양도할 수 없는 요소들을 갖고 있다고 말할 수 있다. 그것은 곧 하나님의 우주적 왕권, 이스라엘에 대한 하나님의 언약적 왕권, 미래에 있을 우주적 통치다.

구약성서에 대한 그리고 유대교 이야기의 형성과 관련된 이 세 가지 양도할 수 없는 믿음들은 유일한 것이 아니었고 추상적이거나 이론적인 것은 더더욱 아니었다. 오히려 그것들은 매우 시의적이고 상황화된 표현들로 바뀌는데, 던이 우리의 논의를 진척시키는 것은 바로 여기서다. 이 세 가지 개념이 실제 상황 속에서 실제 사람들과 더불어 실제적인 방식으로 작동할 때, 그것들은 온갖 종류의 옷을 차려입는다. 그리고 던은 이 기본적인 이야기가 다양한 상황 속에서 말해지는 서로 다른 14개의 방식들을 열거한다.

- 포로살이로부터의 귀환
- 번영, 치유, 혹은 낙원에 대한 소망
- 메시아
- 언약의 갱신
- 새 성전의 건립
- 야웨가 시온으로 돌아오심
- 이방인들에 대한 승리, 파괴, 그리고 때때로 포섭
- 땅의 상속과 확장
- 절정의 환란기
- 새로운 창조로 이어지는 우주적 소요
- 사탄의 패배
- 최후의 심판

- 부활
- 스올/하데스가 최종적 징벌을 위한 장소로 바뀜

이 목록은 유대교의 어느 한 가지 자료에서 온 것이 아니다. 우리는 이런 각각의 주제의 흔적이나 근거를 유대인들의 성서인 구약성서 안에서 찾을 수 있다. 각각의 주제는 저자와 환경에 따라 무언가를 중시하거나 중시하지 않거나 한다. 각각의 주제는 이스라엘의 전체 이야기 속으로 들어가는 입구가 될 수 있다. 하지만 이것은 각각의 이야기가 이스라엘의 미래에 대해 말할 때 그 각각의 주제가 드러나게 하면서도 일치시켜야 하는 한 가지 이야기에 14가지 요소들이 있음을 의미하지 않는다. 유대인 소년이나 소녀가 자기 부모에게 하나님 나라가 무엇과 같으냐고, 혹은 하나님이 이스라엘의 문제들을 해결하기 위해 무엇을 하실 것이냐고 물을 때, 아마도 그들은 이런 종류의 이야기를 듣게 될 것이다. 그 아이들이 그들의 삼촌이나 이웃에게 묻는다면, 아마도 그들은 그 이야기 전체를 다른 방식으로 듣게 될지도 모른다. **예수가 "하나님 나라가 가까이 왔다"고 말했을 때, 그는 이와 같은 다른 표현들이라는 맥락에서 그렇게 선언했던 것이다.** 그렇다. 예수가 그 이야기를 바꿔 말했을 때, 그 이야기에는 새로운 무언가가 있었다. 하지만 내 말에 유의하라. 그가 가까이 다가오고 있는 하나님 나라에 대해 말했을 때, 평범한 갈릴리 사람들의 기억의 화면을 섬광처럼 스치고 지나간 것은 바로 이런 종류의 개념들이었다.

하지만 예수는 경쟁—사실상 아주 격렬한 경쟁—을 해야 했다. 그리고 그것은 우리가 생각하는 것과 같은 경쟁이 아니었다. 그 경쟁은 누가 이스라엘 백성에게 가장 주목할 만한 이야기를 해서 그들이 그 이야기를 끌어안도록 설득하느냐 하는 것이었다. 여기서 나는 제임스 던이 말하는 14가지 요소들이 얼마나 핵심적인지를 보이기 위해, 그리고 예수가 그것을 향해 하나님 나라 이야기를 보이기 위해, 또 그러하기에 자신의 하나님 나라의 사명을 정했던 실제 상황을 보이기 위해, 예수 당시에 그가 선포한 이야기와 경쟁했던 이야기들을 간략하게 소개하고자 한다. 예수가 처해 있던 상황 안에는 서로 경쟁하는 다섯 가지의 기본적인 이야기들이 있었다(이것은 우리가 세상에서 경쟁하고 있는 이야기들에 대해 배우도록 도와줄 것이다). 그 각각의 이야기는 충성되고 거룩하며 의롭게 되기 위한 최상의 방식을 나름대로 제시한다.[2]

예수의 세계에서 경쟁했던 다섯 가지 이스라엘 이야기

예수의 하나님 나라 이야기는 다음과 같은 것들과 맞서고 있었다.

1. 「솔로몬의 시편」에서 발견되는 하나님의 종말론적 전투
2. 마카비 가문과 열심당의 거룩한 전쟁
3. 에세네파의 거룩한 후퇴 전략
4. 바리새파의 토라 준수에 대한 보다 큰 열정 고취
5. 사두개파의 로마와의 협력이라는 현실주의 전략

예수의 하나님 나라 비전은 그가 이들 각각과 대조를 이룬다는 점에서 새로운 모습으로 나타난다. 또한 바로 그 점에서 우리가 예수의

하나님 나라 이야기에서 작동하고 있던 모든 것을 이해할 수 있는 상황이 분명하게 제시된다.

솔로몬의 시편: 하나님의 메시아가 출정하다

내게는 모든 그리스도인이 복음서를 집어 들기 전에 혹은 예수의 하나님 나라 이야기에 대한 말을 시작하기 전에 읽기를 바라는 구절이 하나 있다. 그것은 성서에는 포함되어 있지 않은 책인 「솔로몬의 시편」 Psalms of Solomon 17장에 실려 있다. 「솔로몬의 시편」은 기원전 63년에 율리우스 카이사르Julius Caesar, 기원전 100-44보다 앞서 로마를 통치했던 폼페이우스Gnaeus Pompeius, 기원전 106-48가 예루살렘을 함락시킨 것에 대한 유대인들의 반응으로 나온 책이다. 이 시편의 17장은 그다지 널리 알려져 있지 않기에 우선 그 내용을 간략하게 소개하고자 한다. 이스라엘이 로마의 포로 상태가 되어 있음에도 이스라엘의 하나님은 여전히 하나님으로 남아 계시며(17:1), 하나님에 대한 시편 기자의 소망 역시 여전히 남아 있다(17:3). 하나님은 다윗을 택해 이스라엘의 왕이 되게 하셨고 다윗 계열의 왕이 영원토록 왕좌에 앉을 것을 약속하셨다. "하지만 우리(이스라엘)의 죄 때문에 죄인들이 우리를 대적해 일어났다. 그들은 우리를 쳐서 몰아냈다"(17:5). 이스라엘의 통치자들은 하나님의 통치를 탈취했다. "그들은 교만하게 으스대면서 왕조를 세웠다"(17:6).[3] 이에 대해 하나님은 로마의 힘을 사용해 예루살렘의 악한 지도자들을 징계하시는 것으로 대응하셨다. 시편 기자는 폼페이우스가 하나님의 성소의 거룩함을 더럽힌 것에 대해 이렇게 말한다. "그는 이방인들이 그들의 도시에서 그들의 신들을 위해 하는 모든 일을 예루살렘에서 행했다"(17:14). 그리고 예루살렘의 자녀들이 그의 악한 방식을 따라 행했다. 그러나 어떤 이들은 신실했다. "경건한 이들의 모임을 사랑했던 이들은 그들로부터 도망쳤다"(17:16). 그렇게 해서 예루살렘은 악의 수렁이 되었다. "왕은 범죄자였고, 재판관들은 거역하는 자들이었고, 백성들은 죄인들이었다"(17:20).[4]

그렇다면 어찌 해야 하는가? 시편 기자는 하나님이 군사적 메시아를 일으켜 성전과 거룩한 도시와 그 나라를 되찾아 자신의 소유로 삼으실 것이라고 선언한다. 시편 기자의 전략은 부분적으로 옳다. 하지만 잘못된 부분은 너무나 잘못되었기에 그 전략은 예수의 하나님 나라 비전이 될 수 없었다. 여기에 예수 시대에 (아마도) 두 번째로 인기가 있었던 해결책의 핵심을 표현하는 기억할 만한 구절이 있다.

> 보소서. 주님,
> 그리고 그들을 위해 그들의 왕을 일으키소서.
> 오 하나님, 당신이 정하신 때에 다윗의 아들을 일으키사
> 당신의 종 이스라엘을 다스리게 하소서.
> 그에게 힘을 주셔서 불의한 통치자들을 멸하시고
> 예루살렘을 짓밟아 파괴한 이방인들의 손에서
> 그 성을 구해주소서….
> 오만한 죄인들을 오지병처럼 깨부수시고…
> 그의 입에서 나오는 말로 불의한 나라들을 멸하소서(17:21-24).

적절한 때에 하나님은 의로운 예루살렘과 거룩한 나라를 세우실

것이다. 그리고 그분은 그 일을 **군사적 승리를 쟁취하는 메시아**를 통해서 하실 것이다.

> 그분은 거룩한 백성을 모으시고
> 그들을 의로운 길로 이끄실 것이다….
> 그분은 불의한 자들을 관용치 않으실 것이고
> 그들 가운데 멈추어 서지도 않으실 것이다.
> 악한 사람은 그 누구도 그들과 함께 살지 않을 것이며…
> 이방인과 외국인들은 더 이상 그들 가까이 살지 못할 것이다….
> 또한 그분은 온유한 민족들이
> 자신의 명에를 메고 자신을 섬기게 할 것이고…
> 주님이신 메시아가 그들의 왕이 되실 것이다….
> 그분은 경외하는 마음으로 자기 앞에 서는
> 모든 민족들에게 동정을 베푸실 것이다….
> 또한 몸소 큰 민족을 다스리시기 위해
> 죄로부터 자유케 되실 것이다(17:26-28, 30, 32, 34, 36).

싸움은 하나님의 것이다. 그리고 그분은 위대한 전사戰士인 메시아를 통해 싸우실 것이다. 이 시편의 초점은 완벽한 메시아를 통한 통치와, 이스라엘이 방해받지 않고 거룩한 삶을 살 수 있도록 그들의 땅에서 이방인들을 제거하는 것에 맞춰진다. 이 메시아는 예수와 많이 닮은 동시에 많이 다르기도 하다. 「솔로몬의 시편」에서 하나님 나라에 대해 사용되는 용어들은 사탄이 예수를 시험할 때 사용했던 용어들과 다르지 않다(마 4:1-11). 예수는 사탄의 제안을 거절했는데, 이것은 그가 「솔로몬의 시편」이 제시하는 하나님 나라 비전을 거절했음을 의미한다. 예수의 하나님 나라 비전은 전사 메시아의 군사력이 아니라 메시아가 십자가에서 치루는 자기희생과 새로운 생명을 창조하는 부활과 상관이 있다. 예수 시대에 전사 메시아라는 개념은 아주 인기 있는 것이었다. 그리고 이런 하나님 나라 비전은 (「솔로몬의 시편」 이전에) 마카비 가문과 (「솔로몬의 시편」 이후에) 열심당원들 모두에게서 다양한 방식으로 구체화되었다. 두 전사 메시아 그룹은 군사적으로 승리하시는 하나님의 나라에 대한 기대를 품고 있었다.

마카비 가문과 열심당원들: 거룩한 전쟁

로마 가톨릭교회와 동방 정교회의 구약성서 끝부분에는 "외경"apocryphal 혹은 "제2정경"deuterocanonical이라고 불리는 책들이 실려 있다. 그것들은 교회에 의해 완전히 공인되지는 않았으나 이런 저런 방식으로 교회에 유익을 주고 있는 책들이다. 그것들 중 가장 널리 알려진 두 권은 「마카베오상」과 「마카베오하」다. 그 책들은 모디인의 마타티야후와 그의 아들들인 예후다(망치), 시므온, 요나단 마카비에 관한 극적인 이야기를 전한다. 그 이야기가 전하는 사건은 기원전 2세기 중·후반에 발생했다. 특히 중요한 전투는 기원전 167년과 164년 사이에 벌어졌는데, 아마 유대의 영웅주의와 관련해 이보다 더 발전된 이야기를 찾지 못할 것이다. 그리고 바로 그것이 오늘날 이스라엘에서 열리는 중요한 체육대회가 마카비아 경기Maccabiah Games라고 불리는 이유다. 용기와 정열, 그리고 예스러운 신의 섭리에 관한 그들의 영웅적 이야기를 짧게 요약하자면 다음과 같다. 시리아의 통치자들이 유대인들에게 할례 같은 그들의 "경계표지"를 따르지 말도록 요구하자 마카비 집안 사람들이 저항하며 폭동을 일으켰고, 3년 동안 계획을 세우고 싸운 결과 성전을 탈환했다. 그 승리는 오늘날까지도 하누카Hanukkah라고 불리는 축제를 통해 경축되고 있다. 마카비 가문 사람들은 악명 높을 정도로 용맹했는데, 단도직입적으로 말하자면 그들은 성전을 탈환하고 이스라엘 백성을 하나님께로 이끌고자 하는 그들의 목적을 위해 폭력을 사용하고 피를 흘리는 것을 주저하지 않았다. 1세기에 그들의 뒤를 이은 이들은 거침없는 전사들의 집단인 열심당원들Zealots이었다. 당시에 그들은 아주 유명했던 것으로 보이는데, 요세푸스Josephus는 기원후 66-73년 사이에 예루살렘이 파괴된 것이 바로 그 열심당원들이 자기들 생각에 하나님의 뜻이라고 여겼던 것을 이루기 위해 무모하게 폭력을 사용했기 때문이라고 비난한다.

예수는 이와 같은 **하나님 나라를 초래하기 위한 거룩한 전쟁**을 거부했다. 우리는 예수의 열두 제자들 가운데 열심당원이 한 명 있었음을 간과하지 말아야 한다. 누가복음 6:15에서 시몬은 "열심당원"이라고 불린다.[5] 우리는 마가복음 3:17에서 "우레의 아들"이라고 불렸던 야고보와 요한의 폭력적 성향에 대해서도 의구심을 가져야 한다. 예수는 일부 제자들에게서 나타난 전염성 강한 갈망이 다른 제자들에게 영향을 미치는 것을 막았다(막 10:35-45). 예수의 전략은 거룩한 전쟁을 정면으로 반대하는 것이었다. 왜냐하면 그에게 "이기는" 길은 "지는 것"이었고, 부활과 하나님 나라에 이르는 길은 사랑과 십자가를 통해서 열렸기 때문이다. 하나님 나라는 거룩한 전쟁과 연관될 수 없다. 거룩한 전쟁은 하나님 나라를 파괴한다. 예수의 말은 "칼을 쥐고 예루살렘을 에워싼 언덕으로 올라가자"가 아니라 "매일 너희의 십자가를 지라"였다.

에세네파: 거룩한 후퇴

예수 당시에 세 번째로 인기 있었던 해결책은 후퇴였다. 성전의 부패와 제사장들조차 율법을 정확하게 지키지 않는 것에 실망한 에세네파 Essenes는 예루살렘을 떠나 키르벳 쿰란Khirbet Qumran이라 불리는 사해 연안의 한 장소로 들어가 거룩한 공동체를 세웠다. 쿰란은 훗날 사해 문서Dead Sea Scrolls가 발견된 곳이다. 에세네파의 전략은 분명했다. 그들은 종교 지도자들에게 토라를 따르도록 촉구했지만 무시당했다. 그래서 한 무리의 경건한 유대인들이 예루살렘을 떠나 거룩한 공동체를 세웠다. 그곳에서 그들은 "의의 선생"Teacher of Righteousness이라고 불리는 지도자의 비전과 감시하는 눈의 통제 아래서 토라에 대한 순종이라는 그들의 비전을 열렬하게 추구하며 살았다. 그리고 거룩한 하나님 나라를 출범시키기 위한 하나님의 거룩한 진노가 시행되기를 기다렸다. 그들은 「솔로몬의 시편」에 나오는 것처럼 하나님을 기다렸다. 그러나 동시에 그들은 마카비 가문의 사람들처럼 자신들을 역사의 페이지에 전능하신 하나님을 위해 로마(혹은 깃딤Kittim)와 맞서 싸웠던 강력한 전사의 모습으로 그려놓았다. 그들의 전략 일부는 엄격한 성결과 토라에 대한, 그리고 자신들의 토라 해석에 대한 열정적인 헌신이었다.

예수는 마카비 가문 사람들의 방식을 거부했던 것과 같은 이유로 에세네파의 방식 역시 거부했다. 그는 거룩한 공동체를 만들기 위해 후퇴하지 않았으며, 빛의 자녀들을 억압하는 어둠의 세력과의 군사적 전투를 계획하지도 않았다. 예수의 하나님 나라 비전은 에세네파의 하나님 나라 비전이 아니었다.

바리새인: 토라 준수에 대한 헌신

이제 우리는 예수의 상황에서 가장 인기 있었던 해결책에 이르렀다. 오늘날에는 어떤 그리스도인도 "바리새인"Pharisee이라고 불리기를 원치 않는다. 그런 까닭에 오늘날의 성서 독자들은 바리새인들이 훌륭한 사람들이었다는 것을 알면 크게 놀랄 것이다. 이스라엘에서 그들은 가정 성서공부 운동을 하는 이들, 즉 누구나 토라 전체를 따를 수 있게 하기 위해 모든 것을 분명히 밝히는 방식으로 토라를 해석하고자 했던 이들이었다. 이스라엘에 대한 그들의 비전은 토라에 복종하고, 토라를 가르치고, 그렇게 하는 과정에서 그 나라의 회복을 자극하고 하나님의 복—거기에는 메시아와 하나님 나라의 도래가 포함되어 있다—을 초래하는 것이었다. 어느 단계에서 우리는 바리새인들에 관해 듣는 것들을 좋아하게 될 것이다. 그리고 만약 우리가 그들에 대한 예수의 모든 비판과 기독교 전통이 그들에게 씌워놓은 모든 따개비를 깨끗하게 제거할 수 있다면, 우리는 바리새인들이야말로 우리와 가장 흡사하다는 사실을 발견하게 될 것이다. 그런데 문제는 이것이다. 그들은 여러 가지 선택사항 중 우리와 "가장" 흡사했음에도 예수와 불화했다. 의심할 바 없이 그것은 성서를 읽는 최상의 방법에 관한 싸움이었다. 하지만 나는 그것을 이렇게 표현하고 싶다. 바리새인들은 "토라에 대한 사랑"love of the Torah을 가르쳤고 그것에 능숙했으나, 예수는 "사랑의 토라"Torah of love를 가르쳤고 그것에 능숙했다. 예수가 처해 있던 상황 안에서 이런 구별은 모든 변화를 가져왔는데, 그것은 예수와 바리새인들이 분명히 모든 문제에서 정면으로 대립했기 때문이다.

예수의 사랑의 정치학은 바리새인들의 토라 준수의 정치학과 정면으로 충돌했다. 특히 바리새인들은 교회의 여러 전통과 다르지 않게 **토라에 대한 자신들의 해석을 토라 자체와 동일시하면서** 자신들의 해석을 따르지 않는 것은 곧 토라를 따르지 않는 것이며 따라서 하나님께 불순종하는 것이라고 여겼다. 오늘날 우리는 우리 안에 수많은 바리새적 요소들을 지니고 있다! 여기서 중요한 것은 우리 자신에 대해 변명하는 것이 아니라, 성서를 읽는 최상의 방법과 관련해 예수의 하나님 나라 비전이 바리새인들의 그것과 충돌했다는 사실을 인식하는 것이다. 예수의 성서와 바리새인들의 성서는 두 개의 서로 다른 성서가 되었다. 한 가지 더 지적해둘 것이 있다(그리고 이것은 결코 작은 문제가 아니다!). 그것은 바로 예수가 이스라엘의 이야기가 자기 안에서 성취되고 있다고 여겼다는 것이다. 그가 누구이든 간에 "내가 율법이나 선지자를 폐하러 온 줄로 생각하지 말라. 폐하러 온 것이 아니요 완전하게 하려 함이라"(마 5:17)라고 말하는 이는 바리새인들의 가정 성서공부 모임에서 편안하게 앉아 있지 못할 것이다. 그런 주장을 하는 이는 누구나, 자기가 태어난 날에 기원전이 기원후로 바뀌었다고 여긴다. 사실 그것이야말로 예수의 하나님 나라 비전이 바리새인들의 그것에 의해 반대를 받았던 핵심적 이유였다. 예수는 자신을 하나님 나라 이야기의 중심으로 보았으나 바리새인들은 그렇지 않았다.

사두개인: 로마와의 협력

마지막이자 가장 인기가 없었던 방안은 평범한 유대인들로서는 기회조차 얻을 수 없었던 것이었다. 그것은 귀족들과 정치인들의 길이었다. 사두개인들Sadducees은 우리에게 그 어떤 기록도 남기지 않았다. 우리가 그들에 관해 아는 것은 모두 다른 이들로부터 나온 것이다. 그리고 이 다른 이들 대부분은 그들의 친구가 아니었다. 사두개인 중 일부는 제사장들이었다. 하지만 여러 가지 증거에 의하면 그들 대부분은 예루살렘에 토지를 갖고 있는 귀족들이었다. 마치 그들은 모든 사람과 모든 일을 알고 있는 워싱턴 D.C.의 변호사들 같았다. 이 근접성이 그들에게 권력을 가져다주었다. 요세푸스가 사두개인들에 관해 하는 말은 과장된 것이며, 때로는 우리가 〈디 어니언〉The Onion(각종 풍자 뉴스를 제공하는 미국의 언론-역자 주)에서 읽는 로마 가톨릭의 교황청이나 대형 교회의 막후에서 벌어진 사건들에 관한 기사를 닮아 있다. 하지만 요세푸스는 그들에 대한 일반적인 인상을 제공함으로써 우리가 그들의 실제 모습을 일별할 수 있게 해준다. 사두개인들은 종종 바리새인들과 대립했다. 그들은 부활을 믿지 않았고, 신학적 개념들에 대해 논쟁하기를 즐겼다. 그리고 그들은 "최고위직 사람들"이었다. 하지만 "실제로는 아무것도 이룰 수 없었다." 요세푸스에 따르면 바리새인들은 서로에 대해 다정했으나 사두개인들은 "그들 사이에서조차 서로에게 야비하게 행동했고…외부인들에게는 무례했다"(『유대고대사』 Antiquities 18:16-17; 『유대전쟁사』Jewish War 2.164-65).

그들의 하나님 나라 전략은, 만약 그들이 그런 것을 갖고 있었다면, 세상을 자기들 그리고 자기들과 같은 사람들이 좀 더 살기 좋은 곳으로 만드는 것이었다. 그리고 그런 일을 이루기 위해 그들은 로마인들과 다른 이방인들 사이에서 매끄러운 협상을 통해 평화를 유지하는 법을 배웠다. 그들은 현실주의자들이었다. 예수는 그들과 혹은 그들의 믿음과 아무런 상관이 없었다. 따라서 우리는 예수의 하나님 나라 비전 역시 사두개인들의 그것과 아무런 상관이 없다고 안전하게 결론을 내릴 수 있다. 사실 예수는 사두개인들과 거의 항상 대립했다.

요약

요약하자면 예수는 하나님 나라가 폭력을 통해 오리라고 여기지 않았다. 그는 「솔로몬의 시편」이 말하는 종말론적이고 비관적인 전망이 하나님의 미래 혹은 하나님 나라에 대한 충분한 맛보기가 될 수 있다고 여기지 않았다. 또한 후퇴가 곧 성공으로 가는 길이라고 믿지도 않았다. 그리고 그는 하나님의 뜻을 따라 사는 적절한 길과 관련해 바리새인들과 논쟁을 벌였다. 특히 그들의 토라 해석에 대해 그리고 하나님 나라에 들어가는 데 있어서 그런 해석이 갖는 중요성에 대해 반대했다. 마지막으로 예수와 사두개인들은 공통적인 것이 아무것도 없었다. 예수와 그들을 가장 크게 갈라놓은 것은 그들의 현실주의와 로마에 대한 협력이었다. 예수가 제시한 하나님 나라의 방식은 이스라엘 안에 새로운 길을 열어놓았다.

예수가 "하나님 나라"라는 용어를 택한 것은 그 용어가 하나님께서 이스라엘 안에서 그리고 이스라엘을 위해서 행하고 계신 일에 대해 생각하는 새로운 방법을 제공했기 때문이다. 또한 하나님이 행하고 계신 일이 마카비 가문, 열심당원, 에세네파, 바리새인, 혹은 사두개인들이 생각하고 있었던 것이 아니었기 때문이다. 예수의 하나님 나라 사명은 그의 하나님 나라 이야기에서 흘러나왔다. 지금 우리는 그 하나님 나라 이야기가 무엇이 **아니었는지**에 대해 보다 많은 것을 알고 있다. 그리고 그것은 우리로 하여금 **오늘날 하나님 나라의 사명이 무엇이 아닌지**에 대해 생각하도록 이끈다. 우리는 다음 장에서 그것의 긍정적인 시작에 대해 살필 것이다.

오늘날의 하나님 나라

첫째, 하나님 나라의 사명은 이전 시대로 돌아가는 것이 아니라 오히려 상황 안에서 그리고 상황을 위해서 수행된다.

하나님 나라의 사명은 계속해서 상황과 연관된다. 예수는 그의 시대에, 그의 시대를 위해, 그리고 그의 시대를 향해 말했다. 우리는 우리의 시대에, 우리의 시대를 위해, 그리고 우리의 시대를 향해 말한다. (성서의) 상황 속에서 성서를 읽는 것과 그것을 우리 시대의 상황에 적합한 방식으로 "적용하거나" 혹은 (더 낫게는) "살아내는" 방법을 훈련하는 것에 대한 이런 식의 기본적인 접근이 모든 참된 하나님 나라 사명의 핵심을 형성한다. 우리는 1세기로 돌아가 예수나 바울, 베드로처럼 살려고 해서는 안 된다. 또한 교회사 속에서 위대한 운동이 나타났던 시기들, 가령 니케아 신조가 만들어진 시기, 신성로마제국의 전성기, 종교개혁기, 대각성 운동기, 1950년대 미국의 부흥기, 1970년대 히피 예수의 운동기, 혹은 1980년대의 확신에 찬 복음주의 운동기 같은 것들 중 하나를 이상화해서도 안 된다. 사명은 상황과 연관되어 있고 특정한 상황 속에서 실현된다. 분명히 하나님 나라의 사명에 대한 성서적 접근법은 **무엇보다도** 성서에 귀를 기울인다. 그래야 그것이 복음 이야기에 의해 형성될 수 있기 때문이다. 그러나 일단 그것이 형성되고 나면, 하나님 나라 백성들은 **특정한 장소에 있는 그들 자신의 세계 안에서 하나님 나라가 무엇을 의미하는지를 탐구한다.**[6] 미국 트리니티 복음주의 신학교의 조직신학 교수인 케빈 밴후저Kevin Vanhoozer는 그의 대작 『교리의 드라마』*The Drama of Doctrine*에서 우리의 임무를 우리가 사는 세상에서 복음의 대본을 따라 "연기하는" 법을 배우는 것에 비유한다. 그는 이렇게 말한다. "교회는 자신을 지켜보는 세상을 위해 하나님 나라의 장면들을 무대에 올리기 위해 함께 모인 연기자들의 모임이다. 따라서 교리의 지휘 감독은 우리가—개인으로서 그리고 교회로서—그리스도를 창조적으로 모방하며 사는 것을 통해 복음을 만방에 알릴 수 있게 해준다."[8] 그렇다! 하나님 나라의 사명은 하나님 나라의 현실을 상황 속에 끼워 넣는다.

웨인 고든 | 미국 시카고에 있는 론데일 커뮤니티 처치의 목사인 내 친구 웨인 고든Wayne Gordon이 말하는 상황 속에서 정해지는 하나님 나라의 사명에 대한 이야기를 들어보자.

내가 1975년에 노스 론데일로 이주하면서 세운 사역의 주된 목표는 다른 이들을 그리스도와의 교제 속으로 이끄는 것이었다. 어느 날 밤, 나는 내가 가입한 축구회의 회원 한 명과 그 일을 할 기회를 얻었다. 나는 그가 삶 속에서 지은 모든 죄를 예수께서 용서해주셨다고 그에게 확언했다.

한데 내 말에 대한 그의 반응이 나를 당황케 했다. 그는 "이런, 나는 내가 죄를 지었다고 생각하지 않아"라고 말했다. "이래 봬도 나는 꽤 착한 사람이야."

나는 그에게 혹시 학교에서 시험 시간에 부정행위를 한 적이 없느냐고 물었다.

그가 답했다. "물론이지, 나는 시험 때 부정행위를 했어. 누구나 다 그렇게 하잖아."

나는 그에게 혹시 여자 친구와 섹스를 한 적이 없느냐고 물었다. 다시 그가 이렇게 답했다. "맞아, 그러나 누구나 다 그렇게 하잖아."

오래지 않아 나는 "구원을 얻는" 것을 강조하는 식의 복음전도가 교외郊外에 사는 이들을 위해 고안된 것임을 깨달았다. 그것은 도시적 상황에서는 별다른 의미를 갖지 못했다.…도시에서 사는 사람들은 일차적으로 죄책감 같은 것 때문에 괴로워하지 않는다. 그들이 갖고 있는 가장 깊은 감정은 죄책감이 아니라 절망감이다.[9]

교외의 그리스도가 용서의 그리스도라면, 도시의 그리스도는 희망의 그리스도다.

팀 딕카우 | 상황 안에서 결정되는 하나님 나라의 사명과 관련된 약간 침울한 또 다른 예가 하나 있다. 팀 딕카우Tim Dickau는 브리티시컬럼비아 주 이스트 밴쿠버에 위치한 그랜드뷰 갈보리 침례교회의 담임목사다.[10] "밴쿠버"Vancouver에 "이스트"East를 연결한 이 지명은 그 지역과

관련해 여러 가지 신호를 보낸다(캐나다 제3의 도시인 밴쿠버는 매우 살기 좋은 곳이지만, 이 도시의 동부 지역은 미국의 할렘가나 다름없다—역자주). 오늘날 그 지명이 복음 사역과 관련해 의미하는 바는 "많은 것을 기대하지 말라"라는 것이다. 그리고 한 친구는 내게 그 지명이 "당신은 다른 직업을 갖는 게 좋다"라는 것을 의미한다고 말했다. 딕카우는 자신이 처한 상황을 잘 알고 있었다. 고립, 파편화, 무상함으로 얼룩진 포스트모던적인 상황을 말이다. 딕카우가 그 교회에서 사역을 시작했을 때 교인 수는 줄어들고 있었고 교회 건물은 무너져가고 있었다. 교회 주변의 이웃들이 교회와 아무런 관계도 맺고 있지 않고 복음에는 관심조차 없다는 것은 아주 분명했다. 그렇다면 무엇을 할 것인가? 그 교회의 회중은 몇 가지 어려운 결단을 했는데, 그중에는 교외에서 교회로 왔다 갔다 하지 않고 교회가 속해 있는 지역 공동체 안으로 이주하는 것, 이웃들 사이에서 일하는 것, 가능한 모든 방법으로 지역민들의 파트너가 되는 것, 이웃의 가게에서 쇼핑하는 것 등이 포함되어 있었다. 물론 그중에서도 가장 급진적인 것은 다수의 회중이 그 지역 공동체 안에서 함께 살기로 결정한 것이었다. 지금 여기서 나는 우리의 이웃을 가난에서 벗어나 부유하게 만들거나, 아니면 죽어가던 교회를 대형 교회로 만드는 변혁에 관한 이야기를 하려는 게 아니다. 오히려 나는 그 랜드뷰 갈보리 침례교회의 그 멋진 사람들이 이웃의 문제를 해결하기 위해 자신들의 여행길에서 만나게 되는 이들의 말에 귀를 기울이고, 그들에게서 배우며, 사랑스러운 방식으로 그들과 연계하면서 이웃에게 관여했을 때 나타난 상황화된 사역contextualized ministry에 관한 이야기를 하려는 것이다.[11] 그 교회는 서구의 기준으로 보자면 지금도 여전히

"작은" 교회로 남아 있다.

이 모든 사역은 심원하게 상황적이다. 어떻게든 그런 사역들은 다른 공동체로도 전해질 수 있을 것이다. 하지만 많은 점에서 그것들은 전적으로 이스트 밴쿠버에 묶여 있다. 딕카우는 이렇게 말한다. "만약 당신이 어느 한 곳에서 일하고, 다른 곳에서 쇼핑을 하고, 세 번째 장소에서 놀고, 네 번째 장소에서 '교회에 다닌다면', 당신의 삶은 아주 많이 파편화될 것이다. 당신이 이웃의 변화에 개입하려는 꿈을 지니고 그들이 거주하는 공동체의 일부가 될 때, **당신의 삶은 보다 통합적이고 온전해질 수 있다**"(강조는 덧붙인 것임). 그는 우리의 삶이 어떻게 상황 속에서 자리를 잡고 상황과 통합할 수 있는지를 자신의 삶을 통해 예시한다.

어느 날 아침, 나는 늘 그랬듯이 체육관에서 운동을 마치고 집으로 돌아가던 중에 존과 마주쳤다. 존은 알코올 중독에서 벗어나려 애쓰면서 상근직 자리를 겨우겨우 지키고 있던 노숙자였다. 존과 만날 "약속"을 잡는 것은 어려운 일이었다. 하지만 오전 7시 반에 거리에서 그를 보았을 때 나는 그에게 스키트레인 역까지 태워주겠다고 제안했다. 그렇게 해서 우리는 차 안에서 20여 분간 이야기를 나눴다. 가족과 함께 아침을 먹고 기도를 드린 후에 나는 커피를 마시기 위해 내가 늘 들르는 카페로 갔다. 거기서 이제 막 사귀기 시작한 바리스타가 내게 내가 담임하고 있는 교회에 관해 물어왔다(그리고 그는 다음 주말에 교회에 모습을 드러냈다). 늘 앉는 자리에 앉아 하루의 일정을 살피며 기도를 드리고 있을 때, 한 여인이 내게 다가오더니 우리가 2주일 전에 시작했던 대화를 계속해보자고 청했다. 이 모든 일은 내가 내 일과의 자연스러운 흐름 안에서 "일을 시작하기" 전에 일어났다.

물론 이 이야기의 결론은 아직 쓰여지지 않았다. 하지만 지금 우리가 보고 있는 것은 상황 속에서 예민한 방식으로 하나님 나라의 복음을 구체화하기 위해 애쓰고 있는 한 공동체다.

어떤 교회 지도자들은 자신들의 모든 생각을 어느 곳으로든 수출할 수 있는 실용적인 프로그램으로 구체화시킬 수 있다고 생각한다. 그리고 종종, 그들을 비판하는 이들이 있음에도 불구하고, 실제로 성공적인 수출이 이루어지기도 한다. 그러나 참된 하나님 나라의 사명은 온전히 상황적이기 전까지는 결코 온전하게 선교적일 수 없다. 예수가 "하나님 나라"라는 단어를 사용한 것은 그것이 그의 청중에게 호소할 수 있었기 때문이었다. 바울은 그 단어를 자주 사용하지 않았고, 베드로 역시 그랬다. 요한은 자신의 상황에서는 "생명"과 "영생", "빛"과 "어둠" 같은 단어들이 더 효과적이라고 판단했다. 만약 **신학**이 상황적이라면, 확실히 우리의 실천 역시 **상황적인 것이 되어야 한다.**

둘째, 하나님 나라의 사명은 우리의 세상에서 작동하고 있는 지배적인 이야기들과 맞서는 것이다.

상황은 언제나 그 자체의 완성을 위해 복음을 집어삼키려 한다. 따라서 상황적이 되는 것은 우리에게 항상 유혹인 동시에 도전으로 다가온다. 팀 딕카우가 말했듯이 우리의 세상은 늘 우리에게 파편화된 것, 고립된 것, 무상한 것으로 다가온다. 따라서 교회가 받는 도전의 일부는 그것이 처해 있는 상황 속으로 새로운 삶의 방식으로서의 예수 그리스도를 증언하는, 살아 숨 쉬면서 삶과 공간을 공유하는 공동체를 소개하는 것이다. 예수 역시 대안적인 하나님 나라 비전을 지니고 자신이 처했던 상황에 맞섰다. 당대의 대안들에 맞섰던 예수의 행적을 단순하게 읽을 때 드러나는 요소들은 오늘 우리가 지키고 따라야 할 지침들로 요약될 수 있다. 그것들은 다음과 같다.

첫째, 예수는 하나님의 방법이 폭력이라고 주장하는 문화를 논박했다. 요컨대 그는 훗날 그의 형제가 썼듯이 "사람이 성내는 것이 하나님의 의를 이루지 못한다"(약 1:20)고 여겼다. 우리는 자신이 믿는 것을 진리라고 확신할 때 다른 모든 이들을 위해 그 진리를 원한다. 우리가 다른 이들을 위해 그 진리를 원할 때, 우리는 그 진리를 증언하기 위해 강압적이고 조작적이고 때로는 폭력에 호소하고자 하는 유혹을 받는다. 예수는 마카비 가문과 열심당원들의 방법에 반대했고, 칼 대신에 십자가라는 상징을 제공했다. 그에게 "다스리는" 길은 곧 "섬기는" 길이었다. 그가 사람들을 사랑하는 방법은 대야와 수건을 들고 섬기는 것이었다. 즉 하나님 나라의 사명은 하나님의 뜻을 이루기 위해 강압과 폭력을 사용하려는 모든 유혹을 거부해야 한다.

둘째, 예수는 후퇴의 문화를 논박했다. 물론 후퇴해야 할 때가 있다. 하지만 영원한 후퇴는 하나님 나라의 사명이 취해야 할 길이 아니다. 그렇다. 예수는 때때로 후퇴했다. 요한이 잡혔다는 소식을 들었을 때(마 4:12), 다른 이들이 자기를 죽이려 한다는 말을 들었을 때(마 12:15), 요한이 난폭하게 참수당했다는 소식을 들었을 때(마 14:13), 그리고 분명하게 도피해야 할 필요가 있었을 때(마 15:21), 예수는 갈릴리로 후퇴했다. 그러나 영원한 후퇴는 고립이 되며, 고립은 예수의 선교 방식을 부정하는 것이 된다. 에세네파의 방법은 예수의 방법이 아니었다. 우리 역시 영원한 후퇴에 대한 유혹을 받는다. 어떤 이들은—모두는 아니다—문화로부터 후퇴하는 방법의 일환으로 자녀들을 기독교 초등학교, 기독교 중·고등학교, 기독교 대학교에 진학시킨다. 어떤 이들은 안전감을 느끼기 위해 "세상"과 분리된 직업을 얻는다. 또 다른 이들은 같은 이유로 오직 그리스도인들과만 관계를 맺으려 한다. 그러나 하나님 나라의 사명은 개입, 통합, 육화, 상관, 그리고 참여의 길이다. 그것은 예수의 길, 사랑의 길, "이웃 됨"의 길, 그리고 세상이 되지 않으면서도 세상 속에서 살아감의 길이다.

셋째, 예수는 율법을 따라 사는 삶의 이야기를 논박했다. 우리는 바리새인들과 기타 율법에 근거한 의를 추구하는 운동들을 전형화하지 않도록 조심해야 한다. 바리새인들은 훌륭한 사람들이었다. 하지만 예수와 바리새인들은 토라에 대해, 그리고 그로 인해 토라를 준수하는 문제에 대해 서로 다른 입장을 보였다. 예수는 토라 전체가 하나님을 사랑하고 이웃을 사랑하는 것과 관련되어 있다고 보았다. 따라서 예수에게 토라의 핵심은 사랑이었다. 예수는 바리새인들이 토라의 중심을 사랑에 두지 않고 그저 사랑을 여러 계명 중 **하나**로 여기고 있음을 간파했다. 그러나 예수에게 계명들은 **모두** 사랑과 관련되어 있었다. 따라서 바리새인들에 대한 예수의 비난은 단순히 "사랑의 토라"Torah of love 대對 "토라에 대한 사랑"love of Torah의 문제 이상이었다. 예수는 바리새인들이 행하고 있던 율법에 대한 조작, 즉 할라카halakah(613개의 계명, 탈무드, 랍비법, 관습, 그리고 전통 등을 아우르는 유대교의 종교법에 대한 총칭—역자 주)에 반대했다. 토라가 안식일에 아무 일도 하지 말라고 명하기에 바리새인들은 "일"이 무엇인지를 규명하느라 분주했고 그들의 결정은 하나님의 뜻과 동일한 것이 되었다.

넷째, 하나님 나라의 사명은 하나님의 뜻에 무언가를 덧붙이려 하는 열성을 피한다. 나는 우리가 "열성"zealotry이라는 용어를 열심당원들Zealot이 무력을 사용하는 것과 혼동하지 않기를 바란다. 내가 말하는 "열성"은 자신의 급진적인 헌신을 입증하기 위해 성서를 넘어설 정도로 하나님의 뜻에 급진적으로 헌신하고자 하는 의식적인 열광을 의미한다. 열성은 면책에 대한 의식을 낳는다. 만약 내가 성서보다 훨씬 더 급진적이라면, 나는 분명히 옳으며 틀릴 수가 없다. 또한 열성은 다른 이들을 판단하려는 태도로 이어지며, 그로 인해 "선"(우리)과 "악"(우리보다 덜 헌신적인 다른 이들) 사이에 경계선을 긋는다. 이에 대한 한 가지 예가 있다. 선교적인 사람들은 스스로 자신들의 상황에서 행하는 헌신과 급진적이어지는 것에 관한 자신들의 해석에 쉽사리 흥분하는 경향이 있다. 그런 태도를 지닌 교회 공동체에 속한 사람 중 어떤 이들은 자신들의 열정에 대한 자만심 때문에 교외에서 차고를 갖추고 미학적으로 장식된 정원을 가진 단독 주택에 사는 이들을 경멸의 눈초리로 쳐다보게 된다. 또 다른 예가 있다. 성서는 중독이 하나님의 뜻에 어긋난다고 가르친다. 열성적인 이들은 술을 완전히 끊은 사람이 술을 끊지 못하는 사람들보다 더 경건하며, 술을 마시는 이들은 하나님께 덜 헌신한다고 가르친다. 열성적인 이들은 우리를 향한 하나님의 말씀의 충분성을 신뢰하지 않으며, 그런 까닭에 하나님의 말씀에 무언가를 덧붙이고, 덧붙이고, 덧붙이다가, 결국 그렇게 덧붙인 것을 우리를 향한 하나님의 말씀이라고 여기기에 이른다. 그러고 나면 열성적인 이들은 자기의自己義를 경축하고, 사랑을 봉쇄하고, 진정성 있는 개입 대신 후퇴와 철수 같은 교묘한 전략을 짜내면서 점차적으로 순종과 멀어진다.

마지막으로 하나님 나라의 사명은 하나님의 뜻을 이루기 위해 정치권력을 사용하는 길을 피한다. 미국의 탁월한 복음주의 문화 비평가 중 한 사람인 제임스 데이비슨 헌터는 그의 최근 저서 『기독교는 어떻게 세상을 변화시키는가』To Change the World(새물결플러스 역간, 2014)에서 두 가지 중요한 사항을 지적한 바 있다.[12] 우선 그는 문화와 세상을 변화시키는 유일한 방법은 **정치권력**을 사용하는 것이라고 주장했다. 하지만 이어서는 그리스도인은 **신실한 현존**이라는 "전략"을 사용하는 것이 훨씬 더 현명하다고 주장했다. 우리는 "신실한 현존"이 무엇을 의미하는지, 어떤 전략들이 그것을 표현할 수 있는지에 대해 서로 다른 의견을 가질 수 있다. 하지만 헌터는 그 표현을 통해 예수가 사두개인들에 맞서 취했던 입장을 추적해나간다. 사두개인들은 건강하지 못한 방식으로 로마와 협력했다. 여기서 내가 "건강하지 못한"이라는 표현을 사용한 것은 그것이 1세기 이스라엘에 끼쳤던 영향을 의미하지 않는다. 내가 이 말로 의미하고자 하는 것은 그들이 거의 로마인과 같이 되는 방식으로, 그리고 예수의 하나님 나라의 길과 거리가 먼 방식으로 로마인들 및 권력자들과 협력했다는 것이다. 하나님 나라의 사명은 **정치적 잠재력과 상관없이, 문화를 변화시킬 가능성과 상관없이, 사회에 영향을 끼칠 가능성과 상관없이**, 신실한 증인으로서의 삶을 사는 것이다.

한 가지 고백할 것이 있다. 위의 마지막 문장에 마침표를 찍었을 때, 나는 원고 파일을 저장하고 이메일 박스를 열었다. 편지함에는 어떤 이가 자신의 개인적인 연구를 위해 참고할 만한 저자와 책들의 목록을 보내달라고 부탁하는 메시지 하나가 들어 있었다. 물론 나는 자주 그런 요청에 응답하고 그들이 원하는 목록을 보내준다. 그런데 이번에는 좀 특이한 상황이 발생했다. 그리고 그것이 하나님 나라의 시민이 저항하기를 배워야 하는 종류의 일이라는 사실을 고백한다. 나는 그 메시지를 보낸 사람의 이름을 확인하지 않았다. 일 때문에 충분히 바쁜 상황에서 내가 알지도 못하는 누군가에게 도서목록을 적어달라는 부탁을 받는 것은 성가신 일이었기 때문이다. 짜증을 느끼며 삭제 키를 누르려는 순간 이메일 하단에 첨부된 사인을 발견했다. 내게 메일을 보낸 이는 워싱턴 D.C.에서 어느 상원의원을 보좌하는 사람이었다. 그 사인을 본 후 내 마음에 가장 먼저 떠오른 생각은 "이 양반은 중요한 사람이야. 이 사람은 영향력이 있어. 그러니 이런 요청에는 성실하게 응답할 필요가 있어!"였다. 나는 내 잘못을 고백한 후 다른 사람들에게 했던 것처럼 그 이메일에 응답했다. 더불어 그에게 몇 가지 제안과 함께 내 블로그에 꼭 읽어야 하는 책 10권이 올려져 있음을 알려주었다. 그리고 다시 내 일로 돌아와 이 고백을 쓰고 있다! 그러나 하나님께 그 사람은 다른 사람들보다 더 큰 가치를 갖고 있지 않다. 그 사람은 다른 사람들보다 하나님 나라의 사명을 더 잘 수행하지 못할 것이다. 하지만 하나님 나라 사람들은 나보다 하나님 나라의 사명을 훨씬 더 잘 실천할 것이다.

셋째, 하나님 나라의 사명은 하나의 대항문화로서 우리의 세상과 맞서는 것이다.

하나님 나라의 사명은 대안 정치로 대안적인 이야기들을 반박하는 것을 의미한다.[14] 이야기들은 우리에게 의미를 제공한다. 그것들은 우리를 이 세상 안에 위치시키며, 우리를 위한 지침과 방향과 희망을 제공한다. 사실 그런 이야기들은 넘쳐난다. 그러나 하나님 나라 이야기는 유일하게 참된 이야기다. 우리는 우리의 세상에서 번성하고 있는 이야기들에 대해 방심하지 말아야 하며—냉소적이지 않은 방식으로—적절하게 비판적이어야 한다. 하나님 나라 이야기를 끌어안는 것은 다른 이야기들을 놓아버리는 것이다. 예수의 세상에서 제자들은 예수의 이야기에서 성취되는 이스라엘의 이야기를 끌어안았다. 그것이 우리의 출발점이다. 그리고 이것은 (로마의 이야기나 그리스의 이야기들처럼) 이스라엘의 이야기를 부인하는 이야기들이나 (바리새인과 서기관과 사두개인과 에세네파와 열심당원들이 그랬던 것처럼) 이스라엘의 이야기를 성취하는 예수의 이야기를 부인하는 이야기들은 거부되어야 한다는 것을 의미한다. 그렇다면 우리는 우리 문화가 제공하는 세계관에 담긴 이야기들을 논박해야 한다.

캘리포니아 아주사퍼시픽 대학교의 조직신학 교수인 스티브 윌킨스Steve Wilkens와, 같은 학교에서 실천신학을 가르치는 마크 샌포드Mark Sanford는 그들의 탁월한 책 『은밀한 세계관』Hidden Worldviews(IVP 역간, 2013)을 통해, 우리의 세상에서(종종 그곳에서 살아가는 이들에게는 완전히 미지의 상태로) 작동하고 있는 세계관에 대해 언급한다. 그것은 개인주의, 소비주의, 민족주의, 도덕적 상대주의, 과학적 자연주의, 뉴에이지, 포스트모던적 부족주의, 그리고 요법療法을 통한 구원 같은 것들이다.[15] 팀 딕카우는 밴쿠버에서 사역하면서 마주쳤던 6가지 우상숭배에 관해 논했다. 그것들은 오락, 인터넷 서핑, 일 중독, 사유 재산의 축적, 개인주의/자율성, 그리고 가족이었다. 이런 우상숭배는 개인의 영성을 차단할 수도 있지만 개인의 영성을 차단하는 데만 멈추지 않고, 오히려 지역 교회에서의 교제와 상호조화하는 삶을 방해하기도 한다.[16]

우리는 이것들 각각을 성서가 전하는 하나님 나라의 사명 이야기를 통해 논박해야 할 것들로 삼아 탐색할 수도 있을 것이다. 그러나 나는 그렇게 하는 대신 예수의 세상과 우리의 세상 모두에서 작동하고 있는 또 다른 세계관과 우상숭배에 대해 논하려 한다. 그것은 바로 **권력의 세계관**이다. 최근 성서와 관련된 연구들은 예수 당시의 야만적인 권력 이데올로기를 논하는 일에, 그리고 예수와 사도들의 메시지가 제국의 이데올로기를 논박했던 방식을 논하는 일에 흠뻑 빠져 있다.[17] 예수는 한 번 이상 적들이 제기한 날카로운 관찰과 질문에 답하는 형식으로 제국과 맞선 적이 있었다. 그중 한 예를 살펴보자.

곧 그때에 어떤 바리새인들이 나아와서 이르되 나가서 여기를 떠나소서 헤롯이 당신을 죽이고자 하나이다. 이르시되 너희는 가서 저 여우에게 이르되 오늘과 내일은 내가 귀신을 쫓아내며 병을 고치다가 제삼일에는 완전하여지리라 하라. 그러나 오늘과 내일과 모레는 내가 갈 길을 가야 하리니 선지자가 예루살렘 밖에서는 죽는 법이 없느니라(눅 13:31-33).

아마도 그 영향력이 갈릴리 지역에 국한되어 있었을 신통치 않은 지도자 헤롯 안티파스Herod Antipas[18]는 예수를 거꾸러뜨리고 싶어했는데, 그렇게 하려면 대중의 공분을 불러일으킬 수밖에 없었다. 그런 시도에 대해 예수는 조롱하듯 그에게 "여우"라는 딱지를 붙이고 자신이 로마 제국의 권력에 의해 맞이하게 될 운명, 즉 예루살렘에서 죽임을 당할것을 우회적으로 지적하는 것으로 대응했다.

두 번째 예는 예수가 "바리새인과 헤롯당 중 몇 사람"에게서 받은 유명한 질문이다(막 12:13-17). "선생님이여, 우리가 아노니 당신은 참되시고 아무도 꺼리는 일이 없으시니 이는 사람을 외모로 보지 않고 오직 진리로써 하나님의 도를 가르치심이니이다. 가이사에게 세금을 바치는 것이 옳으니이까 옳지 아니하니이까?"

두 명의 제자들(야고보와 요한)이 그들의 어머니—교회의 전통에 따르면 그녀는 예수 어머니의 자매였다—의 독촉을 받고 예수께 나와 다가오는 하나님 나라에서 자신들을 그의 왼편과 오른편에 앉게 해달라고 청했을 때, 예수가 그들에게 보인 반응은 그의 이야기가 로마의 이야기와 충돌함을 드러냈다.

예수께서 불러다가 이르시되 이방인의 집권자들이 그들을 임의로 주관하고 그 고관들이 그들에게 권세를 부리는 줄을 너희가 알거니와, 너희 중에는 그렇지 않을지니, 너희 중에 누구든지 크고자 하는 자는 너희를 섬기는 자가 되고 너희 중에 누구든지 으뜸이 되고자 하는 자는 모든 사람의 종이 되어야 하리라. 인자가 온 것은 섬김을 받으려 함이 아니라, 도리어 섬기려 하고 자기 목숨을 많은 사람의 대속물로 주려 함이니라(막 10:42-45).

　로마의 정치는 권력, 지배, 힘, 군대, 강압, 칼과 관련되어 있었다. 반면에 예수의 정치는 **설령 그것이 칼에 의한 죽음을 의미할지라도,** 타인을 위한 희생적 사랑과 관련되어 있었다. 다른 이에게 짐을 지우는 것이 로마의 방식이었다면, 예수의 방식은 다른 이들을 섬기는 것이었다. 예수가 보기에 제국의 주인들lords은 주님 없는 주인들lordless lords이었다. 바로 이것이 두 종류의 정치 안에서 작동하고 있던 두 가지 이야기였다. 그리고 예수의 정치는 로마의 정치를 반박했다.

　예수의 접근법은 이론적인 것이 아니었다. 그의 접근법은 치명적인 위험들이 도사리고 있는 상황 속에서 정치적 도발이라는 목조르기를 통해 그를 위협하는 로마의 힘과 정면으로 맞서는 것이었다. 나는 우리 모두가 예수의 대응이 그들의 교활함을 이중으로, 아니 어쩌면 그 이상으로 앞질렀다는 데 동의할 수 있을 거라고 여긴다.

　이 형상과 이 글이 누구의 것이냐? 이르되 가이사의 것이니이다. 이에 예수께서 이르시되 가이사의 것은 가이사에게, 하나님의 것은 하나님께 바치라(막 12:16-17).

　분명히 우리는 예수가 이런 말로 황제를 지지했던 것이 아니라 오히려 동전에 새겨진 제국의 권력을 해체하고 있었다는 견해에 동의할 것이다. 참된 권력은 참된 왕이요 참된 황제이신 하나님께 있다. 그리고 예수는 오직 그 하나님께만 순종할 것이다. 따라서 이상을 요약하면서 우리는 예수가 하나님께 대한 순종이야말로 유일하게 참된 충성이라는 것, 헤롯 안티파스에서 필라투스(빌라도)와 로마에 있는 티베리우스에 이르기까지 세상의 통치자들 편에서 제기되는 권력과 권위, 힘에 대한 그 어떤 주장도 하나님을 대신해 통치하는 것에 대한 주장이아니며, 노골적인 우상숭배와 이데올로기에 대한 주장이라는 결론에이르게 된다. 로마의 이야기는 후자였고, 이스라엘의 이야기는 전자였다. 하지만 이제 새로운 이야기가 나타났다. 그것은 하나님이 예수 안에서 다시 한 번 자신의 백성에 대한 통치를 시작하셨다는 것이다.

권력은 언제나 유혹이 되어왔다. 그리고 나는 **미국의 수많은 그리스도인들에게 다수결의 원칙은 그것과 더불어 제국에 대한 유혹을 수반한다**고 주장하고자 한다. 미국의 역사를 아는 이들은 이렇게 말하고 싶을 수도 있다. "그것은 우리의 민주주의 혹은 대의민주주의가 대표하는 것과 정확하게 반대되는 현상이다." 어느 면에서 그것은 꽤 옳은 말이다. 사실 모든 이에게 발언권을 제공하는 것은 굉장한 일이다. 하지만 그것이 무엇이든 뜨거운 정치적 쟁점이 될 만한 문제들—예컨대, 낙태, 동성 간 결혼, 국가 보건 의료, 자유 시장 경제, 안보를 위한 핵무기 증강 같은—을 예로 들어보자. 그러면 당신은 지금 내가 말하려는 것을 알아차릴 수 있을 것이다. 정치적 좌파는 그런 문제들에 대해 나름의 입장을 취할 것이고, 반면에 우파들은 다른 입장에서 칼을 뽑을 것이다. 그리고 만약 우리가 한발 물러서서 살핀다면, 각 진영이 소수파에게 자신들의 입장을 강요하려 한다는 것을 알 수 있을 것이다. 그것은 다른 이들을 지배하려는 것이다. 이제 몇 가지 질문을 던져보자.

이렇듯 다른 이들에게 힘을 행사하는 것은 그리스도를 따르는 것과 양립할 수 있는가? 당신은 과연 투표를 통해 얻은 권리가 다른 이들을 강압하고 강요할 권리, 즉 다수가 소수에게 힘을 사용할 권리인지에 대해 의문을 품어본 적이 있는가?[19] 이 다수의 권력은 순례자들과 청교도들이 "언덕 위의 도시"를 세우기 위해 영국을 떠났을 무렵에 찰스 왕이 휘둘렀던 권력과 다른 것인가? 대부분은 사람들에게 힘을 부여하는 것이 상황을 개선시켰다는 데 동의할 것이다. 하지만 여기서 나는 또 다른 질문을 제기하고 싶다. 이것, 즉 사람들에게 힘을 부여하는 것이 투표라는 정치적 과정을 다른 이들을 억누르는 권력을 추구하는 근원으로 만들고 있지는 않은가? 그리스도인이 권력에 대한 충동에 대해 보일 수 있는 최상의 반응은 무엇인가?

나는 정치적 과정을 통한 이런 식의 권력 추구를 "정치의 종말론" eschatology of politics이라고 부르는데, 그것은 만약 우리가 올바른 정치 지도자들과 올바른 법률을 이끌어낸다면, 하나님 나라를 위한 조건이 충족되리라는 믿음을 의미한다. 미국은 2년에 한 번씩 만약 자기가 당선된다면 (거의) 하나님 나라를 만들어내겠노라고 약속하는 정치 지도자들로 인해 소란스러워진다. 또한 2년에 한 번씩 미국은 만약 자기들이 원하는 정치 지도자들을 당선시키면 단지 선거에서 이기는 것에 그치는 것이 아니라 (거의) 하나님 나라가 도래할 것이라고 믿으며 선거 운동을 벌이는 이들로 인해 소란스러워진다. 이것은 우상숭배이며 콘스탄티누스주의 Constantinianism (부록 1을 보라)의 또 다른 예다.

우리가 물어야 할 질문은 이것이다. 우리의 소망은 어디에 있는가? 우리가 선출한 지도자들에게? 우리나라에? 분명히 말하지만, 나는 미국이 국제분쟁들을 해결하기를 바란다. 우리가 가난의 문제를 해결하고 교육 문제와 인종차별의 문제도 해소할 수 있기를 바란다. 우리가 보다 나은 경제를 창출할 수 있기를 바란다. 그러나 우리가 전쟁과 빈곤, 교육이나 인종차별 등에 대해 생각할 때, 우리의 소망은 어디를 향하는가? 혹시 우리는 그 초점을 우리가 선호하는 정당에 맞추고 있지는 않은가? 또한 그 에너지를 우리가 올바른 정치 지도자들을 선출한다면 우리의 모든 문제가 해결되리라 여기는 데서 얻고 있지는 않은가? 만약 그렇다면 나는 우리의 종말론이 제국에 의해 형성된 콘스탄티누스적이며 정치적인 것이 되었다고 여길 수밖에 없다. 나에게는 그런 종말론이 공화당이 승리하기를 바라는 우파 복음주의자들의 것인지, 아니면 민주당이 승리하기를 바라는 좌파 진보주의자의 것인지는 문제가 되지 않는다. 어느 쪽이든 모두 오도된 종말론일 뿐이다. 하나님 나라 이야기는 우리의 문제들에 대한 해결책으로서 우리의 정치 문화를 반박한다.

당신은 다수결의 원칙이 폭정보다 낫다고 생각할 수 있으며, 사실 그것은 옳기도 하다. 하지만 문제는 미국의 정치 과정에서 작용하고 있는 이야기이며, 오늘날 많은 그리스도인이 하나님 나라 이야기를 배신하는 방식으로 그 이야기에 참여하고 있는 것이다. 하나님 나라의 사명은 하나님 나라 신학을 뒤따라 나온다. 그리고 하나님 나라 신학은 우리가 말해야 할 이야기, 즉 하나님 나라의 이야기다. 오늘 우리는 예수로부터 왕이신 자신에게 복종하여 그 이야기 속으로 들어가라는, 그 이야기가 우리의 삶 전체에 스며들게 하여서 그 이야기에 참여하라는, 세상에 그 이야기를 전하라는, 그리고 왕이신 그분의 왕권을 축소시키려는 온갖 우상숭배적 이야기들에 도전하라는 명령을 받고 있다.

이렇게 대항문화에 대해 말하는 동안 나는 듀크 대학교의 조직 신학자인 스탠리 하우어워스Stanley Houerwas와 미국 연합감리교의 감독인 윌리엄 윌리몬William Willimon이 그들의 작지만 멋진 책『하나님의 나그네 된 백성』Resident Aliens(복있는사람 역간, 2008)에서 한 말을 떠올린다. 그들의 주장은 만약 우리의 복음이 대항문화적이라면, 하나의 공동체로서 그리고 교회로서 우리 역시 모든 면에서 대항문화적이 되어야 한다는 것이었다. 그들은 이렇게 말한다. "복음의 도전은 낡은 신앙 체계를 현대의 신앙 체계와 양립하게 만드는 방법에 관한 지적인 딜레마가 아니다." 아니다! 그것은 복음을 현대화하는 것이라고 불리며, 그런 일은 우리 주변에 얼마든지 있다. 그들은 말한다. "오히려 예수의 도전은 하나님이 어떻게 우리와 함께하시는지에 관한 이야기를 통해 형성된 낯선 공동체에 충성하는 법에 관한 정치적 딜레마다."[90]

나는 그 도전, 곧 교회가 하나님 나라 이야기에 충성하는 것이라는 그들의 주장에 동의한다. 이제 이 책을 통해 내가 하려는 주장의 핵심을 살필 차례다. 그것은 하나님 나라와 교회의 관계다.

제5장

하나님 나라는 백성이다
Kingdom Is People

예수가 "하나님의 나라가 가까이 왔다"라고 말했을 때 그의 갈릴리 청중은 어떤 단어를 연상했을까? 만약 우리가 예루살렘을 중심으로 하는 이스라엘의 역사를 의식하면서 로마 시대에 헤롯 안티파스 치세 아래 있던 갈릴리로 돌아가 당대의 평범한 갈릴리 사람들과 예수 자신(그야말로 가장 중요하다)에 대해 상상한다면, 그리고 나서 앞의 질문을 제기한다면, 그때 우리 마음에 가장 먼저 떠오르는 것은 아마도 다음 두 단어 중 하나일 것이다. 그것은 "다윗"(이것은 "왕"을 의미한다) 혹은 "이스라엘"(이것은 "땅"과 "율법"을 의미한다)이다. 이 용어들은 "하나님 나라"에 해당하는 수많은 동의어 중 하나다. 스키니진 스타일의 하나님 나라를 선호하는 이들은 본능적으로 그 나라의 동의어를 "정의"라는 단어에서 찾는다. 반면에 그보다 앞서 이 논의에 참여했던 정장바지 스타일의 사람들은 그 동의어가 "구원"이라고 말한다. 각각의 단어는 이 논의에서 나름의 위치를 차지한다. 하지만 이 장에서 나는 "하나님 나라"와 자연스럽게 연결되는 그 단어들이 엉뚱한 물에서 헤엄치고 있음을 보여줄 것이다. 예수가 사용한 용어는 "하나님 나라"다. 따라서 예수가 처해 있던 상황에서 그 용어와 관련해 첫 번째로 연상되는 단어는 어느 한 장소(국토)에 속한 하나의 백성으로서의 "이스라엘"이었을 것이다. 만약 예수가 "왕이 가까이 왔다"라고 선언했었다면, 아마도 그때 연상되는 첫 번째 단어는 "다윗"이었을 것이다. 오늘날에는 많은 이들이 하나님 나라를 "정의"나 "구원"에 연관시키고 있다. 그러므로 이 장에서 우리는 성서를 좀 더 깊이 파고들어 가 예수의 세계에서 하나님 나라가 "왕에 의해 다스림을 받는 백성"을 의미했으리라는 것을 한 번 더 확증할 필요가 있다.

이스라엘과 땅

그들이 시작했던 곳에서, 즉 이스라엘과 땅(국토)에서부터 시작해보자. 그들이 "나라"에 대해 말하는 것은 곧 "이스라엘"에 대해 말하는 것이었고, 하나의 나라로서의 과거, 현재, 미래 모두와 그 나라가 스스로를 유지하기 위해 행하는 모든 것을 포함하는 "이스라엘 나라"를 의미하는 것이었다. 나는 그동안 많은 훌륭한 학자들이 "하나님 나라"와 관련해 "이스라엘"이나 "땅"이라는 용어를 사용하려 들지 않았던 것이 적잖이 당황스럽다. 우리에게 필요한 것은 중요한 연구 결과물들을 충분히 읽는 것이다. 그러면 그동안 그런 용어들이 얼마나 무시되어왔는지 알게 될 것이다. 방향을 잃지 않기 위해 "나라"라는 단어가 왕에 의해 다스림을 받는 제한된 지역을 의미한다는 것을 기억해두자. 이것은 곧장 우리를 "나라"라는 단어가 의미하는 것 한가운데로 데려가 다음과 같은 결론에 이르도록 만든다. 나라는 **왕의 지배를 받는 지정학적 백성**을 의미한다.

우리가 해야 할 일은 성서에 코를 틀어박고 그것의 내용을 음미하는 것이다. 그리고 그것을 충분히 조심스럽게 읽으면서 가능한 한 그것이 말하는 것에 근거한 설명을 하는 것이다. 우리는 먼저 우리 자신의 개념들을 고안한 후 그것들을 지지해줄 내용을 찾기 위해 성서를 뒤지거나, 그것들에 권위를 부여하기 위해 성서를 인용해서는 안 된다. 이 책 전체는 성서에 코를 틀어박는 훈련이 될 것이다. 그 과정에서 우리는 성서가 하나님 나라에 대해 말하는 내용을 살필 것이다. 이것은 성서가 "하나님 나라"라는 용어를 "이스라엘"(그것의 소중한 땅을 포함해)과 얼마나 밀접하게 연관시키느냐 하는 문제와 관련되어 있다. 내가 이것을 강조하는 것은 그동안 정장바지 스타일의 사람 중 많은 이들이 하나님 나라를 "이류시켜" "순전히 종교적인" 혹은 "영적인" 그 무엇으로, 혹은 보다 일반적으로는 "구속의 역학"으로 바꿔놓았기 때문이다. 그러나 사람들이 튜닉과 터번을 착용했던 시절로 돌아가 보면, 하나님 나라와 땅은 분리될 수 없었다.

우리는 이스라엘을 위한 하나님 나라에 대한 이와 같은 지정학적 이해를 보여주는 수많은 구절들을 인용할 수 있으나 그런 이해의 핵심은 창세기 12:1에 나오는 아브라함에 대한 야웨의 첫 번째 약속에서 발견된다. "너는 너의 고향과 친척과 아버지의 집을 떠나 내가 네게 보여줄 땅으로 가라." 이 구절에서 드러나는 지정학적 지향과 사람 지향에 주목하라. "내가 네게 보여줄 **땅**으로." 첫 번째 약속의 내용은 땅이다. 레위기 26장과 신명기 28장—두 장 모두 이스라엘의 신앙에 형태를 부여한다—에 나오는 축복과 저주는 그 땅에 거주하는 것과 관련되어 있다. 출애굽기는 그 땅으로 들어가는 것에 관한 이야기다. 왕들은 그 땅을 다스리고 그 땅의 경계를 지킨다. 포로살이는 야웨의 징계를 받아 그 땅에서 떠나는 것을 의미한다. 우리는 땅이 지속되는 한 이스라엘도 지속된다고 말할 수 있다. 유대교 학자 벳시 핼퍼린 아마루Betsy Halperin Amaru는 땅에 대한 성서의 인식을 이렇게 요약한다. "그 땅에서 사는 것은 이스라엘과 하나님 사이의 관계의 질에 대한 중요한 기준이 되었다."[1] 땅은 그저 축복의 지표에 불과한 게 아니라 이스라엘의 미래에 대한 다양한 형태의 희망 안에서 하나의 붙박이 이상의 역할을 하는 그 무엇이다. 데이비드 프랭클David Frankel이 구약성서에서 땅이 갖는 의미에 대한 그의 긴 연구서의 결론 부분에서 말하듯, "[구약성서의 다양한 부분에서 나타나는] 굉장히 다양하고 복잡한 신학적 견해들에도 불구하고, 우리는 **어떤 식으로든 그 땅에서 하나의 민족으로 살아가는 것을 궁극적 이상으로 포함하고 있지 않은**…하나의 백성으로서의 이스라엘의 최종적 운명에 대한 성서의 이해를 결코 발견하지 못한다."[2]

구약성서에서 이런 이해를 하나로 묶고 있는 단락이 있다면, 아마도 그것은 시편 37편일 것이다. 아래에서 나는 그 시편의 내용 중 땅에 관한 구절들을 인용하고 독자들에게 그것들을 꼼꼼히 살펴볼 것을 부탁하려 한다.

여호와를 의뢰하고 선을 행하라.
땅에 머무는 동안 그의 성실을 먹을거리로 삼을지어다(시 37:3).

진실로 악을 행하는 자들은 끊어질 것이나

여호와를 소망하는 자들은 **땅**을 차지하리로다(시 37:9).

잠시 후에는 악인이 없어지리니

네가 그 곳을 자세히 살필지라도 없으리로다.

그러나 온유한 자들은 **땅**을 차지하며

풍성한 화평으로 즐거워하리로다(시 37:10-11).

주의 복을 받은 자들은 **땅**을 차지하고

주의 저주를 받은 자들은 끊어지리로다(시 37:22).

악에서 떠나 선을 행하라.

그리하면 [그 **땅**에서] 영원히 살리니(시 37:27).

의인이 **땅**을 차지함이여

거기서 영원히 살리로다(시 37:29).

여호와를 바라고

그의 도를 지키라.

그리하면 네가 **땅**을 차지하게 하실 것이라.

악인이 끊어질 때에 네가 똑똑히 보리로다(시 37:34).

이런 일련의 구절들이 예수에게 "하나님 나라"가 의미하는 내용을 형성한다. 그렇다. 이것들은 하나님의 은혜와 그 땅에 사는 많은 사람이 누리는 복은 결코 분리될 수 없다는 이스라엘의 뿌리 깊은 믿음을 보여준다. 이스라엘의 성서를 더 깊이 파고들기에 앞서 예수가 선포했던 일련의 축복—시편 37편의 축복들과 많이 닮아 있다—중 하나에 주목해보자. "온유한 자는 복이 있나니 그들이 **땅**을 기업으로 받을 것임이요"(마 5:5). 이 구절에는 우리가 주목해야 할 것들이 많다. 분명히 이 말은 시편 37:11에 대한 인용인데, 시편에서 사용된 히브리어는 "땅" land(영토領土라는 뉘앙스를 지니고 있다—역자 주)을 의미하지 우주적 차원의 "땅"earth을 의미하지 않는다. 예수와 같은 유대인들은 우주적인 땅earth으로서의 땅land에는 관심이 없었다. 그뿐만 아니라 당시에 예수는 아람어로 말했는데, 그가 사용했던 아람어는 "땅"land을 의미한다. 그러나 이런 의견들을 제쳐두더라도, 예수가 하나님 나라와 관련해 사용했던 언어의 근본적인 지향은 **땅과 그 땅에서 평화와 정의와 사랑과 지혜를 누리며 살아가는 것이 절대적 핵심을 이루는** 이스라엘의 이야기에서 나왔다. 따라서 예수가 온유한 자들을 축복했을 때 그가 그들에게 준 약속은 그들이 우주적인 "땅"earth이 아니라 "영토"land를 얻으리라는 것이었음은 거의 확실하다. 이제 구약성서에 등장하는 "나라"의 용법에 대해 살펴보자.

왕에 의해 다스림을 받는 백성으로서의 나라

"왕에 의해 다스림을 받는 백성." 바로 이것이 구약성서가 "나라"라는 단어를 사용하는 방식이다. 이와 관련된 성서의 증거에 대한 논의는 자주 이루어지지 않기에 하나님 나라가 갖고 있는 이런 요소를 다시 검토하기 위해서는 몇 가지 성서 구절들을 살펴볼 필요가 있다. 나는 창세기 20:9에서 시작하고자 한다. 여기서 아비멜렉[3]은 아브라함을 불러 이렇게 말한다. "네가 어찌하여 우리에게 이렇게 하느냐? 내가 무슨 죄를 네게 범했기에 네가 나와 내 **나라**가 큰 죄에 빠질 뻔하게 하였느냐?" 또 다른 이방인인 발람은 자기 앞에 있는 이스라엘 백성을 바라보면서 하나님이 그들에게 복을 주실 것에 대해 예언한다. "그 물통에서는 물이 넘치겠고 그 씨는 많은 물가에 있으리로다. 그의 왕이 아각보다 높으니 그의 **나라**가 흥왕하리로다"(민 24:7). 모세는 이스라엘 백성이 그 땅으로 들어가기 전에 그들 중 몇몇 부족에게 "아모리인의 왕 시혼의 **나라**와 바산 왕 옥의 **나라**를"(민 32:33) 주었다. 여기서 "나라"는 "왕에 의해 다스림을 받는 백성"을 가리킨다.

이스라엘은 "나라"(왕국)였다. 모세는 이스라엘에서 왕이 어떻게 행동해야 하는지를 법률로 정했다. "그가 왕위[정확하게는 '그의 **나라**의 왕좌'ー역자 주]에 오르거든 이 율법서의 등사본을 레위 사람 제사장 앞에서 책에 기록하여…"(신 17:18). 만약 왕이 그렇게 한다면, "그와 그의 자손이 왕위에 있는 날이 장구하리라"(신 17:20). 구약성서에는 이와 같은 구절들이 아주 많다. 따라서 아마도 성서를 진지하게 연구하는 이들은 만약 누군가가 나라가 "구원"이나 "정의"라는 개념으로 치환될 수 있다고 주장한다면 놀라서 펄쩍 뛸 것이다. 구약성서에서 나라라는 단어는 거듭해서 "왕에 의해 다스림을 받는 백성"을 가리킨다. 그러나 여기서 나는 이 사실을 좀 더 분명히 밝히기 위해 "나라"가 그것과 병행하는 표현들 속에서 얼마나 자주 "족속"이나 "성읍" 혹은 몇 가지 다른 행정적 단위와 연결되는지를 지적해보려 한다.

이 족속에게서 저 족속에게로,

이 **나라**에서 다른 민족에게로 떠돌아다녔도다(시 105:13).

내가 애굽인을 격동하여 애굽인을 치리니

그들이 각기 형제를 치며

각기 이웃을 칠 것이요.

성읍이 성읍을 치며

나라가 **나라**를 칠 것이며(사 19:2).

너를 섬기지 아니하는 백성과 **나라**는 파멸하리니(사 60:12).

내가 어느 민족이나 **국가**를 뽑거나 부수거나 멸하려 할 때에(렘 18:7).

바벨론의 왕 느부갓네살을 섬기지 아니하며 그 목으로 바벨론의 왕의
멍에를 메지 아니하는 백성과 **나라**는 내가 그들이 멸망하기까지 칼과
기근과 전염병으로 그 민족을 벌하리라(렘 27:8).

왕을 뒤이어 왕보다 못한 다른 **나라**가 일어날 것이요. 셋째로 또 놋 같
은 **나라**가 일어나서 온 세계를 다스릴 것이며, 넷째 **나라**는 강하기가
쇠 같으리니 쇠는 모든 물건을 부서뜨리고 이기는 것이라. 쇠가 모든
것을 부수는 것 같이 그 나라가 뭇 나라를 부서뜨리고 찧을 것이며, 왕

께서 그 발과 발가락이 얼마는 토기장이의 진흙이요 얼마는 쇠인 것을 보셨은즉 그 **나라**가 나누일 것이며, 왕께서 쇠와 진흙이 섞인 것을 보셨은즉 그 나라가 쇠 같은 든든함이 있을 것이나, 그 발가락이 얼마는 쇠요 얼마는 진흙인즉 그 나라가 얼마는 든든하고 얼마는 부서질 만할 것이며, 왕께서 쇠와 진흙이 섞인 것을 보셨은즉 그들이 다른 민족과 서로 섞일 것이나, 그들이 피차에 합하지 아니함이 쇠와 진흙이 합하지 않음과 같으리이다. 이 여러 왕들의 시대에 하늘의 하나님이 한 **나라**를 세우시리니, 이것은 영원히 망하지도 아니할 것이요, 그 국권이 다른 백성에게로 돌아가지도 아니할 것이요, 도리어 이 모든 **나라**를 쳐서 멸망시키고 영원히 설 것이라(단 2:39-44).

이처럼 구약성서에서 "나라"라는 단어는 거듭 왕에 의해 다스림을 받는 백성을 가리킨다. 따라서 "나라"가 오직 "다스림"이나 "통치"만을 의미한다는 그 어떤 주장도 성서가 분명하게 확언하는 것과 배치된다.

구약성서에서 두드러지게 나타나는 나라는 물론 이스라엘과 유다다. 따라서 이제 우리는 예수가 "하나님 나라"에 대해 말했을 때 그의 동시대인들이 "이스라엘"을 생각했음을 보여주는 몇 개의 구절들을 살필 것이다. 사무엘상 15:28에서 우리는 얼마간 슬프고 비극적이며, 바트 지아매티Bart Giamatti가 피트 로즈Pete Rose에게 한 일처럼 역사를 뒤흔들 만한 의미를 지닌 말을 만나게 된다(미국 메이저리그 총재였던 바트 지아매티는 야구 도박을 한 유명한 선수 피트 로즈를 영구 퇴출한 바 있다—역자 주). 사무엘은 사울 왕에게 이제 그의 날이 저물었고, 하나님이 그를 왕이 되지 못하게 하실 것이라고 말한다. 사울은 자기가 죄를 지었음을 인정하지만, 사무엘은 여전히 그에게 하나님이 그를 왕이 되지 못하게 하실 것이라고 말한다. 사울은 사무엘에게 그런 일이 일어나지 않게 해달라고 애걸하지만, 사무엘은 이렇게 선언한다. "여호와께서 오늘 이스라엘 **나라**를 왕에게서 떼어 왕보다 나은 왕의 이웃에게 주셨나이다."

이 구절에서 우리는 슬퍼하는 두 명의 지도자들, 즉 이스라엘에게 생긴 일을 슬퍼하는 사무엘과 자신의 실패를 슬퍼하는 사울을 발견한다. 하지만 보다 깊은 슬픔은 15장 마지막 절에서 발견된다. "여호와께서는 사울을 이스라엘 왕으로 삼으신 것을 후회하셨더라"(삼상 15:35). 내가 강조하고자 하는 것은 이것이다. 곧 사울은 이스라엘 **나라**의 왕이었고 이스라엘 족속은 나라였다.

유다 역시 마찬가지였다. 이 "나라"는 두 개의 족속, 즉 유다와 베냐민 족속으로 이루어져 있었다. 남부의 이 두 부족 연맹국가에서 솔로몬의 뒤를 이어 왕이 된 르호보암은 유다와 베냐민 지역의 모든 성읍을 강화했으며 제사장들에게서 지지를 받았다(이것은 유다에 성전이 있었기에 이해할 수 있는 일이다). 그러나 성서는 역대하 11장에서 북왕국의 통치자 여로보암이 다윗의 언약에 불충실했으며, 그로 인해 일부 제사장들과 그들의 조력자인 레위인들이 도망쳐 베냐민 혹은 유다 지역으로 이주했고 르호보암에게 협력했다고 전한다. 역대기 기자는 그 모든 것을 이렇게 요약한다. "그러므로 삼 년 동안 유다 **나라**를 도와 솔로몬의 아들 르호보암을 강성하게 하였으니 이는 무리가 삼 년 동안을 다윗과 솔로몬의 길로 행하였음이더라"(대하 11:17). 여기서 다시 유다가 "나라", 즉 왕에 의해 다스림을 받는 백성으로 불리고 있음에 주목하기 바란다.

솔로몬은 한 나라의 왕이었다. 그러나 2011년 판 NIV는 번역 과정에서 정장바지 스타일의 개념을 사용함으로써 그 단어에 대한 번역을 약간 모호하게 만들고 있다. "솔로몬이 그의 아버지 다윗의 왕위에 앉으니 그의 **통치**(혹은 **나라**)가 심히 견고하니라"(왕상 2:12). 삶의 끝자락에서 다윗은 이스라엘의 모든 지도자를 소환해 자신의 말을 전하며 두 가지를 설명했다. 첫째, 그는 성전을 세우고자 했으나 하나님은 그 일을 솔로몬이 하게 될 것을 밝히시면서 그 요청을 거부하셨다. 둘째, 그는 이렇게 말했다. "여호와께서 내게 여러 아들을 주시고 그 모든 아들 중에서 내 아들 솔로몬을 택하사 **여호와의 나라** 왕 위에 앉혀 이스라엘을 다스리게 하려 하실새"(대상 28:5). 다시 말하지만 그것은 다윗의 나라였고, 다윗 이후에는 솔로몬의 나라였다. 하지만 지나고 나서 보니 그것은 결국 야웨의 나라였다. 소란스러운 지도자들과 그들의 사악한 행위에도 불구하고, "여호와의 나라는 다윗 자손들의 손안에 있었다"(대하 13:8, 저자의 의역).

사무엘이 백성들의 바람을 아뢰었을 때 하나님이 자발적으로 인간 왕들에게 왕권을 넘겨주기는 하셨지만(삼상 8장), 어떤 의미에서는 여전히 이스라엘을 통치하는 왕은 야웨라는 것이 이스라엘과 유다를 지배하고 있던 믿음이었다. 우리는 하나님의 만국 통치에 대한 파노라마식 환상 중 하나를 다니엘 4:32에서 발견할 수 있다. "네가 사람에게서 쫓겨나서 들짐승과 함께 살면서 소처럼 풀을 먹을 것이요, 이와 같이 일곱 때를 지내서 **지극히 높으신 이가 사람의 나라를 다스리시며** 자기의 뜻대로 그것을 누구에게든지 주시는 줄을 알기까지 이르리라 하더라"(강조는 덧붙인 것임). 그러나 아마도 구약성서 전체에서 이런 믿

음을 가장 잘 표현하고 있는 것은 성전뜰에서 그리고 그 민족의 마음
에서 선포되는 찬양인 시편 47편일 것이다.

너희 만민들아 손바닥을 치고
즐거운 소리로 하나님께 외칠지어다.
지존하신 여호와는 두려우시고
온 땅에 큰 왕이 되심이로다.
여호와께서 만민을 우리에게,
나라들을 우리 발 아래에 복종하게 하시며
우리를 위하여 기업을 택하시나니
곧 사랑하신 야곱의 영화로다(셀라).
하나님께서 즐거운 함성 중에 올라가심이여,
여호와께서 나팔 소리 중에 올라가시도다.
찬송하라 하나님을 찬송하라.
찬송하라 우리 왕을 찬송하라.
하나님은 온 땅의 왕이심이라.
지혜의 시로 찬송할지어다.
하나님이 **뭇 백성을 다스리시며**
하나님이 **그의 거룩한 보좌에** 앉으셨도다.
뭇 나라의 고관들이 모임이여,
아브라함의 하나님의 백성이 되도다.
세상의 모든 방패는 하나님의 것임이여,
그는 높임을 받으시리로다.

비록 사무엘상 8장이 왕을 갖기로 선택한 이스라엘의 약점을 드러내기는 하나, 이스라엘 백성의 신앙의 핵심에는 그런 왕조차 "그의 거룩한 보좌"에서 "뭇 백성을 다스리시는" "온 땅에 큰 왕"이신 야웨 밑에 있다는 믿음이 있었다.

여기서 우리가 다니엘부터 랍비문학이 등장하기 전까지 유대교에서 확인할 수 있는 다양한 자료 속에서 "나라"라는 용어가 어떻게 사용되는지를 살피는 것은 너무 멀리 나가는 일이 될 것이다. 그럼에도 한두 가지 예들을 살펴볼 필요는 있다. 신약성서가 쓰이던 시기와 얼추 같은 시기에 활동했던 요세푸스는 그리스어로 글을 썼던 유대인이었다. 그는 자신의 책에서 "나라"*basileia*라는 단어를 5백여 차례나 사용했다. 그리고 그 단어를 사용하는 거의 모든 경우에 그것은 "왕에 의해 다스림을 받는 백성"을 가리켰다. 예수의 사역이 시작되기 전에 헤롯(왕)의 아들들이 장안의 화젯거리가 된 적이 있었다. 그것은 헤롯이 자신의 아들들을 죽이려 했기 때문이었다. 헤롯이 행정 중심지인 가이샤라에 도착했을 때, "즉각 모든 이들이 그의 아들들에 관해 말하기 시작했다. 그리고 사람들이 (그 아들들에게) 무슨 일이 일어날지 궁금해했기에 온 **나라**가 어수선했다"(『유대고대사』 16.373). 여기서 "나라"는 헤롯 왕이 다스리는 이스라엘 백성을 가리킨다. 훗날 바리새인들은 헤롯 왕에게 충성하기를 거부했고, 헤롯은 그들에게 벌금을 물렸다. 그러자 그의 형제인 페로라스*Pheroras, 기원전 68-5*의 아내가 벌금을 대신 지불했고, 이것은 미래에 대한 그들의 예언으로 이어졌다. 요세푸스가 전하는 그들의 예언은 이러하다. "하나님의 뜻에 따라, 헤롯 자신은 물론 그의 후손들 모두 왕좌를 빼앗길 것이다. 그리고 그 **나라**는 그녀와 페로

라스에게, 그들이 낳을 자식들에게 넘어갈 것이다"(『유대고대사』 17.43).
여기서 "나라"는 새로운 왕과 그의 왕비, 그리고 이스라엘 백성에 대한
그들의 통치를 가리킨다. 언급해둘 만한 한 가지 사건이 더 있다. 헤롯
의 대사들이 로마로 파견되었다. 그리고 그는 만약의 일에 대한 깊은
근심으로 인해 유언장을 작성한다. 그것은 "아켈라오스와 필립 둘 모두
에 대한 미움 때문에 막내아들[안티파스]에게 **나라**를 넘긴다"는 내용
이었다(『유대고대사』 17.146). 바리새인들의 예언이 틀렸고 헤롯이 나중
에 마음을 바꿔먹었다는 역사적 사실은 잊기 바란다. 여기서 중요한 것
은 "나라"라는 단어가 어떻게 사용되고 있느냐 하는 점이다.

우리는 이런 예를 얼마든 제시할 수 있을 것이다. 그러나 그런 예들
은 결국 "나라"가 왕에 의해 다스림을 받는 백성을 가리킨다는 것을 보
여줄 뿐이다. 예수 시대에 갈릴리 지역을 다스렸던 안티파스Antipas가
종종 나라를 다스리는 자로 묘사되었던 것은 주목할 만한 가치가 있다
(『유대고대사』 17.188, 227, 229; 『유대전쟁사』 2.20, 94). 가장 주목해야 할
것은 이 본문이 헤롯의 아들들이 나라를 얻고자 갈망했던 것과 카이사
르의 최종적 결정에 대해 증언한다는 것인데, 그 결정은 복음서의 모
든 페이지에 영향을 주고 있다.

양쪽의 의견을 들은 카이사르는 모임을 해산시켰다. 그의 결정은 며칠
후에 발표되었다. 그는 아르켈라오스Archelaus, 기원전 23-18에게 행정장
관이라는 칭호와 함께 그 **나라**의 절반을 주면서, 그가 자질을 입증하기
만 한다면 나중에 그를 왕으로 삼겠노라고 약속했다. 그는 나머지 절반
을 두 개의 영지로 나눈 후 그동안 **나라**를 놓고 아르켈라오스와 다퉈왔

던 헤롯의 두 아들에게 주었다. 하나는 필립에게, 그리고 다른 하나는 안티파스에게 주었다(『유대전쟁사』 2.94).

지금까지 내가 이런 증거들을 장황하게 늘어놓은 것은 한 가지 이유 때문이다. 한 세기 가까이 동안 너무 많은 이들이 "나라"라는 용어를 마치 그것이 단지 통치의 역학 혹은 내가 "구속의 역학"이라고 부르는 것만 가리킬 뿐 왕이 다스리는 백성은 가리키지 않는 것처럼 여겨 "통치"라는 단어로 축소시켜왔다. 예컨대, 미국의 트리니티 복음주의 신학교의 신약학 연구교수로 있는 D. A. 카슨D. A. Carson은 「테멜리오스」Themelios(보수적인 신학 저널이다—역자 주)에 실린 최근의 논문을 통해 이렇게 주장한다. "어떤 경우에도 나라는 마치 그 두 단어가 때때로 긴밀하게 연결된 동의어라도 되는 것처럼 교회와 **동일시되어서는** 안 된다. 서로 관계가 있는 겹침이 있을 때라도, '나라'의 영역은 통치이고, '교회'의 영역은 사람이다."[94] 그러나 이처럼 잘못된, 그리고 비록 극도로 단순화된 것은 아니지만 축소주의적인 결론을 내리는 것은 오직 우리가 구약성서와 유대교의 수많은 본문들—거기서 "나라"는 백성을 가리키며, 바로 그것이 예수와 바울의 용법의 맥락을 형성했다—을 무시할 때만 가능하다. 따라서 "나라"의 영역은 "통치"로 축소될 수 없으며 "백성"까지 포함해야 한다. 독일 가톨릭 신학자 게르하르트 로핑크Gerhard Lohfink는 다음과 같이 말하면서 지나치게 일반화된 결론을 밀어낸다. "백성이 없는 왕은 결코 왕이 아니라 그저 박물관에 있는 인물에 불과하다."[5] 그의 말이 옳다. "나라"에 대해 말하는 것은 곧 왕에 의해 다스림을 받는 백성에 대해 말하는 것이다. 하나님 나라가 "통치"를 의미한다고 말하는 것은 이야기의 절반만 말하는 것이다.

내가 이와 같은 증거들—사실상 그것들은 그 안에서 강조점이 통치의 역학으로 축소되는 본문들의 숫자보다 훨씬 더 많다—을 제시하면서 호소하는 것은 우리가 "나라"라는 용어를 충분히 살펴야 한다는 것이다. 그럴 경우 우리는 그것이 하나의 백성, 다스림을 받는 백성, 그리고 왕에 의해 다스림을 받는 백성을 가리킨다는 것을 알게 된다. 그렇다면 "나라"라는 단어에는 적어도 세 가지 요소가 있으며,[6] 이런 요소들을 단 하나로 축소시키는 것은 이치에 맞지 않는다. 이제 나는 주장을 마무리하려 한다. **나라(왕국)는 왕에 의해 다스림을 받는 백성을 가리킨다.** 이것은 하나님 나라의 사명을 위해 아주 중요한 의미를 지니며, 하나님 나라를 정의나 구속적 통치 역학으로 축소시키는 일반적인 태도에 즉각 도전한다(껍데기를 깨뜨리기 위해 대합조개를 떨어뜨리던 까마귀 이야기로 돌아가 말하자면, 이제 우리는 그 껍데기에 균열을 만든 셈이다).

이것은 예수의 하나님 나라 이야기 및 하나님 나라의 사명과 관련해 매우 중요한 요점을 제시한다. **예수가 말하는 하나님 나라는 곧 왕이 다스리는 백성이다.** 예수가 한 백성을 다스리는 왕이 되면 일련의 변화들이 나타날 것이다. 그러나 "하나님 나라"가 정의나 구원으로 축소되면, 분명히 그 단어에 생기를 주는 이야기에 심각한 손상이 발생한다. 하나님 나라가 가까이 왔다고 예수가 말했을 때 그의 말은 우리가 새로운 백성—그 백성은 구원과 정의라는 특징을 지니겠지만 무엇보다도 하나의 백성이다—을 다스리는 새로운 왕을 보게 되리라는 것을 의미했다.

하나님 나라의 동의어들

앞서 지적했듯이 예수와 같은 1세기의 유대인들이 "나라"를 말할 때, 그들은 대개 "이스라엘"과 "이스라엘을 다스리는 다윗" 그리고 "해방된 이스라엘이나 유대인 또는 갈릴리인"을 떠올렸다. 하지만 그 단어는 사람들에게 늘 이스라엘만 떠올리게 했다. 나는 예수가 "나라"에 대해 말했을 때 그의 동시대인들의 마음에 어떤 단어들이 떠올랐을지 묻는 것으로 이 장을 시작했다. 그리고 나라가 "왕에 의해 다스림을 받는 백성"을 가리킨다고 주장했는데, 이것은 나라와 가장 가까운 동의어들이 백성과 관련된 용어와 은유들이 되리라는 것을 의미한다. 따라서 여기서는 예수가 그의 백성 혹은 추종자들을 위해 사용하는 다양한 용어, 즉 예수가 가장 크게 관심을 가졌던 사람 중심성people-centeredness을 일깨워주는 단어들을 간략하게 살펴볼 것이다. 성서를 읽는 이들은 거기서 예수가 자기와 연관된 사람들을 위해 사용했던 사람 됨에 관한 은유들로 가득찬 데이터뱅크를 발견한다. 예일 신학대학원의 성서신학 교수였던 폴 미니어Paul Minear는 교회에 대한 무려 96가지나 되는 이미지들을 신약성서에서 발견했다. 그러나 정확하게 우리는 그가 하나님의 백성에 대한 96가지의 이미지들을 발견했고 "교회"는 그 이미지 중 하나라고 말해야 할 것이다.[7] 여기서 나는 우리가 예수의 백성을 하나의 교제나 공동체, 어떤 윤리적 특성을 보인 백성, 그리고 지도자들을 지닌 백성으로 보도록 이끌어줄 몇 가지 은유들에 초점을 맞출 것이다. 이 용어들은 "나라"의 동의어 혹은 연상 단어들이다. 그리고 그것들 각각은 예수가 하나님 나라에 대해 말했을 때 하나의 공동체를 형성하고 있었음을 보여준다.

첫째, 나는 교제와 공동체를 떠올리는 용어들에서 시작하겠다. 어떤 식으로든 복음서를 읽는 이들은 공동체를 떠올리는 용어들을 발견할 것이다. 예를 들어, 포도원, 가지와 포도나무, 포도주, 족속, 식탁 교제, 백성, 이스라엘 같은 단어가 있다. 또한 그들은 양떼이고, 하나이며, 친구들, 하나님의 자녀, 형제, 가족이라는 단어도 등장한다. 이런 용어들은 "하나님 나라"라는 용어의 의미를 정하는 데 도움을 준다. 여기서 이 용어 모두를 상세하게 살필 수는 없다. 하지만 우리가 포도원과 가지들, 포도나무들과 포도주에 대해 숙고할 경우에 알아차릴 수 있는 것이 있다. 여기에 주목하라. 예수는 포도나무다. 그리고 예수의 나라의 시민들은 포도원이고, 가지들이고, 또한 그 가지 끝에 달린 포도를 짜내 만든 포도주다(막 12:1-12). 예수는 "나는 참 포도나무다"라고 말한다(요 15:1). 하지만 그분의 아버지는 열매를 맺지 못하는 가지들을 제하실 것이다. 예수는 반복해서 말한다. "나는 포도나무요 너희는 가지라. 그가 내 안에, 내가 그 안에 거하면 사람이 열매를 많이 맺나니"(요 15:5). 포도원, 포도주, 가지, 그리고 포도. 예수는 한 가지 비유를 통해 이렇게 말한다. "새 포도주를 낡은 가죽 부대에 넣는 자가 없나니"(막 2:22). 예수가 무슨 의도로 이런 말을 했는지가 아주 분명한 것은 아니다. 새 포도주는 하나님 나라의 메시지인가, 왕인가, 아니면 지금 하나님 나라 안에서 작동하고 있는 구속의 능력인가? 혹은 하나님 나라의 이 새 포도주는 낡은 가죽 부대로는 담아낼 수 없는 새로운 백성을 의미하는 것일까? 아마도 이런 답들 각각은 옳을 것이고, 또 약간은 옳지 않을 것이다. 우리가 새 포도주를 어떻게 읽든 간에 예수가 그 표현을 통해 만들어내는 주목할 만한 이미지가 하나 있다. 각각의 경우에 우리는 예수가 하나님 나라의 백성을 만들고 있다는 메시지를 듣는다. "포도원", "포도나무", "포도", "포도주"는 예수가 하나님 나라를 묘사하기 위해 사용하는 용어들이다.

둘째, 나는 때때로 예수가 자기 나라의 백성을 구별하고 있다는 느낌이 든다. 마태복음 17:24-27이 바로 그런 경우다.

가버나움에 이르니 반 세겔 받는 자들이 베드로에게 나아와 이르되 너의 선생은 반 세겔을 내지 아니하느냐. 이르되 내신다 하고 집에 들어가니 예수께서 먼저 이르시되, 시몬아 네 생각은 어떠하냐? 세상 임금들이 누구에게 관세와 국세를 받느냐? 자기 아들에게냐 타인에게냐? 베드로가 이르되 타인에게니이다. 예수께서 이르시되 **그렇다면 아들들은 세를 면하리라.** 그러나 **우리**가 그들이 실족하지 않게 하기 위하여 네가 바다에 가서 낚시를 던져 먼저 오르는 고기를 가져 입을 열면 돈 한 세겔을 얻을 것이니 가져다가 나와 너를 위하여 주라 하시니라(강조는 덧붙인 것임).

이 단락은 "우리"라는 한 단어에 묶여 있다. 만약 세상의 임금들이 시민들을 면제시켜준다면, 분명히 성부 하나님은 그분의 자녀들을 면제시켜주실 것이다. 예수는 자신과 베드로를 성부 하나님의 자녀들로 여긴다. 예수는 로마 및 갈릴리/유대 백성들과 거리를 두면서 자신과 자신의 추종자들은 성부 하나님 나라의 백성이며 따라서 납세 의무에서 면제된다고 주장했다. 그들은 더 이상 이 세상의 백성이 아니며, 다른 기초 위에서 움직이는 하나님 나라 백성들이다. 따라서 그들이 세금을 지불하는 것은 의무를 지닌 백성으로서가 아니라, 자발적으로 사랑 어린 자선 행위를 하기로 선택한 하나님 나라 백성으로서 그렇게 하는 것이다. 예수는 세금을 지불하지 않을 권리를 주장하는 대신—사실 그는 그렇게 할 수 있었다—관대한 행위에 그 권리를 굴복시킨다. 예수가 통치권을 지닌 하나님의 아들이면서도 스스로 우리를 위해 인간의 상황 속으로 들어와 죽고 부활하는 쪽을 택했던 것처럼(빌 2:5-11), 우리 역시 "스스로" 우리 사회를 구속하기 위해 그 사회의 상황 속으로 들어가는 쪽을 택해야 한다.

셋째, 나라는 왕, 통치, 백성, 땅, 법을 의미한다. 따라서 우리는 예수가 자신을 따르는 자들에게 하나님 나라에서 살고자 하는 그 나라 백성을 위한 하나님의 뜻을 계시하는 것을 보고 놀라지 말아야 한다. 이때 세 종류의 용어들이 등장한다. 예수는 사람들에게 자기를 **믿으라**고 명한다.

또한 그는 사람들에게 자기를 **따르라**고 명한다. 그는 사람들에게 새로운 하나님 나라의 현실을 **증언하라**고도 명한다. 한편 요한복음 전체는 그 형태를 믿음의 응답에 의해 얻는데, 그 응답이란 왕이신 예수 안에서 나타나는 하나님의 삶에 전적으로 의존하는 것이다. 예수를 영접하는 자들은 하나님의 "백성" 혹은 "자녀"가 되는 권세를 얻는다(요 1:12). 그를 믿는 이들이 바로 예수의 제자들이다(요 2:11, 22). 다른 한편 공관복음은 그보다는 제자 됨 혹은 예수를 따르는 것을 더 강조한다. 예수의 말 중 누가복음 9:23보다 이를 더 잘 표현하는 곳은 없다. "또 무리에게 이르시되 아무든지 나를 따라오려거든 자기를 부인하고 날마다 제 십자가를 지고 나를 따를 것이니라." 신자들이요 추종자들인 그들은 또한 증인들이다. "증언하다"라는 단어는 하나의 완전한 서클을 이룬다. 성부는 성자를 증언하고, 성자는 성부를 증언하고, 성령은 다시 성자를 증언한다. 그리고 제자들은 성부가 성자를, 성자가 성부를, 그리고 성령이 성자를 증언하는 것을 재증언하거나 반향하며 증언한다. 따라서 증언한다는 것은 곧 이 세상에서 하나님의 이야기 속으로 들어가는 것을 의미한다. "내가 아버지께로부터 너희에게 보낼 보혜사 곧 아버지께로부터 나오시는 진리의 성령이 오실 때에 그가 나를 증언하실 것이요, 너희도 처음부터 나와 함께 있었으므로 증언하느니라"(요 15:26-27).

마지막으로 "나라"가 왕과 왕의 통치를 의미한다면, 우리는 예수가 스스로를 자기 나라의 백성을 이끌고 심판하며 다스리는 자로 묘사하는 것을 보더라도 결코 놀라지 말아야 한다. 비록 그가 자신을 대신해 "다스릴" 자들을 임명하고 있음이 분명할지라도 말이다. 아담과 하와, 바벨, 그리고 사무엘상 8장을 떠올리게 하는 아래의 날선 경고에 주목하라.

그러나 너희는 랍비라 칭함을 받지 말라. 너희 선생은 하나요, 너희는 다 형제니라. 땅에 있는 자를 아버지라 하지 말라. 너희의 아버지는 한 분이시니 곧 하늘에 계신이시니라. 또한 지도자라 칭함을 받지 말라. 너희의 지도자는 한 분이시니 곧 그리스도시니라. 너희 중에 큰 자는 너희를 섬기는 자가 되어야 하리라. 누구든지 자기를 높이는 자는 낮아지고 누구든지 자기를 낮추는 자는 높아지리라(마 23:8-12).

바로 이것이 예수가 품고 있던 하나님 나라의 비전이다. 곧 예수를 왕으로 지명하신 하나님에 의해 다스림을 받는 백성에 대한 비전이다. 그분의 사도들은 지도자들 아래에 있다. 그러나 우리가 여기서 이끌어 내야 할 결론은 이것이다. **만약 하나님 나라 백성들 가운데 지도자들이 있다면, 그 나라의 백성이 새로운 단체, 새로운 공동체, 그리고 하나님의 새로운 백성이기 때문에 지도자가 있는 것이다.**

이 장 전체에서 전개된 논의의 표면 아래서 부글거리며 끓어오르는 또 다른 질문은 이것이다. 도대체 이 백성은 누구인가? 그 질문을 다른 각도에서 제기해보자. 그 백성은 교회인가? 이제 우리는 바로 이 질문을 향해 돌아설 것이다. 우리는 오직 하나님 나라와 교회의 관계를 확정한 후에야 하나님 나라의 사명이 무엇을 의미하는지 물을 수 있다. 나는 이것이 오늘날 우리가 하나님 나라의 사명을 정의하는 데 기여할 수 있는 가장 의미 있는 발견이라고 주장한다. 만약 이 다음 장의 결론이 타당하다면, 우리가 "하나님 나라"라는 말로 의미하는 것과 "하나님 나라의 사명"이라는 말로 의미하는 것을 포함해 모든 것이 변할 것이다.

하지만 그러기에 앞서 우리는 잠시 멈춰서 "하나님 나라"를 "교회"와 대립시켜 말하는 전형적인 태도에 대해 생각해볼 필요가 있다. 한 세기 이상 교회 안에서 모방을 통해 습득되어 어느덧 하나의 문화적 요소로 굳어진 개념이 하나 있다. 그것은 교회와 하나님 나라는 서로 완전하게 대립되며, 우리는 교회에 대해 작별을 고하고 하나님 나라 안으로 들어갈 필요가 있다는 것이다.[8] 이런 식의 입장에 대한 선례를 최소한 프랑스의 유명한 회의주의자인 알프레드 루아지Alfred Loisy에게

까지 거슬러 올라가 발견할 수 있는데, 언젠가 그는 빈정거리면서―그가 한 말을 풀어쓰자면―예수는 하나님 나라를 선포했는데 그로 인해 나타난 것은 불행하게도 교회였다고 말했다![9] 이런 태도를 보이는 예 하나가 어떤 글에서 발견된다. 그 글은 최근에 어느 목회자가 하나님 나라와 교회를 비교해볼 때 교회가 얼마나 작은지를 보이기 위해 쓴 것이다.

비록 교회와 교회 활동이 하나님 나라에 들어맞을 수는 있을지 모르나, **하나님 나라를 교회에 꿰어 맞춰서는 안 된다.** 우리가 하나님 나라를 교회라는 박스 안에 꿰어 맞추려 할 때, **우리는 하나님 나라의 백성 대신 교인을 만들어낸다!** 그리고 이 둘 사이에는 엄청난 차이가 있다.

- 교인은 그동안 사역의 비전을 축소시켜왔으며 그로 인해 교회가 정해놓은 사역의 범주들(예컨대, 안내자, 환영자, 어린이 사역자, 낙심한 친구를 초대하는 자 등) 너머를 보지 못한다.
- 하나님 나라 백성은 하나님 나라 비전을 통해 박스(여기서는 "교회"라고 읽는다) 밖에서 생각하고, 꿈꾸고, 행동한다. 그들은 자신들의 이웃, 일터, 그리고 공동체 안에 존재하는 상처들(결손가정, 중독, 결혼문제 등)을 치유하고자 한다.
- 교인은 내세에 관한 좋은 소식이라는 관점에서 복음을 바라본다(즉 복음은 당신이 죽은 후 천국에 갈 수 있다는 것을 확신하는 방법과 관련되어 있다).
- 하나님 나라 백성은 복음을 하나님 나라의 삶에 관한 좋은 소식이라

는 관점에서 바라본다(즉 복음은 지금은 물론이고 영원토록 하나님 안에서 그리고 하나님과 함께하는 삶과 관련되어 있다).

- 교인은 제자도를 일차적으로 나를 성장시켜 영적 성숙에 이르게 함으로써 하나님과의 보다 긴밀한 관계를 즐기는 것으로 이해한다.
- 하나님 나라 백성은 제자도를, 하나님이 주신 사명을 수행함으로써 하나님의 가족에 참여할 수 있도록 그리스도를 위해 그들의 삶을 희생하라는 부르심으로 이해한다.

하나님 나라는 **보다 큰 교회를 위한 수단이 아니다. 오히려 교회가 하나님 나라를 드러내기 위한 수단이다!**[10]

이런 일단의 주장들은 하나님 나라를 교회와 맞서게 하면서 전자를 강력하고 멋진 사나이로, 그리고 후자를 별 볼 일 없는 애송이로 만들어놓는다.

이 책에서 나는 이런 식의 비교—그것은 종말론에 대해서는 어떤 관심도 보이지 않은 채 교회를 최소화시키고 하나님 나라를 최대화시키는, 게다가 무책임한 주장임에도 커피숍에서 자주 들리는 주장이다—를 직접 다루는 대신, 하나님 나라와 하나님 나라 백성과 교회가 서로 얼마나 가까워야 하는지에 관한 논의로 직행할 것이다. 나는 우리가 교인church people이 되지 않고서는 하나님 나라 백성kingdom people이 될 수 없다고 주장할 것이다.

제6장　　　　　　　교회 밖에는 하나님 나라가 없다
No Kingdom outside the Church

여기에 간단한 규칙이 하나 있다. 곧 여러분이 누군가가 자신은 "하나
님 나라의 일"을 하고 있다고 말하는 것을 들을 때마다, 여러분 스스로
에게 "교회의 일"도 "하나님 나라의 일"을 한다는 동일한 메시지를 전
할 수 있는지 물어보라. 예컨대, 어떤 이가 이렇게 말한다고 치자. "내
친구는 아프리카에서 가난한 이들을 위해 우물을 파면서 '하나님 나라
의 일'을 수행하고 있어." 만약 이 경우에 당신이 "내 친구는 아프리카
에서 가난한 이들을 위해 우물을 파면서 '교회의 일'을 수행하고 있어"
라고 말한다면 무슨 차이가 생길까? 혹은 스키니진 스타일과 정장바
지 스타일 사람들 양쪽 모두에서 흔히 주장하듯, 하나님 나라의 일은
교회의 일보다 큰 것인가? 이 책에서 내가 제안하는 내용은 만약 어떤
이가 무언가를 "하나님 나라"의 일이라고 부른다면 분명히 그것이 "교
회"의 일을 의미하지는 않는 것인지 질문하도록 우리를 이끌 것이다.
사람들이 우물을 파는 것과 같은 선한 일을 승인하고, 정당화하고, 합
법화하고, (만약 내가 그런 말을 사용해도 된다면) 영적인 의미를 부여하

는 단어들을 찾는 이유는 자신들의 그런 노력에 초월적인 의미를 부여하고자 하기 때문이다. 그러나 만약 우리가 앞장에서 살펴본 내용이 옳다면, 과연 우리가 그런 행위들을 묘사하는 데 "하나님 나라"라는 단어를 사용하는 것이 적절한지, 그리고 어쩌면 그보다 더 중요하게 그 단어를 사용하는 이들이 그렇게 함으로써 "하나님 나라"라는 단어의 핵심을 제거하고 있는 것은 아닌지 물을 필요가 있다.

"교회는 하나님 나라가 아니다": 정장바지와 스키니진

정장바지 스타일과 스키니진 스타일 사람들 모두 이 점에 동의한다. **교회는 하나님 나라가 아니다.** 신약학자들이 제시하는 보다 일반적인 주장 중 하나는 교회와 하나님 나라는 동일하지 않다는 것이다. 조지 래드는 정장바지 스타일의 사람들을 대변하면서 이렇게 말한다.

> 만약 하나님 나라라는 역동적 개념이 옳다면, 그것은 결코 교회와 동일시되어서는 안 된다. 하나님 나라는 일차적으로 하나님의 역동적 통치나 왕적 지배이며, 파생적으로는 그 통치가 이루어지는 영역이다. 성서에서 관용어로 사용되는 하나님 나라는 그 나라의 신민들과 동일하지 않다. 그들은 그 나라에 들어가, 그 나라에서 살며, 그 나라에 의해 다스림을 받는 하나님의 통치 아래에 있는 백성이다. 교회는 하나님 나라의 공동체이지만 그 나라 자체는 아니다.…하나님 나라는 하나님의 통치다. 교회는 여자와 남자들의 모임이다.[1]

래드의 주장은 대표적인 것이라 할 수 있는데, 이런 식의 사고의 핵심에는 교회와 하나님 나라를 동일시하는 것에 대한 신경질적 반응이 놓여 있다. 한 가지 확실한 것은 그 둘이 동일하지 않다는 것이다. 구약학자들도 종종 같은 주장을 한다. 예컨대, 미국 버지니아 주 리치먼드에 위치한 유니언 신학대학원의 구약학 교수였던 존 브라이트John Bright, 1908-1995는 이렇게 말한다. "신약성서에는 가시적 교회를 하나님 나라와 동일시하는 경향이 나타나지 않는다.…교회는 참으로 그리스도의 나라의 백성이다. 하지만 가시적 교회는 그 나라가 아니다."[2] 그가 정확하게 어떻게 교회가 "그 나라"가 되지 않으면서 "그 나라의 백성"이 될 수 있는지에 대해 설명하지 않기에 우리로서는 나머지 부분이 궁금할 수밖에 없다. 그러나 여기서 나는 다른 이들의 주장을 살펴야 한다. 신학자들이 성서학자들과 손을 잡았다. 『그리스도와 문화』 Christ and Culture(IVP 역간, 2007)라는 책을 통해 이 책의 주제에 대한 논의를 펼쳤던 리처드 니버H. Richard Niebuhr, 1894-1962는 교회와 하나님 나라의 긴밀한 연관성을 강력하게 부인했다. 그가 그보다 훗날에 펴낸 책인 『교회의 목적과 사역』The Purpose of the Church and Its Ministry에서 하는 말을 들어보자. "교회가 하나님 나라가 아닌 것은 과학이 자연이 아닌 것과, 기록된 역사가 인간의 사건들의 행로가 아닌 것과 같다. 그것[교회]은 그것의 목적[하나님 나라]을 이해하는 주체다."[3]

하나님 나라는 크고, 최종적이며, 궁극적인 주제다. 반면에 교회는 작고, 일시적이고, 끝에서 두 번째 가는 주제다. 그러나 니버는 좀 더 깊이 들어간다.

교회에 대한 이런 식의 이해에는 몇 가지 사항이 내포되어 있다. 부정적으로 말하자면, 교회는 하나님의 통치나 영역이 아니다. 긍정적으로 말하자면, **교회 안에서가 아니라면 하나님 나라에 대한 이해는 존재하지 않는다.** 역으로 말하자면, 교회가 존재하는 곳에는 이 목적[하나님 나라]에 대한 이해와 참여가 있다. 그리고 마지막으로, 하나님 나라의 시민과 긴밀한 관계를 나누는 사람subject-counterpart은 고립된 개인이 아니라 공동체, 곧 교회에 속한 개인이다.[4]

니버는 하나님 나라와 교회가 동일하지 않다는 널리 퍼져 있는 확신을 표명한다. 하지만 이어서 그는 "~에 대한 이해는 존재하지 않는다"라고 진술함으로써 다소 모호한 입장을 취한다. 니버는 오늘날 교회는 그저 하나님 나라의 **표현에 불과할 뿐**이라고 결론짓는다. 하지만 그는 다음과 같이 말함으로써 자신의 입장을 좀 더 모호하게 만든다.

내가 보기에 중요한 것은 교회를 하나님의 영역 및 통치와 구분하는 것이다[그리고 그다음 진술은 하나님 나라에 대한 오늘날의 "공동선" 식 접근법에 관한 것이다]. (그리고)…**교회 없이, 교회를 넘어서, 그리고 종종 교회임에도 불구하고 작동할 수 있고 실제로 작동하는 신적 현실의 우선성과 독립성을 인식하는 것**, 그리고 그런 현실에 대한 인간의 관계 안에서 교회의 **상대성 및 불가결성을 수용하는 것**이다.[5]

그는 하나님 나라는 비물질적인 영적 현실(우리가 "구속의 역학"이라고 부르는 것)인 반면, 교회는 물질적이고 가시적인 현실이라고 여기는 것처럼 보인다. 그러나 내가 이미 지적했듯이, 이것은 마치 사과와 오렌지를 비교하는 것과 같다. 하나님 나라의 이미 실현된 차원은 어떠한가? 그것은 교회와 같은가?

성서학자와 신학자들은 종종 그런 식으로 하나님 나라를 이 세상에서 작동하는 하나님의 "구속의 역학"으로 축소시킨다. 영성 형성 spiritual formation에 초점을 맞추는 이들 가운데서도 그와 같은 것이 발견된다. 달라스 윌라드Dallas Willard, 1935-2013를 예로 들어보자. 그가 하나님 나라에 관해 가장 의미심장하게 했던 말은 다음과 같다. "하나님 자신의 '나라' 혹은 '통치'는 그분의 뜻이 유효한 영역, 즉 그분이 바라시는 일이 이루어지는 영역이다."

윌라드는 하나님 나라를 "그분의 뜻이 유효한 영역"으로 좁힘으로써 내가 앞서 언급했던 "구속의 역학"이라는 관점을 편든다. 하나님 나라는 하나님의 통치와 상관이 있다. 그러나 다음 문장에서 윌라드는 광범위한 가능성들을 향해 문을 열어젖힌다. "하나님 자신의 인격과 그분의 뜻의 행위가 그분의 나라의 구성 원리다. **본성에 의해서든 선택에 의해서든 이 원리에 순종하는 모든 것은 그분의 나라 안에 있다**"(강조는 덧붙인 것임).

윌라드가, 하나님 나라가 교회 밖에서 발견된다는 것인지, 아니면 그리스도에 대한 믿음 밖에서 발견된다고 말한 것인지의 의미는 분명하지 않다. 그러나 그의 말은 내가 앞서 인용했던 존 스택하우스의 "모든 곳에서"everywhere처럼 들린다. 내가 확신하는 것은 달라스 윌라드의 말과 관련해서 많은 독자들은 교회 밖에서 작동하고 있는 하나님 나라를 보게 되리라는 것이다.

따라서 하나님 나라는 본질적으로 하나의 사회적인 실체나 정치적인 실체가 전혀 아니다. [덧붙여서] 하나님 나라는 **일차적으로** "사람들의 마음속에 있는" 그 무엇이 아니다.…우리는 그분의 말씀과 임재에 의존함으로써 우리의 삶을 구성하는 작은 영역을 하나님의 무한하신 통치 속으로 재통합시킬 수 있다.…하나님의 통치라는 현실은…예수의 인격과 함께 그리고 예수의 인격을 통해 살아 움직이며 존재한다.[6]

하나님 나라에 대한 윌라드식 접근은 영성 형성이라는 훈련을 통해서 이루어진다. 그에게 하나님 나라는 하나님의 백성을 그리스도와 같은 존재로 변화시키기 위해 이 세상에서 작동하고 있는 하나님의 궁극적이고 영적인 현실이다. 우리의 상황에서 하나님 나라에 대한 이런 식의 접근은 한 가지 중요한 특징을 갖는다. 윌라드에게 하나님 나라는 하나의 백성이나 정치적 현실이 아니라 영적 현실이다. 그것은 인격적이고 내적인 변화를 일으키는 구속의 현실이다.

아주 종종 이런 스키니진 스타일 접근법의 배후에는 사회복음이나 해방신학에서 나온 주제들이 있다(이에 대한 상세한 논의를 위해서는 부록 2를 보라). 해방신학의 주된 대변인은 페루의 리마 가톨릭 대학교의 신학자인 구스타보 구티에레즈Gustavo Gutiérrez, 1928- 인데, 그는 **교회가 하나님 나라의 해방을 위한 공간을 만들기 위해 분권화되어야 한다**고 공공연하게 선언했다. 구티에레즈는 교회 대신 사회적 실천에 무게를 둔다. 더 정확히 말하면 그는 교회를 가난한 자들을 위한 경제적 해방의 도구로 재정의하는데, 거기서 중요한 행위는 정치적 과정이다. "사회적 실천은 점차적으로 그리스도인들이 다른 이들과 더불어 인간으로서의 그들의 운명과 역사의 주님에 대한 믿음의 삶을 펼쳐나가는 장場이 되어가고 있다."[7] 그에게 이런 사회적 활동은 곧 구원이다. "일하는 것과 이 세상을 변화시키는 것은 인간이 되는 것이고 인간 공동체를 세우는 것이다. 또한 그것은 구원하는 것이다."[8] 그는 교회가 하나님의 구원 계획의 중심에서 벗어날 필요가 있다고 말한다. "우리가 지적해왔던 관점은 교회의 '비중심화'uncentering를 전제한다. 교회는 자신을 구원의 배타적인 장소로 여기는 것을 그치고 새롭고 급진적인 방식으로 사람들을 섬기는 일에 매진해야 한다."[9] 우리는 역사, 즉 구원이 어떻게 가난과 결별하게 되었는지, 그리고 라틴 아메리카에서 가톨릭교회가 어떻게 압제 세력과 동맹을 맺었는지를 알려주는 역사에 대해 알고 있다. 또한 우리는 "가난한 자를 위한 우선적 선택"preferential option for the poor으로 이어졌던 지역적인 특별한 상황의 역사는 물론, 라틴아메리카의 심각한 가난에 대한 답을 추구했던 정치사상―특별히 마르크스주의―의 역사도 알고 있다. 우리는 해방신학을 창설한 구티에레즈의 말을 이해하기 위해 이 모든 역사를 존중할 필요가 있다.

그러나 해방신학이 교회와 완전히 결별했다는 그 어떤 주장도 옳지 않다. 해방신학의 한 요소는 기독교 기초공동체Christian Base Communities라고 불리는 혁명적인 소그룹 운동이다. 그 공동체는 로마 가톨릭교회 안에 존재하는 위계질서와 제도를 떨치고 나와 가난한 자들에 의한, 그리고 가난한 자들을 위한 교제 집단을 형성하려 했다.[10] 이 공동체들은 라틴아메리카의 로마 가톨릭교회에 대한 참된 대안을 제공하며 어느 면에서는 내가 이 책에서 주장하는 것, 즉 하나님 나라의 사명을 교회의 사명과 연결시키는 것과 맞물려 있다. 그러나 내가 해방신학을 그것이 나타난 라틴아메리카의 상황을 고려하며 읽을 때 나는 이런 지역적 표현들이 하나의 규칙이라기보다 오히려 예외가 아닐까 하는 생각을 한다. 해방신학의 행동주의를 위한 기본적인 장소는 지역 교회가 아니라 정치와 공적 영역이다. 그러기에 나는 그 문제와 관련해 다음과 같이 묻고자 한다. 구속의 일차적 장소는 사회인가, 아니면 교회인가? 혹은 정장바지 스타일의 사람들에게 이렇게 묻고자 한다. 그 장소는 개인인가, 아니면 교회인가?

현재 우리가 처한 상황은 이러하다. 하나님 나라와 교회는 같지 않다는 널리 퍼진 "합의"가 존재한다. 그러나 우리 모두는 그 둘 사이에 모종의 관계가 있음을 알고 있다. 우리는 하나님 나라가 교회가 아니라고 강력하게 주장하는 다양하고 폭넓은 목소리를 편들고자 하는 유혹을 받을 수 있다. 하지만 그런 합의는 도전을 받아야 한다. 이 외견적 합의가 지니고 있는 한 가지 이상한 점은, 그것이 교회와 하나님 나라의 관계를 그 둘이 같음을 부정하는 것 이상의 다른 방식으로 설명하려는 시도를 거의 하지 않는다는 것이다. 우리는 그 관계를 좀 더 신중하게 살펴볼 필요가 있다. 그리고 우리가 논의를 처음부터 다시 시작하기 위해 필요한 것은 다시 한 번 성서를 세심하게 살피는 것이다. 우리가 살펴야 할 핵심적인 성서 본문은 예수가 교회와 관련해 베드로에게 했던 고전적인 말이다.

첫마디는 예수에게 맡기자

내가 방금 지적했듯이 교회와 하나님 나라의 관계를 이해하고자 하는 이들은 종종 잘못된 방향으로 나아간다. 그들은 그 둘의 관계를 윤리 아니면 구속의 순간들로 바꾸기 때문이다. 그러나 만약 "하나님 나라"가 필연적으로 "백성"을 의미한다면, 그때 하나님 나라와 교회의 관계는 무엇보다도 백성에 관한 문제가 될 것이다. 그럴 경우 우리의 질문은 하나님 나라에는 누가 있고, 교회에는 누가 있느냐 하는 것이 될 것이다. 바로 그것이 우리가 이 문제를 마태복음 16:16-19과 더불어 시작해야 하는 이유다.

시몬 베드로가 대답하여 이르되 주는 그리스도시요 살아 계신 하나님의 아들이시니이다. 예수께서 대답하여 이르시되, 바요나 시몬아, 네가 복이 있도다. 이를 네게 알게 한 이는 혈육이 아니요 하늘에 계신 내 아버지시니라. 또 내가 네게 이르노니 너는 베드로라. 내가 이 반석 위에 내 교회를 세우리니 음부의 권세가 이기지 못하리라. 내가 천국 열쇠를 네게 주리니 네가 땅에서 무엇이든지 매면 하늘에서도 매일 것이요, 네가 땅에서 무엇이든지 풀면 하늘에서도 풀리리라.

베드로는 하나님 나라의 비밀 중 하나인 그 나라의 참된 왕(예수)의 정체성을 꿰뚫어 본 최초의 사람이다. 예수가 그 비밀을 꿰뚫어 본 베드로에게 알려준 것은 이러하다. 첫째, 이런 종류의 지식은 오직 그 나라가 세상 속으로 깨치고 들어오고 있기에 알려질 수 있는 하나님 나라에 대한 지식이다. 바로 이것이 "복이 있도다"라는 선언이 지닌 종말론적 힘의 의미다(마 13:16-17). 둘째, 이런 종류의 지식은 성부 하나님이 주시는 계시의 은총에서 나온다. 셋째, 예수가 왕이라는 베드로의 고백은 그에게 특권을 가져다준다. 예수는 "너는 베드로*Petros*라"고, 그리고 자신이 "이 반석*petra* 위에" 교회를 세울 것이라고 선언한다.[11] 최소한 이것은 베드로가 교회의 터를 놓는 사도가 되리라는 것을 의미한다. 바울은 에베소서 2:20에서 이와 거의 같은 말을 한다. 거기서 그는 교회가 "사도들과 선지자들의 터("반석"과 동의어) 위에 세우심을 입은 자"라고 말한다. 넷째, 예수는 베드로에게 그리고 (의심할 바 없이) 그들의 말을 듣고 있으며 어쩌면 이미 모종의 질투를 느끼기 시작하고 있었을 다른 사도들에게 이렇게 밝힌다. "음부의 권세가 그것[교회]을 이기지 못하리라." 교회는 우주적 세력들과 전쟁 중에 있다. 하지만 교회에 대한 하나님의 확실한 약속은 창세기 12장과 15장에 등장하는 아브라함에 대한 약속, 그리고 사무엘하 7장에 등장하는 다윗에 대한 약속만큼이나 영원하다. 이제 베드로에게 주어진 마지막 계시의 약속에 주목해보자. 예수는 베드로에게 "천국 열쇠"를 부여한다. 모든 열쇠는 한 가지 목적을 갖고 있다. 문을 열고 닫는 것이다. 베드로가 얻은 문을 열고 닫는 특권은 이제 하나님 나라에 대한 접근을 허락하거나 배제하는 것으로 정의된다. 베드로의 행위는 세상에서 이루어지지만 하나님 앞에서 지속된다. 그리고 여기서 "천국"은 미래의 하나님 나라를 가리킨다. 이 네 가지 지식은 그 이외의 견해를 다 포괄하지는 못했지만… 일부의 견해들을 가지고 있다!

우리가 주목해야 할 것은, 그리고 우리 중 어떤 이들이 그 관계의 힘을 이해하기 위해 거듭해서 읽어야 할 필요가 있는 것은 예수가 **현재의 교회**(백성)를 **미래의 하나님 나라**(백성)와 연결시키고 있다는 점이다. 즉 예수는 **베드로가 지금 교회에서 하는 일을 하나님이 미래에 그분의**

나라에서 하실 일과 연결시킨다. 그동안 개신교와 로마 가톨릭은 이 구절들을 두고 다퉈왔고 그 과정에서 영광스러운 현실을 하나의 완충지역으로 바꿔버렸다. 여기서 예수에 의해 계시된 것은 교회와 하나님 나라가 불가분 연결되어 있다는 사실이다. 한쪽에서 진행되는 일은 다른 쪽에서도 진행된다! 나는 이것을 한 단계 높여서 말해보고자 한다. 만약 하나님 나라가 하나의 백성이고 교회 역시 하나의 백성이라면, 자연스럽게 교회의 백성은 곧 하나님 나라의 백성이 된다. **그렇다면 교회는 현재 성취되어 있는 하나님 나라 안에 존재하는 그 무엇이다.**

신약성서의 다른 구절들 역시 교회와 하나님 나라 사이의 유사한 연관성을 주장한다. 바울은 하나님이 "우리를 흑암의 권세에서 건져내사 그의 사랑의 아들의 나라로 옮기셨다"(골 1:13)고 말한다. 따라서 우리는 하나님의 구속은 사람들을 그리스도 "안으로" 이끌어, 그들이 "그리스도 안에" 머물고 "아들의 나라 안으로" 들어갈 수 있게 하는 것이라 여겨야 한다. 또한 이런 것들을 "교회"의 변형들로 여겨야 한다. 같은 서신의 후반부에서 바울은 "하나님의 나라를 위하여 함께 역사하는 자들", 즉 예수 그리스도의 교회를 위해 일하는 자들에 대해 언급한다(골 4:11). 사도 요한은 하나님이 "**우리를 나라**와 제사장으로 삼으셨다"고 말한다(계 1:6, 강조는 덧붙인 것임). 여기서 "우리"는 나라인 동시에 교회다. 특히 요한이 편지를 보낸 일곱 교회들이다. 이 편지를 쓴 요한은 자신을 "너희 형제요 예수의 환난과 나라와 참음에 동참하는 자라"고 말한다(계 1:9). 여기서 "나라"는 지금 여기에 있는 그 무엇, 즉 주 예수의 백성이다. 앞서 인용한 마태복음 16장에서 예수가 베드로에게 했던 말처럼, 요한은 하나님이 "그들로 우리 하나님 앞에서 나라와 제사장들을 삼으셨으니 그들[예수의 백성, 하나님 나라의 백성]이 땅에서 왕 노릇 하리로다"라고 말한다(계 5:10).

이제 나는 한 문장을 사용해 지금까지의 주장을 요약하려 한다. **교회 밖에는 하나님 나라가 없다.** 어쩌면 당신은 내가 줄을 너무 팽팽하게 당기고 있는 것은 아닌가라고 생각할는지도 모른다. 나는 이 질문에 미국의 동화 작가였던 엘윈 브룩스 화이트Elwyn Brooks White의 말을 인용해 답하고자 한다. "때때로 작가는 곡예사처럼 자기의 힘에 부치는 묘기를 부려야만 한다."[12] 이 책에서 나는 마치 줄이 팽팽하게 당겨져 있든 그렇지 않든 그 위에 서 있는 곡예사처럼, 하나님 나라와 교회는 오늘날 많은 이들이 생각하는 것보다 훨씬 더 밀접한 관계로 보일 필요가 있다고 주장할 것이다.

교회

지금껏 나는 하나님 나라를 교회와 아주 밀접하게 연결시키면서 어떤 이들이 터무니없는 주장이라고 여길 수도 있을 만한 주장을 했다. 분명히 우리 중 대부분은 하나님 나라를 이 세상에서는 오직 그것에 대한 희미한 표현만 가능할 뿐인 미래의 영광스러운 현실로 여긴다. 반면에 교회는 주로 세상적이고 현세적인 맥락에서 바라보면서 그것에는 거의 아무런 미래도 없는 것처럼 여긴다! "교회"라는 말을 사용할 때 우리 중 대부분의 사람들은 길 건너에 있는 루터교회나, 길모퉁이에 있는 장로교회나, 도로를 따라 조금 내려간 곳에 있는 복음주의 언약교회나, 아니면 다른 거리에 있는 복음주의 자유교회에 대해 생각할 것이다. 다시 말해 우리는 벽돌과 시멘트로 이루어진 교회들에 대해 생각한다. 그리고 그 교회들 각각에 대한 이야기를 할 수도 있다. 하지만 그런 경우에 우리는 서로 비교될 수 없는 것들을 비교하고 있는 셈이다. 즉 영광스러운 미래의 하나님 나라를 세속적이고 혼란스러운 실재인 현재의 교회와 비교하고 있는 것이다. 그러나 우리는, 만약 굳이 비교를 하고자 한다면, 서로 유사한 것들을 비교해야 한다. 그리고 이제 바로 그 일을 하려고 한다.

이방인을 위해 확대된 이스라엘

만약 우리가 교회를 신약성서 전체를 통해 살펴본다면 과연 그것은 어떤 모습으로 나타날까? 아마도 우리는 크게 놀랄지도 모른다. 이스라엘의 이야기가 첫 번째 주제를 제공해준다. 하나님은 이스라엘을 자신의 소유와 언약의 파트너로 택하셨다. 우리는 이스라엘과 자신이 이스라엘을 신실하게 대하시겠노라는 하나님의 깨어질 수 없는 언약적 약속으로부터 시작해야 한다. 일단 우리가 이스라엘을 출발점으로 삼는다면, 자연스럽게 교회는 "하나님의 이스라엘"로 보일 것이다(갈 6:16). 그러나 여기에는 그 이상의 무언가가 있다. 로마서에서 바울은 이스라엘에 대한 하나님의 신실하심이 쟁점이 되고 교회가 너무 많은 이방인들로 채워지고 있는 반면에 유대인들은 충분치 않아 보이는 것에 대한 우려가 제기되었을 때, 이방인들을 이스라엘이라고 불리는 나무줄기에 접붙임을 받은 "돌감람나무"라고 칭하면서 우리의 편견 중 많은 것을 깨부순다.

또한 가지 얼마가 꺾이었는데, 돌감람나무인 네가 그들 중에 접붙임이 되어 참감람나무 뿌리의 진액을 함께 받는 자가 되었은즉, 그 가지들을 향하여 자랑하지 말라. 자랑할지라도 네가 뿌리를 보전하는 것이 아니요, 뿌리가 너를 보전하는 것이니라. 그러면 네 말이 가지들이 꺾인 것은 나로 접붙임을 받게 하려 함이라 하리니, 옳도다! 그들은 믿지 아니하므로 꺾이고 너는 믿으므로 섰느니라. 높은 마음을 품지 말고 도리어 두려워하라. 하나님이 원 가지들도 아끼지 아니하셨은즉 너도 아끼지 아니하시리라.

이 구절이 묘사하는 것은 분명하다. 그리고 교회가 무엇을 의미하는지 알고자 한다면, 우리는 이것을 수용할 필요가 있다. 바울은 하나님이 원래의 나뭇가지(이스라엘)를 찍어내고 새로운 나무(교회)를 심어 양육하고 자라나게 하셨다고 말하지 않는다. 하지만 바로 그것이 오늘날 수많은 그리스도인이 믿는 내용이다. 그들은 하나님이 이스라엘을 처리하셨고 그들을 벼랑 너머로 밀어버리셨다고 여긴다. 이런 생각은 하나님을 불성실한 분으로 만든다. 그러나 아니다, 하나님의 약속은 없어지지도 않고, 잊히지도 않는다. 그 약속들은 **바울이 교회를 이해하는 방식**의 핵심을 이룬다. 이스라엘 중 불충한 자들은 이스라엘이라 불리는 나뭇가지로부터 잘려나간다. 그리고 이방인 신자들이 이스라엘이라 불리는 그 나뭇가지에 접붙임을 받는다.

따라서 우리는 교회를 "대체된 이스라엘"Israel Replaced이 아니라 "확대된 이스라엘"Israel Expanded로 볼 필요가 있다. 구약성서를 세심하게 살피는 이들은 이 문제에 대해서도 예민하다. 크리스토퍼 라이트

Christopher Wright가 좋은 예다. "하나님이 플랜 A(이스라엘)를 갖고 계셨는데 그것이 실패하자 그것을 플랜 B(기독교 교회)로 대체하셨다고 상상하는 것은 성서를 완전히 잘못된 방식과 오도하는 방식으로 읽는 것이다. 성서는 이스라엘을 교회로 **대체**하는 것에 대해 결코 말하지 않는다. 오히려 그것은 이방인들을 포함하는 이스라엘의 **확대**에 대해 말한다."[13]

사도 바울의 서신 중 어느 것을 읽더라도 거기서 우리는 바울이 이방인들을 하나님의 백성 안으로, 즉 하나의 통일된 교제 안으로 통합시키기 위해 애쓰는 모습을 발견한다.[14] 로마서 11:25 같은 구절에서 바울은 이방인들을 통해 이스라엘을 확대하고자 하시는 하나님의 계획을 "신비"라고 부른다. 그러나 아마도 이 주제를 가장 상세히 논하는 서신은 에베소서일 것이다. 우리가 숙고할 구절들은 아래와 같다.

그 뜻의 비밀을 우리에게 알리신 것이요, 그의 기뻐하심을 따라 그리스도 안에서 때가 찬 경륜을 위하여 예정하신 것이니, **하늘에 있는 것이나 땅에 있는 것이 다 그리스도 안에서 통일되게 하려 하심이라**(엡 1:9-10, 강조는 덧붙인 것임).

너희를 위하여 내게 주신 하나님의 그 은혜의 경륜을 너희가 들었을 터이라. 곧 계시로 내게 비밀을 알게 하신 것은 내가 먼저 간단히 기록함과 같으니, 그것을 읽으면 내가 그리스도의 비밀을 깨달은 것을 너희가 알 수 있으리라. 이제 그의 거룩한 사도들과 선지자들에게 성령으로 나타내신 것 같이 다른 세대에서는 사람의 아들들에게 알지 아니하셨으니, 이는 이방인들이 복음으로 말미암아 그리스도 예수 안에서 함께 상속자가 되고 함께 지체가 되고 함께 약속에 참여하는 자가 됨이라 (엡 3:2-6, 강조는 덧붙인 것임).

모든 성도 중에 지극히 작은 자보다 더 작은 나에게 이 은혜를 주신 것은 측량할 수 없는 그리스도의 풍성함을 이방인에게 전하게 하시고 영원부터 만물을 창조하신 하나님 속에 감추어졌던 비밀의 경륜이 어떠한 것을 드러내게 하려 하심이라(엡 3:8-9).

이미 우리는 하나님 나라와 확고하게 연결되어 있는데, 그것은 하나님 나라가 이스라엘과 그렇게 연결되어 있기 때문이다. 교회는 이방인 신자들을 포함하기 위해 확대된 이스라엘이라 불리는 하나님 나라다.

교회: 그 단어가 의미하는 것

아마도 우리가 가장 주목해야 할 것은 사도 바울이 자신의 시대에 통용되었던 수많은 단어 중에서 "교회"라는 용어를 택했다는 사실이다. 첫째, 바울이 "교회"를 표현하기 위해 사용한 그리스어는 "에클레시아" *ekklesia*다. 그리고 그는 구약성서를 읽으며 자랐기에 "카할"*qahal*이라는 히브리어도 사용했다. 이 히브리 용어는 이스라엘 백성의 공적인 모임을 가리킨다.[15] 바울이 "교회"라는 단어를 사용한 것은 이 단어가 교회를 완벽하게 묘사했기 때문이다. 그에게 교회는 예수를 추종하는 자들의 공적이고도 지역적인 모임이었다(그렇다. 골로새서와 에베소서 같은 바울의 후기 서신들에서 "교회"라는 용어는 포괄적인 의미에서 범세계적인 "교회"를 의미하기도 한다). 따라서 우리가 관찰을 통해 얻을 수 있는 첫 번째 결론은 이렇게 요약된다. "교회"는 로마 제국 내의 특정한 장소에 존재하는 확대된 이스라엘의 지역적 모임을 가리킨다.

그러나 "교회"라는 단어의 두 번째 용법은 교회와 하나님 나라 사이의 관계를 보다 긴밀하게 보여준다. 바울이 살았던 그리스 세계에서 "교회"*ekklesia*는 시민들과 지도자들이 참여하는 지역적인 정치 모임을 가리켰다. 초기 기독교가 왜 이 단어를 사용했는지에 대한 설명에서 그 첫 번째 맥락은 유대적 근거에 있었다(그것에 대해서는 앞 문단에서 논의했다). 반면 바울에게 이 단어가 지닌 두 번째 의미는 피할 수 없는 것이었다. 사실 에클레시아의 유대적 용법은 정치적인 의미와 사회적인 의미 모두를 갖고 있었다. 따라서 우리는 바울과 초기 그리스도인들이 그들의 모임과 그들 자신을 "교회"라고 부르기 시작했을 때 그들이 모종의 강력한 주장을 하고 있었다는 결론을 내려야 한다. 그 주장은 이런 것이었다. 그들은 확대된 이스라엘이었고, 왕이신 예수를 중심으로 하는 사회·정치적인 모임으로서 지역적으로 모였다. 이제 이런 주장을 이 책의 맥락 안으로 밀어 넣으면 이 같은 결론이 나온다. **"하나님 나라"와 "교회" 모두 하나님의 백성을 묘사하는 사회적·정치적 용어들이다.**

셋째, "교회"*ekklesia*라는 용어는 로마 제국 전역으로 확대된, 그리고 **이제 그 세계로부터 나와서 그 세계와 맞서며** 모여 있는 이스라엘을 가리킨다. "교제"*koinonia*라는 용어는 세상 속에 존재하는 에클레시아 안에서 삶의 단일성을 만들어내는 내적인 삶을 가리킨다. 따라서

"교회"라는 용어는 이스라엘의 하나님과 왕이신 예수 아래에 있는, 그리고 하나님 백성의 일부가 아닌 이들과 맞서고 있는 공동체의 범위로 한정된다. 미국 탈봇 신학대학원의 성서신학자인 조셉 헬러맨Joseph Hellerman은 하나의 가족으로서의 교회에 대한 그의 탁월한 연구서에서 초기 교회를 로마 제국 내의 다른 선택들, 예컨대 전문적·가족적인 단체들이나, 종교적인 단체와 철학 학파들, 그리고 유대교의 회당들과 비교한다. 이어서 그는 교회가 사람들에게 다른 어떤 선택보다도 더 다양한 차원의 삶을 제공했다고 주장한다. 특히 교회는 로마 제국의 부패를 막았고, 그 구성원들에게 배타적 충성을 요구했으며, (가장 중요하게) 가족 같은 삶을 만들어냈다.[16]

나라에는 왕과 백성과 땅과 법이 필요하므로 우리는 그런 것들에 대해 질문을 제기하게 된다. 땅은 어떠한가? 율법은 어떠한가? 여기서 우리가 그런 질문들을 깊이 있게 다룰 수는 없다. 대신 나는 관찰을 통해 얻은 네 번째 견해를 제시하고자 한다. 그것은 바로 땅에 대한 약속은 이방인들을 하나님의 백성 안으로 데려오는 신비에 의해 끝나지 않는다는 것이다. 하나님의 약속은 남아 있다. 그러나 여기서 나는 일부 그리스도인들이 땅과 오늘날의 이스라엘 국가에 대해 갖고 있는 생각과 거리를 두고자 한다. 성전으로서의 예수와 성령의 전으로서의 그리스도인(고전 3:16-17; 6:19; 고후 6:16; 엡 2:21; 벧전 2:4-9)이라는 개념에 비추어볼 때, 나는 우리가 교회를 땅에 대한 하나님의 약속이 이방인들의 영토에 뿌리를 내리는 것으로, 혹은 로마 제국 안으로 퍼져나가는 것으로 보아야 하지 않을까 생각한다. 이 네 번째 의견은 다섯 번째 요점으로 이어진다. 율법은 어떠한가? 왕이신 예수는 하나님 나라의 백성을 위한 율법으로서 산상수훈을 제시한다. 사도들이 계속해서 그 나라의 시민으로 사는 법을 가르칠 때 우리는 새로운 주제들과 마주하게 된다. 하지만 결국 그런 주제들은 모두 우리가 하나님 나라의 율법이라고 부르는 것의 변종들이다. 우리는 성령 안에서의 삶, 성령의 열매, 성령의 은사들을 얻는다. 그리고 그때 하나님 나라의 교회를 이루는 요소들(왕, 통치, 백성, 땅, 율법)도 얻게 된다. 이로써 행복한 까마귀는 이제 대합조개의 껍데기가 크게 부서지는 것을 보게 될 것이다.

"지금"과 "아직"으로서의 교회

교회가 무엇인지에 대한 전체적인 이해에 변화를 가져올 수 있는 한 가지 근본적인 관찰 의견observation이 있는데, 일단 그것을 접하고 나면 우리는 교회와 하나님 나라를 좀 더 정밀하게 비교할 수 있게 된다. 우선 당신은, 신약성서는 하나님 나라가 이곳에 완전하게 도래했다고 가르치지 않는다는 것을 떠올릴 필요가 있다. 오히려 신약성서는 그 나라가 "지금"now 존재하지만 동시에 "아직"not yet 존재하지 않으며, 그 나라는 예수 안에서 그리고 교회 안에서 성령의 특별한 임재를 통해 단지 시작되었을 뿐이라고 가르친다. 다시 말해 하나님 나라는 종말론적 현실이자 현상인 것이다. 중요한 관찰 의견은 이것이다. **교회 역시 종말론적 현실이다.** 그럼에도 교회의 미래는 종종 무시된다.

지금의 교회 | 지금의 교회와 관련해 우리는 바울이 그가 세운 교회들과 계속해서 싸웠던 것을 떠올릴 수 있다. 우리 중 누가 고린도 교회를, 그리고 그 교회의 도덕성과 신학과 분열로 인한 서신의 교환과 여행들을

무시할 수 있겠는가? 그렇다. 고린도 교회는 엉망진창이었다. 그러나 똑같은 현상이 다른 교회들에서도 발견된다. 지금의 교회는 깨어진 리더십, 깨어진 교제, 깨어진 성결, 깨어진 사랑, 깨어진 정의, 깨어진 평화 안에서 모이는 교회다. 바울과 베드로 그리고 요한의 서신들, 히브리서와 유다서의 모든 페이지는 동일한 관찰 의견을 제시한다. 지금의 교회는 아직의 교회에 미치지 못한다. 그렇다면 신약성서는 아직의 교회에 대해서는 어떻게 말하는가?

아직의 교회 | 아직의 교회와 관련해 나는 교회가 하나님 나라를 상속할 것이라는 약속들(마 16:17-19; 살전 2:12; 롬 8:17; 엡 1:18; 빌 3:20)뿐 아니라, 교회가 아직 온전한 영광에 이르지 못했음을 알려주는 에베소서 5:25b-27에 대해 생각한다. "그리스도께서 교회를 사랑하시고 그 교회를 위하여 자신을 주심 같이 하라. 이는 곧 물로 씻어 말씀으로 깨끗하게 하사 거룩하게 하시고 **자기 앞에 영광스러운 교회로 세우사 티나 주름 잡힌 것이나 이런 것들이 없이 거룩하고 흠이 없게 하려 하심이라**"(강조는 덧붙인 것임. 또한 골 1:22을 보라).

바울이 아직의 교회에 대해 사용하는 "영광스러운", "티나 주름 잡힌 것이나 이런 것들이 없이", "거룩하고 흠이 없이" 같은 용어들에 주목하라. 이 용어들은 지금의 교회를 부분적으로밖에 묘사하지 않는다. 오히려 그것들은 미래의 교회 모습을 묘사한다. 언제 그런 교회가 나타날 것인가? 그 나라가 온전해질 때, 혹은 (완벽하게 적합한 용어를 사용해 말하자면) 교회가 온전해질 때다. 또한 나는 요한계시록 21-22장에 대해 생각한다. 특히 어린 양의 신부인 교회가 온전한 영광 가운데서 새 하늘과 새 땅에 있는 새 예루살렘 안으로 내려오는 것을 묘사하는 길고 아름다운 구절에 대해 생각하는데, 그 구절은 교회가 하나님 나라처럼 "지금"과 영광스러운 "아직"을 함께 지니고 있는 종말론적 현실이라는 것을 최종적으로 알려준다. 아래에서 나는 요한계시록 21:9-22:5을 인용할 텐데, 독자 여러분이 이것을 신중하게 읽어주기를 바란다.

일곱 대접을 가지고 마지막 일곱 재앙을 담은 일곱 천사 중 하나가 나아와서 내게 말하여 이르되, 이리 오라. 내가 신부 곧 어린 양의 아내를 네게 보이리라 하고, 성령으로 나를 데리고 크고 높은 산으로 올라가 하나님께로부터 하늘에서 내려오는 거룩한 성 예루살렘을 보이니, 하나님의 영광이 있어 그 성의 빛이 지극히 귀한 보석 같고 벽옥과 수정 같이 맑더라. 크고 높은 성곽이 있고 열두 문이 있는데, 문에 열두 천사가 있고 그 문들 위에 이름을 썼으니, 이스라엘 자손 열두 지파의 이름들이라. 동쪽에 세 문, 북쪽에 세 문, 남쪽에 세 문, 서쪽에 세 문이니, 그 성의 성곽에는 열두 기초석이 있고 그 위에는 어린 양의 열두 사도의 열두 이름이 있더라.
　내게 말하는 자가 그 성과 그 문들과 성곽을 측량하려고 금 갈대 자를 가졌더라. 그 성은 네모가 반듯하여 길이와 너비가 같은지라. 그 갈대 자로 그 성을 측량하니 만 이천 스다디온이요, 길이와 너비와 높이가 같더라. 그 성곽을 측량하매 백사십사 규빗이니, 사람의 측량 곧 천사의 측량이라. 그 성곽은 벽옥으로 쌓였고 그 성은 정금인데 맑은 유리 같더라. 그 성의 성곽의 기초석은 각색 보석으로 꾸몄는데, 첫째 기초석은 벽옥이요, 둘째는 남보석이요, 셋째는 옥수요, 넷째는 녹보석이요, 다섯째는 홍마노요, 여섯째는 홍보석이요, 일곱째는 황옥이요, 여덟째는 녹옥이요, 아홉째는 담황옥이요, 열째는 비취옥이요, 열한째는 청옥이요, 열두째는 자수정이라. 그 열두 문은 열두 진주니 각 문마다 한 개의 진주로 되어 있고 성의 길은 맑은 유리 같은 정금이더라.

성 안에서 내가 성전을 보지 못하였으니 이는 주 하나님 곧 전능하신 이와 및 어린 양이 그 성전이심이라. 그 성은 해나 달의 비침이 쓸 데 없으니 이는 하나님의 영광이 비치고 어린 양이 그 등불이 되심이라. 만국이 그 빛 가운데로 다니고 땅의 왕들이 자기 영광을 가지고 그리로 들어가리라. 낮에 성문들을 도무지 닫지 아니하리니 거기에는 밤이 없음이라. 사람들이 만국의 영광과 존귀를 가지고 그리로 들어가겠고, 무엇이든지 속된 것이나 가증한 일 또는 거짓말하는 자는 결코 그리로 들어가지 못하되, 오직 어린 양의 생명책에 기록된 자들만 들어가리라.

또 그가 수정 같이 맑은 생명수의 강을 내게 보이니, 하나님과 및 어린 양의 보좌로부터 나와서 길 가운데로 흐르더라. 강 좌우에 생명나무가 있어 열두 가지 열매를 맺되 달마다 그 열매를 맺고 그 나무 잎사귀들은 만국을 치료하기 위하여 있더라. 다시 저주가 없으며 하나님과 그 어린 양의 보좌가 그 가운데에 있으리니, 그의 종들이 그를 섬기며 그의 얼굴을 볼 터이요, 그의 이름도 그들의 이마에 있으리라. 다시 밤이 없겠고 등불과 햇빛이 쓸 데 없으니 이는 주 하나님이 그들에게 비치심이라. 그들이 세세토록 왕 노릇 하리로다.

이제 우리는 논의의 중요한 지점에 와 있다. "하나님 나라"는 왕이신 예수에 의해 다스림을 받는 백성을 묘사한다. 지금 우리가 그 나라와 관련해 목도하고 있는 모든 것은 지금의 나라와 아직의 나라 사이에서 긴장을 일으키고 있는 그 나라의 출범뿐이다. 그러나 "교회" 역시 동일한 현실을 묘사한다. 하나님의 백성, 곧 확대된 이스라엘은 "지금"과 "아직"을 함께 갖고 있는 하나의 종말론적 실재로서의 하나님의 백성이다. 이전 세대의 지도적인 신학자이자 영국 더럼 대학교의 신학 교수였던 챨스 바레트Charles K. Barrett는 교회를 "종말론적 기형, 하나의 조짐"이라고 불렀다. 또한 그는 교회를 "중간기의 백성"으로 규정한다.[17] 그가 옳다. 교회는 지금인 동시에 아직의 상태, 즉 부분적으로 구속되었으나 온전한 구속을 향해 가는 과정에 있다. 따라서 신약성서에서 하나님 나라와 관련해 말한 것은 신약성서에서 교회와 관련해서도 동일하게 말할 수 있다. 즉 둘 다 지금과 아직을 갖고 있다. "지금"의 상태에서 그 둘은 같다. 그리고 "아직"의 상태에서도 그 둘은 같다. 독일 신학자 디트리히 본회퍼Dietrich Bonhoeffer, 1906-1945의 말을 빌리자면, "바울의 이해에 따르면 교회는 [하나님 나라에 대한] 예수의 개념과 본질적인 차이를 드러내지 않는다."[18]

군이 비교를 하려면 우리는 지금의 하나님 나라와 지금의 교회, 또는 아직의 하나님 나라와 아직의 교회를 비교해야 한다. 많은 이들이 그렇게 하듯이 지금의 교회와 아직의 하나님 나라를 비교하는 것은 교회에(혹은 하나님 나라에) 공평하지 않다. 사람들에게 탁월한 성서신학자라는 평가를 받았던 독일 뷔르츠부르크 대학교의 성서신학자 루돌프 슈낙켄부르크Rudolf Schnackenburg는 교회 역시 지금과 아직을 갖고 있는 종말론적 실재라고 주장하고서도 그런 주장으로부터 자연스럽게 도출되는 결론을 따르는 데 실패한다. 그는 우리가 현재의 교회를 현재의 하나님 나라의 현실과 비교할 필요가 있다고 말하지 않고 엉뚱한 말을 한다. "온 세상을 위한 완전한 형태의 구원과 구속이라는 신적 경륜의 궁극적 목표는 교회가 아니라 하나님 나라다."[19] 만약 그가 일관성을 유지했더라면, 아마도 그는 미래가 (요한계시록이 분명하게 밝혀주듯이) 하나님 나라로 혹은 교회로 표현될 수 있다고 말했을 것이다. 오직 하나님 나라만이 하나님의 구속 공동체의 마지막 형태라는 잘못된 개념은 지금의 하나님 나라와 교회 사이의 중요한 중첩을 보지 못하는 우리의 무능력에서 나온다. 만약 우리가 생각하는 하나님 나라가 미래에 완성될 나라인 반면, 우리가 생각하는 교회는 현재의 혼란 상태에 있는 교회라면, 애초부터 하나님 나라와 교회는 서로 비교의 대상이 될 수 없다(지금 내가 같은 말을 반복하고 있다는 것을 안다. 그러나 이런 요점들은, 만약 우리가 그것들의 중요성을 인정한다면, 거듭해서 말해질 필요가 있다).

하나님 나라의 사명은 하나님 나라 이야기에서 직접 흘러나온다. 하지만 일단 우리가 그 나라와 교회에서 백성이 차지하고 있는 중요성을 인식한다면, 하나님 나라의 사명은 완전히 새로운 초점을 얻는다.

하나님 나라의 사명과 교회

바로 여기가 하나님 나라의 사명을 이해하는 문제와 관련해 우리가 서 있는 지점이다. 하나님 나라의 사명은 하나님 나라 이야기 속으로 들어가 그 이야기에 참여하는 것이다. 그 이야기는 예수의 이야기에서 완성되는 이스라엘의 이야기(A-B-A' 이야기)를 보여준다. 더 나아가 그 이야기는 우리의 문화를 지배하고 있는 세상의 이야기들을 반박한다. 따라서 하나님 나라의 사명은 단지 그 나라의 이야기를 전하는 것뿐 아니라 세상의 이야기들을 반박하는 것이기도 하다. 하나님 나라 사명의 핵심에는 하나님 나라의 백성, 즉 왕이신 예수의 교회가 있다. 간단히 말해서 **하나님 나라의 사명은 무엇보다도 먼저 교회의 사명이다.**

특별히 요즘처럼 점점 더 많은 사람들이 하나님 나라의 일을 하기 위해 교회를 버리거나 교회를 찾아가야 할 이유를 찾지 못하는 때에, 우리는 다음과 같은 예수의 의미심장한 말로 우리의 마음을 감쌀 필요가 있다. "또 내가 네게 이르노니 너는 베드로라. 내가 이 반석 위에 내 **교회**를 세우리니 음부의 권세가 이기지 못하리라"(마 16:18, 강조는 덧붙인 것임). 베드로에게 "천국[하나님 나라] 열쇠"(마 16:19)가 주어졌다. 마태복음 전승에 따르면 예수는 "교회"라는 단어를 오직 두 번만 사용한다. 다른 경우는 마태복음 18:17에서 나타나는데, 거기서 교회는 하나의 지역 모임을 가리킨다. 그러나 그 용어의 첫 번째 용법은 분명히 교회와 하나님 나라 사이의 극적인 연관성을 드러낸다. 그 둘은 동일하지 않을 수도 있다. 하지만 우리는 그들이 동일한 나라의 구속의 능력 아래서 동일한 법을 지키면서 동일한 왕에 의해 다스림을 받는 동일한 백성이라고 말할 수 있다.

아마도 바로 여기가 이 책이 주장하는 가장 강력한 결론을 제시해야 할 지점일 듯하다. 그 결론이란 이러하다. **하나님 나라의 사명은 교회의 사명이다. 교회의 사명은 하나님 나라의 사명이다. 그리고 교회의 사명이 아닌 하나님 나라의 사명은 존재하지 않는다.** 이런 결론은 여러 가지 뉘앙스로 인해 별다른 의미를 지니지 않을 수도 있다. 분명히 말하지만 지금 내가 말하는 교회는 "제도권 교회"가 아니다. 내가 말하는 교회는 로마 가톨릭교회, 동방정교회, 성공회, 남침례교회, 혹은 당신의 이웃에 있는 특정한 교회, 여성을 억압하거나 인종과 성별, 사회적 지위를 근거로 다른 이들을 배제하는 교회를 가리키지 않는다. 그러면서도 동시에 그런 교회들을 가리킨다! 많은 이들이 하나님 나라는 유토피아적 견지에서, 그리고 교회는 거칠고 혼란스러운 현실의 견지에서 바라본다. 그렇게 하면서 그들은 그 둘을 지나치게 가깝게 연관시키는 이들의 눈에 먼지를 끼얹는다. 하지만 이것은 주해의 가장 기본적인 단계에서 실패하는 것이다. 신약성서에서 하나님 나라는 미래의 영광이 아니라 그 영광스러운 미래를 향해 싸우며 나아가는 현재의 거친 현실이다. 다시 말하지만 하나님 나라는 오직 부분적으로만 실현되었다. 그것은 지금 여기서 그저 시작되었을 뿐이다. 따라서 오늘날 하나님 나라는, 내가 앞 장에서 개괄했듯이, 교회가 유토피아가 아닌 것만큼이나 거칠고 혼란스러운 상태에 있다. 미래에 교회는 온전하게 하나님 나라로 변화될 것이고, 거룩과 사랑과 정의와 끝없는 교제를 웅장하고 영광스럽게 드러낼 것이다. 그래서 교회의 미래를 고려하는 어떤 이들은 현재의 하나님 나라가 어떻게 "교회"라고 불릴 수 있는지 의아하게 여길지도 모른다. 아니다. 오히려 우리는 지금 여기서 출범한 하나님 나라와 지금 여기서 출범한 교회를 종말론적으로 완벽한 하나님의 백성을 향해 나아가고 있으나 아직 그 상태에 이르지 못한 동일한 하나님의 백성으로 보아야 한다. 일단 우리가 하나님 나라와 교회 위에 이미 시작된 종말론을 올려놓는다면, 우리로서는 지금의 교회를 하나님 나라로 여기지 말아야 할 그 어떤 이유도 찾을 수 없다.

이것은 **모든 참된 하나님 나라의 사명은 교회의 사명**이라는 것을 의미한다. 오늘날 많은 이들은 공동체를 세우고 지역 교회 안에서 교우들과 교제하는 일에 헌신하는 것보다 남아프리카에서 사회정의를 이루는 일에, 태풍 카트리나가 훑고 지나간 걸프 해안에 위치한 공동체를 복구하는 일에, 대초원을 강타한 파괴적인 토네이도의 흔적을 치우는 일에, 혹은 다른 지역에서 벌어지는 성매매와 싸우는 일에 헌신하는 것을 훨씬 더 쉽게 여긴다. 나는 이런 식으로 말하는 것을 싫어하지만 어쩔 수 없다. 후자를 행하는 것이 쉬운 이유는 그것이 좋은 느낌을 만들어내기 때문이다. 그것은 우리가 가진 모든 것으로 인한 사회적 수치심을 덜어준다. 또한 보상이 따르기도 하고 조심스럽게 보호를 받는 경험도 만들어내준다. 그것은 자원과 에너지를 일시적으로 그리고 때때로 생색내듯 제공하는 것이다. 그리고 우리는 그 일을 하나님 나라의 일이라고 부름으로써 궁극적으로 그것을 정당화한다. 그뿐 아니라 그 일들은 실제로도 선하고 옳고 귀하고 사랑스럽고 동정적이며 정당하다. 게다가 사회 활동을 하는 것은 교회를 세우는 것보다 훨씬 더 매력적이다. 교회를 세우는 것이 훨씬 어렵기 때문이다. 교회를 세우기 위해서는 사람들끼리 서로 다퉈야 한다. 노숙인들을 돕고자 하는 당신의 갈망을 다른 이들에게 알리고 그들을 설득하기도 해야 한다. 그것은 현재 상태의 사람들 그리고 당신이 그들에게 바라는 상태에 있지 않은 사람들을 돌보는 것을 의미한다. 그 일은 일상을 포함한다. 게다가 그것은 "단기 선교" 경험이 제공하는 고양감高揚感을 거의 제공해 주지 않는다. 그러나 교회는 예수가 세우러 오신 바로 그것이다. 따라서 교회의 사명이 곧 하나님 나라의 사명을 형성한다.

구체적으로 나는 무엇을 말하려는 것일까? 분명히 말한다. 출범한 하나님 나라를 구체화시키기 위해 우리의 에너지를 교회 공동체에 집중시키는 것과, 교회에 속한 한 무리의 그리스도인들이 시의회나 워싱턴 D.C.로 가서 이런저런 좋은 일을 하는 다른 이들과 연합해서 더 많은 평화나 정의를 이루기 위해 애쓰는 것은 다른 문제다. 내가 말하는 것에 대한 좋은 예가 일리노이 주 시카고에 있는 론데일 커뮤니티 교회다. 그 교회의 설립자이자 담임목사는 웨인 고든이다.[20] 백인인 웨인은 젊은 시절에 인종의 경계를 넘어서는 것이 복음 표현의 한 방법이라고 배웠다. 웨인은 휘튼 칼리지를 졸업한 후 시카고에 있는 패러거트 고등학교에서 교사 생활을 시작했다(아이오아 주에 사는 어떤 이는 그 도시에서의 삶을 떠올리면서 그를 "멍청이"라고 불렀다). 그는 풋볼 팀 코치가 되었고, 마침내 몇 사람의 젊은이들(대부분은 흑인들이었다)에게 영향을 주어 성서공부 모임을 시작했다. 그 성서공부 모임은 교회로 성장했고, 결국 그는 론데일 교회의 담임목사가 되었다. 지금 웨인은 그곳에서 40여 년 가까이 사역을 계속하고 있다. 그동안 그 교회는 매우 혼란스러웠으며 동시에 하나님 나라의 현실을 온전히 보여주었다. 그곳에서는 모든 이들이 웨인을 "코치님"이라고 부른다.

론데일 교회의 핵심은 예배하고, 교제하고, 기도하고, 봉사하며, 사랑하고, 성서를 읽고, 복음을 선포하는 교회가 되는 것이다. 론데일 교회의 착한 교우들이 수행하고 있는 멋지고 선한 일들에도 불구하고, 그 모든 것은 교회가 중심이 된 사역이다. 그 교회에서 나타나고 있는 성령의 새로운 창조 사역은 론데일 교회 교우들이 이웃을 사랑하고 그들의 말에 충분히 귀를 기울이면서 이웃의 필요를 채워주는 사역들을 이루어가도록 이끌고 있다. 교회는 빨래방을 운영하기 시작했는데, 그것은 위생시설로 그리고 마약과 중독과 경제 문제로 어려움을 겪는 이들을 돕는 사역으로 발전했다. 그 후에 교회는 가난한 이들을 위한 체육관 겸 주거시설을 세웠고, 이어서 힙합 사역과 미술 사역 그리고 피자 가게를 시작했다.⋯나는 이런 목록을 계속해서 늘어놓을 수 있다. 론데일 교회는 서로가 서로를 돌보는 교회다. 웨인이 목회자가 된 후 초기 몇 년 동안 그의 집은 수십 차례 도둑들에게 털렸다. 그때마다 교인들은 그의 집에 필요한 것들을 다시 가져다 놓았고, 지금은 그 변화시키는 사랑이 차고 넘쳐 공동체를 돌보는 사역으로 이어지고 있다. 론데일 교회의 원동력은 시카고 시민들로 하여금 교회가 원하는 일에 기부하도록 만드는 것이 아니라 **론데일 지역에서 교회가 되는 것**이다. 그리고 그렇게 교회가 되는 것을 바탕으로 지역의 공동 목표를 이루기 위해 시민들과 협력하는 것이다. 론데일 교회의 레크리에이션 시설과 의료 시설은 지금 최첨단 시설을 갖추고 있다. 이 모든 일은 미국에서도 가장 황폐한 공동체 한가운데서 일어났다. 사실 그곳은 1960년대와 70년대 백인 탈주white flight 이후 약 12만 개의 가정이 직업을 찾아 떠난 도시였다.

랜디 브라운Randy Brown의 예를 들어보자. 그는 론데일에서 자랐고, 많은 아프리카계 미국인 남자아이들처럼 론데일 체육관에서 농구에 열중했다. 론데일 교회의 교우 중 하나가 그를 성서공부 모임에 초대했는데, 그것이 계기가 되어 그는 주일 예배에 출석하게 되었다. 그리고 1년 후에는 미시간 호수에서 침례를 받았다. 그는 농구를 하기 위해 고향을 떠나 대학에 진학했고, 대학 졸업 후에는 놀랍게도 론데일 교회로 돌아와 일주일에 7일을 체육관에서 체육 사역자로 일했다. 랜디는 그 사역에 참여하는 이들에게 그리스도인의 삶에 대해 가르치고 있다. 그 지역의 고등학교 학생들은 랜디를 좋아하는데, 그것은 그가 그들을 사랑할 뿐 아니라 그들에게 자신을 주고 있기 때문이다.

우리는 여기서 통전적 사역을 발견할 수 있다. 고든은 이렇게 쓰고 있다. "기독교 공동체의 개발은 사실상, 정의에 따르면, 그리스도의 이름으로 육체적·영적·정서적 필요와 사회적 필요들을 충족시키고자 하는 통전적 사역이다." 그리고 이 긴 문장의 끝에 있는 빈정거림에 주목하라. **"가장 중요한 것에 대해 염려하지 않으면서"말이다**[21](영어에서 이 표현은 이 문장의 끝에 위치하며, 우리말로 해석할 경우에는 "그리스도의 이름으로" 앞에 놓여야 한다—역자 주). 하나님 나라의 사역은 교회의 사역이다.

제7장

교회의 사명이
곧 하나님 나라의 사명이다
Kingdom Mission as Church Mission

내가 이 책의 1장을 닫으면서 제기했던 질문은 미국의 사회운동가로 놀라운 활동을 전개했던 제인 애덤스Jane Addams가 과연 하나님 나라의 일을 했느냐 하는 것이었다. 아마도 우리는 인도의 지도자였던 마하트마 간디Mahatma Gandhi에 대해서도 동일한 질문을 던질 수 있을 것이다. 앞서 우리는 성서가 왕이신 예수에 의해 다스림을 받는 백성으로서의 하나님 나라에 대해 말한다고 지적함으로써 이 질문에 답했다. 하나님 나라의 일은 하나님 나라의 백성이 왕이신 예수의 통치 아래서 행하는 일이다. 아래에서 우리는 과연 제인 애덤스가 행한 고귀한 일을 어떻게 불러야 하는지, 그리고 공적 영역에서 어떻게 "행해야" 하는지에 대해 살필 것이다. 그러나 우선 나는 하나님 나라의 사명은 하나님 나라가 무엇인지를 정의하기 전까지는 정의될 수 없다고 주장하고자 한다. 하나님 나라는 왕이신 예수에 의해 구속되고 왕이신 예수 아래서 교제하며 살아가도록 다스림을 받는 백성이다. 요컨대, 하나님 나라에는 왕(예수), 다스림(주님이신 예수에 의한), 백성(교회), 땅(예수의 나라 백성이 살아가는 모든 곳), 법(성령의 능력을 통해 예수를 따름)이 필요하다. 하나님 나라의 사명은 하나님 나라의 공동체인 교회를 만들고 유지하는 것과 관련되어 있다. 이 장에서 나는 이런 정의를 바탕으로 하나님 나라의 사명이 무엇과 같은지를 관찰에 근거한 아홉 가지 의견을 통해 설명하고자 한다.

하나님을 위한 거처

첫째, 하나님 나라의 사명은 교회가 무엇보다도 하나님을 위한 거처가 되는 것을 의미한다. 나는 하나님 나라의 사명을 이해하는 데 필요한 일반적인 개념에서 시작하려 한다. 요한계시록 21-22장은 성서에 등장하는 다른 웅장한 종말론적 구절들(예컨대, 고린도전서 15장이나 빌립보서 2:6-11 같은)과 결합해 하나님의 궁극적 목적이 어린 양과 더불어 자신의 백성들 가운데 거하는 것임을, 그리고 그 거처에 임재하면서 세상 가운데서 살아가는 자신의 백성을 다스리는 것임을 알려준다. 만약 하나님의 궁극적 목적이 하나님의 백성 가운데 거하는 것이라면, **하나님 나라의 사명은 교회가 이 세상에서 하나님의 거처가 되는 것이다.** 하나님 나라의 사명은 교회가 이 세상에서 하나님의 현존이 되는 것과 관련되어 있다. 만약 우리가 하나님 나라의 백성을 교인과 연결시킨다면, 그때 우리는 교회의 사명을 하나님 나라의 사명과 동일한 것으로 규정하는 셈이다.

따라서 각각의 지역 교회는 하나님의 임재에 적합한 장소, 즉 지역 공동체에 대한 선물인 하나님의 백성에게 하나님의 임재를 중재하는 장소가 되어야 한다. 하나님 나라의 사명은 교회의 사명이며, 세상에서 이 하나님 나라의 사명이 발견되는 유일한 "장소"는 확대된 이스라엘인 교회다. 그러면 교회는 이 하나님 나라의 사명을 어떻게 수행하는가? 다시 말하지만 교회의 근본적인 사명은 **이 세상에서 하나님의 임재를 중재하는 것이다.** 하나님 나라(혹은 교회)의 사명이 교회 안에서 구체화되는 은혜와 사랑과 정의와 평화와 지혜에 대한 제사장적 중재를 통해서, 그리고 왕이신 예수가 부드러우며 종처럼 봉사하는 다스림으로 우리를 통치하시는 것을 통해 이루어지는 복음에 대한 예언자적 선포로 보일 때, 비로소 우리는 그 일을 감당할 수 있게 된다.

하나님 나라의 정치 역학으로서의 교회

둘째, 교회의 사명으로서의 하나님 나라의 사명은 교회가 하나님 나라의 교제 혹은 하나님 나라의 정치 역학kingdom politic**이 되는 것을 의미한다.** "하나님 나라"와 "교회"라는 두 단어는 모두 고대 세계의 정치와 직결되어 있다. 이런 용어들은 정치적 모임을 묘사한다. 그래서 교회가 정치적이지 않다는 생각은 잘못된 것이다. 교회는 철저히 정치적이다. 이것은 무엇을 의미하는가? 2012년 10월 1500여 명의 미국 복음주의 목회자들이 신성한 강단에서 선포되는 말씀에 참견하는 것에 맞서 미국 연방국세청IRS에 정치적으로 항의했다.[1] 그들의 관심사는 설교자들이 강단에서 선포해야 할 필요가 있다고 생각하는 것을 선포할 자유에 있었다. 만약 그 자유가, 설교자들이 자신들의 믿음에 근거해서 특정한 선거 후보자를 반대하거나 지지하는 것을 의미한다면, 그들은 특정 선거 후보자를 반대하거나 지지하는 발언을 할 자유를 가져야만 한다. 어쨌든 우리는 구약성서를 읽을 때 계속해서 하나님의 예언자들이 직접 왕과 제사장들을 겨냥해 선포하는 소리를 듣는다. 미국 연방국세청법은 목회자와 교회들이 세금 면제를 위한 결정과 관련해서만 특정 후보자들을 공적으로 지지할 수 있도록 범위를 정했다. 따라서 목회자들이 설교단을 내리치며 자유롭게 하나님의 말씀을 설교하기로 결정했을 때, 그들은 위험을 무릅쓰고 있었던 셈이다. 많은 이들이 그들의 주장에 동조하고 그들을 옹호했다. 그리고 두말할 것도 없이 우리는 20세기에 근본적으로 정치적인 설교를 했던 아프리카계 미국인 목회자들과 주류 교회의 목회자들 모두를 쉽게 떠올릴 수 있을 것이다. 하지만 여기서 내가 하고자 하는 주장은 그런 종류의 정치가 "예수의 정치"의 요점을 놓치고 있고, 교회 자체를 하나의 정치 역학으로 보는 데도 실패하고 있다는 것이다. 교회를 하나의 정치 역학이라고 말하는 것은, 교회가 정치 과정에서 보다 행동적이고 공격적이어짐으로써 보다 정치적이어져야 할 필요가 있다는 뜻이 아니다.

하나님 나라는 왕이신 예수 아래서 서로 교제하며 교회를 이루는 백성이다. 이런 교회들은 **이 세상에 존재하는 예수의 정치 역학이다.** 다시 말해 교회는 하나님 나라 이야기를 전하는 방식을 통해 예수의 하나님 나라 비전을 구체화한다. 아니면 하나님이 구체화하도록 교회를 고안하셨다. 교회는 하나의 정치 역학, 즉 새로운 예배, 새로운 법, 새로운 왕, 새로운 사회질서, 새로운 평화, 새로운 정의, 새로운 경제, 새로운 삶의 방식을 지닌 어떤 세상에 대한 증언이다. 따라서 강단을 통해 특정 후보자를 지지하거나 반대하는 수준의 개입은 하나님의 걸작 안에 존재하는 단화음-a minor chord에 불과하다. 하나님 나라의 정치는 우리가 특정 후보자를 지지하거나 반대하는 일에 시간을 쓰기보다, 오히려 예수가 우리에게 바라는 것을 살아냄으로써 우리가 사는 곳이 지금보다 훨씬 더 나은 곳이 되는 데 필요한 모든 것을 구현하는 것을 의미한다. 존 하워드 요더John Howard Yoder가 말했듯이, "만약 우리가 사회 안에서 근로자들의 권리가 보장되어야 한다고 믿는다면, 교회는 노동자들을 공정하게 대하는 첫 번째 고용주가 되어야 한다. 만약 보다 넓은 사회 안에서 우리가 인종차별과 성차별이나 물질주의를 극복해야 한다고 주장한다면, 교회는 그런 가능성이 가장 먼저 실현되는 장소가 되어야 한다."[2]

하지만 그동안 그리스도인들은 대안적 정치 역학으로서의 교회를 구현하는 일에 실패했으며, 그 대신 자신들이 바라는 것을 이루기 위해 황제를 활용하거나 문화를 변혁하고 정치 과정을 이용하는 쪽을 택했다. 미국인들은 세계 다른 모든 곳의 사람들처럼 정치를 사랑한다. 미국은 수많은 그리스도인으로 구성되어 있는데, 이것은 많은 그리스도인이 정치 과정에서 분기할 수 있음을 의미한다. 많은 이들이 앞서 내가 "정치의 종말론"이라고 불렀던 것, 즉 다음 번 후보자나 선거가 하나님 나라의 상황을 가져올 수 있으리라는 믿음에 푹 빠져 있다. 어떤 이들은 스스로 정치에 뛰어들고 있다. 그리고 점점 더 많은 이들이 사회적 행동을 통해 정치 과정에 협력하고 있다. 거칠게 말하자면 많은 이들이 교회를 포기하고 정치 과정을 택했으며, 그것을 하나님 나라의 일이라고 부르고 있다.

간단하게 말하겠다. 그리스도인들이 국가에 대해 바라는 것은 먼저 그들이 속한 교회에서 현실로 목격되어야 한다. 교회가 국가에 대해 바라는 것을 스스로 구현하기 전까지 그 교회의 증언은 신뢰를 얻지 못한다. 그런 바람을 교회 안에서 구현하는 것이야말로 교회에 필요한 유일한 행동이다. 보다 직접적으로 말하자면, 교회가 정의를 위해 싸운다는 것은 곧 교회의 교제 안에서 정의를 구현하는 것을 의미한다. 교회가 평화를 위해 분투한다는 것은 곧 교회 안에서 평화를 위해 분투하는 것을 의미한다. 교회가 낙태에 반대한다는 것은 곧 교회가 성을 순결하고, 사랑스럽고, 가족을 존중하는 방식의 기쁨으로 바꾸는 것을 의미한다. 교회가 경제 정의를 주장한다는 것은 곧 교회가, 우리가 소유한 모든 것과 관련해 하나님 나라의 비전을 따라 살아가는 것을 의미한다. 그러나 그동안 너무 많은 그리스도인이 지역 교회의 정치 역학을 무시한 채 세상의 정치에 머리를 조아려왔다.

정치는 하나님 나라의 사명에 대한 주의를 크게 분산시키고, 하나님 나라의 메시지를 감소시킨다. 왜냐하면 공개적인 포럼에서 멋진 말을 한다는 것은, 곧 우리가 예수, 십자가, 부활에 초점을 맞추는 복음으로 물든 메시지를 수용 가능한 공통분모를 지닌 언어와 비전으로 바꾸는 것을 의미하기 때문이다. 우리는 제자도와 십자가의 삶에 대해서가 아니라 가치에 대해 이야기하고 그런 담론을 허세로 가득 찬 "유대 기독교 윤리학"Judeo-Christian ethic 안으로 밀어 넣어 담가버린다. 정치는 하나님 나라의 사명과 과제를 위해 더 직접적으로 사용될 수 있는 에너지와 시간의 전용專用을 요구한다. 또한 정치는 국가에 영향을 주어 국가를 하나님 나라의 방향으로 이끄는 것을 추구한다. 그러나 그렇게 하는 과정에서 그것은 대중과 국가에게 하나님 나라 이야기를 법과 정책 안으로 밀어 넣어줄 것을 요구한다. 그러면서 정치는 어느 후보자가 당선되거나 어떤 법이 통과되고 어떤 정책이 개정될 때 자신이 승리를 거뒀다고 여긴다. 이제 직접적으로 말하겠다. 하나님 나라 백성인 우리는 국가를 필요로 하지 않는다. 우리는 다수를 필요로 하지 않는다. 따라서 우리는 세상에서의 승리를 하나님 나라의 사명과 동일시해서는 안 된다. 우리는 살아내고 전해야 할 이야기를 갖고 있다. 그리고 그 이야기는 하나님 나라에 관한 이야기(A-B-A')다. 문화 전쟁에 대한 이야기는 하나님 나라에 대한 이야기가 아니다. 그리스도인들이 그 둘을 동일시할 때, 그것은 우상숭배가 된다.

왕이신 예수 아래서 살기

셋째, 교회의 사명으로서의 하나님 나라의 사명은 왕이신 예수 아래서 사는 법을 배우는 것을 의미한다. 교회는 오직 왕이신 예수 아래서 살 때만 교회일 수 있다. 우리는 예수를 "주님"이라고 부르는데, 그것은 그분이 우리의 주인이며 우리는 그분 나라의 백성으로서 그분의 종이라는 것을 의미한다. 우리가 집과 교회에서는 그리스도인으로서 우리의 몫을 이행하지만 이후에는 공적 시민으로 행동하면서 "황제 아래서" 살아간다면, 그때 우리는 "주님 아래서" 사는 것이 아니다. 만약 예수가 주님이라면, 그분은 언제나—집에서든, 교회에서든, 그리고 공적인 삶의 영역에서든—우리의 주님이시다. 우리는 기독교적 삶을 위해서는 이런 윤리를, 공적·세상적·세속적인 삶을 위해서는 저런 윤리를 갖고 있는 게 아니다. 우리는 오직 하나의 윤리만 갖고 있는데, 그것은 예수가 만유의 주님이시기 때문이다.

그리스도인은 예수가 주님이시라고 고백한다. 따라서

경제와 관련된 결정을 내려야 할 때, 우리는 예수를 바라본다.
공동체와 관련된 결정을 내려야 할 때, 우리는 예수를 바라본다.
교육과 관련된 결정을 내려야 할 때, 우리는 예수를 바라본다.
범세계적인 문제와 관련된 결정을 내려야 할 때, 우리는 예수를 바라본다.
정치와 관련된 결정을 내려야 할 때, 우리는 예수를 바라본다.
우리가 예수를 바라보는 것은 그분이 우리의 주님이시기 때문이다.

오늘날 교회 안에서 발견되는 매우 실망스러운 경향 중 하나는 사람들이 "정의" 혹은 "평화"에 대한 고정된 의미에 기초해 여러 가지 문제들―핵 확산으로부터 동성 간 결혼이나 여성 사역 등에 이르기까지―에 대한 기존의 입장을 고수하려 할 때 나타난다. 우리는 자주 정의와 평화에 대한 서구 자유주의의 이해를 옹호하는 소리를 듣는다. 그런 이해 안에서 전자(정의)는 권리와 자유를 가리키고, 후자(평화)는 전쟁의 부재나 핵 확산 금지라는 특징을 지닌 국제관계를 가리킨다. 나 자신도 이런 가치들을 긍정한다. 하지만 그리스도인들은 그런 가치를 긍정하기 위해 미국 헌법이나 독립선언서, 연방규약, 토머스 페인 Thomas Paine의 『상식』*Common Sense*(효영 역간, 2012)이나 『인권』*Rights of Man*(필맥 역간, 2004), 혹은 장 자크 루소 Jean-Jacques Rousseau, 1712-1778의 『사회계약론』*The Social Contract*(책세상 역간, 2015)이나 『인간불평등 기원론』*Discourse on the Origin and Basis of Inequality Among Men*(집문당 역간,

2015) 같은 책들에 의존하지 않는다. 나는 이런 목록을 얼마든지 더 계속해나갈 수 있다. 예수의 추종자들은 정의와 평화를 성서에 기초해 정의한다. 성서에서 무엇이 "정의로운지"는 하나님의 뜻이 결정하며, "평화"가 무엇인지도 그것이 결정한다. 오직 그런 기초 위에서만 "정의/권리에 대한 기독교적 이론"이 구축될 수 있다. 그리고 그렇지 않으면 그리스도인들은 대개 서구 자유주의의 주장을 앵무새처럼 되뇔 뿐이다.[3]

좀 더 담대하게 말해보자. 하나님 나라 이야기가 우리를 위해 정의와 평화의 내용을 규정해준다. 정의는 예수가 가르친 하나님의 뜻을 행하는 것이고 그 뜻이 이행되는 하나님 나라의 사회(교회)를 세우는 것이다. 그리고 평화는 십자가와 부활을 통해 적을 물리치고 하나님과, 자신, 그리고 하나님 나라의 교제 안에 속한 다른 이들과 평화를 만들어내는 왕이신 예수 아래서 영위하는 삶으로부터 흘러나오는 상황이다. 서구의 자유주의가 제공하는 정의와 평화는, 비록 그것들이 많은 면에서 다른 시대의 다른 문화들이 제공한 정의와 평화를 뛰어넘기는 하나, 급진적인 갈릴리 사람이 제공한 것과 비교한다면 창백한 그림자에 불과하다.[4] 하나님 나라의 시민들은 그 갈릴리 사람에게 헌신한다. 그리고 하나님 나라의 모든 사명은 그 갈릴리 사람의 비전에 의해 형성된다. 우리는 새로운 주님 아래서 살아간다. 그리고 주님 없이 살아가는 문화와 세상의 주인들은 더 이상 우리가 귀를 기울일 만한 음성이 아니다.

지역 교회의 교제

넷째, 교회의 사명으로서의 하나님 나라의 사명은 지역 교회의 교제를 형성하고 그 안에 거하는 것을 의미한다. 당신과 내가 예수의 추종자로서 할 수 있는 가장 정치적인 일, 우리가 하나님 나라 백성으로서 할 수 있는 가장 정치적인 일, 우리가 왕이신 예수의 교회로서 할 수 있는 가장 정치적인 일은 교회가 하도록 부르심을 받은 일을 하기 위해 **함께 모이는 것이다.** 하나의 정치적 단위로서 우리가 무엇을 해야 하는지에 대해 살피기에 앞서, 우리는 교회가 형성되던 시기에 자신의 존재를 어떻게 생각했는지를 상기해볼 필요가 있다. (1) 니케아 신조는 교회의 **네 가지 특성**을 알려준다. 우리는 하나다, 우리는 거룩하다, 우리는 보편적이다, 우리는 사도적이다. 우리들 대부분은 이 용어들이 설명을 요구한다는 것을 인정한다. 그래서 (2) 그동안 교회는 이 네 가지 특성을 설명해왔다. 아마도 그중 가장 주목할 만한 예는 종교개혁에서 나왔을 것이다. 그 후에 이런 특성들은 교회의 **표지들**이 되었다. 그중 두 가지 중요한 표지(둘 다 니케아 신조에 들어 있는 "사도적"이라는 용어에 초점을 맞춘다)는 "말씀"과 "성례"다. 즉 교회는 말씀을 충실하게 전하고, 충성하는 자들에 대한 은혜의 수단인 성례를 제공할 때만 사도적인 교회가 된다. (3) 말씀과 성례에 이어 관심을 불러일으킨 것은 교회가 "교회의 권징"을 수행해야 한다는 요구다. 이것은 교회가 목사나 장로들을 통해 그 교회에 참여하는 이들에게 일정한 정도의 성결과 순결을 유지하도록 요구하는 것으로 요약될 수 있다.

　(4) 지난 세기 가장 영향력 있는 메노나이트 신학자였던 존 하워드

요더는 교회의 이런 "표지들"은 교회가 하는 일보다는 "목회자들"이 하는 일과 훨씬 더 많이 관련되어 있다고 주장했다. 따라서 그는 "우리를 지켜보는 세상 앞에서 기독교 공동체가 해야 할 다섯 가지 **실천사항**"을 제안했다.[5] 요더는 우리를 하나님 나라의 교회가 무엇이며 또 무슨 일을 하는지 이해하도록 이끌어간다. 교회의 핵심적 실천은 묶는 것과 푸는 것에서 시작되는데, 이것은 특정한 상황에 처해 있는 공동체를 위한 하나님의 뜻을 분별하기 위해 모이는 교회와 관련되어 있다.[6] 함께 모여 빵을 떼는 것은—불행하게도 요더는 그리스도의 몸과 피와 관련된 성례에 대해서는 충분한 관심을 보이지 않은 채 너무 많은 것을 식탁 교제로 축소시킨다—교회의 중요한 실천을 형성한다. 우리는 특히 식탁에서 서로 삶을 나눈다. 세례는 불신자가 회심해 그리스도의 삶, 죽음, 매장, 부활 속으로 자신을 몰아넣는 것이다. 그렇게 함으로써 회심자는 자신을 왕이신 예수 및 하나님 나라 백성들과 동일시하며, 동시에 그는 십자가의 빛 안에서 다른 이들과 교제하며 살아가는 사람으로 구분된다. 하나의 교제로서의 그리스도인의 삶은 그리스도의 "충만함" 속에서 사는 것이며, 이것은 그들이 성령 안에 거하고 성령을 통해 열매와 은사를 부여받아 복음에 의해 형성된 삶을 살아갈 수 있게 됨을 의미한다. 교회는 성령이 주시는 능력을 통해 평범한 방식으로는 이룰 수 없는 방식으로 살아가는 성령의 백성이다. 마지막으로 요더는 "바울의 법칙"rule of Paul에 대해 묘사하는데, 그것은 함께 모여 "열린 대화"를 나누는 교회에 대한 급진적인 민주적 비전을 가리킨다. 요컨대 교회 안에서 세상의 위계질서는 전복되며, 각 사람은 식탁에서 자신의 자리를 얻고, 그의 목소리는 경청의 대상이 된다.

니케아 신조의 "네 가지 특징"이 로마 제국의 콘스탄티누스의 교회가 부서지는 것을 막기 위한 방법에 대해 더 많이 말하고, 종교개혁의 "표지들"이 목회자가 교회를 이끌 때 해야 할 일들에 대해 더 많이 말한다면, 요더의 다섯 가지 "실천사항"은 지역 교회 내부의 삶에 초점을 맞춘다. 여기서 나는 한 걸음 물러서서 하나님 나라의 이야기가 어떻게 하나님 나라 사명의 틀을 지우는지, 그리고 하나의 백성으로서의 하나님 나라라는 개념이 어떻게 이른바 교회의 표지들에 관한 논쟁의 틀을 지우는지를 살피려 한다. 더 나아가 일단 우리가 하나님 나라의 이야기를 세상을 반박하는 이야기로 여긴다면, 우리는 하나의 대안 사회로서의 하나님 나라의 사명에 대해 생각할 새로운 공간을 여는 셈이다. 나는 하나님 나라의 사명은 우리로 하여금 니케아 신조가 말하는 요소들과, 선포된 말씀 및 시행된 성례들로 우리를 소환하는 종교개혁의 주장들은 물론, 요더가 말하는 실천 사항들에 의해 형태를 갖춘 교회들을 형성하기 위해 애쓰는 것을 의미한다고 주장한다. 가장 이른 시기의 하나님 나라 공동체들이 형성되던 무렵에 예루살렘에서 살았던 유대인들이 가장 크게 충격을 받았던 것은 이상의 그 어느 것도 아니라, **그런 공동체가 가시화되었다는 사실**이었다. 그 백성은 하나의 가족이 되었다.[7]

따라서 우리는 사도행전 2:42-47과 4:32-35에 등장하는 가장 이른 시기의 기독교 교회들에 대한 묘사들로 되돌아갈 필요가 있다. 그러면 거기서 교제와 가족으로서의 교회에 대한 다음과 같은 특징들을 발견하게 될 것이다.

- 사도적 복음에 의해 형성된 교제
- 상호 간의 교제를 통해 형성된 가족
- 식탁 교제, 성만찬, 그리고 기도를 통해 형성된 교제
- 성령을 통한 하나님의 임재에 의해 형성된 가족
- 경제적 나눔을 통해 형성된 교제
- 전도를 통해 형성된 가족

하나님 나라는 백성이다. 교회 역시 백성이다. 왕이신 예수의 통치를 받는 백성은 세상의 시스템을 향해 그리고 그것에 맞서서 증언하는 대안 사회를 이루며 살기 시작한다. 오늘날 우리의 세상은 고독, 파편화, 무상함, 사생활, 소비주의, 힘, 자기만족, 소외, 의심, 그리고 다양한 형태의 우상숭배라는 특징을 지닌다. 왕이신 예수의 통치 아래 있는 하나님 나라의 교제가 이루어지는 교회는 성령의 능력과 예수의 삶을 통해 가능해진 새 창조에 관한 이야기로 이런 각각의 특징을 지닌 이야기들을 반박한다. 하나님 나라는 교회라고 불리는 가족을 만들어 낸다. 가족과 가족으로서의 교회를 연구하는 일에 몰두해온 조셉 헬러만Joseph Hellerman은 "하나님의 가족 안에서 이루어지는 공동생활"의 네 가지 특징을 다음과 같이 열거한다. (1) 물건을 공유한다. (2) 서로 마음을 공유한다. (3) 함께 머물고, 서로의 고통을 끌어안고, 더불어 성장한다. (4) 가족은 나, 아내, 그리고 자녀들 이상의 그 무엇이다. 그것은 이 세상에 존재하는 하나님의 백성과 관련되어 있다.[8]

하나님 나라의 사명은 우리 삶의 방식 속으로 깊숙이 밀고 들어온다. 하나님 나라의 백성은 정치 과정을 통해 세상을 보다 살기 좋은 곳

으로 만들려 하기보다 서로가 하나님 나라를 이루어가는 삶을 살도록 부르심을 받는다. 위에 나열된 특성들은 우리가 그런 일을 구현하려고 할 때 나타나는 교회의 모습을 묘사한다. 어떤 이가 직업을 구하는 일에 도움이 필요할 때, 교회는 자신의 자원을 동원한다. 누군가의 수입이 끊겼을 때, 우리는 서로를 돕는다. 우리는 서로 삶을 나눈다. 다시 말해 우리는 단순히 공적 영역에서 정의를 지지하는 것에 그치지 않고 하나님의 웅장한 실험실인 교회 안에서 정의를 구현한다. 만약 우리가 먼저 평화로운 교제를 이루지 않는다면, 우리는 평화를 조롱하는 것이다. 가난한 이들이 우리 가운데서 고통을 당하거나, 우리 안에서 불편함을 느끼기 때문에 "하나님 나라"의 교제에 참여하지 않는다면, 우리는 정의를 조롱하는 것이다. 우리의 교제가 우리와 동일한 신학을 갖고 있지 않은 다른 나라의 백성이 사랑의 결핍으로 관계가 깨지고 이혼해서 방해받으면, 우리는 사랑에 대한 우리 자신의 옹호를 조롱하는 것이다. 우리의 우선적인 관심은 자신이 속한 교회의 동료 신자들의 상황에 맞춰져야 한다. 우리의 첫 번째 헌신은 우리들 서로에 대한 것이어야 한다. 그렇다. 언젠가 사도 바울은 우리가 "모든 이들에게 착한 일을 해야 한다"고 말했다. 하지만 이어서 그는 하나님 나라의 사명에 대해 직설적으로 말하면서 다음과 같이 덧붙였다. "더욱 믿음의 가정들에게 할지니라"(갈 6:10).

자유민

다섯째, 교회의 사명으로서의 하나님 나라의 사명은 이 세상에서 자

유민으로 사는 법을 배우는 것을 의미한다. 예수는 자유에 관한 이야기를 알고 있었다. 그런 이유로 그는 베드로에게 자신이 세금을 내는 것에서 "면제되었다"고 또는 "자유롭다"고 말했다. 따라서 우리는 바로 여기서부터 시작해야 한다. 왕이신 예수의 통치를 받으며 교회라고 불리는 하나님 나라의 교제 안에서 살아가는 이들은 그들의 문화의 지배적인 이야기들에서 자유로우며, 동시에 그러하기에 하나님이 그들에게 하라고 명하시는 일을 행해야 한다. 설령 그것이 거부, 거절, 고난을 의미할지라도 말이다. 아래에 인용한 사도 바울의 말은 자유라는 하나님 나라의 사명을 표현한다.

그리스도를 경외함으로 피차 복종하라.

아내들이여 자기 남편에게 복종하기를 주께 하듯 하라.…

남편들아, 아내 사랑하기를 그리스도께서 교회를 사랑하시고 그 교회를 위하여 자신을 주심 같이 하라.…이와 같이 남편들도 자기 아내 사랑하기를 자기 자신과 같이 할지니 자기 아내를 사랑하는 자는 자기를 사랑하는 것이라.

자녀들아, 주 안에서 너희 부모에게 순종하라 이것이 옳으니라.…

또 아비들아, 너희 자녀를 노엽게 하지 말고 오직 주의 교훈과 훈계로 양육하라.

종들아, 두려워하고 떨며 성실한 마음으로 육체의 상전에게 순종하기를 그리스도께 하듯 하라. 눈가림만 하여 사람을 기쁘게 하는 자처럼 하지 말고 그리스도의 종들처럼 마음으로 하나님의 뜻을 행하고, 기쁜 마음으로 섬기기를 주께 하듯 하고 사람들에게 하듯 하지 말라. 이는 각 사람이 무슨 선을 행하든지 종이나 자유인이나 주께로부터 그대로 받을 줄을 앎이라.

상전들아, 너희도 그들에게 이와 같이 하고 위협을 그치라. 이는 그들과 너희의 상전이 하늘에 계시고 그에게는 사람을 외모로 취하는 일이 없는 줄 너희가 앎이라(엡 5:21-6:9).

종종 "가정의 규례"household regulations라고 불리는 이 가르침 안에는 크게 모순되는 무언가가 있다. 그 모순은 우리가 이 구절들에서 감지하는 자유와 철저하게 배제되어 있는 의무 사이에 존재한다. 각 경우에 각 사람은 로마 제국 내에서 그들에게 주어진 지위에 맞추어 자신들의 삶에 질서를 지우라[9]는 말을 듣는다. 그러나 이런 질서 지움은 우월함과 열등함을 가르치거나 이 질서를 모종의 권리나 "창조질서"의 일부라고 가르치기보다는 오히려 그 기초를 왕이신 예수의 통치 아래서 사는 삶에 두고 있다. 예수는 베드로에게 정확하게 같은 것을 말한다. 아들들은 면제된다. 하지만 그들이 넘어지지 않기 위해서는 이 세상의 왕들에게 가서 세금을 바쳐야 한다고 말이다. 여기서 우리는 예수의 추종자들을 위한 과격한 면제를 발견할 수 있다. 하나님 나라의 백성들은 세상의 질서를 만드는 시스템에서 면제된다. 하지만 그들은 질서 잡힌 삶을 살아야 하는데, 그것은 그들이 왕이신 예수의 다스림을 받으며 살기 때문이며, 그렇게 자신의 삶에 질서를 지움으로써 새로운 나라의 질서에 대해 증언할 수 있기 때문이다.

여기에는 아주 급진적인 무언가가 있다. 미국에서 살아가는 하나님 나라의 백성들은 선량한 시민들이다. 이것은 그들이 미국인이거나 애국자이거나 시민이어서가 아니라, 그들이 그들에게 선한 일을 명하시는 왕이신 예수의 말씀에 귀를 기울이는 자들이기 때문이다. 어릴 때 나는 침대 곁에서 무릎을 꿇고 기도를 드리곤 했다. 간혹 어머니가 방으로 들어오셔서 (대개 어머니들이 그렇게 하듯) 내가 하는 기도를 들으시고는 내게 이렇게 말씀하셨다. "스캇, 네 말이 잘 안 들리는구나." 그러면 나는 조금도 망설이지 않고 이렇게 답했다. "지금 나는 엄마에게 기도드리는 게 아니에요." 좋다. 그때 나는 네 살이었고 신학에 대해 알지 못했다. 그러나 어쩌면 우리는 입가에 미소를 짓게 만드는 그 경험을 통해 하나님 나라의 백성인 우리가 왕이신 예수 아래서 누리는 자유를 엿볼 수 있을 것이다. 국가의 강압적인 힘이 우리의 길을 가로막을 때, 때때로 우리는 분별력을 지니고 이렇게 말해야 할지도 모른다. "나는 당신의 말을 듣지 않을 것이다. 나는 왕이신 예수의 말을 들을 것이다." 하나님 나라의 사명은 그런 자유 안에 거하는 것이다.

질서 잡힌 삶

여섯째, 교회의 사명으로서의 하나님 나라의 사명은 지역 교회의 교제라는 상황 속에서 왕이신 예수의 통치 아래서 질서 잡힌 삶을 살아가는 것을 의미한다. 하나님 나라의 사명은 우리가 세상의 이야기들이 아니라 하나님 나라의 이야기를 듣는 것을 의미한다. 그리고 그 이야기의 일부는 예수가 왕이시며 자신을 대신할 하급 지도자들을 임명하셨다는 것이다. 우리는 동시에 두 가지 일을 하도록 소환된다. 우리는 그 하급 지도자들과 **함께** 예수를 섬겨야 하며, 그와 동시에 예수에 의해 임명된 자들인 그 하급 지도자들의 말에 귀를 기울여야 한다. 이런 주장은 경우에 따라 까칠한 반응을 유발할 수도 있으나, 여기서 우리가 교회의 리더십과 관련해 긴 논쟁을 벌일 수는 없다. 하지만 우리가 신약성서를 읽을 때 예수가 하나님 나라의 사명을 확장하기 위해 몇 사람을 자신이 택한 대리인들(사도들)로 임명하고, 그 하급 지도자들을 통해 다른 지도자들(장로, 집사, 교사들 등)을 임명하는 것을 알아차리지 못할 수는 없다. 물론 여기서 나는 내가 많은 이들의 의견에 동조하고 있다는 사실을 밝힐 필요가 있다. 또한 지금 나는 교회 지도자에게 학대를 당했거나, 교회 관계자들에 의해 조종을 당했던, 혹은 교회 안에서 권위를 행사하는 이들에 의해 상처를 입었던—은사가 소멸되고 부정당했던 것은 말할 것도 없고—내가 직접 듣거나 혹은 누군가를 통해 들어서 알고 있는 여성들에 대해 생각하고 있다. 그리고 물론 때때로 교회를 향한 예수의 비전에 가장 참되게 충성하는 길은 그런 지도자들이 지배하고 있는 교회에서 뛰쳐나오는 것일 수도 있다. 이에 대해서는 더 많은 이야기를 할 필요가 있으나 여기는 그런 일에 적합한 곳이 아니다. 그럼에도 좀 더 앞으로 나아가기 전에 이것 하나만큼은 꼭 말해두어야 할 것 같다. 예수는 교회를 세우실 때 지도자들이 왕이신 자신의 다스림 아래에 있게 하셨다. 그리고 제자들은 예수에 의해 그런 식으로 질서가 잡힌 교회 안에서 살도록 가르침을 받았다. 다시 말하지만 우리는 왕이신 예수의 말씀을 직접적으로 들어야 하고, 동시에 예수의 하급 지도자들을 통해서 간접적으로도 들어야 한다. 오늘날 서구인들은—미국인들은 말할 것도 없고—개인주의에 의해 쫓기고 있다. 우리의 영웅들은 미국의 작가 헨리 데이비드 소로우

Henry David Thoreau, 1817-1862와 그의 친구인 랄프 월도 에머슨Ralph Waldo Emerson, 1803-1882 그리고 그들의 배후에 있는 개인주의자 로저 윌리엄스Roger Williams, 1603-1683 같은 이들이다. 윌리엄스는 교회의 순결함에 대한 바람이 너무 컸기에 다른 이들과 교제를 할 수 없을 정도였다. 그 결과 마침내 그는 자기 혼자서 교회가 되었다! 우리의 개인주의는 우리로 하여금 "예수의 말을 듣는 것"은 우리가 그 표현 다음에 "오직" 혹은 "그리고 다른 그 누구도 아니라"라는 표현을 덧붙일 수 있음을 의미한다고 생각하도록 이끈다. 그러나 이것은 사실상 우리가 예수의 말을 듣지 않고 있음을 의미한다. 왜냐하면 예수는 열두 제자를 부르고(막 3:13-19; 6:7), 그 후에 그들을 보내 다른 이들을 제자 삼게 하고, 그 후에는 성령의 사역을 통해 더욱더 많은 지도자(장로, 집사, 교사들)를 임명해 왕이신 예수 아래서 그리고 원래의 하급 지도자들 아래서 섬기게 함으로써 (단도직입적으로 말해) 자신이 지도자들을 사용하고 있음을 분명히 밝혔다. 이것은 교회의 목사와 장로와 집사들이 그분의 정당한 지도자들이라는 것을 의미한다.

지도자들과 관련해 우리는 바울이 디모데에게 지도자들이 사는 방식에 대해 한 말을 상기할 필요가 있다. 그 말에 따르면, 지도자들은 먼저 따르는 자들이지 결코 그냥 지도자가 아니다.

너는 이것들을 명하고 가르치라. 누구든지 네 연소함을 업신여기지 못하게 하고, 오직 말과 행실과 사랑과 믿음과 정절에 있어서 믿는 자에게 본이 되어, 내가 이를 때까지 읽는 것과 권하는 것과 가르치는 것에 전념하라. 네 속에 있는 은사 곧 장로의 회에서 안수받을 때에 예언을 통하여 받은 것을 가볍게 여기지 말며, 이 모든 일에 전심전력하여 너의 성숙함을 모든 사람에게 나타나게 하라. 네가 네 자신과 가르침을 살펴 이 일을 계속하라. 이것을 행함으로 네 자신과 네게 듣는 자를 구원하리라(딤전 4:11-16).

무슨 말인가? 지도자들은 "말과 행실과 사랑과 믿음과 정절에 있어서" 모범이 되어야 한다는 것이다. 성서 읽기에 그리고 설교와 가르침을 통해 그 내용을 알리는 일에 헌신해야 한다는 것이다. 다른 이들이 그 성장을 알아차릴 수 있을 만큼 눈에 띄게 성장해야 한다는 것이다. 그리고 자신들의 소명을 구원을 이루는 것으로 여겨야 한다는 것이다.

하지만 지도자들은 무오하지 않으며, 사도들 역시 그러하다. 그러나 예수는 무오했다. 그리고 그 무오한 이가 우리에게 오류가 있는 지도자들의 말을 들으라고 가르쳤다. 그것은 우리가 그들을 통해서 예수의 말을 듣게 될 것이기 때문이다. 나는 이 문제를 달리 말할 방법을 알지 못한다. 하나님은 교회들을 지도자들과 함께 세우심으로써 그 지도자들이 예수의 말씀을 듣고 우리가 그 지도자들의 말을 들을 때 결국 예수의 말씀을 듣도록 하셨다. 히브리서 기자는 "하나님의 말씀을 너희에게 일러주고 너희를 인도하던 자들을 생각하라"고 말한다. 이어서 그는 그 말이 무엇을 의미하는지를 좀 더 상세하게 설명한다. "그들의 행실의 결말을 주의하여 보고 그들의 믿음을 본받으라"(히 13:7). 그 서신의 수신자들은 그들의 지도자들이 종으로서 얼마나 신실하게 순종하면서, 그리고 사랑하며 살았는지 숙고해야 하고, 그들의 삶을 자신들의 삶을 위한 모범으로 여겨야 한다. 그렇다. 분명히 여기서는 나쁜 예가 되는 이들은 고려의 대상이 되지 않는다(그러니 당신이 원하는 일을 하기 위한 변명거리 이상의 좋은 예를 찾으라).

하나님 나라의 사명은 교회 안으로 들어가 그것을 육성하는 것을 의미한다. 이것은 하나님 나라와 교회가 서로 근접할 때마다 나타나는 질문들을 제기하는데, 내가 이 주제에 관해 말하는 모든 곳에서 받는 질문이기도 하다. 그 질문은 이렇다. "그렇다면 우리는 공적 영역에서는 어떻게 살아야 하는 겁니까?" 때때로 나는 이 질문을 다음과 같이 좀 더 날카로운 형식으로 받기도 한다. "당신은 우리가 공적 영역에서 철수해야 한다고 주장하는 건가요?" 다른 이들은 나를 다른 방향으로 밀어붙인다. "당신은 오직 '교회의 일'만 하나님 나라의 일이라고 주장하는 건가요? 만약 그렇다면 우리의 소명이나 직업은 어떻게 되는 건가요? 그것들은 하나님 나라의 일이 아니라는 건가요?" 좋은 질문들이다. 그리고 이런 질문들에 대해 내가 생각하고 있는 방향을 아래에서 보이려 한다.

공동선을 위해 공적 영역에서 선한 일을 하는 것

일곱째, 교회의 사명으로서의 하나님 나라의 사명은 하나님 나라의 백성이 공적 영역에서 사랑에 의해 추동되어 "선한 행실" 혹은 "선을 행하는 것"을 의미한다. 내가 하나님 나라와 교회의 관계와 관련해 제기한 주장 때문에 받아온 가장 일반적인 비판들, 특히 "세상"을 구조화된 불신앙으로 틀 지우는 것과 결합해서 제기된 비판들은 다음과 같다. 당신은 교회를 사회에서 철수시켰다. 당신은 편협하다. 아니면 당신은 분리주의자다.[10] 그러나 내가 보기에 이런 비판들은 아주 피상적이다. 성서의 하나님 나라 개념을 사회적 행동주의와 분리시키고 이 세상에서 하나님의 일이 이루어지는 장소가 국가가 아니라 교회라고 주장하는 것이 반드시 세상에서의 철수를 의미하는 것은 아니다. 어떤 이의 말을 빌려 말하자면, 그것은 "분리됨 없이 떠나는 것"이다.[11] 교회는 교회이고, 세상은 세상이다. 그러나 그 둘을 이처럼 구분하는 것, 심지어 과격하게 구분하는 것은 교회가 세상에서 철수하는 것을 의미하지 않는다. 오히려 교회가 교회일 때 그 교회는 모든 사람을 이웃으로 사랑하는 일에 온전하게 개입한다. 그런 교회는 온 세상에서도 가장 사랑스럽고 동정적이고 공정하고 평화롭게 세상의 일에 개입하는 세상의 일부가 된다. 그러나 이런 비난에 맞서는 답변 하나가 더 있다. 이런 식의 접근법이 편협하다고 주장하는 이는 자기도 모르는 사이에 세상을 지배적이며 결정적인 범주로 만드는 셈이다. 즉 교회가 사회에서 철수해서는 안 된다고 말하는 것은 곧 교회가 사회에 자신을 맞추는 법을 배워야 하는 주된 범주가 사회라는 의미다. 혹은 만약 교회가 세상에 소용이 되지 않는다면 교회는 아무런 소용이 없다는 의미다. 그렇지 않다! 오히려 교회야말로 세상과 사회가 하나님의 세상과 하나님의 사회가 되기 위해 그리로 소환되어야 하는 기본적인 현실이다.[12]

다시 말하지만 우리는 우리가 무엇을 배울 수 있는지 알기 위해 성서를 자세하게 살필 필요가 있다. 그중에서도 우리가 가장 먼저 살펴야 할 부분은 로마 제국의 영토 안에서—특히 오늘날의 터키와 흑해 남동부 연안 소아시아 북부 지역에서—교회들을 세운 사도 베드로에 의해 수행되었던 교회와 국가를 관련시키고자 했던 최초의 기독교적 시도다. 그가 세운 교회들은 폭발적인 부활의 능력을 통해 구속을 경험했으며 그리스도가 재림할 때 이루어질 온전한 구속을 기다리고 있었다(벧전 1:3-12). 그는 교회들에게 거룩해지고 사랑을 행하고 다른 그리스도인들과의 교제의 삶을 발전시킴으로써 하나님의 구속 작업을 생생하게 구현할 것을 촉구했다(벧전 1:13-2:10). 이 시점에서 베드로는 의식적으로 신자들이 로마 제국 안에서 혹은 그들 주변의 세상 안에서 어떻게 살아야 하는지에 초점을 맞춘다. 베드로의 말은 역사의 새로운 장을 열뿐 아니라 그리스도인들이 세상과 관계하는 방법을 인식하는 문제와 관련해 극적이리만큼 중요하다. 베드로가 이 문제에 대해 하는 말을 들어보라. "사랑하는 자들아, 거류민과 나그네 같은 너희를 권하노니 영혼을 거슬러 싸우는 육체의 정욕을 제어하라. **너희가 이방인 중에서 행실을 선하게 가져 너희를 악행한다고 비방하는 자들로 하여금 너희 선한 일을 보고 오시는 날에 하나님께 영광을 돌리게 하려 함이라**"(벧전 2:11-12, 강조는 덧붙인 것임).

이 두 구절이 베드로전서 2:13-3:12의 주된 논지다. 이 단락에서 베드로는 다양한 그룹의 사람들에게 두 가지, 즉 거룩과 선한 삶을 강조한다. 그는 정부(로마 제국)와의 관계, 노예들, 아내들, 남편들, 그리고 하나님의 가족에 대해 언급하는데, 결국 이것은 이 세상에서 "선한 삶"을 살기 위해 당하는 고난에 대한 성찰로 이어진다. 나는 당신이 특히 그중 한 구절에 집중하기를 바란다. "너희가 이방인 중에서 행실을 선하게 가져 너희를 악행한다고 비방하는 자들로 하여금 너희 선한 일을 보고 오시는 날에 하나님께 영광을 돌리게 하려 함이라"(벧전 2:12).

지금 베드로는 하찮은 존재였던 하나님 나라 백성들을 향해 말하고 있는 중이다. 어떤 이들은 베드로전서 2:11이 말하는 "거류민과 나그네"를 천국에 이르기 전까지의 **영적 순례**를 가리키는 말로 해석한다. 그러나 이 표현의 보다 정확한 읽기는 그것을 당시의 그리스도인들의 **사회적 상황**으로 보는 것이다. 로마 제국 내에서 그들은 실제로 나그네였고 일시적인 체류자들이었으며,[13] 자신들의 불확실한 상황을 극복하기 위한 지혜가 절실하게 필요했다. 그들을 이주 노동자들로 간주해보라. 베드로의 주장은 간단하다. **거룩하고, 사랑하고, 선을 행하라.** 나는 그중 "선을 행하라"에 초점을 맞추고자 하는데, 그것이 다른 두 가지, 즉 사랑하는 것과 거룩해지는 것에서 나오기 때문이다(우리는 이 책의 10장에서 사랑과 거룩에 대해 다룰 것이다). 그들의 "삶" 혹은 "행위"(그리스어로 *anastrophe*)는 도덕적 탁월함, 덕, 선이라는 특징을 지녀야 한다. 그들의 "선한 삶"은 "선한 일"에 의해 그 틀이 지어져야 한다.

그러나 베드로가 이런 말을 하면서 실제로 염두에 두었던 것은 무엇일까? 베드로는 그것을 오늘날 대부분의 사람들이 대체로 놓치고 있는 말들을 사용해 표현한다. 아래에서 나는 몇 개의 구절들을 인용하면서 그가 "선한 일"이라는 표현으로 의미하고자 했던 것을 알려주는 말들을 굵은 글씨로 표시할 것이다.

혹은 그가 악행하는 자를 징벌하고 **선행하는 자**who do right를 포상하기 위하여 보낸 총독에게 하라(벧전 2:14).

곧 **선행으로**by doing good 어리석은 사람들의 무식한 말을 막으시는 것이라(벧전 2:15).

죄가 있어 매를 맞고 참으면 무슨 칭찬이 있으리요. 그러나 **선을 행함으로**doing good 고난을 받고 참으면 이는 하나님 앞에 아름다우니라(벧전 2:20).

사라가 아브라함을 주라 칭하여 순종한 것 같이 너희는 **선을 행하고**do what is right 아무 두려운 일에도 놀라지 아니하면 그의 딸이 된 것이니라(벧전 3:6).

선을 행함으로for doing good 고난받는 것이 하나님의 뜻일진대 악을 행함으로 고난받는 것보다 나으니라(벧전 3:17).

그러므로 하나님의 뜻대로 고난을 받는 자들은 또한 **선을 행하는**to do good 가운데에 그 영혼을 미쁘신 창조주께 의탁할지어다(벧전 4:19).

이 구절들에서 베드로가 사용하는 말은 그 기초를 "선"good과 "행함"doing(그리스어로는 *agathopoieo, agathapoios, agathapoiia*)이라는 두 개의 단어들에 두고 있다. 그것은 남을 즐겁게 하는 선하고 고귀한 도덕적 행위들(친절, 관용, 연민, 복종, 그리고 시민적 덕)이라는 특징을 지닌 사람들을 묘사한다. 하지만 여기에는 그 이상의 것이 있다. 이 용어는 **종종 공동선을 위해 공적 영역에서 자애롭게 행동하는** 로마와 그리스의 시민들을 묘사하기 위해 사용되었다. 초기 그리스도인들과 국가의 관계를 연구해오고 있는 브루스 윈터Bruce Winter는 그런 자애로운 행위들을 상세하게 묘사하는데, 이것은 위에 인용된 말과 관련해서 베드로가 염두에 두었던 것이 무엇인지 알려준다.

> 자애는
>
> 곡물을 운송하는 배들의 방향을 그 도시로 바꿈으로써 곤궁한 시기에 필요한 곡물을 제공하는 것,
>
> 그것을 시장에서 실제로 받을 수 있는 가격 이하로 판매함으로써 곡물 가격을 낮추는 것,
>
> 공공건물을 세우거나 낡은 건물들을 고린도에서 하는 것처럼 대리석 외장으로 장식하는 것,
>
> 극장을 쇄신하는 것,
>
> 도로를 넓히는 것,
>
> 공공시설의 건축을 돕는 것,
>
> 도시를 위한 권리를 얻어내기 위해 대사로서의 직무를 이행하는 것,
>
> 그리고 시민 사회가 격동할 때 도시를 위해 일하는 것 등을 포함했다.[14]

분명한 증거가 없기에(사실상 아무것도 없다), 베드로가 그런 말을 하면서 특별히 무엇을 염두에 두었는지 혹은 특별히 이런 초기 그리스도인들이 공적 영역에서 무엇을 했는지 알기는 어렵다. 하지만 우리는, 만약 그들이 할 수만 있다면, 이 목록이 제시하는 것과 같은 공적인 자애 활동에 개입하라는 권면을 받았으리라고 확신할 수 있다. 여기서 아주 중요한 두 가지 결론을 내릴 수 있다. 첫째, 그리스도인들은 공동체에 참여함으로써 좋은 시민이 되어야 했다. 둘째, 베드로는 자애를 하나님 나라의 일로 묘사하지 않는다. 성서의 다른 모든 이들처럼 베드로

역시 하나님 나라를 예수의 추종자들이 공적 영역에서 행하는 일이 아니라, 구속과 구속받은 자들의 영역으로 보았다.

우리가 베드로전서 2:11-12에 대한 관찰을 통해 얻을 수 있는 마지막 결론은 선한 일은 본질적으로 그리고 피할 수 없이 이 세상의 권력자들에게서 칭찬을 이끌어낸다는 것이다. 왜냐하면 선한 일은 그 누구도 비난할 수 없기 때문이다. 베드로는 그들이 너희의 "선한 일"을 보고 "하나님께 영광을 돌리게" 되리라고 말한다. 그리고 베드로의 이 말은 예수의 말처럼 들린다. 예수는 빛과 소금을 언급하며 같은 말을 했다(마 5:13-16). 하지만 그런 일은 사람들에게 칭찬을 얻어내기 **위해** 행해지지 않는다. 오히려 그런 일은 순종과 사랑으로부터 나온다. 그리고 그 본질적인 선함은 **본질적으로 칭찬받을 만하다.** 달리 말하면 베드로는 신자들에게 미로슬라브 볼프가 "부드러운"soft 차이라고 부르는 것, 즉 강하지만 경화되지 않은strong, but not hard 차이를 촉구한다. 이 "부드러운 차이는 십자가에 달린 메시아의 발걸음을 따르는 일의 선교적 측면이다." 볼프는 계속해서 다음과 같이 말한다. "그리스도인들의 존재의 특성이 되어야 하는 부드러움—나는 그것을 '실체적 온화함' ontic gentleness이라고 부르고 싶은 유혹을 받는다—은 우리가 우리의 관점에서 볼 때 다른 이들이 잘못하거나 악하다고 느끼는 경우에도 포기되어서는 안 된다."15

여기서 베드로가 촉구하는 것은 예레미야가 바빌론에서 살고 있던 포로들에게 촉구했던 바로 그것이다. 그 내용 전체는 하나님 나라, 교회, 그리고 세상의 관계에 관한 이 논의의 맥락 안에서 다시 읽어볼 만하다. 하지만 여기서는 그중 가장 적절한 구절들만 살펴보려 한다.

만군의 여호와 이스라엘의 하나님께서 예루살렘에서 바벨론으로 사로 잡혀 가게 한 모든 포로에게 이와 같이 말씀하시니라. 너희는 집을 짓고 거기에 살며 텃밭을 만들고 그 열매를 먹으라. 아내를 맞이하여 자녀를 낳으며 너희 아들이 아내를 맞이하며 너희 딸이 남편을 맞아 그들로 자녀를 낳게 하여 너희가 거기서 번성하고 줄어들지 아니하게 하라. 너희는 내가 사로잡혀 가게 한 그 성읍의 평안을 구하고 그를 위하여 여호와께 기도하라. 이는 그 성읍이 평안함으로 너희도 평안할 것임이라. 만군의 여호와 이스라엘의 하나님께서 이와 같이 말하노라. 너희 중에 있는 선지자들에게와 점쟁이에게 미혹되지 말며 너희가 꾼 꿈도 곧이 듣고 믿지 말라. 내가 그들을 보내지 아니하였어도 그들이 내 이름으로 거짓을 예언함이라. 여호와의 말씀이니라(렘 29:4-9).

이것은 예레미야가 유다의 포로들에게 주었던 지혜로운 조언이다. 경제적으로 지속 가능한 생활양식을 만들라. 가족의 삶을 개발하라. 좋은 주민이 되어 그 성이 번성하도록 도우라. 그리고 하나님이 그들과 맺으신 언약에 충실하라. 요컨대, 선해지고 선한 시민이 되라. 그리고 이것은 동시에 로마 제국에 거주하는 예수의 나라 백성들을 위해 베드로가 제시하는 지혜로운 조언이기도 하다. 사실 이것은 이 세상에서 살아가는 모든 그리스도인을 위한 영원한 지혜다. 베드로는 예레미야가 좋은 시민이 되는 것이 바빌론을 예루살렘으로 만드는 것이라고 여기지 않았던 것만큼이나 "선한 일"이 "하나님 나라의 일"이라고 여기지 않는다. 전자는 후자가 아니다. 그러나 후자가 아니라는 것이 곧 전자나 후자 중 하나를 택하는 것을 의미하지도 않는다.

어떤 이들은 내가 이렇게 하나님 나라의 사명이 곧 교회의 사명이며 하나님 나라의 사명은 공동선을 위해 일하는 것이 아니라고 주장하는 것은 내 자신을 공적 행동이나 사회정의와 가난한 자들에 대한 연민과 노숙자를 위한 식사 제공 같은 일을 지지하지 않는다는 비난에 노출시키는 것이라 여길지도 모르겠다. 하지만 내 주장에서 그런 결론을 끌어내는 것은 옳지 않다. 왜냐하면 나는 그리스도인들의 사회 활동—론데일 커뮤니티 교회와 그 교회가 수행하고 있는 분명한 사회적 개입이야말로 그것에 대한 탁월한 예다—을 전폭적으로 지지하기 때문이다.[16] 내가 지지하지 않는 것은 어떤 행동들에 "하나님 나라"라는 단어를 할당함으로써 **그 행동을 신성한 것으로 만들거나, 초자연적인 것으로 정당화하고, 사람들에게 자기가 행하는 것이 궁극적으로 중요하다는 의식을 심어주는 것이다.** 우리가 공동선을 위해 공적 영역에서 벌이는 선한 일에 "하나님 나라"라는 단어를 할당할 때, 우리는 이곳(교회)에 속한 단어를 취해 저곳(세상)에 적용하는 셈이다. 그리고 그렇게 하는 동안 우리는 세상을 평계 삼아 교회를 축소시키는 위험을 무릅쓰게 된다.

소명에서 선교적 태도 취하기

여덟째, 선한 일을 하는 것은 제자들이 그들의 소명에서 선교적이 되는 것을 의미한다. 이제 우리는 적어도 책 한 권이—두 권까지는 아니더라도—온전하게 필요할 만한 논의 안으로 진입했다. 나는 그런 책을 쓸 수 있을 만한 사람이 아니다. 하지만 우리가 소명을 이행할 때 어떻게 선교적이 될 수 있는지 혹은 어떻게 우리의 소명을 하나님 나라의 사명 안으로 통합시킬 수 있는지와 관련해 몇 가지 방향은 제시할 수 있다.

우선, 우리의 깊은 소명은 하나님을 사랑하고 다른 이들을 사랑하는 것 혹은 (예수의 말을 빌리자면) 우리의 이웃을 우리 자신처럼 사랑하는 것이다. 예수는 마가복음 12:28-32에서 이렇게 말했고, 사도들은 지역 교회의 상황 속에서 그 명령을 따라 살았다. 처음에는 야고보가 (약 2:8-10), 그 후에는 바울이(갈 5:14; 롬 12:10), 그 후에는 베드로가(벧전 1:22), 그리고 그 후에는 요한이(요일 전체에서!) 그 명령을 따랐다. 따라서 이웃이 되는 것은 우리의 소명이다. 여기서 나는 당신에게 우리가 제이 패닥Jay Pathak과 데이브 런연Dave Runyon의 공저 『이웃 됨의 기술』*The Art of Neighboring*에서 발견하는 아주 현명한 그러나 큰 노력을 요구하는 비전을 알려주고자 한다. 그 책에서 그들은 당신의 가장 가까운 이웃들의 이름을 그 위에 적어서 냉장고 문짝에 붙여놓을 수 있는 작은 약도를 제공한다.[17] 선교적이 되는 것은 오직 우리가 몸을 돌이켜 이웃들 속으로 들어갈 때만 시작될 수 있다.

"이웃되기"를 우리가 점유하고 있는 모든 공간에서의 "신실한 현존"으로 확대할 때 우리는 선교적이 되는 것을 강화할 수 있다. 최근의 예들 중 두 가지만 꼽아보자. 미국 노던 신학교의 신약학 교수인 데이비드 피치David Fitch와 제프 홀스카우Geoff Holscalw는 그들의 책 『탕자를 닮은 기독교』*Prodigal Christianity*에서, 그리고 선교적 교회 사역자들을 양성하는 랜스 포드Lance Ford와 교회 개척 전략가인 브래드 브리스코Brad Brisco는 그들의 책 『선교적 추구』*The Missional Quest*에서[18] 각각 우리가 선교적일 수 있는 첫 번째, 두 번째, 세 번째 장소에 대해 말한다. 그 장소는 우리의 집과 이웃, 일터, 커피숍처럼 우리가 우연히 사람들을 만나는 곳이다. 이런 장소들 각각은 우리가 주변 사람들에게 예수가 갖고 있던 하나님 나라에 대한 비전을 구현하는 장소로 간주되어야 한다. 즉 우리는 신실한 "현존"을 통해 신실한 "증인"이 되어야 한다. 바로 이 두 가지가 우리의 주장을 위한 토대다.

다음으로 소명에 대해 살펴보자. 우리의 "직업들" 배후에 있는 **기본적인**—이 단어를 무겁게 강조하자—동력은 **우리 자신과 가족의 생계를 꾸리는 것**이다. 자본주의 세상에서 생계를 꾸리는 데 필요한 돈을 벌기 위해 일하는 것에는 아무런 잘못도 없다. 우리의 노동에는 생계를 꾸리는 것 이상의 궁극적 의미가 있어야 할 필요가 없다. 가는 곳마다 큰 혼란을 일으켰지만 동시에 온갖 문제들에 놀라운 통찰을 제공했던 마르틴 루터Martin Luther, 1483-1546는 일반 노동자의 일이 목회자나 종교개혁자들의 일 이상으로 신성한 소명이라고 주장하여 사람들에게 아주 큰 호응을 얻었다. 그것은 아주 훌륭한 개념이다. 하지만 또한 그것은 루터의 다른 많은 주장처럼 심각한 문제를 지닌 과장이다. 오늘날 소명에 관해 말하는 모든 이들은 루터와 함께 시작한 후 계속해서 앞으로 나아가면서 우리 모두가 소명을 지니고 있다고 주장하려는 것처럼 보인다. 이 얼마나 대단한 주장인가? 그런데 이런 말은 옳기도 하고 그르기도 하다. 우리가 우리 자신을 하나님 나라를 향해 돌려세우고 우리가 하는 모든 일을 그 나라 안으로 밀어 넣었다는 이유만으로—그동안 우리가 하나님 나라를 교회와 연관시켜왔음을 잊지 마라—모든 소명이 똑같아지는 것은 아니다. 그렇다. 모든 직업은 우리가 그것을 하나님 나라와 교회를 향하게 할 때 소명이 될 수 있다. 하지만 그것이 곧 "세속적인" 직업을 "종교적인" 직업처럼 중요한 것으로 만들어준다고 생각하지는 마라. 직업이 우리를 위해 하는 첫 번째 일은 우리의 생계를 잇게 해주는 것이다.

아무튼 내 의견은 우리의 직업이 하나님 나라(교회)의 사명에 의해 삼켜질 때 그것은 "단순한 직업"이 아니라 "소명"이 된다는 것이다. 나는 존 스택하우스의 다음과 같은 말에 전적으로 동의한다. "소명은 모든 형태의 삶, 즉 사적인 삶은 물론 공적인 삶에서도, 종교적인 삶은 물론 세속적인 삶에서도, 개인적인 삶은 물론 공동의 삶에서도, 남성으로서의 삶은 물론 여성으로서의 삶에서도 그리스도인이 되라는 하나님의 부르심이다."[19]

모든 직업이 소명인 것은 아니다. 일을 하는 모든 이들이—그들의 직업이 그 자체로 얼마나 선한지와 상관없이—하나님 나라를 향해 돌아서 있지는 않기 때문이다. 하나님 나라의 백성들은 예수를 향해 온전하게 돌아선다. 그리고 그들이 지금 이곳에서 그 나라를 구현하고 있는 교회의 교제 안으로 들어갈 때, 그들은 자신들의 직업을 소명으로 바꿀 수 있다. 따라서 루터의 주장에 반하여 우리의 직업은 우리 자신이 왕이신 예수를 향해 돌아서기 전까지는 소명으로 간주될 수 없다. 그래서 우리가 공동선을 위해 행하는 일은 소명이 될 수도 있고, 되지 않을 수도 있다.

그렇다면 이것은 "하나님 나라의 일"과 무슨 상관이 있는가? 아주 좋은 질문이다. 우리는 오직 우리 관심의 초점을 세상에서 하나님 나라(교회)로 돌리는 정도만큼만 하나님 나라의 일을 하는 것이다. 좀 더 말해보자. 또한 우리는 오직 우리가 스스로 살아내고 있는 하나님 나라의 삶의 토대 위에서 다른 이들에게 왕이신 예수의 통치 아래 사는 삶을 가리키고 그들을 교회라고 불리는 하나님 나라의 교제 안으로 인도하는 정도만큼만 하나님 나라의 일을 하는 것이다. 따라서 우리의 소명은 하나님 나라의 사명이 복음을 통해 형성된 교회의 사명으로 보이는 정도만큼 하나님 나라의 사명인 셈이다.

그러나 여기서 우리는 앤디 크라우치Andy Crouch가 "문화 만들기" culture making라고 부르는 것에 대해 언급해야 할 필요가 있다.[20] 나는 10년 넘게 사람들에게 존 로널드 루엘 톨킨John Ronald Reuel Tolkien, 1892-1973이 쓴 낙엽을 그리는 화가 니글Niggle에 관한 놀라운 이야기를 해왔다.[21] 니글의 평생 소명은 낙엽을 그리는 것이었다. 그런데 죽고 난 후에 그는 자기가 불완전하게 그렸던 낙엽들이 하나님 나라에서 완전한 낙엽들로 알려졌다는 것을 알게 되었다. 그렇다. 가능한 한 우리는 우리가 하는 일을 해야 한다. 우리는 코칭이나 판매와 구매, 건설, 인터넷 접속이나 서핑 혹은 새로운 기술의 창출이나 작곡, 가지치기, 누군가의 족보를 구성하는 일과 은행과 상점에서 고객에게 봉사하는 일 등을 숙달해야 한다. 우리는 최선을 다해야 한다. 왜냐하면 하나님이 우리가 최선을 다하는 것을 원하시기 때문이다. 그리고 우리는 우리가 하는 일을 하나님 나라를 위한 것으로 만드는 정도만큼 하나님 나라의 사명을 수행하게 된다. 앤디 크라우치는 문화를 우리가 우리의 손에 있는 것으로 "세상을 만드는 것"이라고 정의한다. 또한 그는 우리가 만든 문화나 산물로 세상을 이해한다고 옳게 말한다. 그리고 그가 "문화를 바꾸는 유일한 길은 더 많은 문화를 만들어내는 것"이라고 말했던 것 역시 옳다. 나는 이런 주장에 열렬히 찬성하며, 우리가 만들어내야 할 "더 많은" 것이 "교회"(혹은 "하나님 나라")라고 불리는 문화와 더불어 시작된다고 주장하는 편이다. 동일한 방향 전환이 그가 내리는 중요한 결론에도 적용된다. "문화—세상을 활용하는 것, 가능성과 불가능성의 지평을 이동시키는 것—는 인간이 하는 것이고 또한 해야 하는 것이다. 이 세상에서 하나님이 주신 사명의 핵심에는 문화의 변혁이 있다. 그리고 그것은 하나님의 구속된 백성의 소명이다. 그러나 세상을 변화시키는 것은 우리가 할 수 없는 일이다."[22]

이제 이 모든 것을 합쳐보자. 그렇다. 인간은 문화를 만들어내도록 부르심을 받았다. 우리가 어떻게 그럴 수 있는가? 예수가 만들어내고 있는 특별한 문화(교회, 하나님 나라) 안으로 들어가는 것을 통해서다. 우리는 그렇게 그 문화 안으로 들어감으로써 모종의 사명을 수행하는 사람, 즉 소명을 지닌 사람이 된다. 이와 관련해 말해야 할 것이 하나 더 있다. 우리의 직업을 소명으로 만드는 것은 우리가 **무엇을** 하느냐가 아니라, **우리가 하는 일이 어디를 향하고 있느냐**다. 그것이 교회를 향하고 있는가? 이것은 오늘날 노동자들이 물을 수 있는 가장 중요한 질문이다.

사회정의, 사회복음, 그리고 해방신학

아홉째, 하나님 나라의 사명은 사회정의를 위한 활동, 사회복음, 그리고 해방신학이, 그리스도인들로 하여금 곤경에 처한 이들에게 사랑을 표현하게 하기 위한 중요한 통로라는 것을 의미한다. 베드로의 말을 빌리자면 그것은 "선을 행함" 혹은 "선한 일"의 몇 가지 형태들이다.

이런 말을 하면 어떤 이들은 내가 사회복음이나 해방신학을 완전하지 않다고 여긴다고 생각할지도 모른다. 바로 그것이 내가 하고 싶은 말이다. 사실 나는 그런 생각을 알리기 위해 징이라도 치고 싶을 정도다. 공적 영역 그리고 사회적 행동이 갖고 있는 조직적 요소들은 하나님 나라의 사명이 아니라 그리스도인들이 공동선을 위해 공적 영역에서 "선을 행하는 것"이다. 그런 행동 자체는 선하다. 사실 그런 행동은 아주 선하고 불가피한 것이다. 그럼에도 그 선한 일이 곧 하나님 나라의 일은 아니다. 선한 일은 곤경에 처한 이들에 대한 사랑의 흘러넘침이다. 사회복음과 해방신학은 오늘날 나타나고 있는 이런 흘러넘침의 두 가지 중요한 표현이다. 그 두 가지 모두가 하나님 나라와 사회적 행동주의에 대한 스키니진 스타일 접근법의 핵심을 이룬다. 나는 그것들 각각에 대한 고찰은 유보하려 한다(부록 1과 2를 보라). 그러나 그것들이 지니고 있는 근본적인 성향은 하나님 나라 백성들에게는 불가피한 것들이다. 예수를 따르고 그의 하나님 나라 비전을 받아들이는 이들은 누구나 다른 이들을 사랑한다. 가난한 이들과 주변화된 이들을 돌보는 것과 경제적이고 조직적인 부정을 치유하기 위해 일하는 것은 그런 사랑의 불가피한 표현이다. 따라서 복음적인 사회복음과 복음적인 해방신학은 하나님 나라 백성의 자연스러운 표현이라 할 수 있다.

좀 더 구체적으로 말하자면, 1960년대에 미국의 양심에 뿌리를 두고 있으며 마틴 루터 킹Martin Luther King Jr.의 지도하에서 새롭고 지속적인 방식으로 일어났던 공민권운동—버지니아 대학교의 종교학 교수인 찰스 마쉬Charles Marsh는 그가 쓴 중요한 책 『소중한 공동체』Beloved

Community[23]에서 신앙이 어떻게 그런 일들을 고무했는지를 연대기 순으로 상세하게 기록하고 있다—은 그리스도인들이 미국의 인종차별에 어떻게 개입했어야 했는지를, 그리고 얼마나 더 빨리 그렇게 했어야 했는지를 알려준다. 어째서인가? 하나님 나라 백성들은 몸소 주변부에서 태어난 왕이신 예수에게 묶여 있을 뿐 아니라, 바로 그 왕이신 예수가 모든 이들 특히 주변부에 속한 이들을 향한 연민을 가르치고 구현했기 때문이다. 내가 계속해서 주장하는 것은 하나님 나라의 사명은 그 뿌리를 교회에 내리고 있으며, **왕이신 예수에 의해 창조된 도덕적 교제와 비전으로 인해** 공적 영역으로 흘러넘친다는 것이다. 공민권 운동의 근본적인 문제는 많은 교회들이 공적 영역에서 법률에 의해 공민권이 제정되기 전까지는 그것을 제대로 이해하지 못했다는 점이다. 이것은 교회로서는 아주 수치스러운 일이다. 마땅히 교회가 길을 제시했어야 함에도, 교회는 (때때로 하기는 했으나) 충분하게 그렇게 하지 못했다. 오늘날 다인종적이며 다민족적인 성향을 보이고 있는 교회들은 훌륭하다. 그럼에도 (비극적이지만) 그런 교회들은 이미 두 세기나 늦게 출현한 셈이다.[24]

나는 이 문제를 좀 더 언급해보려 한다. 하나님 나라 공동체에 대한 예수의 비전에 사로잡힌 하나님 나라의 백성이 공적 영역에서 나타나는 불의—그것이 인종차별이든, 사람들을 억압하는 억압적인 구조이든, 성매매이든, 물과 화장실의 부족 문제이든, 아니면 다른 그 무엇이든—를 목도할 때, 자기들이 무슨 일을 할 수 있는지에 대한 그들의 비전은 거의 언제나 하나님 나라의 비전에 의해 고무된다. 사실 개입은 불가피하다. 개입하지 않는 것은 그렇게 개입하지 않는 사람을 불의에 대한 공모자로 만든다. 스탠리 하우어워스가 말했듯이, "우리는 예수가 자기를 추종하는 자들이 그들 주변의 사회적 질서 안에서 자행되는 불의에 대해 무관심해지는 것을 불가능하게 만드는 방식으로 하나님 나라를 선포했다는 것을 기억해야 한다."[25] 하나님 나라의 백성들은 더 사랑하는 사람이 되고자 하는, 그리고 더 공정한 세상을 만들고자 하는 하나님 나라의 비전에 의해 고무된다. 바로 이것이 우리가 사회복음과 해방신학을 설명하는 방식이다. 그리고 **이런 종류의 행동주의는 전적으로 선하다.** 그럼에도 그것이 그런 행동을 하나님 나라의 일로 만들지는 않는다. 그것은 단지 선한 일을 만들 뿐이다.

다시 기억하자. 그리스도인들이 그들의 **지역 교회라는 상황 안에서 하나님 나라를 위해 애쓰는 일을 희생해가면서** 이런 종류의 사회 활동을 하는 것은 선하지도 옳지도 않다. 이런 주장을 입증하기 위해 나는 먼저 예수에게 호소할 것이고, 그다음에는 독자들을 놀라게 할 만한 성서 본문 하나에 호소할 것이다. 예수는 그의 가장 유명한 비유 중 하나인 "양과 염소의 비유"에서 자신을 "지극히 작은 자들"과 동일시하면서 그런 "지극히 작은 자들"에게 연민을 보이는 자들에게 영생을 약속한다. 예수가 했던 그 유명한 말은 세 가지 단계로 전해진다(마 25:35-40). 첫째, 예수는 이렇게 말한다. "내가 주릴 때에 너희가 먹을 것을 주었고, 목마를 때에 마시게 하였고, 나그네 되었을 때에 영접하였고, 헐벗었을 때에 옷을 입혔고, 병들었을 때에 돌보았고, 옥에 갇혔을 때에 와서 보았느니라"(마 25:35-36).

하지만 하나님 나라에서 영생을 얻게 될 이들은 자기들이 **예수를 위해** 그런 선한 일을 했다는 말에 깜짝 놀란다(그들은 자기들이 그런 선한 일을 했다는 사실에 대해서는 놀라지 않는다). "이에 의인들이 대답하여 이르되, 주여, 우리가 어느 때에 주께서 주리신 것을 보고 음식을 대접하였으며, 목마르신 것을 보고 마시게 하였나이까? 어느 때에 나그네 되신 것을 보고 영접하였으며, 헐벗으신 것을 보고 옷 입혔나이까? 어느 때에 병드신 것이나 옥에 갇히신 것을 보고 가서 뵈었나이까?"(마 25:37-39). 그러자 예수는 그들이 "가장 작은 자들"에게 선한 일을 한 것이 곧 자신에게 한 것임을 밝힌다. "임금이 대답하여 이르시되, 내가 진실로 너희에게 이르노니 너희가 여기 내 형제 중에 지극히 작은 자 하나에게 한 것이 곧 내게 한 것이니라"(마 25:40).

보통 이 구절은 가난한 자들, 곤경에 처한 자들, 혹은 터무니없는 이유로 감옥에 갇힌 자들에게 연민을 보이는 문제와 관련해 거론된다.[26] 우리 중에 참된 제자들이 곤경에 처한 이들에게 자비를 베푸는 것의 중요성 혹은 불가피성을 부인할 사람은 아무도 없다. 그러나 이상의 모든 언급에서 생략된 한 가지 중요한 요소가 있다. 예수가 말하는 것은 단지 "이 지극히 작은 자"가 아니다. 오히려 그는 "내 형제[와 자매] 중에 지극히 작은 자"에 대해 말한다. 그리스어 본문은 단지 "형제"라는 단어만 포함하고 있다. 하지만 이 단어는 포괄적인 단어이므로 우리가 거기에 "~와 자매"를 덧붙이는 것은 타당하다. 이 문제를 밀쳐두고 다음과 같은 질문을 제기해보라. 마태복음에서 그리고 복음서들 일반에서 예수가 "형제"라는 단어를 사용할 때 가리키는 대상은 누구인가? 답은 "예수의 추종자들"이다.[27] 예컨대 어떤 이가 예수에게 다가와 그의 어머니와 형제자매들이 그와 말하기 위해 문에서 기다리고 있다는 말을 전했을 때, 예수가 했던 말에 주목해보라. "누가 내 어머니이며 내 동생들이냐 하시고 손을 내밀어 제자들을 가리켜 이르시되 나의 어머니와 나의 동생들을 보라. 누구든지 하늘에 계신 내 아버지의 뜻대로 하는 자가 내 형제요 자매요 어머니이니라"(마 12:48-50). 양과 염소의 비유가 곤경에 처한 자들 일반이 아니라 박해받는 교회, 혹은 박해받는 선교사들, 혹은 박해받는 예수의 추종자들을 가리킨다는 것은 교회사 속에 존재하는 오래된 해석이며 소중한 해석이다. 자주 우리는 이런 주장을 위해 예수의 이 비유와 아주 가까운 마태복음 10:40-42에 호소한다.

너희를 영접하는 자는 나를 영접하는 것이요, 나를 영접하는 자는 나를 보내신 이를 영접하는 것이니라. 선지자의 이름으로 선지자를 영접하는 자는 선지자의 상을 받을 것이요, 의인의 이름으로 의인을 영접하는 자는 의인의 상을 받을 것이요, 또 누구든지 제자의 이름으로 이 작은 자 중 하나에게 냉수 한 그릇이라도 주는 자는 내가 진실로 너희에게 이르노니 그 사람이 결단코 상을 잃지 아니하리라 하시니라(강조는 덧붙인 것임).

여기서 예수와의 연대는 우리가 예수가 보낸 선교사들을 받아들일 때 표현된다. 더 중요한 것이 있다. **예수가 자신이 보낸 자들 안에서, 즉 자기 나라의 추종자들 안에서 자신을 확대하고 있는 것에 주목하라.** 보냄을 받은 이들은 예수 자신의 현존이다. 그런 이들을 영접하는 것은 예수 자신을 영접하는 것이다. 바로 이것이 양과 염소의 비유 안에서 작동하고 있는 것이다. 그것은, 비록 그것이 아무리 중요하다고 할지라도, 가난한 자들에 대한 일반적인 연민이 아니다.

나는 이 비유가 예수의 추종자들을 위한 것이라는 해석이 옳다고 여긴다. 그리고 그런 해석은 왕이신 예수, 그의 하나님 나라 백성들이 갖는 연대의 행위로서 **특별히** 예수를 따르는 자들에게 자비를 베푸는 것의 중요성을 알려준다. 다시 말하지만 독자들은 여기서 내가 곤경에 처한 이들에게 자비를 베푸는 것을 지지하지 않는다는 식의 결론을 추론해야 할 이유가 없다. 우리는 곤경에 처한 이들에 대한 그런 식의 지원을 마태복음 5:13-16이 강조하는 "착한 행실"good work에 관한 전승에서, 그리고 특히 베드로의 서신에서 찾아볼 수 있다. 순서에 주목하라. 첫째는 교회와 하나님 나라다. 그리고 그다음이 사회와 문화와 세상이다. 사회적 행동주의가 교회를 밀어내거나 대체할 때, 그것은 우리의 충성이 더 이상 예수와 하나님 나라가 아니라 세상을 향하도록 만드는 일종의 우상숭배가 된다. 그러나 지역 교회 안에서 이루어지는 하나님 나라 백성의 활동이 세상 속으로 흘러넘칠 때, 그것은 베드로가 말하는 "선한 일"이 된다. 바로 그것, 즉 하나님 나라의 선한 일이 세상 속으로 "흘러넘치는 것"이야말로 사회복음과 해방신학이 취해야 할 모습이다. 만약 그런 행동이 세상을 보다 살기 좋은 곳으로 만들기 위해 계획되었다면, 그것은 "선한 일"이기는 하나 그것이 곧 하나님 나라의 사명은 아니다. 만약 그 행동이 교회를 보다 나은 곳으로 만들기 위해 계획되었다면, 그것은 하나님 나라의 사명이며 "선한 일"이 아니다. 따라서 사회복음과 해방신학에 기초한 행동은, 하나님 나라의 사명에 비추어 한 가지 기준에 의해 평가된다. 그 기준이란 바로 **교회의 교화**edification**에 끼치는 영향**을 말한다.

하나님 나라의 저항

마지막으로—그리고 사실 이것은 지금으로서는 깊이 논의하기 어려운 문제다—우리는 현실을 피할 수 없다. 때때로 교회는 하나님 나라를 구현하는 데 실패한다. 종종 이것은 하나님 나라의 사명에 대한 이해가 교회의 삶의 현실과 상충한다는 것을 의미한다. 요컨대, 하나님 나라는 때때로 교회의 부적절성과 실패들에 맞선다. 그러나 우리는 그말을 뒤집을 수 있다. 때때로 교회에 관한 성서의 가르침들은 오늘날 교회의 삶의 현실을 날카롭게 비난한다. 어린아이들을 학대하는 목회자와 교인들은 저항에 직면해야 한다. 왜냐하면 교회는 하나님 나라를 구현해야 하기 때문이다. 여성들은 성령이 그들에게 부여한 은사들을 질식시키는 목회자와 교회의 권위자 그리고 교회의 구조들에 저항해야 한다. 최근에 나는 제법 큰 규모의 여성 집회에 참석해 하나님 나라와 교회에 관해 말할 기회를 얻었다. 그곳에서 내가 여성들에게 들었던 한 가지 (사실 여러 차례 같은 말을 들었다) 매우 인상적인 비난은 이런 것이었다. "제가 교회에 나갈 수 없는 것은 교회가 하나님이 제게 주신 은사와 저를 남용하기 때문이에요." 이런 문제에 대한 해결책은 무엇인가? 선교단체가 교회를 위한 적절한 대용이라고 생각하는 것은 해결책이 되지 못한다. 왜냐하면 그것은 사실이 아니기 때문이다. 해결책은 여성이 계속해서 교회에게 신약성서가 가르치는 내용과 하나님이 여성들을 일으켜 세워 수행하게 하시는 일에 대해 알려주는 것이다. 필요하다면 천천히, 늘 공손하게, 그러나 끊임없이 알려줘야 한다. 정확히 말하면, 바로 그런 상황 속에서 교회로서의 하나님 나라라는 현실이 성별에 기초해 은사를 억누르는 일에 맞서 일어선다. 그리고 나는 인종문제, 경제적 지위의 문제, 교육적 성취의 문제 등에—또한 여기에 노인 차별의 문제를 추가하자—대해서도 같은 말을 할 수 있다. 하나님 나라는 하나님이 교회 안에 있는 자기 백성에게 바라시는 것을 드러낸다. 그리고 교회가 그런 상황에 미치지 못할 때, 교회로서의 하나님 나라가 들고 일어나 우리를 소환해 하나님의 백성 모두를 위한 하나님의 사명을 이뤄나가게 한다.

이제 나는 하나님 나라의 사명이 무엇인지를 요약하려 한다. 하나님 나라의 사명은 하나님 나라의 이야기로부터 흘러나온다. 그 이야기는 역사 속에서 일하시는 하나님께 초점을 맞춘다. 그리고 하나님은 그 역사의 초점을 왕이신 예수에게 맞추신다. 따라서 하나님 나라 이야기는 왕이신 예수를 통해 왕이신 하나님께 초점을 맞추는 셈이다. 그 이야기는 모든 다른 이야기들, 특히 인간을 왕과 왕비들로 만들어 그로 인해 결국 우상숭배의 이야기가 되고 마는 이야기들을 논박한다. 하나님 나라의 사명은 언제나 상황 속에서 표현되어왔고 앞으로도 늘 그럴 것이다. "보편적인", 즉 상황이 배제된 하나님 나라나 하나님 나라의 사명 같은 것은 존재하지 않는다. 이 하나님 나라의 이야기는 어떤 왕국에 관한 이야기를 전한다. 그 왕국은 하나의 백성이다. 그리고 이것은 하나님 나라의 사명이 하나님의 백성을 형성하는 것과 상관이 있음을 의미한다. 요컨대 하나님 나라의 사명은 하나님 나라의 백성을 형성하며, 현세에 존재하는 하나님 나라의 백성은 교회다. 이것은 하나님 나라의 사명이 전적으로 이 세상에 존재하는 하나님 나라의 표현인 교회를 형성하고 강화하는 것과 상관이 있음을 의미한다. 이것은 우리를 하나님 나라 신학의 핵심적 사실로 되돌아가도록 이끈다. 그것은 왕이 없는 나라는 없다는 것이다. 다음 8장에서 우리는 그 나라의 왕에 대해 살필 것이다.

제8장

하나님 나라의 왕
The King of the Kingdom

예수가 "나라"의 도래를 선포하고 이어서 "하나님의"라고 말했을 때(영
어 표현으로 하나님 나라는 kingdom of God이다−역자 주), 그는 평범한
갈릴리 사람들에게 여러 가지 가능성을 떠올리게 했다. 그러나 분명히
그들은 ("나라"라는 말을 듣고는−역자 주) 이렇게 물었을 것이다. "누가
왕인가?" 그리고 이어서 ("하나님의"라는 말을 듣고는−역자 주) 이렇게
물었을 것이다. "하나님의 나라라고?" 그리고 아마도 자신들에게 또 하
나의 질문을 던졌을 것이다. "그런 일이 어떻게 가능한가?" 톰 라이트
Tom Wright는 지난 20년 동안 성서학이라는 땅 안으로 굉음을 내면서 전
차를 몰고 들어갔다. 그에 따르면, 예수의 메시지는 하나님이 시온으로
돌아오고 계시다는 것이었다. 그리고 마침내 톰은 예수는 왕이 되신 하
나님이었다는 공식을 확정했다.[1] 참으로 하나님은 왕이시다. 그러나 그
분은 자신의 아들, 메시아, 주, 즉 왕이신 예수를 통해 다스리신다.

그렇다면 예수의 세계에서 하나님이 왕이시라고 말하는 것은 무엇
을 의미하는가?

왕이신 하나님

우리에게 온 우주에 대한 하나님의 역동적 통치와 지배라는 진리를 상기시켜주는 탁월한 성서 본문은 시편 145:11-13이다.

> 그들[하나님의 작품들]이 주의 나라의 영광을 말하며
> 주의 업적을 일러서,
> 주의 업적과 주의 나라의 위엄 있는 영광을
> 인생들에게 알게 하리이다.
> 주의 나라는 영원한 나라이니
> 주의 통치는 대대에 이르리이다.

여기서 "나라"는 하나님의 역동적 통치와 관련한 용어들에 의해 에 워싸여 있다. "영광", "능력", "강력한 행위" 그리고 "통치"(개역개정역에 서는 이런 단어들이 두루뭉술하게 번역되어 있다—역자 주). 여기서 나는 1 세기의 어떤 유대인이 이 시편이 큰 소리로 낭송되는 것을 들었을 때, 그것을 이스라엘 나라가 국경을 넘어 이 세상 제국들의 먼 구석까지 확장되는 것을 묘사한다고 여겼으리라는 것을 서둘러 덧붙이고자 한 다. 하지만 이 시편을 들은 청중들을 훨씬 더 놀라게 했던 것은 다름 아닌 **하나님이 다스리신다**는 주장이었다.

지난 20세기 스위스의 신학자 칼 바르트는 하나님 나라의 그런 요 소를 강조하면서 "주님 없는 권력자들의 주인 행세"에 대한 하나님의 통치에 대해 말하고, "하나님 나라"가 의미하는 것은 **하나님 자신이 다**

스리신다는 것 이상도 이하도 아니라고 주장했다.[2] 하나님 나라를 하나님 자신이 인간에게 다가오시는 것으로 묘사하는 바르트의 말은, 비록 우리가 그 말을 온전하게 이해하려면 (바르트의 글을 읽을 때 대개 그러하듯) 한 번 이상 읽어야 할 필요가 있기는 하나, 거듭 되새겨볼 만한 가치가 있다! 그는 이렇게 쓴다. "우리에게 오시면서 그분[하나님]은 인간에 대한 그분의 의문시되고 모호해지고 위협받고 있는 권리를, 또한 그러하기에 인간 자신의 권리, 즉 주님과 왕으로서의 하나님의 권리와 분리되어 부정되고 있는 인간의 삶에 대한 인간의 권리를 조명하고, 세우고, 주장하고, 옹호하신다."

예수는 이것을 하나님**의** 나라라고 부르면서 지금 우리가 하나님의 통치에 대한 하나님 자신의 주장을 다루고 있음을 분명하게 밝힌다.

왕이 나라의 특성을 결정한다

우리는 사무엘상 8장에서 하나님이 이스라엘에게 왕을 주셨던 것을 기억해야 한다. 그러나 하나님은 이스라엘의 요구에 응하면서도 이상적인 왕이 어떠해야 하는지에 대한 자신의 기준을 제시하셨는데, 그것은 왕이 그 나라를 향해 하나님을 대표해야 했기 때문이었다. 구약성서에서 이런 이상적인 왕을 기리는 합창을 선도하는 바리톤 음색이 가장 잘 드러나는 것은 시편 72편에서다.[3] 우리가 그것을 기억하기 위해서는 그 시편 전체를 인용할 필요가 있지만, 아래에서 나는 이상적인 왕이 어떠해야 하는지를 밝히기 위해 그 시편 중 정의와 관련된 표현들만 굵은 글씨로 표시할 것이다.

솔로몬의 시 [후대에 덧붙여짐]

하나님이여 주의 판단력을 왕에게 주시고
주의 **공의**를 왕의 아들에게 주소서.
그가 주의 백성을 **공의**로 재판하며
주의 가난한 자를 **정의**로 재판하리니
의로 말미암아 산들이 백성에게 평강을 주며
작은 산들도 그리하리로다.
그가 가난한 백성의 억울함을 풀어주며
궁핍한 자의 자손을 구원하며
압박하는 자를 꺾으리로다.
그들이 해가 있을 동안에도 주를 두려워하며
달이 있을 동안에도 대대로 그리하리로다.
그는 벤 풀 위에 내리는 비 같이,
땅을 적시는 소낙비 같이 내리리니
그의 날에 의인이 흥왕하여
평강의 풍성함이 달이 다할 때까지 이르리로다.

그가 바다에서부터 바다까지와
강에서부터 땅 끝까지 다스리리니
광야에 사는 자는 그 앞에 굽히며
그의 원수들은 티끌을 핥을 것이며
다시스와 섬의 왕들이 조공을 바치며

스바와 시바 왕들이 예물을 드리리로다.
모든 왕이 그의 앞에 부복하며
모든 민족이 다 그를 섬기리로다.

그는 궁핍한 자가 부르짖을 때에 건지며
도움이 없는 가난한 자도 건지며
그는 가난한 자와 궁핍한 자를 불쌍히 여기며
궁핍한 자의 생명을 구원하며
그들의 생명을 압박과 강포에서 구원하리니
그들의 피가 그의 눈앞에서 존귀히 여김을 받으리로다.

그들이 생존하여
스바의 금을 그에게 드리며
사람들이 그를 위하여 항상 기도하고
종일 찬송하리로다.
산꼭대기의 땅에도 곡식이 풍성하고
그것의 열매가 레바논 같이 흔들리며
성에 있는 자가
땅의 풀 같이 왕성하리로다.
그의 이름이 영구함이여
그의 이름이 해와 같이 장구하리로다.
사람들이 그로 말미암아 복을 받으리니
모든 민족이 다 그를 복되다 하리로다.

홀로 기이한 일들을 행하시는 여호와 하나님,

곧 이스라엘의 하나님을 찬송하며

그 영화로운 이름을 영원히 찬송할지어다.

온 땅에 그의 영광이 충만할지어다.

아멘 아멘!

이상적인 왕에 관한 이 시편은 왕과 나라들에 관한 중요한 주장 중 하나로 이어진다. 그것은 **왕들이 그들 나라의 어떠함을 결정한다는** 것이다. 좀 더 상세히 말하자면, 왕에게 붙여진 칭호들이 우리가 그 왕과 그 왕의 나라가 어떠할 것임을 헤아리는 방식을 형성한다는 것이다. 따라서 어느 왕과 연관된 칭호들은 그 나라와 연관된 것들을 형성한다. 여기서 나는 시대를 뛰어넘어 1세기로 돌아가면서 이런 주장을 하고자 한다. **우리가 예수를 부르기 위해 사용하는 용어들, 즉 그에 대한 칭호들이 그의 나라가 어떠함을 결정한다.** 만약 예수가 주님이라면, 그 나라는 그의 통치를 받으며 살아가는 이들로 구성된다. 만약 그가 하나님의 아들이라면…만약 그가 인자라면…만약 그가 그리스도라면…만약 그가 구주라면…만약 그가 랍비라면…이런 칭호들 각각은 다음 세 가지 역할을 한다.

• 어떤 칭호는 예수를 해석한다.
• 어떤 칭호는 하나님 나라에 관한 무언가를 드러낸다.
• 어떤 칭호는 예수에 대한 우리의 관계를 규정한다.

만약 내가 예수를 "주님"이라고 부른다면, 나는 예수를 주님으로 해석하는 것이다. 즉 그때 나는 예수가 그의 나라에서 통치권을 행사한다고 주장하는 것이다. 이 장에서 우리는 다음 세 가지 칭호에 대해 살필 것이다. 인자Son of Man 예수, 하나님의 아들Son of God 예수, 그리고 메시아Messiah 예수. 첫 번째는 예수가 자기 자신에게 사용하는 칭호다. 두 번째는 예수를 본 사람들이 그에 대해 사용하는 칭호다. 그리고 세 번째는 그의 제자들이 그를 해석하며 사용했던 칭호다.[4]

인자 예수: 예수의 자기 해석

"인자"Son of Man라는 칭호와 관련해서는 아주 이른 시기부터 무언가가 크게 잘못되었다. 그때부터 우리는 그 뜻을 헤아리기 위해 마치 마당에 있는 거친 뿌리의 큰 나무를 베어내는 것처럼 애를 써야만 했다. 당신도 나도 그 칭호에 대해 들었다. 그리고 우리가 들은 이야기들은 거의 언제나 완벽하게 퇴행적이었다. 즉 "하나님의 아들"Son of God은 예수의 신성을 가리키는 반면, "인자"는 예수의 인성을 가리킨다는 것이었다.[5] 이것은 분명히 틀린 주장이다. 사도행전 7:56에서 스데반이 단 한 번 사용한 것을 제외한다면, 예수는 자신을 가리켜 "인자"라고 칭했던 유일한 존재였다. 따라서 인자는 예수의 자기 해석적 칭호였고, 우리는 이 칭호를 통해 예수가 자신을 어떻게 생각했었는지를 엿볼 수 있다.

"인자"라는 칭호는 아람어 바르 에나샤*bar enasha*를 번역한 것이다. 여기서 "바르"는 "~의 아들"을, 그리고 "에나샤"는 "인간"을 의미한다. 예수의 표현에서 "~의 아들"은 어떤 유형의 대표를 의미하는데, 이 경우에 그것은 "인간"을 대표하는 "아들"이다. 따라서 어느 단계에서 이 칭호가 의미하는 것은 "인간"the Man 혹은 "대표적 인간"the Representative Man이다. 실제로 공통영어성서The Common English Bible는 "인자"를 "인간" Human One으로 번역한다. 만약 우리가 언어학적 증거와 더불어 멈춰야 한다면, 우리는 "인자"가 인간 예수를 가리킨다는 널리 퍼져 있는 믿음에 동의해야 할 것이다. 하지만 만약 우리가 거기서 멈춘다면 우리는 완전히 실패하게 될 것이다. 이야기 전체를 바꿔놓을 만한 "인자"와 관련된 예비적 지식이 있다. 그것은 하나님 나라가 의미하는 것과 그 나라의 백성으로 살아가는 것이 의미하는 것을 조명해주는 예비적 지식이다.

복음서에서 "인자"라는 칭호는 세 가지를 의미한다. 첫째, "인자"는 때때로 인간a Human One을 의미한다. 즉 그것은 인간 일반을 가리킨다. 그리고 이런 견해를 지지하는 많은 이들은 자주 마가복음 2:28과 마태복음 12:32을 지목한다. 그 두 구절에 대한 한 가지 견해를 풀어쓰자면, 인간은 안식일보다 중요하며 우리가 인간에게 거역하는 것은 용서받을 수 있다는 것이다. "인자"의 두 번째 용법은 예수가 자신을 고난받는 자로 묘사할 때 나타난다(예컨대, 막 8:31). 하지만 여기서 나는 그 칭호의 세 번째 용법에 집중하려 한다. 여러 차례 예수는 자신의 고양된 지위 및 재림에 대해 언급하면서 자신을 "인자"라고 칭한다. 그런 말들은 아주 극적이어서—또한 우리는 그것들을 자기중심적이라고 말해야 한다—"인자"가 예수의 인성을 가리킨다는 개념을 쫓아버릴 뿐 아니라, 우리를 하나님 나라와 예수 자신의 관계의 비범성 및 그의 심원한 통치권에 대한 인식으로 이끌어간다. 그리고 그런 말들은 신성에 대한 주장을 살짝 스치고 지나간다.

그들이 산에서 내려올 때에 예수께서 경고하시되 인자가 죽은 자 가운데서 살아날 때까지는 본 것을 아무에게도 이르지 말라 하시니(막 9:9).

누구든지 이 음란하고 죄 많은 세대에서 나와 내 말을 부끄러워하면 인자도 아버지의 영광으로 거룩한 천사들과 함께 올 때에 그 사람을 부끄러워하리라(막 8:38).

예수께서 이르시되 내가 그니라. 인자가 권능자의 우편에 앉은 것과 하늘 구름을 타고 오는 것을 너희가 보리라 하시니(막 14:62).

이 동네에서 너희를 박해하거든 저 동네로 피하라. 내가 진실로 너희에게 이르노니 이스라엘의 모든 동네를 다 다니지 못하여서 인자가 오리라(마 10:23).

인자가 자기 영광으로 모든 천사와 함께 올 때에 자기 영광의 보좌에 앉으리니(마 25:31).

내가 또한 너희에게 말하노니 누구든지 사람 앞에서 나를 시인하면 인자도 하나님의 사자들 앞에서 그를 시인할 것이요(눅 12:8).

간단하게 말하자면, "인자"—이것은 예수가 자신에 대해 사용하는 칭호임을 기억하라—는 부활했고, 다시 올 것이고, 하나님의 보좌에 앉아 심판을 행할 것이다. 그렇다면 이런 개념은 어디서 온 것일까? 언젠가 버클리 대학교의 종교학 교수인 다니엘 보이어린Daniel Boyarin은 이렇게 주장했다. "인자는 어떤 이야기와 관련이 있고, 그 이야기에 나오는 주인공의 이름이다."[6] 즉 예수가 "인자"라는 표현을 사용했을 때, 그는 어떤 이야기 하나를 염두에 두고 있었다는 것이다.

우리는 그것을 다니엘 7장에서 확인할 수 있다. 그 장이 기록하고 있는 것은 바로 역사 속에서 이루어질 하나님의 계획이다. 그 계획이 이루어질 때 하나님은 자기 백성에 대한 자신의 통치를 회복하실 것이다. 다니엘은 바다에서 네 마리 짐승이 올라오는 것을 본다. 그 짐승들은 각각 사자, 곰, 표범을 닮았고, 네 번째 짐승은 그 어떤 "형상"도 닮지 않아 무어라 정의하기 어려우나 적을 부서뜨릴 만큼 강력한 큰 쇠로 된 이를 갖고 있는 무시무시한 존재다. 그것은 열 개의 뿔을 갖고 있는데, 그중 하나가 나름의 생명력을 지니고 성장해 독선적이고 자화자찬식의 말을 쏟아내는 뿔로 변화된다. 그때 "옛적부터 항상 계신 이"라고 불리는 하나님이 그 독선적인 짐승을 심판하신다. 그 후에 "인자 같은 이", 즉 사람 같은 이가 나온다. 그는 "하늘 구름을 타고" 오는데, 옛적부터 항상 계신 이가 그에게 "권세와 영광과 나라를 주고 모든 백성과 나라들과 다른 언어를 말하는 모든 자들이 그를 섬기게 하신다." 그다음에 나오는 말은 마치 하나님이 다윗에게 주신 약속처럼 들린다. "그의 권세는 소멸되지 아니하는 영원한 권세요 그의 나라는 멸망하지 아니할 것이니라"(단 7:14). 이때 다니엘이 말하는 인자는 분명히 왕, 즉 다윗을 닮은 미래의 왕이다.

다니엘은 그 모든 것을 지켜보지만, 그의 정신이 갑자기 혼미해지기 시작한다. 그러자 천사가 그가 본 환상을 해석해준다. 네 마리의 짐승은 "세상에 일어날" 네 명의 왕들이다(7:17). 이 네 마리 짐승이 누구를 가리키느냐 하는 것은 해석하기 나름이다. 그러나 네 번째는 의심할 여지없이 로마다. 따라서 네 마리의 짐승들은 아마도 바빌론, 메데-바사, 그리스, 로마일 것이다. 그 환상이 끝나갈 즈음에 우리는 "인자 같은 이"가 고난을 당하고 하나님 곧 "옛적부터 계신 이" 앞에서 들림을 받으리라는 것을, 그리고 그 인자가 나라를 다스리게 되리라는 것을 알게 된다.

이제 예수와 "인자"라는 칭호의 관계를 살펴보자. **예수가 자신을 설명하기 위해 "인자"라는 용어를 택한 것은 그것이 그의 고난과 신원을 그의 통치에 대한 소명과 연결시켜주기 때문이다.** 왕의 특성이 왕국의 특성을 결정한다. 따라서 우리는 이 인자 예수Son-of-Man-Jesus의 나라의 일부가 됨으로써 고난을 받고 또한 높임을 받은 이와 연결된다.

그런데 사람들은 예수에게 어떤 칭호들을 주었을까?

하나님의 아들 예수: 사람들의 해석

성서에서 "하나님의 아들"Son of God이라는 칭호가 사용될 때 대부분의 사람들은 그리스도의 **신성**에 대해 생각한다. 그러나 우리는 먼저 예수가 살았던 세상에서 "하나님의 아들"이 무엇을 의미했는지 물어야 한다. 그가 살았던 세상에서 이 용어는 이스라엘의 왕, 그리고 (우리의 시야를 이스라엘 너머로 넓힐 경우) 로마의 황제를 가리키는 데 사용되었다.[7] 공관복음에서 나타나는 놀라운 사실은 "하나님의 아들"이 예수 자신의 말이 아니라 예수의 적대자들이 자주 했던 말이라는 점이다.[8] 예수가 "인자"인 자신에 관해 한 말들과 대조되게, 사람들은 자주 그를

"하나님의 아들"이라고 불렀다. 아래에 그를 하나님의 아들이라고 불렀던 이들의 목록이 있다.

- 마귀(마 4:3, 6)
- 귀신들린 자(마 8:29)
- 대제사장(마 26:63)
- 십자가 사건 때 그를 조롱했던 자들(마 27:43)
- 유대인 지도자들(요 19:7)
- 마가복음(막 1:1)
- 제자들(마 14:33)
- 백부장(마 27:54)
- 천사 가브리엘(눅 1:35)
- 나다나엘(요 1:49)
- 마르다(요 11:27)
- 요한복음(20:31)

이처럼 다양한 적대자들 혹은 친구들이 예수를 하나님의 아들이라고 부르면서 염두에 두었던 개념 모두를 알 수는 없다. 그럼에도 알 수 있는 것이 하나 있는데, 그것은 다음 두 가지로 설명할 수 있다. 우선 예수의 **적대자들**은 예수가 (그들이 생각하기에) 그에게 적합한 것 이상의 것을 주장할 때 그를 하나님의 아들이라고 불렀다. 반면에 예수의 친구들은 (그들이 생각하기에) 그가 "메시아" 곧 이스라엘의 왕이기 때문에 그를 하나님의 아들이라고 불렀다. 따라서 예수의 친구들이 그를 하나님의 아들이라고 부르는 것은 곧 그가 메시아적 왕이라는 의미였다.

이 후자의 용법이 평범한 유대인들이 성서를 읽을 때 보통 생각했던 것이다. 즉 구약성서에서 "하나님의 아들"은 이스라엘 왕과 관련된 칭호였다. 그 칭호는 하나님이 다윗을 자신의 아들이라고 칭하셨을 때 시작되었다(삼하 7:8-16, 특히 14절). 그러나 내가 가장 좋아하는 표현은 시편 2:7에 실려 있다. "너는 내 아들이라. 오늘 내가 너를 낳았도다." 바로 이 구절을 바탕으로 로마 제국 전체가 황제 아우구스투스Caesar Augustus를 하나님의 아들이라고 불렀다.[9] 우리는 이것을 다음과 같은 한 가지 놀라운 결론으로 요약할 수 있다. 사람들이 예수를 "하나님의 아들"이라고 불렀을 때, 의심할 여지없이 그들은 그가 "왕"이라고 주장하고 있었던 것이다. 다시 말하지만 왕들은 그들의 왕국을 자신들의 이미지를 따라 형성해나간다. 그리고 이것은 그 왕의 사명이 그 왕과 그의 나라에 의해 형성되리라는 것을 의미한다. 그러나 이것에 대해서는 좀 더 말해야 할 것이 있다.

메시아 예수: 제자들의 해석

우리의 관심은 예수가 자신을 메시아로 생각했느냐가 아니라,[10] 그의 제자들이 그렇게 생각했느냐 하는 것이다. 그리고 만약 제자들이 예수를 메시아로 생각했다면, 그 생각은 무엇을 의미하며, 예수는 그 생각을 어떻게 여겼느냐 하는 것이다! 예수의 핵심 제자들이라고 할 수 있는 복음서 기자들은 자주 예수를 "메시아"(이 히브리어에 해당하는 그리스어가 "그리스도"다—역자 주)라고 불렀다. 그중에서도 가장 강력한 표현이 마가와 마태가 쓴 복음서들의 첫머리에 등장한다. "하나님의 아들 **예수 그리스도**의 복음의 시작이라"(막 1:1), "아브라함과 다윗의 자손 **예수 그리스도**의 계보라"(마 1:1). 요한은 그의 복음서를 마무리하면서 그 책을 쓴 의도를 다음과 같이 밝힌다. "오직 이것을 기록함은 너희로 예수께서 하나님의 아들 **그리스도**이심을 믿게 하려 함이요. 또 너희로 믿고 그 이름을 힘입어 생명을 얻게 하려 함이니라"(요 20:31). 복음서 기자들이 그들의 복음서에서 "메시아"라는 단어를 사용한 것은 독자들에게 예수를 해석해주기 위함이었다. 누가 역시 그 단어를 사용한다. "오늘 다윗의 동네에 너희를 위하여 구주가 나셨으니 곧 **그리스도 주시니라**"(눅 2:11). 예수가 메시아라는 베드로의 고백은 놀라운 계시로 이어진다. 그렇다. 예수는 메시아다. 하지만 그는 십자가에서 죽을 것이다. 또한 베드로의 고백은 예수가 행한 최초의 강력한 제자도 수업으로 이어진다. 그 수업은 세 차례 혹은 네 차례에 걸쳐 반복된다. 그리고 만약 예수가 메시아인데 그가 부활하기 전에 십자가에서 죽어야 한다면, 그렇다면 그 수업의 내용, 곧 제자도는 십자가를 지는 것이다(막 8:27-30, 그 후에 8:31-33, 그 후에 8:34-9:1). 다시 말해 왕의 특성이 왕국과 그 왕국 백성의 삶의 특성을 형성한다.

복음서에 등장하는 이런 증거들은 다음과 같은 주장으로 이어진다. 메시아에 대한 기대가 널리 퍼져 있었다. 예수의 사역은 혹시 그가 메시아가 아닌가 하는 의문을 야기했다. 어떤 이들은 그렇다고 했고, 다른 이들은 그렇지 않다고 했다. 분명히 그의 추종자들 모두는 그가 메시아라고 여겼는데, 이것은 우리를 예수 당시의 유대인들이 "메시아"라는 단어로 의미했던 것이 무엇인지 묻도록 이끌어간다.[11]

"메시아"라는 단어는 (대개 기름을) "바르다" 혹은 "붓다"를 의미하는 히브리어에서 왔다. 이스라엘 백성들은 자신들의 왕들에게 "기름을 부었다"(삼상 9:16; 10:1; 16:1, 12-13; 왕상 1:34, 39). 이스라엘의 이야기 속에서 백성들을 향해 거듭해서 미래의 나라에 대해, 그리고 (그에 따른 자연스러운 추론을 통해) 나라를 적들로부터 구해내고, 이스라엘 백성을 회복시켜 토라를 준수케 하고, 그 나라를 부흥시키고, 평화롭고 정의롭게 그 나라를 다스릴 다윗 계열의 왕에 대해 선포했던 이들은 예언자들이었다. 그러나 다윗 계열의 왕이라는 의미에서의 메시아에 대한 특별한 기대가 폭발적으로 나타나기 시작한 것은 예수 시대보다 고작 2, 3세기 정도 앞선 때부터였다.[12] 따라서 예수가 베드로에게 한 말은 메시아에 대한 당대의 유대인들의 표준적인 기대를 벗어나는 것이었거나 (더 적절하게 말하자면) 그런 기대를 비극적으로 뒤틀며 파괴하는 것이었다. 메시아가 십자가에서 죽을 것이다! 그리고 그 후에 다시 일어나 다스릴 것이다!

앞서 우리는 복음서에 기록된 몇 가지 본문들을 살폈다. 이제 나는 우리의 논의를 예수 자신이 메시아 개념에 끼친 특별한 기여의 문제로 좁혀 보려 한다. 베드로가 예수를 메시아라고 불렀을 때(막 8:29), 그리고 예수가 그에게 자신이 죽었다가 다시 살아날 것을 밝히면서(8:31) 또한 베드로의 잘못된 이해를 꾸짖으면서(8:32) 대응했을 때, 우리는 "메시아" 개념에 대한 예수와 교회의 독특한 해석의 세계 안으로 들어가게 된다. **메시아는 오직 다른 이들과 동일한 죽음을 죽었다가 부활해 모든 통치자들보다 높은 자리에 오른 후에야 비로소 다스리게 될 것이다.** 예수가 바로 그 메시아다. 하지만 그와 같은 메시아는 가장 가까운 추종자들까지 포함해 그의 동시대 사람들을 당혹시켰다. 사람들이 예수의 이야기를 받아들이기 전까지, 예수는 사람들에게 메시아로 받아들여질 수 없었다. 예수의 이야기는 그의 삶과 죽음과 매장과 부활에 관한 것이다. 그리고 바로 그 이야기가 "메시아"가 의미하는 내용을 만들어냈다. 그런 의미에서 예수는 복음 이야기가 만들어낸 왕이었다. 예수가 말하고 직접 살아냈던 것과 같은 다른 메시아 이야기는 없다.

요약

예수에 대한 세 가지 칭호와 세 가지 해석이 있다. 그러나 그것들 각각은 **동일한 기본적인 이야기를 서로 다른 방식으로 전한다.** 음악 용어를 사용해 말하자면, 하나의 주제에 대한 서로 다른 변주變奏들인 셈이다. 오래된 A-B-A′ 이야기가 그 각각의 칭호들 안에서 급격한 변화를 수반하며 들려지는데, 그것은 예수 안에서 **그 이야기가 십자가와 관련**되기 때문이다. 이제 하나님이 죽었다가 다시 일어나 다스리는 한 왕을 통해 통치하신다. 여기서 우리는 어떤 왕국의 특성을 그 나라의 왕에게서 얻는다는 사실을 다시 한 번 상기할 필요가 있다. 그리고 이것은 십자가에 달린 왕이신 예수가 십자가와 상관이 있는 나라를 만들어낸다는 것을 의미한다. 인자는 고난을 받았고 신원되었다. 예수는 십자가에서 왕이신 하나님의 아들로 고백되었다. 그리고 메시아는 사람들에게 제대로 이해되지 않는다. 사람들이 죽었다가 다시 일어나 하나님의 보좌에 앉을 이가 메시아라는 사실을 알기 전까지는 말이다. 예수 그리스도에 관한 이런 논의는 하나님 나라 사명의 세 가지 의미에 관한 논의로 이어진다.

하나님 나라의 사명은 예수가 누구인지에 의해 결정된다

우리는 보다 견고한 기독론을 되찾고 그것을 통해 우리의 사명을 발견할 필요가 있다. 따라서 우리는 우리의 사회적 비전이나 가장 웅장한 이상들이 아니라 예수와 함께 시작해야 한다. 칼 바르트가 한 말을 빌려 우리가 아래서 논의할 내용의 기조를 정해보자.

> 우리는 "그"[예수 그리스도]가—아무리 고귀하고 심원할지라도
> 그것이 아니라는 것을, 즉 예수는
> 초월적인 빛의 세상이 아니며,
> 본래적이고 최종적인 구속적 도덕법이 아니며,
> 만유의 기원과 목표로서 존재의 자족적이며 자발적인 근거가 아니며,
> 자신을 보다 낮거나 최고의 것으로 주장하는 새로운 철학, 교육학, 혹은 정치학이 아니며,
> 사랑, 순결, 겸손 등에서 모범이 되거나 독창성의 측면에서 매력적인 개인적 삶의 정수가 아니며,
> 결과적으로 은혜의 승리를 우렁차게 선언하는 기독교 교리가 아니며,
> 자신에 관한 교리가 아니며,
> 기독론이 아니며,
> 하나님 나라에 관한 교리가 아니라는 것을 강조해야만 한다.[13]

분명하게 그리고 단호하게 말하자면, 우리가 강조해야 할 것은 **예수 자신**, 즉 세상의 구원 곧 하나님과 세상의 화해를 위해 하나님의 일

을 수행하고 완성하는, 그리고 유보하거나 빼는 일 없이 온 세상 모든 이들에게 하나님의 말씀을 전하는 예수 자신이다. 즉 역사 속에서 살았던 **그의** 삶과 말과 일과 수난과 죽음이다.

이런 장르의 책은 그 이상에 대해 말할 것을 요구하지만, 우리는 그 이상에 대해 말할 필요가 없다. 하지만 우리는 바르트가 말했던 것 이상이 말해질 필요가 없다는 사실 자체는 되풀이해서 말할 필요가 있다. 하나님 나라의 사명은 십자가에 달린 왕이신 예수와 더불어 시작되고 끝난다.

하나님 나라의 사명은
왕이신 예수에 관한 이야기 전체를 포용해야 한다

내 주장은 우리가 살펴본 그 세 가지 칭호(인자, 하나님의 아들, 메시아)가 복음서 안에서 예수에 대한 핵심적 칭호일 뿐 아니라, 각각이 하나님 나라의 이야기 안에서 동일한 주제에 관한 서로 다른 변주들이기도 하다는 것이다. 각각의 칭호는 이 세상에서 하나님의 통치를 회복함으로써 이스라엘의 이야기를 완성시키기 위해 하나님에 의해 보내심을 받은 예수의 이야기를 전한다. 각각의 칭호는 예수의 생애 전체에 관한 이야기를 전한다. 그는 동정녀에게서 태어났고, 지극히 유대적인 삶을 살았고, 자신을 핵심에 두고 있는 하나님 나라를 선포했으며, 일군의 추종자들의 무리를 형성했고, 불의의 희생자로서 다른 이들을 위해 죽임을 당함으로써 불의를 끝내고자 하셨던 하나님 자신의 행위의 결과로서 죽임을 당했고, 부활한 후에는 성부 하나님 오른편에 앉아 세상을 다스리고 계신다. 이것에 미치지 못하는 이야기는 충분하지가 않다. 더 중요하게, 만약 우리가 이 온전한 이야기를 검토하지 않는다면, 그때 우리는 하나님 나라의 사명을 경시하는 셈이 된다. 그 이야기를 검토할 때 우리가 말해야 할 첫 번째 단어는 "사명"이 아니라 "그리스도"다. 그때 우리는 복음전도에 대한 새로운 이해를 얻을 수 있다. 그리고 하나님 나라의 참된 사명이 십자가와 관련되어 있다는 것, 즉 그것이 십자가에 의해 형성되고 십자가를 향한다는 것을 알게 된다. 또한 그때 우리는 하나님 나라에 대한 희망 속으로 들어가도록 새롭게 형성된다. 이 모든 것은 우리가 첫 번째 단어를 예수라고 여길 때 발생하는 직접적인 결과다.

"사명"이 첫 번째 단어가 아니다

"사명"이 첫 번째 단어가 아님에도, 때때로 사람들은 마치 그것이 첫 번째 단어인 것처럼 여긴다. 다시 말해 어떤 이들에게는 우리의 사명이 우리의 기독론을 결정한다. 그로 인해 종종 그리스도는 어떤 의제를 위해 이용된다. 예컨대 독자들이 이 책의 부록 2에 실린 해방이라는 주제에서 발견할 수 있듯이, 해방신학자들은 어떤 사명, 즉 주변화된 이들의 경제적·사회적 해방이라는 사명을 내세운다. 그런 사명을 위해 고안된 그리스도는 종종 예언자적으로 말하며 가난한 자들의 해방을 위한 싸움을 선도하는 왕이다. 반면에 기독론의 다른 요소들은 그 해방이라는 사명에 소용없는 것으로 간주되어 폐기된다.[14] 그러나 이런 식의 접근법은 완전히 잘못된 방향으로 기독론을 이끈다. 기독론이 사명을 형성해야지, 사명이 기독론을 형성해서는 안 된다. 나는 이런 잘못을 페미니스트 신학자인 엘리자베트 몰트만-벤델Elisabeth Moltmann-Wendel에게게서 발견한다.[15] 그녀는 "갇힌 자들에게 자유를 선포하는 누가복음 4장의 예수"를 포용하기 위해, "독일의 전통적인 신학이 따르고 가르치던 신학적 진술의 핵심인 바울 노선의 그리스도, 즉 십자가에 달리셨다가 부활하신 그리스도"를 거부했다. 이것은 그녀가 믿음으로 구원을 얻는다는 이신칭의를 "나는 선하고, 온전하며 아름답다"라는 개념으로 재구성하도록 이끌었다. 우리는 누가복음 4장의 근본적인 중요성을 손상시키지 말아야 하고, 동시에 로마서 3장의 중요성도 부정해서는 안 된다. 그렇지 않을 경우 우리는 더 이상 신약성서의 주장에 어울리는 기독론을 갖지 못하게 될 것이다.

복음전도 활동의 변화

예수의 이야기 전체가 기독교 메시지의 핵심이 될 때 복음전도 활동은 변화될 수밖에 없다. 하나님 나라의 사명으로서의 복음전도 활동은 (유일한) 구주이신 예수에 관한 이야기 혹은—심지어 더 좁혀서—인간이 지옥의 고통을 피해야 할 필요와 탈출구로서의 예수에 관한 이야기를 전하는 것이 아니라, 왕이신 예수를 선포하고 사람들로 하여금 복음전도의 핵심적 질문 곧 "예수는 누구인가?"라는 질문에 답하도록 이끈다. 그리고 그 질문에 대해 그들이 하는 말이 그들의 삶의 방식을 결정한다.

하나님 나라의 사명은 십자가를 닮아 있다

예수를 위한 칭호들에 의해 형성된 하나님 나라의 사명은 **십자가의 메시지**를 요구한다. 그 메시지는 예수가

우리와 함께,

우리를 대신해,

그리고 우리를 위해

죽었다고 고백한다.

예수의 죽음은 무엇보다도 한 인간의 죽음이었다. 또한 그것은 베드로가 사도행전 10:39-40에서 진술하듯이 부당한 죽음이었다. 베드로는 로마법과 권력의 지지를 받고 있는 유대교 지도자들이 "그를 죽였다", 하지만 "하나님이 그를 다시 살리셨다"라고 말한다. 예수는 우리 모두가 죽는 죽음을 경험했다. 또한 그렇게 죽으면서 우리와 **함께** 죽었다. 우리는 그 안에서 하나님이 우리의 고통에 연대하시는 것을 발견한다. 그는 우리와 함께 죽었을 뿐 아니라, 또한 우리를 **대신해** 죽었다. 우리는 죄인이기에 죽어 마땅하다. 그리고 죽음은 죄의 결과다. 예수는 죄가 없기에 죽어야 할 이유가 없었다. 하지만 "하나님이 죄를 알지도 못하신 이를 우리 대신하여 죄로 삼으셨다"(고후 5:21). 그는 우리의 죄를 떠맡았기에 죽었다. 따라서 그는 우리의 죽음을 위해 죽었다. 우리는 이것을 "간접적 혹은 대리적 속죄"라고 부른다. 베드로는 베드로전서 2:24에서 분명하게 대속을 가르친다. "친히 나무에 달려 그 몸으로 우리 죄를 담당하셨으니…." 바울은 이것을 두 번에 걸쳐 분명하게 말한다.

그리스도께서 우리를 위하여 저주를 받은 바 되사 율법의 저주에서 우리를 속량하셨으니, 기록된 바 나무에 달린 자마다 저주 아래에 있는 자라 하였음이라(갈 3:13).

하나님이 죄를 알지도 못하신 이를 우리를 대신하여 죄로 삼으신 것은 우리로 하여금 그 안에서 하나님의 의가 되게 하려 하심이라(고후 5:21).

예수는 우리를 **대신해** 죽는 것에 더하여, 또한 우리를 **위해** 죽었다. 그의 죽음은 우리에게 몇 가지 유익, 즉 하나님 앞에서의 죄책의 소멸, 죄에 대한 용서, 그리고 하나님과의 평화로운 관계의 재정립 등을 초래했다(롬 5:1-2).

하나님 나라의 사명은 희망을 일으킨다

하나님 나라의 기독론은 희망의 메시지를 통해 서구의 냉소주의가 희망에 대해 보이는 경멸과 죽음의 문화에 굴복하는 모습에 도전한다. 하나님 나라의 기독론은 예수가 참으로 죽었으나 **새 창조의 삶과 함께 죽음 저편에서 걸어 나왔다는** 것을 안다. 따라서 하나님 나라의 사명을 위한 마지막 말은 냉소적인 절망과 경박한 무관심 그리고 두려움에 가득 찬 삶으로 표현되는 죽음이 아니라, 우리를 포용하고 자신이 누리는 것과 동일한 새 창조의 삶 속으로 이끌어가는 부활한 예수의 삶이다. 이런 희망은 "적어도 낙관주의가 우리를 좀 더 행복하게 만들어준다"는 실용주의의 접시에 얹혀 제공되는 적극적 사고방식과 같은 맹목적인 희망이 아니다. 오히려 이 희망은 전적으로 십자가에 달리신 메시아가 죽음을 정복한 것에 근거한다. 바로 그 부활이 우리에게 불의를 깨부수고, 우리와 같지 않은 이들을 식탁으로 초대하고, 지금의 하나님 나라가 언젠가 그 하나님 나라가 되리라는 확신을 바탕으로 살아갈 힘을 얻도록 고귀한 용기를 제공한다.

하나님 나라의 사명은 성육신적이다

하나님 나라의 사명은 하나님 나라의 기독론에 근거한다. 그리고 그 기독론의 핵심은 성육신, 즉 하나님이 인간이 되신 것이다. 초기 교회의 몇몇 위대한 신학자들은 성육신 교리와 그것이 끼친 영향을 이런 식으로 규정했다. **하나님이 우리와 같은 존재가 되신 것은 우리가 그분과 같은 존재가 되게 하시기 위함이었다.** 초기 기독교의 교부 중 한 사람인 아타나시오스Athanasius, 293-373는 동일한 내용을 훨씬 더 도발적인 방식으로 말했다. "그분은 우리 역시 하나님이 될 수 있도록 하기 위해서 인간이 되셨다."[16] 여기서 나는 알렉산드리아의 그 유명한 신학자의 말을 설명하기보다는 그의 말을 우리의 논의에 그대로 적용하도록 하겠다. 하나님 나라의 기독론은 성육신적이다. 그리고 기독론이 하나님 나라를 형성하기에 하나님 나라의 사명 역시 성육신적이다. 우리는 "성육신"이라는 단어를 값싸게 사용해서는 안 된다. 오직 하나님만이 예수 그리스도 안에서 성육하신다. 하나님이 우리와 같은 존재가 되신 것이다. 우리는 **하나님이 하셨던 것과 같은 방식으로** 다른 사람들과 같은 존재가 될 수 없다. 하나님은 우리와 **완전하게 하나가 되기 위해** 우리의 상황 속으로 **존재론적으로** 들어오신다. 우리가 그리스도의 구속을 전하기 위해서 다른 사람들의 상황 속으로 들어가고, 그래서 그들이 하나님 나라의 상황으로 들어갈 수 있을 때, 우리는 성육신을 모방하는 것이다. 우리의 "성육신"은 하나님이 가신 곳으로 가고자 하는 인간적인 시도다. 그때 우리는 하나님께서 사람들이 가기를 바라시는 곳을 전할 수 있다.

하지만 하나님이 "우리와 같은 존재가 되는 것" 이상의 무언가가 성육신에 있다. 왜냐하면 "우리와 같은 존재"는 죽었고 죄로 가득 차 있기 때문이다. 따라서 이 경우에 그 "되는 것"은 곧 죄가 되는 것이자 죽음 안으로 들어가는 것이다. 우리가 "성육신"과 관련해 정확한 입장을 취하고자 한다면, 우리는 그것을, 생명을 가져오기 위해 죽음이 되는 것으로 규정해야 한다. 보다 간결하게 공식화하자면, 성육신은 다른 누군가에게 생명을 주기 위해 죽는 것을 의미한다.

일반적이고 보다 광의적인 의미에서 하나님 나라의 사명은 **성육신적이어야 한다**. 우리 역시 다른 이들이 하나님을 발견하도록 이끌기 위해 우리의 자리를 떠나야 한다. 우리 역시 하나님이 다른 이들에게 바라시는 존재가 되도록 그들을 돕기 위해서 다른 이들처럼 되어야 한다. 우리 역시 다른 이들을 하나님 나라의 변화된 삶 속으로 이끌기 위해 그들처럼 변화되어야 한다. 우리는 다른 이들이 살 수 있도록 죽어야 한다.

내가 보기에 성육신적 사명을 가장 잘 설명하는 것은 고린도전서 9:19-23에 실려 있는 바울의 말이다(나는 그중에서도 강조하고 싶은 표현들을 굵은 글씨로 강조해두었다).

내가 모든 사람에게서 자유로우나 스스로 **모든 사람에게 종이 된 것**은 더 많은 사람을 얻고자 함이라. 유대인들에게 내가 **유대인과 같이 된 것**

은 유대인들을 얻고자 함이요, 율법 아래에 있는 자들에게는 내가 율법 아래에 있지 아니하나 **율법 아래에 있는 자 같이 된 것은** 율법 아래에 있는 자들을 얻고자 함이요, 율법 없는 자에게는 내가 하나님께는 율법 없는 자가 아니요 도리어 그리스도의 율법 아래에 있는 자이나 **율법 없는 자와 같이 된 것은** 율법 없는 자들을 얻고자 함이라. 약한 자들에게 내가 **약한 자와 같이 된 것은** 약한 자들을 얻고자 함이요, 내가 **여러 사람에게 여러 모습이 된 것은** 아무쪼록 몇 사람이라도 구원하고자 함이니, 내가 복음을 위하여 모든 것을 행함은 복음에 참여하고자 함이라.

한 가지 성육신적 하나님 나라 사명의 네 가지 주제

오늘날 성육신에 초점을 맞추는 하나님 나라의 사명은 어떤 모습으로 보일까? 밴쿠버에서 사역하고 있는 팀 딕카우는 포스트모던 시대의 성육신적 사역 안에서 작동하고 있는 네 가지 주제에 대해 설명한 적이 있는데, 그것은 우리의 세상에서 성육신적 구속의 치유하는 언어를 향한 움직임을 보여준다. 아래에 나오는 글은 딕카우의 책에서 인용한 것이다. 나는 인용문 중 선교적인 교회 공동체 안에서 작동하고 있는 네 가지 특별한 성육신적·선교적 실천 사항들을 굵은 글씨로 강조해 두었다.

나는 이런 [선교적이고 성육신적인] 실천들을 네 가지 궤적으로 묘사해왔는데, 그것들은 교회가 아래와 같이 움직임으로써 하나님의 사명에 동참하도록 요구한다.

1. 고립에서 **급진적 환대**를 지향하는 공동체로,

2. 동질성에서 **문화를 공유하는 삶**을 지향하는 다양성으로,

3. 박애에서 **가장 작은 자를 위한 정의**를 추구하는 교제로,

4. 우상숭배와의 대결로부터 그리스도 안에서 누리는 새로운 삶을
   지향하는 회개로.[17]

오늘날 우리는 고립, 동질성, 박애(혹은 선행), 우상숭배 안으로 들어가도록 이끌리고 있거나, 이미 그 안에 거하고 있다. 이것들은 우리가 환대, 다양성을 공유하는 삶, 가장 작은 자를 위한 정의, 그리고 그리스도 안에서 누리는 새로운 삶을 초래하기 위해 맞서 싸워야 할 것들이다. 다시 말하지만, 이것은 생명을 가져오기 위해 죽는 성육신이 무엇과 같은지에 대한 이론적 성찰의 한 예다.

성육신의 핵심적 패턴: 생명을 초래하기 위해 죽는 것

그리스도 안에서 이루어진 하나님의 성육신의 패턴이 우리의 패턴이 되어야 한다. 그것은 죽었다가 부활하는 패턴, 하나님을 향해 살기 위해 우리의 자아(우리의 본질, 소유, 장소, 선호, 바람 등)에 대해 죽는 패턴이다. 따라서 성육신적인 하나님 나라의 사명은 우리가 **다른 사람이 살 수 있도록** 우리의 자아에 대해 죽는 것을 의미한다. "코치"(웨인 고든)는 휘튼 칼리지를 졸업한 후 시카고 론데일의 이웃들 가운데서 풋볼 팀 코치가 되기 위해 수만 번을 죽어야 했다.[18] 그는 영적·사회적 지혜를 필요로 하는 젊은 선수들을 위한 성서공부 모임을 만들었을 때 "시간에 대한 죽음"을 경험했다. 론데일 공동체 교회의 설립 목사가 되

었을 때는 "코치로서의 성공에 대한 죽음"도 경험했다. 그가 결혼한 후 시카고의 우범지대에서 가정을 꾸렸을 때에는 "안전의 죽음"을 경험했다. 그는 자신이 줄 수 있는 것 이상을 요구하고 그가 가진 모든 것을 위해 하나님께 의지하는 법을 배우기 전까지 그의 것을 빼앗아갔던 교회 사역의 수레바퀴 밑으로 자신을 던졌을 때 "경제적 안정의 죽음"을 경험했다. 그가 다른 사람들을 거룩하고 사랑스러운 삶을 살도록 훈련시키기 위해 헌신했을 때에는 "자신의 시간표에 대한 통제의 죽음"을 경험하기도 했다. 공동 목회자가 되어 동료들을 섬기기로 했을 때는 "권력의 죽음"을 경험했고, 론데일 커뮤니티 교회의 에너지를 이웃을 회복하는 일에 쏟아붓기로 했을 때는 "잠의 죽음"을 경험했다.

성육신적 하나님 나라 사명의 다른 측면에는 부활이라는 새로운 삶이 있다. 수많은 이들이 그 죽음 때문에 하나님을 예배한다. 많은 이들이 그 죽음 때문에 사역으로 부름을 받는다. 그 죽음 때문에 가족들이 구속을 얻고, 죄인들이 자유를 얻으며, 남들을 괴롭히던 이들이 회개하고, 창녀들이 구출되었다. 그 죽음으로 인해 건물들이 회복되어 새 창조의 삶을 위한 장소가 되었다. 단지 돌무더기였던 곳에 오직 신앙을 바탕으로 건물들이 세워져 이웃들에게 온전한 돌봄을 제공하는 장소가 되었다.

하나님 나라 공동체로서의 성육신

교회가 나쁜 관습들, 학대적 성향을 지닌 사제들과 목회자들, 그리고 신뢰성의 감소로 인해 난관에 봉착해 있는 오늘날의 미국에서 우리가 영적으로 관심을 가져야 할 복음전도의 두 가지 특성이 있다. 하나는 복음에 대한 증언으로서의 "교회 자체"이고, 다른 하나는 이웃과 더불어 사랑스럽고 신뢰할 만한 방법으로 살아가는 "개인들"이다. 앞서 인용한 사도행전 2:42-47 단락은 이런 주목할 만한 말로 끝난다. "하나님을 찬미하며 또 온 백성에게 칭송을 받으니 주께서 구원받는 사람을 날마다 더하게 하시니라." 신뢰할 만한 삶이 복음의 진리에 대한 신뢰할 만한 증언을 이뤄낸다. 더 나아가 그리스도인들이 자신들의 이웃을 사랑할 때, 그들은 다른 이들에게 복음의 가장 신뢰할 만한 요소를 제공하게 된다. 그럴 때 사랑은 하나님의 사명의 본질을 확산시킨다. 그것은 하나님이 사랑 안에서 우리와 함께 거하시는 것이고, 동시에 우리가 사랑 안에서 하나님 그리고 다른 사람들과 거하는 것이다. 사랑한다는 것은 하나님이 누구이신지를 널리 알리는 것이다. 최근에 나는 폭스 뉴스의 기고자이자 「더데일리비스트」The Daily Beast와 「USA투데이」 칼럼가인 커스틴 파워스Kirsten Powers, 1969- 의 회심 이야기를 읽었다. 내가 앞서 언급했던 두 가지 특성, 즉 "신뢰할 만한 교회"와 "사랑스러운 친구"라는 특성이 그 이야기 전체에서 나타났다.

집을 떠나 대학에 진학했을 때 나는, 그것이 애초부터 얼마나 작았든 간에, 신앙을 잃어버렸다. 내 신앙생활은 대학 졸업과 동시에 끝이 났다. 나는 클린턴 행정부에서 일했는데, 그때 내 동료들은 모두 세속적인 자유주의자들이었다. 그 무렵에 나는 믿기 어려울 만큼 세속적인 세상 속으로 깊숙이 빠져들어 갔다. 그것은 당시에 내 친구들이 모두 기본적으로 무신론자들이었을 뿐 아니라, 설령 그들이 모종의 영성을 갖고 있었다고 할지라도 종교에 대해, 특히 기독교에 대해 매우 적대적이었기 때문이다. 그로 인해 그때 나는 실제로 종교에 대해 어떤 관심도 갖고 있지 않았다.

그 후 나는 어떤 이와 데이트를 시작했다. 당시 그는 팀 켈러가 담임하는 뉴욕의 리디머 장로교회에 출석하고 있었는데, 나는 순전히 호기심 때문에 애인과 함께 그 교회에 다니기 시작했다. 하지만 그에게 나는 그리스도인이 되지 않을 거라고, 아마도 그런 일은 결코 일어나지 않을 거라고 분명하게 말해두었다. 그런데 그로부터 6개월 혹은 7개월 쯤 지났을 때 나는 역사의 중심추가 내가 그 교회에서 듣고 있는 쪽으로 더 많이 기울어져 있는 게 아닐까 하는 생각을 하기 시작했다. 팀 켈러는 그런 주장을 아주 강력하게 했기에 나로서는 그의 주장을 거부하는 것이 현명하지 않을 수도 있다고 생각하기 시작했다. 솔직히 팀 켈러의 주장을 거부하는 것은 훌륭한 지적 판단으로 보이지 않았다.

사실 그것은 내 삶에 대한 하나님의 일종의 침투처럼 보였다. 그것은 그다지 환영할 만한 것이 아니었다. 나는 그것을 좋아하지 않았다. 분명히 나는 아주 낯선 경험을 하고 있었는데, 그때 나는 하나님이 내 삶 속에서 많은 일을 하고 계시다고 느꼈다. 뭐라 설명하기는 어려웠지만, 나는 내 눈에서 비늘이 벗겨졌다고 느꼈다. 그리고 스스로에게 이렇게 말했다. "이것은 완전한 사실이야. 나는 그 어떤 의심도 갖고 있지 않아." 내가 그리스도인이 되었을 때, 나는 내 자신이 어떤 용기를 발휘했다고 여기지 않았다. 나는 그저 포기했을 뿐이다. 나는 그럴 만한 용기가 없었다. 나로서는 선택의 여지가 없었을 뿐이다. 나는 믿지 않기 위해 기를 썼으나 [그리스도를 받아들이는 것을] 피할 수 없었을 뿐이다. 만약 피할 수 있었더라면, 나는 그렇게 했을 것이다. 내 삶 속에서 혹은 내가 사는 세상 안에서는 신앙을 가져서 좋을 것이 하나도 없었다. 그것은 마치 모든 사람이 그리스도인으로 구성된 미국 남부 지역에서 사는 것과 같지 않았다. 나는 단 한 명의 신자도 발견할 수 없는 세상에서 살고 있었다. 그러나 하나님은 나를 몰아붙이셨다.[19]

나는 "두 가지 특성들"(교회와 사랑스러운 관계)이 커스틴 파워스의 회심에 영향을 주었다고 말했다. 하지만 여기서는 서둘러 세 번째 특성을 덧붙이고자 한다. 그것은 예수 그리스도에 관한 복음이다. 복음에 대한 신약성서의 이해는 신약성서 안에 있는 세 세트의 구절을 통해 분명하게 드러난다. 그것들은 고린도전서 15:3-8, 사도행전에 나오는 복음에 관한 설교들(2, 3, 10-11, 13, 14장), 그리고 복음서들 그 자체다(그것들이 "복음"이라고 불리는 것은 그것들이 실제로 복음이기 때문이다!). 이런 구절들은 아주 분명하게 한 가지 주장을 펼친다. 그것은, 복음은 당신이나 나 혹은 우리가 그것에서 얻어내는 그 무엇에 관한 이야기가 아니라, **예수에 관한** 이야기라는 것이다. 복음을 전파하는 목적은 다른 이들을 예수에게 항복하게 하거나 예수를 인정하도록 이끌기 위함이다. 칼 헨리는 『어느 신학자의 고백』*Confessions of a Theologian*이라는 제목의 탁월한 회고록에서 자신이 회심한 후에 가족에게 믿을 만한 증언을 하려고 했던 일에 대해 회고한다. 그의 회심 이야기 속에는 *그가 어느 해변에서 하나님과 단 둘이 맞붙었던 조용하지만 긴 싸움의 이야기가 포함되어 있다. 해변을 떠나 차를 몰고 집으로 가던 중에 그는 격렬한 천둥과 번개를 동반한 폭풍을 만났다. 집에 도착해 차고 문을 열고 차를 주차시키기 위해 폭풍이 가라앉기를 기다리는 동*

안, "엄청난 위력을 지닌 번개가 마치 거대한 불화살처럼 나를 운전석에 꽂아놓을 듯 보였다. 그리고 위력적인 천둥이 나를 얼어붙게 만들었다. 번개가 떨어졌을 때, 본능적으로 나는 거대한 궁사가 화살을 사용해 나를 내 자리에 박아버렸다는 것을 알았다." 이때 헨리가 상황을 묘사하는 방식은 그에게 복음이 **왕이신 예수** 안에서 **통치하시는 하나님에 관한 것**임을 드러낸다. 이 표현에 주목하라. 며칠 후 그는 이런 인식에 굴복했다. "이제 나는 하나님이 내 삶의 왕이심을 알았다." 얼마 후 그가 어머니에게 말할 첫 번째 기회가 찾아왔다. 그리고 헨리는 그 인식을 이런 식으로 묘사했다. "어머니, 저는 오늘 제 삶을 예수님께 바쳤어요."[20] 그 말은 **왕**이신 하나님에 관한 것이었고, 자신을 **예수**께 바치는 것에 관한 것이었다.

교회의 사명으로서의 하나님 나라의 사명은 교회의 증언과 사랑스러운 삶이라는 상황 속에서 예수에 관한 복음을 전하는 것이다. 자기가 하는 일을 "하나님 나라의 일"이라고 부르면서도 다른 이들에게 예수를 제시하거나 그들로 하여금 주님이요 구주이신 왕되신 예수께 항복하도록 요구하지 않는 이는 결코 하나님 나라의 사명이나 하나님 나라의 일을 하는 것이 아니다. 그들은 선행을 행하고 사회정의를 실현하고 있는 것일 수 있다. 하지만 그들의 일을 통해 예수가 알려지기 전까지 그것은 하나님 나라의 사명이 아니다.

제9장

하나님 나라의 구속의 분출
Kingdom Redemption Unleashed

하나님 나라와 관련된 모든 사고는 오늘날 전문가들이 종종 "유토피아적" 사고라고 부르는 것에 연관된다. 하나님 나라가 도래하면 그것과 더불어 정의가 실현되고 평화가 이루어지며 지혜와 거룩함이 드러날 것이다. 또한 의와 사랑이 완성되고 모든 적들이 없어지고 동물과 인간 사이의 긴장도 사라질 것이다. 나아가 기근, 죽음, 전쟁, 고통, 고난, 질병, 아픔, 질병, 깨어진 결혼관계, 순종하지 않는 자녀들의 문제가 해결될 것이다. 그리고 이런 목록은 얼마든지 계속될 수 있다. 또한 아마도 그 목록은 다가올 유토피아를 그리는 사람이 누구냐에 따라 달라질 것이다. 하나님 나라는 오직 완전한 구속을 통해서만 온다. 그러기 위해서는 병자가 치유되고, 가난한 자가 부유해지고, 억압받는 자가 힘을 얻고, 죽은 자가 일어서고, 적들이 패퇴하고, 압제자들이 힘을 잃고, 부자가 가진 것을 빼앗기고, 농작물이 영글어 성장하고…기타 등등 모든 좋은 일들이 일어나야 한다.

그러하기에 하나님 나라의 신학은 구속적이어야만 한다. 그렇지 않다면 그것은 하나님 나라의 신학이 될 수 없다. 하나님 나라가 구속과 분리될 때 그것은 하나님 나라가 되기를 그친 채 사회적 진보주의, 사회적 보수주의, 진보적 정치, 아니면 세상과 문화의 개선을 위한 움직임 정도가 되고 만다. 하지만 우리가 누가복음 21:28과 31의 평행구절에서 보듯이 "하나님 나라"는 "구속"에 기반을 둔 현실이다. "이런 일이 되기를 시작하거든 일어나 머리를 들라. 너희 속량[구속, redemption]이 가까웠느니라 하시더라.…이와 같이 너희가 이런 일이 일어나는 것을 보거든 **하나님의 나라**가 가까이 온 줄을 알라."

그뿐만 아니라 요한복음에서 이 구속은 심원하게 개인적이다. 요한복음에는 구속을 우리가 하나님 나라, 하나님 나라의 일, 그리고 하나님 나라의 사명에 관한 말을 시작할 수 있기 전에 구속이 필요하다는 사실을 알려주는 두 가지의 중요한 "하나님 나라에 들어가는 것에 관한 어록"enter-the-kingdom sayings이 등장한다.[1]

> 예수께서 대답하여 이르시되 진실로 진실로 네게 이르노니, 사람이 거듭나지 아니하면 하나님의 나라를 볼 수 없느니라(요 3:3).

> 예수께서 대답하시되 진실로 진실로 네게 이르노니, 사람이 물과 성령으로 나지 아니하면 하나님의 나라에 들어갈 수 없느니라(요 3:5).

하나님 나라의 현실은 구속의 현실이다. 내가 이 장에서 설명하려하는 것은 하나님 나라의 그 다음 요소인데, 그것은 하나님 나라 백성은 구속되고, 해방되며, 구원을 얻은 백성이라는 것이다.

바로 여기가 스키니진 스타일 이론과 정장바지 스타일 이론 모두 가—비록 각각 서로를 무시하는 경향이 있으나—크게 기여하는 지점 이다. 전자는 정의와 평화라는 사회적 차원을 강조하는 반면, 후자는 하나님과의 화해라는 영적 차원을 강조한다. 그러나 하나님 나라의 구 속은 통전적通典的이다. 처음부터 올바른 방향으로 출발하기 위해 나는 영국의 신학자인 리처드 보컴Richard Bauckham, 1946- 이 예수가 보여준 통전적인 하나님 나라의 구속 행위를 간략하게 정리한 목록을 인용해 보려 한다(강조는 덧붙인 것임).[2]

- 마귀의 압제와 대비되는 **다스림**
- 하나님의 통치에 대한 오해와 대비되는 **날카로운 비판**
- 이기적인 자기만족과 대비되는 **경고**
- 죄나 실패와 대비되는 **용서와 사랑에 대한 확언**
- 질병과 대비되는 **치유**
- 물질적 궁핍과 대비되는 **일용할 양식의 제공**
- 배제와 대비되는 **우호적인 포용**
- 권력에 대한 갈망과 대비되는 **겸손하고 사랑어린 섬김의 모범**
- 죽음과 대비되는 **생명**
- 거짓 평안과 대비되는 **고통스러운 분열**
- 적의와 대비되는 **화해**

이것들은 하나님 나라의 구속의 표지들이다. 우리는 이것들을 성서 본문을 자세히 살피면서 검토해볼 필요가 있다.

하나님 나라의 구속에 관한 네 가지 중요한 본문들

하나님 나라가 분출할 때는 구속도 분출한다. 사실 우리 가운데서 역사하는 하나님의 구속의 능력을 무시한 채 하나님 나라에 대해 말하는 것은 아무런 의미가 없다. 아래에서 우리는 네 가지 성서 본문을 중심으로 하나님 나라의 구속의 본질을 살필 것이다. 그것은 마태복음 12:28, 11:2-6, 8:14-17, 그리고 예수가 가나에서 물로 포도주를 만들었던 놀라운 사건을 이야기해주는 요한복음 2장이다.

마태복음 12:28

언젠가 예수는 보지도 못하고 말하지도 못하는 증상을 보이는 귀신 들린 자에게서 마귀를 쫓아냈다. 그러자 군중들은 혹시 예수가 "다윗의 자손"이 아닐까 궁금해했다.[3] 그 호칭은 그들 중 어떤 이들이 다윗 계열의 메시아가 치유 능력을 보이리라고 기대했다는 것과, 하나님 나라에 대한 유대인들의 기대에 통전적인 구속이 포함되어 있었다는 것을 의미한다. 마태는 이사야서를 자주 인용하는데,[4] 아래는 우리가 주목해서 읽어야 할 이사야서 본문들이다.

전에 고통 받던 자들에게는 흑암이 없으리로다. 옛적에는 여호와께서 스불론 땅과 납달리 땅이 멸시를 당하게 하셨더니, 후에는 해변 길과 요단 저쪽 이방의 갈릴리를 영화롭게 하셨느니라.
흑암에 행하던 백성이
큰 빛을 보고,

사망의 그늘진 땅에 거주하던 자에게

빛이 비치도다(사 9:1-2).

그날에 못 듣는 사람이 책의 말을 들을 것이며,

어둡고 캄캄한 데서

맹인의 눈이 볼 것이며,

겸손한 자에게 여호와로 말미암아 기쁨이 더하겠고,

사람 중 가난한 자가 이스라엘의 거룩하신 이로 말미암아 즐거워하리

니(사 29:18-19).

그때에 맹인의 눈이 밝을 것이며,

못 듣는 사람의 귀가 열릴 것이며,

그때에 저는 자는 사슴 같이 뛸 것이며,

말 못하는 자의 혀는 노래하리니,

이는 광야에서 물이 솟겠고

사막에서 시내가 흐를 것임이라(사 35:5-6).

내가 붙드는 나의 종, 내 마음에 기뻐하는 자,

곧 내가 택한 사람을 보라.

내가 나의 영을 그에게 주었은즉

그가 이방에 정의를 베풀리라.

그는 외치지 아니하며 목소리를 높이지 아니하며 그 소리를 거리에 들

리게 하지 아니하며,

상한 갈대를 꺾지 아니하며,

꺼져가는 등불을 끄지 아니하고

진실로 정의를 시행할 것이며,

그는 쇠하지 아니하며 낙담하지 아니하고

세상에 정의를 세우기에 이르리니

섬들이 그 교훈을 앙망하리라(사 42:1-4).

그는 실로 우리의 질고를 지고

우리의 슬픔을 당하였거늘,

우리는 생각하기를 그는 징벌을 받아 하나님께 맞으며

고난을 당한다 하였노라(사 53:4).

주 여호와의 영이 내게 내리셨으니

이는 여호와께서 내게 기름을 부으사

가난한 자에게 아름다운 소식을 전하게 하려 하심이라.

나를 보내사 마음이 상한 자를 고치며

포로된 자에게 자유를,

갇힌 자에게 놓임을 선포하며(사 61:1)

이사야서의 이 구절들은 예수가 통전적 구속에 관한 그의 하나님 나라 신학을 이끌어낸 자료들이었다.

치유나 축귀를 행할 때 예수는 하나님 나라에 대한 이사야의 비전을 통해 그런 일을 하나님 나라와 연관시켰다. 예컨대, 예수가 귀신들린 자를 고치자 바리새인들이 분개하며 그가 귀신들의 왕 바알세불과 결탁해 귀신을 쫓아낸다고 공격한 적이 있었다. 그러자 예수는 그들의 주장을 논리적으로 받아쳤다. 모든 나라는 그 백성들이 하나가 될 때에야 설 수 있는데 만약 마귀가 그의 졸개들을 시켜 귀신을 쫓아낸다면 결국 그는 자신의 어둠의 나라를 파괴하는 셈이 되리라는 것이었다. 이어서 그는 누가복음의 평행구와는 주목할 만한 차이를 지닌 말을 하면서 놀라운 주장을 한다. 여기서 나는 그 두 구절을 모두 인용하고 그중 차이가 나는 부분을 굵은 글씨로 강조해보았다.

그러나 내가 **하나님의 성령**을 힘입어 귀신을 쫓아내는 것이면 하나님의 나라가 이미 너희에게 임하였느니라(마 12:28).

그러나 내가 만일 **하나님의 손**을 힘입어 귀신을 쫓아낸다면 하나님의 나라가 이미 너희에게 임하였느니라(눅 11:20).[5]

예수가 이것이 현재 작동 중인 하나님 나라라고 말했을 때, 그는 자신이 일으킨 기적을 A-B-A′ 이야기 속으로 밀어 넣고 있었던 것이다. 즉 오랫동안 기다려왔던 하나님 나라가 하나님의 능력—그것이 "하나님의 손"이라고 불리든 "하나님의 성령"이라고 불리든 상관없이—을 통해 분출되고 있었던 것이다.

마태복음 11:2-6

불결하고, 수갑이 철컥거리고, 빛과 인권이 존재하지 않는 1세기 헤롯 왕의 감옥[6]에서 세례 요한은 예수가 그의 취임연설에서 한 말을 골똘히 생각하고 있었다. 그 연설에서 예수는 자신의 사명이 "갇힌 자에게 자유를 선포하는 것"이라고 말했다(눅 4:18). 틀림없이 요한은 이렇게 중얼거렸을 것이다. "예수여, 당신은 갇힌 자들의 해방을 약속했소. 나는 갇힌 자요. 그런데 해방은 어디에 있소? 내가 당신이 한 말의 어느 부분을 잘못 이해한 것이오?" 그래서 세례 요한은 자신의 제자 중 두 명을 예수에게 보내 묻는다. "오실 그이가 당신이오니이까? 우리가 다른 이를 기다리오리이까?"(마 11:3) 그러자 예수는 세례 요한의 제자들에게 감옥에 있는 요한에게 돌아가 먼저 이사야 29:18-19을, 그 다음에 두루마리를 말아 올려 35:5-6을, 그리고 마지막으로 61:1을 읽어주라고 말한다(나는 이 구절들을 앞에서 인용했다). 예수는 이사야의 비전을 통해 묘사되고 있는 바로 그 인물이었다. 거기서 세례 요한은 예수의 사명을 깨달을 수 있을 것이다. 그리고 그가 이사야서에서 발견하게 될 것은, 예수가 행해오고 있는 바로 그것이었다(여기에는 그가 취임연설 때 말했던 것과는 다른 주목할 만한 변화가 하나 있다. 이번에 그는 갇힌 자들이 자유를 얻는 것에 대해서는 아무 말도 하지 않는다!).[7] 세례 요한은 하나님 나라가 세상 속으로 침투하기 시작했으며 통전적인 구속의 능력이 분출되고 있다는 사실을 알게 될 것이다. 이제 예수가 세례 요한의 제자들, 즉 감옥에 있는 요한에게 돌아가 말을 전할 이들에게 한 말을 다시 살펴보자.

맹인이 보며,
못 걷는 사람이 걸으며,

나병환자가 깨끗함을 받으며,

못 듣는 자가 들으며,

죽은 자가 살아나며,

가난한 자에게 복음이 전파된다(마 11:5, 가독성을 위해 재배열함).

하나님 나라의 구속은 통전적이다. 그것은 눈과 다리와 피부와 귀와 신체를 새 창조의 삶으로 회복시킨다. 그뿐만 아니라 그것은 이전에 배제되었던 이들(가난한 자들)을 교제의 식탁으로 회복시킨다. 그러나 예수의 나라의 구속에는 한 가지 기독론적 갈고리가 있다. "누구든지 나로 말미암아 실족하지 아니하는 자는 복이 있도다"(마 11:6). 그 갈고리는 중요한 의미를 얻게 될 것이다.

마 8:14-17

다음 인용문은 예수의 말이 아니라 어느 날 가버나움에서 벌어진 하나님 나라의 구속 사건에 대한 마태의 요약이다.

예수께서 베드로의 집에 들어가사 그의 장모가 열병으로 앓아누운 것을 보시고 그의 손을 만지시니 열병이 떠나가고 여인이 일어나서 예수께 수종들더라.

저물매 사람들이 귀신들린 자를 많이 데리고 예수께 오거늘, 예수께서 말씀으로 귀신들을 쫓아내시고 병든 자들을 다 고치시니 이는 선지자 이사야를 통하여 하신 말씀[사 53:4],

"우리의 연약한 것을 친히 담당하시고

병을 짊어지셨도다"

함을 이루려 하심이더라.

마태는 그리스도인들이 예수의 죽음을 어떻게 구속적인 것으로 이해하게 되었는지를 보이기 위해 구약성서에서 가장 중요한 구절 중 하나를 인용한다. 그 유명한 구절은 이사야 52-53장에 등장하는 고난당하는 종에 관한 것이었다. 즉 마태가 인용한 말들은 다른 이들을 위해 고난을 당하는 종에 관한 것이었다. 그러나 사실 그 구절에는 그 이상의 의미가 있다. 그 종은 다른 이들을 **대표해서** 혹은 **대신해서** 고난을 당한다. 따라서 위에 인용한 구절에서 마태는 예수가 행하고 있는 하나님 나라의 구속이 **이사야가 말하는 종의 역할을 맡은 예수가 그 고통을 전복시키기 위해 다른 이들의 고통과 연대했기에 일어난다고** 주장하는 셈이다. 더 나아가 이때 사용되는 언어 자체가 대리적이다. 그 종은 우리의 연약한 것을 "친히 담당했고" 우리의 질병을 "짊어졌다." 십자가에서 예수는 우리의 고통과 고난(우리의 죄의 결과들)의 근본 원인을 처리했다. **예수가 치유를 행하고 하나님 나라의 구속의 능력을 분출시키는 것은 십자가에서 우리의 죄가 제거되고 새 삶의 능력이 풀려나기 때문이다.**[8]

요한복음 2:1-11, 10:10

예수의 고향 나사렛에서 가까운 작은 마을 가나에서 열렸던 혼인잔치

자리에서 예수의 어머니 마리아가 예수에게 결혼식 손님들이 포도주를 다 소비했다고 알린다. 어떤 이유에서인지 예수는 다음과 같은 말로 어머니의 낯을 뜨겁게 만든다. "여자여[혹은 어머니], 왜 나를 끌어들이십니까?"(요 2:4, NIV). 다시 말해 그는 도대체 왜 어머니가 자신이 결혼식 손님들에게 포도주를 제공하는 문제와 관련해 무언가를 할 수 있다고 여기는지 의아해한다. 이어서 예수는 어머니에게 자기는 하나님이 정하신 때에 그분의 일을 할 것이라고 말한다. 그러고 나서 잠시 지체하다가 결국 그는 마리아가 자신이 해주기를 바라는 그 일을 한다. 그렇다. 아주 기꺼워하지는 않으면서 그렇게 한다.

하지만 예수는 단지 그의 어머니가 요청했던 일만 하는 것에 그치지 않았다. 그는 그보다 훨씬 더 많은 일을 했다. 그리고 이 이야기를 (비록 그 단어가 사용되고 있지는 않으나) 하나님 나라 이야기로 만드는 것은 바로 그 "더 많은 일"이다. 이때 예수는 자기가 하나님 나라의 구속에 대해 말했을 때 그 말 속에 들어 있던 것을 드러낸다. 우리는 요한복음이 전하는 이 이야기의 앞부분에서 몇 가지 중요한 요소들에 주목해야 한다. 그 잔치집에는 약 "113리터"(NIV, 정확하게는 "113.56리터"다)를 담을 수 있는 "돌항아리 여섯"이 있었다. 예수는 종들에게 그 항아리들에 물을 가득 채우라고 말한다. 그러고 나서 그는 그 물을 포도주로 변화시킨다. 이것이 바로 우리가 이 결혼식 잔치 사건을 제대로 이해할 수 있는 중요한 열쇠다.

총 681리터의 포도주…그것은 908병의 포도주다. 그리고 그것은 아주 많은 양이다!

약 681리터의 물을 담을 수 있는 6개의 항아리, 그리고 0.75리터

(750ml)는 오늘날의 포도주 1병 정도 되는 양이다. 오늘날로 따지면 예수는 그 결혼식 잔치 자리에 약 908병의 포도주를 공급했다는 이야기다. 예수는 그저 각 사람의 포도주 부대나 머그잔이나 주전자를 포도주로 채울 수도 있었을 것이다. 하지만 그렇게 하는 대신 그는 믿기 어려울 만큼, 그리고 아름답다고 할 만큼 풍성한 무언가를 하기로 했다. 그는 정결례를 위해 사용되던 평범한 물항아리들을 취해 풍성한 기쁨을 담아 전하는 용기容器로 만들었다. 그 결혼식이, 수많은 하객이 참석하는 왕실의 결혼식이거나 정결례에 크게 관심을 쏟는 바리새인들이 많이 참석하는 결혼식이었다는 언급은 어디에도 없다. 모든 정황은 그 결혼식이 평범한 마을 공동체에 있었던 평범한 갈릴리 사람들을 위한 평범한 결혼식이었음을 보여준다. 그런 결혼식에서 908병의 포도주는 과하다! 그 결혼식 잔치에 참석한 손님들이 예수가 만들어낸 그 풍성함에 대해 보인 반응은 분명히 크게 놀라며 웃는 것이었으리라. 하나님 나라의 구속은 순전한 풍성함이다.

그러나 예수에게 하나님 나라의 삶은 또한 싸움이기도 했다. 예수는 싸움터에 있었다. 그리고 그는 누가 자신의 적대자인지 알고 있었다. 도둑이 바라는 것은 "도둑질하고 죽이고 멸망시키는 것이다." 요한복음 10:10은 예수의 말을 이렇게 전한다. "도둑이 오는 것은 도둑질하고 죽이고 멸망시키려는 것뿐이요, 내가 온 것은 양으로 생명을 얻게 하고 더 풍성히 얻게 하려는 것이라."

예수는 그의 친구들 사이에서 사악한 무언가가 작동하고 있음을 보았다. 도둑이 사람들의 꿈을 도둑질하고 소망을 없애며 삶을 파괴하기 위해 활동 중이었다. 그 도둑은 사람들이 참된 사랑을 잃어버리고 자신들의 삶을 망가뜨리며 하나님이 그들에게 바라시는 모습을 위해 애쓰지 않기를 바랐다. 오히려 그는 사람들이 자기들이 얻을 수 있는 모든 것을 움켜쥐고 정의에 대해서는 잊기를 바랐다. 그는 사람들이 서로 싸움을 벌이도록 그들을 갈라놓고 싶어했다. 그는 그들이 지금의 삶은 잊어버리고 내세에만 몰입하기를 바랐다. 그러나 예수는 그들의 꿈을 생생한 현실로 만들기 위해 왔다. 그리고 사람들이 해야 할 모든 것은 예수가 제공한 포도주를 마시는 것뿐이었다. 그가 제공한 풍성한 포도주는 그가 누리고 있는 풍성한 삶에 대한 표현이었다.

지금까지 우리는 하나님 나라의 구속의 모형을 제시하는 네 개의 본문에서 몇 가지 통찰을 얻었다. 그 본문들이 제시하는 것은 아래와 같다.

- 오랫동안 기다려왔던 하나님 나라가 분출하고 있다.
- 하나님 나라는 예수 안에서 하나님 나라의 구속을 가져온다.
- 예수를 통해 드러나는 하나님 나라의 구속의 핵심은 십자가와 부활이다. 거기서 죄가 처리되고 새로운 삶이 발생한다.
- 하나님 나라의 구속이 제공하는 새 포도주 같은 삶은 그 어떤 이의 꿈이나 기대도 넘어설 만큼 풍성하고 무성하다.

따라서 하나님 나라의 구속은 곧 하나님의 일이다. 그리고 하나님은 예수를 통해서, 그리고 자신들의 죄로 인해 곤경에 처한 이들에게 제공되는 죄의 문제를 처리하는 십자가와 새로운 생명을 만들어내는 부활을 통해서 그 일을 하신다. 죄 문제를 다루지 않는, 십자가에서 그

능력을 발견하지 않는, 예수를 일차적 중재자로 보지 않는, 그리고 그 모든 것을 하나님의 새 창조의 분출로 보지 않는 그 어떤 "구속" 활동도 하나님 나라의 구속이 아니다. 설령 그것이 사람들을 해방시키고 그 자체로 선하며 공동선을 위한 것일지라도 그러하다.

하나님 나라의 구속은 영적이고 우주적이다: 퇴마사 예수

예수를 통해 드러나는 하나님 나라의 구속 사역에 대한 다양한 묘사들 중에는—예컨대, 마태복음 8-9장에서 발견되는 것과 같은—그가 "마귀"라고 불리는 영적 세력과 악한 권세들로부터 사람들을 해방시키는 경우들이 들어 있다(마 8:16-17, 28-34; 9:32-34). 그리고 이것은 우리로 하여금 하나님 나라의 구속이 **우주적인** 것임을 깨닫도록 이끈다. 복음서에는 예수가 마귀를 내쫓는 것에 관한 다섯 가지의 예들이 더 있다(막 1:23-28; 7:24-30; 9:14-29; 마 12:22-23; 눅 8:2). 우리는 대체로 퇴마退魔를 일종의 속임수라고 이해하는 세상에서 살고 있다. 심지어 사회과학자들이 자신들의 역할을 감당하면서 다음과 같이 말할 때조차도 그러하다. "기다리세요. 여러분, 현대성modernity은 우리에게 증거를 사용하라고 가르칩니다. 그리고 지금 인간이 영적 전쟁을 치르고 있음을 보여주는 증거는 적지 않습니다." C. S. 루이스C. S. Lewis가 한 유명한 말은 거듭 상기할 만한 가치가 있다. "우리 인간이 마귀들과 관련해 빠질 수 있는 동등하면서도 상반되는 두 가지 잘못이 있다. 하나는 그들의 존재를 믿지 않는 것이고, 다른 하나는 그들의 존재를 믿고 그것들에 건강하지 못한 관심을 과도하게 보이는 것이다. 그들[마귀들]은 두 가지 잘못 모두를 동등하게 기뻐한다. 그리고 동일한 기쁨을 지니고 물질주의자나 마술사들을 환호하며 맞이한다."[9] 예수는 깊고 어두운 우주적 세력을 경험했고 정복했다.

히브리서 기자가 말하듯이(히 2:14), 그리고 베드로 역시 그렇게 말하듯이(벧전 5:8) 마귀를 따르는 삶은 언제나 죽음으로 이어진다. 이 이야기는 이스라엘의 이야기에 깊이 뿌리를 내리고 있다. 왜냐하면 에덴동산에서 하나님이 내리신 징벌은 죽음이었고, 그것은 정확히 에덴의 뱀이 원했던 것이었기 때문이다. 뱀은 아담과 하와가 죽는 것을 원했다. 은혜롭게도 (그리고 우리에게는 다행스럽게도) 하나님은 오랫동안 그들이 그 곤경에서 벗어나게 해주셨다. 하지만 어느 의미에서 이 세상은 그 죄로 인해 마귀의 어두운 세력에 넘어가고 말았다. 마귀는 마치 세상이 자기의 것이기라도 한 양 예수에게 그것을 넘겨주려고 했다(눅 4:6). 예수가 세상 속으로 풍성하고 성대한 삶을 들여올 때, 그것은 그가 세상을 심판하고 자신의 죽음으로 죽음을 내쫓는 시간이 될 것이다(요 12:31). "이 세상의 임금"이 예수를 원한다(요 14:30). 하지만 오히려 모든 정죄를 끝내는 예수의 죽음을 통해 세상의 임금 자신이 정죄된다(요 16:11). 그러는 사이에 마귀는 사람들에게 육체적으로, 도덕적으로, 제도적으로 영향을 준다. 그중 마지막 것은 종종 "정사와 권세들"이라고 불리는데, 그것은 "멸망의 가증한 것"의 역할을 하는 적그리스도라고 불리는 존재 안으로 들어가 응고된다(막 13:14; 살후 2:8; 계 11:7; 13:1-4).

바로 이런 상황 속에서 예수가 하나님 나라의 구속과 함께 세상 속으로 깨치고 들어와 사람들을 육체적으로, 도덕적으로, 제도적으로 해방시킨다. 예수는 하나님의 성령을 통해 세상을 우주적으로 구속한다. "그러나 내가 하나님의 성령을 힘입어 귀신을 쫓아내는 것이면 하나님의 나라가 이미 너희에게 임하였느니라"(마 12:28). 고대 세계의 퇴마에 관한 세계적인 전문가 그래함 트웰프트리Graham Twelftree는 이 모든 것을 조밀한 문장으로 요약한다. "예수에게 퇴마 사역은 하나님 나라를 위한 예비적 단계의 일이나, 하나님 나라에 대한 징표나, 하나님 나라가 이르렀다는 표시나, 심지어 하나님 나라에 대한 예시가 아니었다. 오히려 그것은 실제로 가동 중에 있는 하나님 나라 그 자체였다."[10] 악에 대한 조직적인 해체를 포함하는 우주적 구속은 성령이 선도하는 구속이 만들어내는 것이다.

그렇다면 하나님 나라의 구속이란 무엇인가?

하나님 나라의 구속은, 만물 위에 죽을 운명의 징표를 그려 넣는 우주적 세력이 지배하고 있는 세상에서 이루어지는 하나님의 일이다. 하나님은 예수를 통해 성령의 능력으로 사람들의 죄를 용서해 모든 죽음을 초래하는 포로상태에서 그들을 해방시킨다. 그것이 물리적인 것이든, 영적인 것이든, 제도적인 것이든 간에 말이다. 하나님 나라의 구속의 능력은 그 초점이 예수에게, 즉 그의 삶에, 죽음을 흡수해버리는 그의 죽음에, 그리고 그의 부활에 맞춰진다. 이 부활한 예수가 성령을 통해 지금 여기서 하나님 나라의 구속을 풀어놓는다.

오늘날 하나님 나라는 너무 자주 윤리로 귀착된다. 그런 식으로 생각하는 이들에게 하나님 나라는 결국 정의에 지나지 않는다. 다른 이들은 하나님 나라의 구속을 개인적 구원으로 축소시킨다. 양쪽 모두 통전적 구속을 부인한다. 이제 나는 하나님 나라의 구속에 대한 이런 식의 묘사가 하나님 나라의 사명에 대해 어떤 의미를 갖는지 살펴보려고 한다.

하나님 나라는 사람들에게 능력을 부여하는 성령의 분출일 뿐 아니라, 예수의 구속적 죽음과 부활을 통한 하나님의 구속적 능력의 분출이다. 따라서 모든 하나님 나라의 사명은 구속과 관련될 수밖에 없다. 그런데 도대체 그것은 무엇으로부터의 구속인가? 하나님 나라의 사명은 우리에게 족쇄를 채워 죽음에 묶어두는 모든 것으로부터 우리를 구속한다. 따라서 **하나님 나라의 구속은 통전적 구속이다.**

기독교적 행동주의는 스펙트럼의 양쪽 극단을 향하는 경향이 있다. 어떤 이들은 개인 전도와 영혼 구원에 전력한다. 이는 그들이 죄와 개인적 구원의 필요에 대해 말하는 복음전도에 초점을 맞추고 있음을 의미한다. 이런 부류의 사람들에게 하나님 나라의 구속은 개인의 구원과 관련되어 있고, 하나님 나라의 사명은 (오직) 복음전도가 될 뿐이다. 다른 이들은 사회정의 및 몸이나 정신 혹은 공동체 전체의 구속에 초점을 맞춘다. 그들에게 하나님 나라의 구속은 불의를 타파하고 정의를 세우는 것과 관련되어 있다. 또한 그들에게 하나님 나라의 사명은 정의와 평화를 위해 행동하는 것이다. 따라서 그 스펙트럼에는 두 가지 극단이 존재한다. 곧 복음전도와 정의, 혹은 영적 차원의 사명과 사회적 차원의 사명이라는 두 가지 극단이다. 여기서 나는 하나님 나라의 사명이 무엇인지에 대한 (이런 두 가지 견해와 대조되는) 세 번째 견해를 제시하고자 한다. 그 세 번째 견해는 하나님 나라의 사명의 세 가지 중요한 특징에 주목한다.

첫째, 하나님 나라의 사명은 복음전도의 우선성을 인정하지만 그 사명의 사회적 차원을 위한 자리가 무엇보다도 세상에 대한 증인으로서의 교회 안에 있어야 한다고 여긴다. 그리스도인들은 한 세기 이상 이것을 두고 다퉈왔다. 크리스토퍼 라이트는 그의 걸작 『하나님의 선교』The Mission of God(IVP 역간, 2010)의 후속편인 『하나님의 백성의 선교』The Mission of God's People(IVP 역간, 2010)에서 우선성에 관한 질문을 제기한다. 영적인 것과 사회적인 것 중 어느 것이 더 우선인가?[11] 나는 라이트가 제기한 모든 쟁점의 틀을 이루는 중요한 문장을 인용할 것인데, 여기서 그는 존 스토트John R. W. Stott를 인용한다.

이것은 우리를 복음전도와 사회적 책임 사이의 파트너십이 동등한 것인지 아니면 동등하지 않은 것인지, 즉 그 둘이 동일하게 중요한 것인지 아니면 하나가 다른 하나보다 우선하는 것인지에 관한 질문으로 이끌어간다. 「로잔 언약」Lausanne Covenant은 "교회가 희생적으로 해야 할 일 중에서 복음전도가 최우선이다"(6항)라고 확언한다. 비록 우리 중 어떤 이들은 이 구절에 대해 불편함을 느끼겠지만, 우리는 이 구절이 복음전도와 사회적 책임 사이의 파트너십을 깨뜨리지 않게 하기 위하여 그것을―이미 언급한 특별한 상황과 소명에 더하여―두 가지 방식으로 지지하고 설명할 수 있다.

첫째, 복음전도는 분명한 우선권을 갖고 있다. 지금 우리는 변하지 않는 시간상의 우선권에 대해 말하는 것이 아니다. 왜냐하면 어떤 상황에서는 어떤 사회적 사역이 우선권을 가질 것이기 때문이다. 오히려 지금 우리는 논리적 우선권에 대해 말하고 있는 것이다.…만약 사회적 행동이 (우리가 지금껏 주장해왔듯이) 복음전도의 결과이자 목표라면, 그때는 복음전도가 그것에 앞서야만 한다. 더 나아가 어떤 나라들에서 사회의 진보는 만연한 종교 문화에 의해 방해를 받고 있다. 오직 복음전도만이 이것을 바꿀 수 있다.

둘째, 복음전도는 사람들의 영원한 운명과 상관이 있다. 그리고 그리스도인들은 사람들에게 구원의 복된 소식을 전하는 과정에서 다른 그 누구도 할 수 없는 일을 한다. 우리는 육체적 허기를 채워주는 것과 영적 허기를 채워주는 것 사이에서, 혹은 육체를 치유하는 것과 영혼을 치유하는 것 사이에서 선택하려고 하면 안 된다. 왜냐하면 우리의 이웃을 향한 참된 사랑은 그들을 하나의 전인숖ᄉ으로 여기며 섬기도록 이끌 것이기 때문이다. 그럼에도 만약 우리가 선택을 해야 한다면, 그때 우리는 모든 인간의 우선적이고 궁극적인 필요는 예수 그리스도의 구원의 은혜이며 한 인간의 영원한 영적 구원은 그의 현세적이고 물질적인 안녕보다 훨씬 더 중요하다고 말해야만 한다(참고. 고후 4:16-18). 「태국 선언문」Thailand Statement이 표명하듯이, "인간의 모든 비극적인 필요들 중에서 회개하고 믿기를 거부하는 이들이 그들의 창조주로부터 소외되고 영원한 죽음을 겪을 것이라는 무서운 현실보다 더 큰 것은 아무것도 없다." 그러나 이런 사실이 우리를 인간의 빈곤과 압제를 줄이는 문제에 대해 무관심해지게 해서는 안 된다. 우리는 이 둘 사이의 선택은 대개 개념적인 것이라고 믿는다. 실제로는 예수의 사역에서처럼, 적어도 열린사회에서는, 그 둘은 불가분의 관계다. 그 둘은 서로 경쟁하기보다는 양쪽 모두에 대한 점증하는 관심이라는 상향식 나선형을

이루면서 서로를 상호 지원하고 강화한다.[12]

이 선언은 "그 둘은 불가분의 관계다"라고 말하면서 우리 논의의 핵심을 찌른다. 크리스토퍼 라이트는 두 개의 서로 다른 중요한 행위를 제시한 후 그중 어느 것이 우선적인지를 헤아리는 일(예컨대, 기도냐 성서 읽기냐?)의 어리석음에 어이없어 한다. 그래서 그는 개인 구원의 논리적 우선성에 동의하면서도 우리가 두 가지 모두를 하나님의 선교적 관심사로, 또한 "완전한 선교"를 위한 그분 자신의 입장으로 여길 것을 요구한다.[13]

나는 이 논쟁에서 종종 드러나는 양극성으로 인해 당혹감을 느낀다. 종종 우리는 영적 구속과 사회적 구속을 맞세워놓고 과연 전자가 우선권을 갖는지에 대해 궁금해한다. 그러나 문제는 "사회적 구속"이 공적 영역에서 공익을 위해 선을 행하는 것과 상관이 있으며 아마도 "사회적 구속"이라고 불려서도 안 된다는 데 있다. 사실 종종 이런 식의 접근법에서 교회는 영적인 무언가가 되고 사회는 비영적이며 사회적인 그 무엇이 된다. 대조적으로 통전적 구속은 교회의 자리 안에서 영적 구속과 사회적 구속 두 가지 모두를 이뤄낸다. 그리고 교인들은 사랑과 성결과 정의와 평화의 모습으로 공동체 속으로 나아간다. 따라서 양극성은 교회가 **단지** 영적인 교제일 뿐이라는 가정에서 나오는 것이다. 하지만 예수가 교회를 고안한 것은 지금 이곳에서 하나님 나라를 구현하기 위함이었다. 요컨대, 통전적 구속의 사회적 차원은 **무엇보다도** 교회라고 불리는 사회적 현실 안에서 발견되어야 한다. 예수의 추종자들이 내가 앞에서 "선한 일"이라고 묘사했던 것을 가지고 사회와 상관해야 한다는 것은 재론의 여지가 없다. 만약 그들이 선한 일에 관심을 두지 않는다면, 그들은 예수의 추종자로서 실패한 셈이다. 그러나 우리가 우리의 사회적 행동, 즉 우리의 선한 일을 "사회적 구속"이라고 부르는 것은 다시 한 번 "구속"을 그와 맞먹는 세속적 가치로 바꾸는 것이며 또한 구속이 의미하는 것의 영광을 타협하는 것이다. 여기서 나는 그 문제에 대해서 좀 더 상세하게 설명하고자 한다.

둘째, 하나님 나라의 사명은 하나님 나라 백성들 가운데서 이뤄지는 다차원적 구속에 초점을 맞춘다. 구원은 죄에서 또는 바울이 말하는 우리의 아담적 상황(롬 5:12-21; 고전 15:20-23)으로부터의 구원이다. 고린도전서 15:3-8에 실려 있는 복음적 진술은 이 점을 분명히 한다. "성서대로 그리스도께서 우리 죄를 위하여 죽으셨다." 기독교 신앙의 "이야기"에서 나타나는 한 가지 긴장은 이야기의 등장인물들이 하나님에 맞서 반역을 일으키고 자기들이 하나님**처럼** 되기보다는 스스**로 남신과 여신들이 되는** 쪽을 택했다는 것이다. 성서는 아주 다양한 표현들(반역, 불신실, 불충, 배은망덕, 더러워짐, 방황, 불법을 행함, 범죄, 그리고 실패 등)을 사용해 인간을 죄인들로 묘사한다. 죄인들에게는 구속이 필요하다. 그리고 이런 구속 역시 다양한 말들로 묘사될 수 있다. 만약 우리가 더럽다면 우리는 깨끗해질 필요가 있다. 만약 우리가 반역을 했다면 우리는 굴복하고 질서 안으로 편입될 필요가 있다. 만약 우리가 방황하고 있다면 우리는 발견되어 바른 길로 되돌려질 필요가 있다.[14] 성서 전체에서 이와 관련된 가장 간결한 진술은 아마도 로마서 5:12일 것이다. "그러므로 한 사람으로 말미암아 죄가 세상에 들어오고 죄로 말미암아 사망이 들어왔나니 이와 같이 **모든 사람이 죄를 지었**

으므로 사망이 모든 사람에게 이르렀느니라." 그렇게 해서 죄가 그 이야기 속에서 긴장을 만들어낸다. 반면에 하나님 나라의 왕은 자기 백성이 저지른 죄의 짐을 짊어지고 운반하는 방식으로, 또한 스스로 다른 이들의 빚과 죄책을 떠안아 제거하는 방식으로 그들을 구속하고 구원하며 용서한다. 하나님 나라의 사명은 이렇게 십자가와 부활을 통해 죄로부터의 구속을 풀어낸다.

또한 구원은 우리를 **악한 자의 지배**로부터 구해낸다. 성서의 "우주론"은 다소간 두려움을 주며 사람들이 그것을 비신화화하도록 이끌어간다. 하지만 성서의 진정성과 사회 과학의 경고 모두 이 세상에서 작용하고 있는 우주적이고 악마적인 세력들이 있음을 보여준다.[15] 예수에 대한 첫 번째 공격은 시험 이야기에 등장하는 마귀들의 왕으로부터 왔다. 그 이야기에서 예수는 떡, 신임, 그리고 세상에 대한 통치라는 유혹을 받는다(마 4:1-11). 이런 싸움은 복음서 전체를 통해 계속되면서 점차 사도들의 저작들 안으로 옮겨간다. 거기서 우리는 하나님과 하나님의 백성에게 적대적인 적으로서 삶을 왜곡하고 죽음을 좇는 어둠의 세력들과 마주한다(고후 4:4; 벧전 5:8-9).[16] 이에 대한 신약성서의 증거는 고루 퍼져 있고 또한 분명하기에 우리는 두 가지 중 하나를 선택할 수밖에 없다. 즉 우리는 마귀의 영이 작용하고 있는 우주론을 받아들이거나 받아들이지 않아야 한다. 나는 하나님 나라의 사명은 그런 우주론을 받아들인다고 주장하는 편이다. 따라서 하나님 나라의 사명은 마귀와 마귀의 졸개들로부터의 해방과 구속을 추구한다. 하나님 나라의 사명은 어떤 형태의 악들이 사탄에게서 유래하는 것으로 적시하는 것을 주저하지 않는다. 또한 하나님 나라의 사명은 구원을 마귀의 손아귀에서 신이 구조하는 것으로 묘사하고, 그런 식의 구원을 속죄와 해방이라고 부르는 것을 주저하지 않는다.[17] 하나님 나라의 사명은 적의 영토로 알려진 세상 안으로 들어간다. 나아가 그것은 대적에게 사로잡혀 있는 희생자들의 해방을 추구하면서 십자가의 능력 안으로 들어가 성령의 능력을 덧입는다.

구원은 **조직적인 악**으로부터의 구출을 의미한다. 나는 신약성서에 나오는 "정사와 권세"라는 표현에서 조직적인 악을 발견하는 이들에게 동의하며, 그런 권세들이 십자가와 부활 사건을 통해 패퇴했다는 주장에도 동의한다(골 2:13-15).[18] 가장 이른 시기의 기독교가 갖고 있었던 보다 주목할 만한 특징 중 하나는 적의 참된 정체에 대한 통찰이다. 이스라엘의 대적들은 로마나 이집트, 그리스나 바빌론 같은 제국들이었다. 그리고 그런 지상의 적들에 대한 생각은 유대인의 모든 사고의 언저리에 숨어 있었다. 그러나 예수와 사도들의 시대 즈음에 그런 세상의 적들은 보다 깊은 세력, 즉 "정사와 권세들"과 연결되어 있었다. 마귀와 그 시대의 권세들에 대한 마귀의 영향이야말로 참된 적이었다.[19] 바울은 로마의 사악하고 불의한 제도 안에서 마귀가 움직이고 있음을 보았다. 또한 그는 십자가와 부활 사건 안에서 그런 권세들(사실상 로마 그 자체)이 패퇴하는 것을 보았다. 그러하기에 바울은 이렇게 주장할 수 있었다. "우리의 씨름은 혈과 육을 상대하는 것이 아니요, 통치자들과 권세들과 이 어둠의 세상 주관자들과 하늘에 있는 악의 영들을 상대함이라"(엡 6:12). 그리고 그는 그 시대의 권세들에게 다음과 같은 방식으로 저항하는 영적 실천을 통해 자신의 주장을 철저히 보강할 수 있었다.

그러므로 하나님의 전신 갑주를 취하라. 이는 악한 날에 너희가 능히 대적하고 모든 일을 행한 후에 서기 위함이라. 그런즉 서서 진리로 너희 허리띠를 띠고, 의의 호심경을 붙이고, 평안의 복음이 준비한 것으로 신을 신고, 모든 것 위에 믿음의 방패를 가지고, 이로써 능히 악한 자의 모든 불화살을 소멸하고, 구원의 투구와 성령의 검 곧 하나님의 말씀을 가지라(엡 6:13-17).

하나님 나라의 사명 혹은 (상기시키기 위해 언급하는데) 교회의 사명은 그런 권세들을 물리치기 위해 이 세상 안에 하나님의 구속의 능력을 풀어놓는 것이다(고전 15:24). 어떻게? 그것은 하나님을 예수 안에 계신 왕으로 선포하고, 또한 왕이신 예수 안에서─그리고 다시 한 번 강조하는데─교회라고 불리는 백성을 통해 구속을 제공함으로써다. 이 구속은 다중적이고 통전적이다. 사람들은 죄의 짐과 죄책으로부터, 고통을 초래하는 마귀의 힘으로부터, 그리고 조직적인 악의 압제적인 특성들로부터 구속을 얻어 **지금 여기서 하나님 나라의 공동체를 세운다.**

거듭 말하지만 오늘날 우주적 하나님 나라의 구속을 받아들이는 많은 이들이 정부가 유지하는 부당한 제도들에 맞서 싸워야 한다는 유혹을 받는다. 그리고 그런 노력을 선한 것으로 인정하지 않을 바보는 어디에도 없다. 그러나 하나님 나라의 사명이 교회의 사명이라면 우리는 이런 구속의 능력이 하나님 나라 백성을 위해 교회 안에서 분출되는 것을 볼 필요가 있다. 다시 말해 **정사와 권세에 맞서는 일은 무엇보다도 이 세상의 악한 제도에 의해 영향을 받거나 물들지 않은 지역 교회 안에서 드러나야 한다.** 하나님 나라의 사명은 지역 교회들에서 형성된 교제 안에서 하나님 나라를 구체화시키는 것을 추구한다. 분명히 말하지만 이 세상의 시민이기도 한 하나님 나라의 백성은 인종주의와 경제적 불의, 법을 통한 억압 같은 불의에 맞서야 하며 공동의 선에 가장 크게 부합하는 것을 추구해야 한다. 그러나 그것을 곧 하나님 나라의 일이라고 여기고자 하는 유혹에는 마땅히 저항해야 한다. 왜냐하면 하나님 나라는 하나님의 뜻을 따라 살아가는 하나님의 백성이기 때문이며, 또한 하나님 나라의 사명은 무엇보다도 하나의 교제로서 왕이신 예수의 통치 아래서 살아가는 구속의 현실과 관련되어 있기 때문이다.

셋째, 하나님 나라의 사명은 지금 여기서 오직 부분적으로만 이루어진 구속일 뿐이다. 우리 모두는 교회의 문제를 알고 있다. 어째서 교회는 이토록 혼란스럽고, 부적절하고, 분열되어 있고, 정사와 권세들의 영향으로 인해 숭숭 구멍이 나 있는가? 어째서 교회는 불완전한 구속으로 인해 이토록 두들겨 맞고, 구속이 단지 영적일 뿐이라는 생각으로 인해 스스로를 왜소하게 만들고 있는가? 이런 상황에서 어떻게 우리가 우리의 교회를 하나님 나라라고 부르며 그것을 그 나라와 연결시킬 수 있는가? 나는 여기서 다시 한 번 우리가 종말론에, 그리고 특히 우리가 이미 살펴보았던 ("이미"와 "아직" 사이의—역자 주) 긴장에 주목해야 한다고 주장하는 바다. 하나님 나라는 이미 출범했으나 아직 온전하게 완성되지 않았다. 하나님 나라는 부분적으로는 여기에, 그리고 부분적으로는 미래에 존재한다. 교회는 그리스도의 성스러운 신부이지만 오직 그 나라가 완성될 때에만 흠 없고 순결한 존재가 될 것이다. 신약성서에서 구원은 세 가지 시제 모두로 표현된다. 왜냐하면 하나님 나라가 이제 겨우 출범했기 때문이다. 즉 우리는 구속되었고(과거), 구속되

고 있으며(현재), 구속될 것이다(미래).[20]

우리가 소망으로 구원을 얻었으매(롬 8:24).

그러므로 나의 사랑하는 자들아, 너희가 나 있을 때뿐 아니라 더욱 지금 나 없을 때에도 항상 복종하여 두렵고 떨림으로 너희 구원을 이루라(빌 2:12).

또한 너희가 이 시기를 알거니와 자다가 깰 때가 벌써 되었으니 이는 이제 우리의 구원이 처음 믿을 때보다 가까웠음이라(롬 13:11).

구원의 이런 삼중적 의미는 구원의 통전적 의미 및 하나님 나라의 구속과 상관이 있다. 과거에 우리의 구원은 그리스도의 죽음과 부활을 통해 성취되었다. 현재 그 구원은 다양한 방식으로 모습을 드러내며 성장하고 있으나, 아직은 어느 의미로도 완성되지 않았다. 그러나 미래에는 통전적 구원, 즉 우리의 자아 전체, 우리의 몸 전체, 우리의 교제 전체의 구원이 완성되고 완전해질 것이다.

하나님 나라의 사명은 구속된 자들, 즉 구속되고 있는 자들과 구속될 자들의 교회라는 상황 속에서 통전적 구원을 제공한다. 하나님 나라의 사명은 구속된 자들의 공동체를 형성한다. 이런 종류의 구속을 제공하지 않는 그 어떤 사명도 하나님 나라의 사명이 아니다.

제10장   # 하나님 나라는 도덕적 교제다
Kingdom Is a Moral Fellowship

1세기 갈릴리의 유대인들이 사용했던 "하나님 나라"라는 용어에는 다음과 같은 몇 가지 요소들이 함축되어 있었다. 왕, 백성, (종종 성전 같은 몇몇 성소들을 포함하는) 땅 혹은 장소, 그리고 백성들의 행동을 통제하는 율법. 자신들의 나라에 대한 이스라엘 사람들의 비전 한 가운데 모세의 율법이 있었다. 율법에 대한 순종이야말로 이스라엘 사람들의 특징을 이룬다. "다른 사람들"은 율법에 대한 그들의 불순종으로 인해 이스라엘 밖에 있는 것으로 규정된다. 그렇다면 예수가 하나님 나라의 도래를 선포했을 때 또한 그는 새로운 하나님 나라의 율법을 제시했던 것일까? 이 장에서 나는 그 땅에서—그 땅은 예수 시대에 얼마간 확장되지만 복음을 들고 세상 끝으로 나아갔던 사도들의 시대에 가장 두드러지게 확대되었다—자신의 나라의 백성을 다스리는 왕이신 예수에게 "하나님 나라의 율법"이 어떻게 보였을지를 설명해보려 한다. 그 나라의 백성들은—심지어 훗날 이방 세계로부터 그 나라의 울타리 안으로 들어올 사람들까지도—특별한 행동과 핵심 지향점이라는 특징을 지녀

야 한다. 그러나 무엇보다도 먼저 그들은 그 나라 안으로 "들어갈" 필요, 혹은 그 나라의 백성이 되어야 할 필요가 있다. 즉 그들은 하우어워스와 윌리몬이 "기독교 식민지"Christian colony라고 부르는 곳 안으로 들어갈 필요가 있다.[1]

하나님 나라의 도덕적 교제 안으로 들어가기

하나님 나라는 왕이신 예수에 의해 다스림을 받으며 그가 가르친 삶의 방식을 따라 살아가는 구속된 백성이다. 그러나 예수의 다스림을 받으며 살기 위해 우리는 먼저 예수의 다스림 아래로 혹은 그의 나라 안으로 "들어가야" 한다. 이것은 그런 일이 일어나는 순간 또는 회심이 시작되는 일련의 순간들이 있어야 한다는 것을 의미한다.[2] 이것은 이제 우리 모두에게 도전이 된다. 예수의 가르침에 따르면 하나님 나라 안으로 들어가는 것은 "도덕"에 달려 있다. 복음서에는 모두 7개의 "들어감"entrance에 관한 어록이 등장하는데, 우리로서는 예수가 갈릴리의 언덕과 집들에서 그 주제와 관련해 했던 말의 의미를 곱씹기 위해 그것들을 하나씩 천천히 읽어볼 필요가 있다.[3] 아래에 그 구절들이 있다. 들어감을 위한 조건들은 굵은 글씨로 강조해두었다.

내가 너희에게 이르노니 **너희 의가 서기관과 바리새인보다 더 낫지 못하면** 결코 천국에 들어가지 못하리라(마 5:20).

나더러 주여, 주여 하는 자마다 다 천국에 들어갈 것이 아니요, **다만 하**

늘에 계신 내 아버지의 뜻대로 행하는 자라야 들어가리라(마 7:21).

이르시되 진실로 너희에게 이르노니 **너희가 돌이켜 어린 아이들과 같이 되지 아니하면 결단코 천국에 들어가지 못하리라**(마 18:3).

만일 네 손이나 네 발이 너를 범죄하게 하거든 찍어 내버리라. 장애인이나 다리 저는 자로 영생에 들어가는 것이 두 손과 두 발을 가지고 영원한 불에 던져지는 것보다 나으니라. **만일 네 눈이 너를 범죄하게 하거든 빼어 내버리라. 한 눈으로 영생에 들어가는 것이 두 눈을 가지고 지옥 불에 던져지는 것보다 나으니라**(마 18:8-9).

예수께서 이르시되 어찌하여 선한 일을 내게 묻느냐? 선한 이는 오직 한 분이시니라. 네가 생명에 들어가려면 **계명들을 지키라**(마 19:17).

예수께서 제자들에게 이르시되 내가 진실로 너희에게 이르노니 **부자는 천국에 들어가기가 어려우니라.** 다시 너희에게 말하노니 낙타가 바늘귀로 들어가는 것이 **부자가 하나님의 나라에 들어가는 것보다 쉬우니라**(마 19:23-24).

화 있을진저 외식하는 서기관들과 바리새인들이여, **너희는 천국 문을 사람들 앞에서 닫고 너희도 들어가지 않고, 들어가려 하는 자도 들어가지 못하게 하는도다**(마 23:13).

이런 구절들을 천천히 읽는 것의 직접적인 효과는 분석적 토론이 제공하는 효과보다 훨씬 더 크다. 어째서인가? 예수가 우리를 놀라게 하면서 그가 우리에게 원하는 것을 생각하도록 만드는 사고의 패턴이 가진 힘 때문이다. 예수가 주장하는 것은 우리가 **하나님 나라에 들어가기 위해서는** 탁월한 의[4]를 지니거나, 혹은 하나님의 뜻을 행하거나, 혹은 겸손과 신뢰에서 어린아이처럼 되거나, 혹은 모든 종류의 장애물을 제거하거나, 혹은 율법의 명령들을 지키거나, 혹은 재산을 포기하거나, 혹은 바리새인과 서기관들의 율법에 대한 가르침들을 포기해야 한다는 것이다. 여기서 내가 굳이 "혹은"이라는 말을 강조해서 사용한 이유는 나로서는 예수가 이 목록을 어느 한 청중에게 준 것이 아니라, 오히려 여러 특정한 상황들 속에서 하나님 나라 안으로 들어가는 데 요구되는 핵심적 헌신을 표현하려 했던 것으로 보이기 때문이다. 요컨대, 하나님 나라로 들어가기 위해 우리는 왕이신 예수께 순종해야 하고 그의 다스림을 받으며 살아야 한다. 여기서 "들어감"은 오늘날 교회에서 벌어지는 일과는 크게 다르다. 오늘날 교회에서는 어떤 이가 유아 세례를 받거나, 혹은 회중석의 중앙 통로를 따라 걸어 내려가거나, 혹은 성인으로서 세례를 받거나, 혹은 그렇게 하기로 결심하기만 하면 그는 교회 안으로 들어온 것으로 간주된다. 그러나 예수는 그렇게 보지 않았다. 그에게 하나님 나라 안으로 들어가는 것은 왕이신 예수의 다스림을 받으며 살기로 결단하는 것을 의미했다. 이때 예수는 "죄 없음"sinlessness에 관해 말하는 게 아니었다(제자들의 잘못, 예수의 질책, 그의 용서, 그리고 제자들이 그들의 지위를 회복함 등이 이것을 입증해준다). 오히려 지금 그는 한 사람의 삶의 "핵심적 헌신"core commitment에 관해 말하는 중이었다. 오직 예수께 그들 자신을 바치는 이들만이 하나님 나라 안으로 들어간다.

"핵심적 헌신"이란 무엇인가? 하나님 나라의 도덕이란 무엇인가? 예수의 추종자들의 도덕적 교제의 특성은 무엇인가? 이런 질문들에 한마디로 답하는 것은 불가능하다. 따라서 우리는 몇 가지 표제 아래서 이런 질문들에 대해 살필 것이다. 먼저 나는 십자가와 십자가를 닮은 삶에서 시작하겠다. 이런 표제들은 모두 예수가 우리에게 원하는 것을 정의하는 데 도움을 줄 것이다.

십자가

예수의 도덕적 특성을 가장 잘 드러내는 진술, 즉 그의 나라의 특성을 결정하고 그 나라를 통치하는 왕의 특성을 보여주는 진술은 마가복음 8:34에서 등장한다. "누구든지 나를 따라오려거든 자기를 부인하고 자기 십자가를 지고 나를 따를 것이니라." 예수는 "십자가"라는 말을 사용해서 많은 이들에게 두려움을 불러일으켰다. 로마 제국 내의 많은 이들은 사람을 십자가형+字架刑에 처할 수 있는 로마의 권력에 두려움을 느꼈다. 그리고 예수 자신이 로마의 그런 권력에 대해 잘 알고 있었다. 왜냐하면 세례자 요한이 로마의 후원을 받는 통치자에 의해 참수되었기 때문이다. 예수는 자신의 운명이 십자가를 지는 것임을 알고 있었다.[5] 십자가형은 로마 제국이 그 어떤 반역이라도 제압할 요량으로 만들어낸 것이었다. 로마 당국은 십자가형을 받는 자의 옷을 벗긴 채 고문을 했고 짐승들이 그의 살점을 뜯어먹게 했으며 가족들이 그 죄수를 매장할 권리를 박탈했다. 이 모든 잔혹한 일은 반역을 방지한다는 명목으로 정당화되었다. 그리고 바로 그것이 예수와 그의 추종자들이 알고 있었던 십자가의 의미였다.

　예수의 공동체로서 예수를 따르는 것은 십자가를 자신들의 삶의 방식으로 받아들이는 것을 의미한다. 이것은 고난, 죽음, 낮아짐, 그리고 그 죽음을 통해 부활의 삶 속으로 들어가는 것을 의미한다. 세상이 하는 말—내가 "세상"이라는 말로 의미하는 것은 로마와 이스라엘 지도자들 모두다—과 예수가 하는 말은 서로 대립한다. 그들이 보존을 말할 때 예수는 십자가를 말했다. 그들이 생명을 말할 때 예수는 죽음을 말했다. 그들이 승리를 말할 때 예수는 패배를 말했다. 그의 죽음은 역설적으로 생명의 길이었다. 그리고 그의 패배는 승리의 길이었다. 예수가 그의 추종자들에게 주장했던 것은 십자가의 삶이었다. 따라서 하나님 나라의 도덕적 교제는 십자가 안에서의 교제다. 신약성서에서 십자가가 단지 속죄를 위한 희생에 그치는 것이 아니라 제자도의 규준으로 등장하는 구절들을 간략하게 살펴보자. 예수는 그리스도인의 삶을 십자가라는 좌표를 따라 그려낸다(눅 9:23). 바울은 십자가를 자기 사역의 모형으로 여긴다(고후 4:10; 빌 3:10-11). 또한 그에게 자기를 희생한 그리스도의 모범은 사랑스러운 교제를 위한 교회의 분투에 대한 해결책으로 제시된다(빌 2:5-11). 그러나 아마도 가장 강력한 것은 제자들이 권세를 탐했을 때 예수가 그들에게 했던 말일 것이다.

　예수께서 불러다가 이르시되 이방인의 집권자들이 그들을 임의로 주관하고 그 고관들이 그들에게 권세를 부리는 줄을 너희가 알거니와, 너희 중에는 그렇지 않을지니, 너희 중에 누구든지 크고자 하는 자는 너희를 섬기는 자가 되고, 너희 중에 누구든지 으뜸이 되고자 하는 자는 모든 사람의 종이 되어야 하리라. 인자가 온 것은 섬김을 받으려 함이 아니라 도리어 섬기려 하고 자기 목숨을 많은 사람의 대속물로 주려 함이니라(막 10:42-45).

예수의 삶은 그리스도인의 삶의 모형이다. 그리고 그의 삶은 십자가와 부활의 삶이다.

히틀러 독재의 그림자 밑에서 웅크린 채 지하 신학교를 운영하던 디트리히 본회퍼는 자신의 학생들에게 제자도에 관한 강의를 했다. 그의 말은 그의 학생들이 처음으로 그 말을 들은 후 거의 70년이 지난 오늘날까지도 예수가 "너희 십자가를 지라"고 말하면서 의미했던 내용을 새롭게 표현해준다.

제자가 되는 이들은 예수의 죽음 안으로 들어간다. 그들은 그들의 삶을 죽음에 내어준다. 처음부터 상황은 그러했다. 십자가는 경건하고 복된 삶의 무서운 종말이 아니다. 오히려 그것은 예수 그리스도와 함께하는 공동체의 시초에 서 있다. 그리스도가 우리를 부를 때마다 그의 부름은 우리를 죽음으로 이끈다. 우리가 최초의 제자들처럼 예수를 따르기 위해 집과 직업을 버려야 하는 것이든, 아니면 루터처럼 수도원을 떠나 세속의 직업을 가져야 하는 것이든 간에 동일한 죽음이, 즉 예수 그리스도 안에서의 죽음, 예수의 부름으로 인한 우리의 옛 자아의 죽음이 우리를 기다리고 있다.[6]

왕이신 예수 아래서 이루어지는 도덕적 교제의 첫 단어는 "십자가"다. 십자가가 우리를 창조하고, 십자가가 우리를 형성하고, 십자가가 우리를 인도하고, 십자가가 우리를 상기시킨다.

의

예수의 추종자들의 도덕적 교제의 특성에 대해 알려주는 두 번째 단어는 산상수훈에 등장하는 "의"다. 예수는 "의에 주리고 목마른 자"를 축복한다(마 5:6). 또한 그는 "의를 위하여 박해를 받은 자"(마 5:10)를 축복한다. 앞에서 우리가 예수의 "들어감"에 관한 어록을 통해 보았듯이 그는 하나님 나라 백성들에게 "서기관과 바리새인보다 더 나은"(마 5:20) 의를 요구한다. 또한 그는 자신의 추종자들에게 은밀하게 "의를 행할 것"을 요구한다(마 6:1). 그 설교의 핵심에 이르러 예수는 이렇게 말한다. "너희는 먼저 그의 나라와 그의 의를 구하라"(마 6:33). 예수가 살았던 세상에서 이 "의"라는 단어는 한 가지 아주 분명한 의미를 갖고 있었다. 그것은 신실한 이스라엘 사람, 즉 율법을 준수하는 이스라엘 사람을 묘사하는 말이었다. 조금 다른 말로 하자면 그것은 하나님의 뜻을 행하는 사람을 묘사했다. 그 설교는 마태복음 7:15-28에서 이런 말을 듣는 이들에게 하나님의 뜻을 행할 것을 명령하는 비유로 마무리된다. 이 설교의 처음부터 끝까지 하나님 나라의 교제는 "의"라는 특징을 지닌 도덕적 교제로 묘사된다. 그 설교에 나타나는 네 가지 주제에 대한 간략한 해설이 우리 모두가 알아야 할 의의 특징을 보여줄 것이다.[7]

의는 선행의 삶을 의미한다 | 하나님 나라 백성들은 세상을 향한 사명을 갖고 있다. 예수는 하나님 나라 백성들에게 그들이 이중의 사명을 갖고 있음을 강조한다. 그들은 "**땅**의 소금"이고, 또한 "**세상**의 빛"이다(우리 말 성서에는 두 단어 모두 "세상"으로 번역되어 있다—역자 주). 많은 이들이 "땅"land[영토라는 개념을 갖고 있다—역자 주]과 "세상"이 같은 것이 며 "소금"은 사회적 영향력이고 "빛"은 전도를 가리킨다고 생각하지만, 나는 예수가 이 단어들을 사용했을 때 서로 다른 의미들에 유념했을 것이라고 본다. 즉 제자들은 그 땅[영토]의 유대인들을 향한 사명과 세상의 이방인들을 향한 사명을 갖고 있었다. 이 사명은 심원하게 도덕적이다. 이것은 무슨 뜻인가? "이같이 너희 빛이 사람 앞에 비치게 하여 그들로 너희 착한 행실을 보고 하늘에 계신 너희 아버지께 영광을 돌리게 하라"(마 5:16). "소금"과 "빛" 모두 이 세상에서의 "착한 행실"이다. 하나님 나라 백성의 근본적인 사명은 "착한 행실"의 삶을 실천하며 하나님께 영광을 돌리는 것이다. 하나님은 하나님 나라 백성들이 신실한 공동체로서 왕이신 예수의 다스림을 받으며 살아갈 때 가장 크게 영광을 받으신다.

의는 예수의 말을 듣는 것을 요구한다 | 다음 단락은 여러 가지 의미에서 산상수훈의 윤리적 비전의 핵심을 이룬다(마 5:17-48). 왕이신 예수는 하나님 나라 백성들에게 하나님 나라의 율법a kingdom Torah을 수여한다. 그 율법의 핵심은 마태복음 5:17-20에서 발견되는데 그것은 매우 중요하다. 따라서 우리의 기억을 되살리기 위해 그 본문 전체를 인용할 필요가 있다.

내가 율법이나 선지자를 폐하러 온 줄로 생각하지 말라. 폐하러 온 것이 아니요 완전하게 하려 함이라. 진실로 너희에게 이르노니 천지가 없어지기 전에는 율법의 일점일획도 결코 없어지지 아니하고 다 이루리라. 그러므로 누구든지 이 계명 중 지극히 작은 것 하나라도 버리고 또 그같이 사람을 가르치는 자는 천국에서 지극히 작다 일컬음을 받을 것이요, 누구든지 이를 행하며 가르치는 자는 천국에서 크다 일컬음을 받으리라. 내가 너희에게 이르노니 너희 의가 서기관과 바리새인보다 더 낫지 못하면 결코 천국에 들어가지 못하리라.

우리가 이 본문을 살피면서 얻게 되는 몇 가지 결론들은 다음과 같다. 첫째, 하나님 나라의 율법은 그 나라의 왕이신 예수 안에서 그리고 그에 의해서 계시된다. 예수는 자기가 율법과 선지자들의 말 모두를 "완전하게 하기 위하여" 왔다고 말한다. 그는 이스라엘의 율법과 선지자들의 말이 그 자신의 가르침 안에서 완성된다고 주장한다. 둘째, 그는 자신의 추종자들을 위해 율법을 파괴하지 않는다. 그는 율법을 무시하지 않는다. 오히려 그는 율법을 가장 온전한 형태로 표현하여 그것을 지속시킨다. 셋째, 하나님 나라 안으로 들어가는 것은 예수가 가르친 하나님 나라의 율법을 행하는 것에 의해 결정된다. 가장 중요한 것은 예수의 하나님 나라 율법이 바리새인들과 율법 교사들이 가르치고 행하던 율법을 **넘어선다는 사실**이다. 이것은 그들이—사실 그들은 대단한 사람들이었다—율법을 외적 순종으로 축소시킨 반면 예수는 내적인 의를 가르쳤기 때문이 아니다. 정말 그런 것이 아니다. 율법에 대한 바리새인들의 가르침은 예수가 와서 율법의 핵심이 하나님을 사랑하고 다른 이들을 자기 자신처럼 사랑하는 것임을 밝히기 전까지는 훌륭한 것이었다. 예수는 바리새인들의 판결들을 넘어서 하나님의 뜻의 핵심을 보았다. 그리고 하나님의 뜻의 핵심(하나님을 사랑하고 이웃을 사랑하는 것)을 따르는 사람은 누구나 율법의 모든 규례를 보다 충분하게, 보다 잘, 그리고 보다 깊게 행하는 것이라 여겼다.

바로 이것이 예수가 마태복음 5:21-48에서 설명하는 내용이다. 누군가를 죽이는 외적 행동만이 살인이 아니다. 예수는 사람들이 심지어 그들의 원수들과의 관계에서도 화해를 이루기를 원한다. 다른 남자의 아내 혹은 다른 여자의 남편과 성관계를 맺는 것만이 간음이 아니다. 간음은 마음에 들어 있는 욕망과 더불어 시작된다. 이혼 역시 예수의 날카로운 눈을 피하지 못한다. 이혼은 잘못이다. 결혼은 일생 동안 지속되어야 하는 언약적 헌신이다. 물론 예외는 있다. 불륜이 그런 경우다. 하지만 예수의 초점은 이혼을 위한 근거가 아니라 결혼 언약의 불가침성에 맞춰진다. 예수는 초월적인 혹은 출중한 의에 대한 그의 주장을 계속해나간다. 예수는 말한다. 진실을 말하라, 그러면 당신은 당신의 주장을 뒷받침하기 위해 굳이 맹세하지 않아도 될 것이다. 율법은 정의와 복수를 명했으나 제한을 두었다. 하지만 예수는 그의 추종자들에게 새로운 종류의 자비를 요구했다. "악한 자를 대적하지 마라", "그들에게 다른 뺨도 돌려대라", "네 겉옷까지 주라", "그 사람과 십 리를 동행하라", "구하는 자에게 주라", 그리고 "네게 꾸고자 하는 자에게 거절하지 마라." 장소가 분명하지는 않지만 당시 어떤 이들은 유대인들이 그들의 이웃들(동료 유대인, 율법을 준수하는 동료 유대인들)을 사랑하고 적들(로마인들)을 미워해야 한다고 믿었던 것 같다. 그러나 예수는 이것이 한 가지 이유 때문에 완전히 잘못되었다고 말한다. 하나님이 모두를 창조하셨다. 하나님이 모두를 지탱하고 계신다. 모든 이는 이웃이다. 적은 없다. 따라서 하나님 나라 백성들은 그들의 적들까지 사랑하고 자기들을 박해하는 자들을 위해 기도해야 한다. 그들이 하나님이 그렇게 하시듯 사람들을 사랑할 때 그들은 "완전해질" 것이다. 이것은 "죄 없음"을 의미하는 게 아니라, 마음과 뜻과 정성과 힘을 다해 하나님을 사랑하고 이웃을 사랑하는 것을 의미한다.

분명히 마태복음 5장은 실용적이지 않다. 그리고 우리는 마치 낚시 바늘에 걸린 벌레처럼 버둥거리며 우리 앞에 무엇이 놓여 있는지 궁금해한다. 하지만 이 장은 하나님 나라의 율법을 보여주지 않는다. 오히려 그것은 하나님 나라 안에서의 삶이 어떤 모습일지를 보여준다. 따라서 그것은 왕이신 예수의 다스림을 받으며 살아가는 하나님 나라 백성들의 도덕적 교제 안에서 나타날 우리 삶의 모습이기도 하다. 이런 원칙이 워싱턴 D.C.에서도 제대로 작동할 것인가 하는 것은 중요하지 않다. 중요한 것은 이것이 이런 방식으로 살지 않는 사람들이 모여 사는 세상에서 하나님 나라 백성들이 더불어 살아가는 방식이 되어야 한다는 것이다.

의는 하나님 앞에서 경건을 행하는 것을 의미한다 | 모든 종교와 문화가 그러하듯이 예수 당시의 유대교는 특정한 관습들에 특별한 무게를 부여했다. 제임스 던은 여러 문맥에서 이런 관습들을 "경계표지들"boundary markers 이라고 불렀다. 반면에 핀란드의 한 학자는 이것들을 "언약적 도로표지들"covenant path markers이라고 부른다.[8] 경건은 행위를 통해 나타난다.

그리고 그런 행위들이 사람을 경건한 자로 드러낸다. 그런 행위를 하는 이들은 경건하고 그런 행위를 하지 않는 이들은 경건하지 않다. 예수 시대에 경건의 세 가지 전형적인 표지들은 구제, 정해진 시간에 드리는 거룩한 기도, 그리고 금식이었다(마 6:1-18). 예수는 이런 경건의 표지 하나하나를 **하나님 나라의 경건**으로 개조했다. 예수가 개조한 하나님 나라의 경건의 핵심은 이런 규율을 다른 이들의 인정을 얻기 위해서가 아니라 하나님을 기쁘게 해드리기 위해 실천하는 것이었다. 예수는 공적인 경건 행위를 금하지 않았다. 그렇지 않다면 그가 공적 기도인 주기도문을 가르치는 것(눅 11:1-4; 참고. 마 6:7-15)을, 혹은 과부가 바친 작지만 정성어린 헌금을 칭찬하는 것(막 12:41-44)을 어떻게 설명할 수 있겠는가? 하나님 나라의 의는 그 초점을 다른 이들의 인정이 아니라 하나님께 맞춘다.

의는 하나님이 우선임을 의미한다 | 이스라엘의 이야기가 시작된 때로부터 유대교 안에 다양한 당파들이 나타날 때까지 한 가지 일관되게 나타난 주제가 있었다. 그것은 이스라엘 백성은 결과에 상관없이 하나님께 순종해야 한다는 것이었다. 우리가 살피는 것이 갈대아 우르에 있는 아브람과 그가 하나님이 약속하신 땅을 찾기 위해 고향을 떠나는 장면이든, 애굽에 있는 모세와 그가 광야 세대에게 율법을 전하는 장면이든, 여호수아와 사사들의 시대이든, 에스라와 느헤미야의 지도 아래 이스라엘 백성이 이방인 배우자들과 이혼하고 다시 하나님께 헌신하는 쓰라린 이야기든, 마카비 가문의 영웅적인 이야기든, 혹은 사해 부근 쿰란에 모여 살았던 에세네파의 극단주의에 관한 이야기든 간에 한 가지

사실이 분명하게 드러난다. 그것은 이스라엘 사람들이 하나님이 그들의 모든 것을 원하셨음을 알고 있었다는 것이다. 예수 역시 그러했다. 또한 그 모든 것은 마태복음 6:19-34에서 하나의 견고한 묶음의 형태로 나타난다. 보물은 하늘(하나님 나라)에 쌓아두어야 한다. 건강한 눈은 도덕적으로 건강한 눈과 몸을 가리킨다. 오직 한 명의 주인만 있을 뿐이다. 따라서 우리는 자신의 제자들에게 먼저 하나님 나라와 그의 의를 구할 것을 요구하는 예수의 명령을 따라야 한다. 다른 모든 것은 부차적이다. 그리고 하나님은 자신에게 온전히 헌신하는 자들을 돌보실 것이다.

그 설교의 처음부터 끝까지―예수는 그 설교를 자신이 가르치는 것을 행하라는 강경한 명령으로 마무리한다―우리의 주목을 끄는 것은 "의"라는 주제다. 하나님 나라의 도덕적 교제는 의, 즉 예수의 가르침을 따르는 것으로 구별되는 삶이라는 특색을 지닌다. 왕이신 예수 아래서 이루어지는 도덕적 교제의 첫 번째 단어가 "십자가"이고, 두 번째 단어가 "의"라면, 세 번째 단어는 "사랑"이다.

사랑

하나님 나라의 도덕적 교제에서 사랑이 행하는 중심적 역할을 보여주는 두 개의 성서구절이 있다. 마가복음 12:28-32(과 누가복음 10:25-29), 요한복음 13:34-35이다.

사랑의 중심성 | 예수는 두 가지 서로 다른 배경에서 율법을 사랑으로 환원시켰다. 하나는 마가복음(뒤이어 마태복음)에서고 다른 하나는 누가

복음에서다. 예수의 생애 마지막 주간에 어떤 서기관이 그날 있었던 율법을 읽는 최상의 방법에 관한 중요한 논쟁을 지켜보다가 예수에게 물었다. 서기관이 예수에게 던진 질문은 이것이었다. "모든 계명 중에 첫째가 무엇이니이까?"(막 12:28) 누가복음에서는 겉보기에 아무런 맥락도 없이 한 율법교사가 예수에게 이렇게 묻는다. "선생님 내가 무엇을 하여야 영생을 얻으리이까?"(눅 10:25) 그 질문들은 동일한 답으로 이어진다. 하나님의 뜻은 무엇보다도 하나님 사랑과 이웃 사랑에서 발견된다. 나는 하나님 사랑과 이웃 사랑에 대한 이런 집중을 "예수 신경"the Jesus Creed이라고 부른다. 이 계명을 만든 것은 예수가 아니다. 하나님과 이웃을 사랑하라는 명령은 율법으로부터 직접 흘러나온다. 곧 흔히 "쉐마"Shema라고 불리는 신명기 6:4-9과, 이웃을 네 몸과 같이 사랑하라고 명령하는 레위기 19:18에서 흘러나온다. 이웃 사랑의 중요성에 관한 가장 중요한 설명은 예수가 그의 추종자들에게 원수를 사랑하라고 명령하는 곳에서 등장한다(마 5:3-48). 요컨대, 그는 그들의 원수를 친구로 바꿔놓는다.

요한복음 13:34-35에서는 이와 같은 사랑에 대한 강조가 조금 다른 각도에서 그리고 몇 가지 새로운 주제들과 함께 나타난다. "새 계명을 너희에게 주노니 서로 사랑하라. 내가 너희를 사랑한 것 같이 너희도 서로 사랑하라. 너희가 서로 사랑하면 이로써 모든 사람이 너희가 내 제자인 줄 알리라." 예수는 사랑의 계명이 "새로운 것"이라고 말한다. 그리고 이 새로운 종류의 사랑은 그들이 그들을 지켜보는 세상과 맺어야 할 관계의 성격을 보여준다. 만약 우리가 이 구절에 "내가 너희를 사랑한 것 같이 너희도 서로 사랑하라"는 요한복음 15:12을 덧붙인다면, 우리는 예수가 그런 사랑의 모델임을 알게 될 것이다. 그러나 요한복음에서 가장 두드러지는 것은 이 사랑이 교회 안에 있는 이들에게 편향적으로 쏠리고 있다는 점이다. 요한복음 13:34-35과 15:12에서 초점은 하나님 나라의 백성들을 사랑하는 것에 맞춰진다. 이것은 요한이 그의 서신에서 강조하게 될 주제이기도 하다(요일 3:11, 16, 23; 4:11). 예수가 죽은 후 10년이 넘은 어느 시점에 사도 바울은 단지 사랑의 행위가 모든 율법을 완성시킨다고 말하게 될 것이다(갈 5:14; 롬 12:19; 13:9). 또한 예수의 동생 야고보 역시 동일한 말을 하게 될 것이다(약 2:8-11). 사랑은 하나님 나라 백성을 위한 도덕적 교제의 핵심이다.

따라서 사랑은 여러 가지 덕들 중 하나가 아니다. 사랑은 다른 모든 덕을 위한 공간을 만들어내는 유일한 덕이다. 우리는 예수가 사랑을 하나님 나라와 교회의 핵심적 가치로 삼은 것에 동의할 수 있다. 우리는 예수 신경이 자신의 추종자들에 대한 예수의 가르침의 핵심을 표현한다는 것에 동의할 수 있다. 사도들은 그의 발자취를 따랐다. 따라서 우리가 이런 과거에서 멀어져 방황할 경우, 그것은 곧 예수의 이런 도덕적 비전을 위태롭게 하는 셈이다.

사랑의 의미 | 우리는 다음 질문에 답하기 전까지는 사랑이라는 하나님 나라의 사명을 이행할 수 없다. 사랑이란 무엇인가?[9] 이 질문은 지난 2천 년 동안 최고의 기독교 사상가들을 당황하게 만들었다. 따라서 우리는 여기서 간략하게나마 사랑에 대한 대표적인 정의 두 가지를 살펴볼 필요가 있다. 우리 시대의 철학자이자 신학자인 토마스 오드Thomas Oord는 사랑을 다음과 같이 정의한다. "사랑한다는 것은 (하나님을 포함

해) 다른 이들에게 의도적으로 그리고 동정적으로 반응하며 행동하는 것이며, 그들에게 총체적인 안녕을 약속하는 것이다."[10] 이전 세대의 탁월한 신학자인 리처드 니버는 사랑을 이렇게 정의한다. "우리가 사랑이라는 말로 의미하는 것은 적어도 다음과 같은 태도와 행동들이다. 사랑받는 이의 존재를 기뻐하는 것, 그리고 그[혹은 그녀]에 대한 감사와 존경과 충성."[11] 비록 이런 정의들 모두가 우리가 사랑을 정의하는 데 도움을 주기는 하지만, 여기서 나는 한 가지 다른 대안을 제시하고자 한다. 사랑에 대한 기독교적 관점은 우리가 사랑을 정의하려면 먼저 "하나님의 사랑"이 무엇인지, 그리고 하나님이 그 사랑을 어떻게 보이셨는지를 설명할 필요가 있다는 믿음과 함께 시작된다. 나는 하나님의 사랑 안에서 다음 네 가지 요소를 발견한다.

1. 하나님의 사랑은 단호한 언약적 헌신이다.
2. 하나님의 헌신은 현존하는 것, 혹은 "함께"하는with 것이다.
3. 하나님의 헌신은 옹호자가 되는 것, 혹은 "위하는"for 것이다.
4. 하나님의 헌신은 방향을 갖고 있다. 하나님의 사랑은 하나님 나라의 현실을 "향하는"unto 것이다.

이제 이런 각각의 요소들에 대해 살펴보자. 하나님과 인간의―가장 두드러지게는 이스라엘과의, 그리고 교회와의―근본적인 관계는 그들에 대한 하나님의 언약적인 혹은 단호한 헌신이다. 창세기 12장 이후 언약은 하나님이 인간과 맺은 관계의 핵심을 이룬다. 그 언약은 무엇보다도 하나님의 임재로 이루어진다. 하나님은 창세기 15장에서 위기에 노출된 채 아브라함과 언약을 맺으시면서, 또 회막에서, 성전에서, 그 성전 안에 영광*kavod*의 거함을 통해, 그 후에는 하나님 자신이 육신을 입고 임마누엘이 되시는 성육신을 통해서 극단적으로(마 1:23; 요 1:14) 그의 백성과 "함께하신다." 하나님의 임재라는 이 원칙은 그분이 새 하늘과 새 땅에서 그분의 백성과 함께 거하실 때 나타날 하나님의 성실한 언약의 철저한 완성이라는 형태로 지켜질 것이다(계 21:3). 또한 하나님의 언약은 그분의 백성을 "위한" 것이다. 바로 이것이 성서에서 하나의 언약 공식으로 나타나는 "나는 너희의 하나님이 되고 너희는 나의 백성이 될 것이라"는 구절의 의미다(예컨대, 창 17:7-8; 출 6:2-8; 레 26:12; 계 21:7).[12] "함께"와 "위하여"는 하나님의 사랑의 방향으로 이어진다. 나는 그것을 "향하여"라고 부른다. 하나님이 이스라엘 백성과 언약을 맺으시는 것은 그 백성을 그분 자신의 소유로 삼기 위함이다. 하나님은 이스라엘을 바로의 손아귀에서 해방시켜 그들의 땅에서 살아가게 하시기 위해 그들을 율법으로 이끌어가신다. 또한 하나님은 자기 백성을 거룩하고 사랑스럽고 순결하게 만드시기 위해 이스라엘과 교회를 구속하신다. 하나님은 단지 그의 백성과 함께 거하시고 그들을 위하시기만 하는 것이 아니라 그들을 하나님 나라의 현실"로"unto 변화시키신다.

우리가 살펴본 이상의 세 가지 단어(십자가, 의, 사랑)이 하나님 나라의 도덕적 교제의 특징을 이룬다. 그리고 이 단어들은 하나님 나라의 사명을 정의한다. 따라서 하나님 나라의 사명은 십자가와 의와 사랑이라는 특징을 지닌 공동체로서의 교회들을 세우는 것이다.

하나님 나라의 사명과 도덕적 교제

예수의 율법은 이 세상에서 다음 세상에 유념하며 살아가는 하나님 나라 백성들을 위해 고안된 것이다. 그것은 우리를 하나님 나라의 사명과 관련된 다음과 같은 명제들로 이끌어간다.

왕이신 예수 아래에서 살기

하나님 나라의 사명은 사람들이 하나님 나라의 백성으로 교회 안에서 왕이신 예수 아래서 살도록 그들을 부른다. 이제 여기서 이 책의 여러 가지 주제가 하나로 합쳐진다. 하나님 나라는 출범했으나 아직 완성되지 않았다. 이것은 하나님 나라 백성들이 지금 이곳에서 아직 오지 않은 세상에 유념하며 살아가야 한다는 것을 의미한다. 하지만 그들은 지금이 오직 미래의 하나님 나라의 그림자에 불과하다는 것을 안다. A-B-A' 이야기가 예수와 그의 나라의 백성들, 즉 확대된 이스라엘 혹은 교회 안에서 완성된다. 하나님 나라 백성들은 왕이신 예수 아래서 살아간다. 그리고 이것은 그들이 십자가와 의와 사랑을 통해 형성되어야 한다는 것을 의미한다. 하나님 나라의 백성들은 구속된 백성들, 즉 예수에 의해 구원을 얻은 백성들이다. 그러나 그들의 구원은 통전적이다. 따라서 하나님 나라의 백성들은 새로운 교제, 즉 하나님 나라의 도덕적 교제 안에서 살아간다.

이 세 가지 단어(십자가, 의, 사랑)는 하나님 나라를 묘사한다. 그리고 하나님 나라 백성들은 교인들이기에, 이 세 단어는 또한 교인들을 위한 것이기도 하다. 교회들은 십자가와 의와 사랑이라는 특징을 지닌 삶을 형성해야 한다. 하나님 나라의 윤리는 공동체를 위해 고안된 윤리다. 이것은 그 공동체의 일부인 사람들이 십자가와 의와 사랑이라는 특징을 지녀야 한다는 것을 의미한다.

평화를 추구하기

하나님 나라의 사명은 우리를 십자가와 의와 사랑으로 이끄는 예수의 말에 귀를 기울인다는 특징과 더불어 자연스레 평화라는 특징도 지닌다. 그러나 여기서 우리는 다시 한 번 우리가 앞서 살폈던 문제와 마주하게 된다. 정의의 경우와 마찬가지로 평화 역시 정치화되었다. 그런 일은 지금도 일어나고 있다. 하나님이 샬롬shalom을 원하시는 것은 분명하며 그것은 성서 전체를 통해 분명하게 드러난다. 따라서 지금 우리로서는 예수가 했던 말 중 몇 가지를 살피는 것으로 충분하다.

화평하게 하는 자는 복이 있나니(마 5:9).

어느 집에 들어가든지 먼저 말하되 이 집이 평안할지어다 하라(눅 10:5).

너도 오늘 평화에 관한 일을 알았더라면 좋을 뻔하였거니와(눅 19:42).

평안을 너희에게 끼치노니 곧 나의 평안을 너희에게 주노라(요 14:27).

이것을 너희에게 이르는 것은 너희로 내 안에서 평안을 누리게 하려 함이라. 세상에서는 너희가 환난을 당하나 담대하라. 내가 세상을 이기었

노라(요 16:33).

"평화"는 자기 백성에 대한 하나님의 모든 의도를 포착하는 성서의 주요 개념 중 하나다. 하나님은 자기 백성이 평화롭게 살기를 바라신다. 물론 이때의 평화는 분쟁이 없는 상태일 뿐 아니라 하나님과의 화해, 그리고 상호 간에 화해함을 통해 얻어지는 기쁨을 의미한다. 그것은 하나님 나라 백성들이 분열이나 전쟁이 아니라 평화를 추구해야 한다는 것을 의미한다. 설령 예수의 사명이 마태복음 10:34이 말하듯 때로 분열을 일으키리라는 것이 분명할지라도 그러하다.

예수가 말하는 평화는 구속적 평화다. 그것은 그리스도 안에서 나타난다. 앞서 인용한 구절에서 예수는 이렇게 말한다. "너희로 내 안에서 평안을 누리게 하려 함이라"(요 16:33). 이것은 그가 말하는 평화가 **교회의** 평화임을 의미한다. 하지만 나는 우리의 행동을 위한 일차적인 장소가 실제로는 이 "세상"이라는 의미로 말하는 것이 아니다. 나는 우리가 평화를 믿는다면 세상 속으로 들어가 평화를 만들어내야 한다고 말하지 않는다. 물론 우리는 우리가 사는 도시의 평화를 추구해야 한다. 그리고 우리가 사는 세상의 평화를 바라고 또한 그 평화를 위해 분투해야 한다. 하지만 우리가 세상에 영향을 끼치는 일차적인 방법은 세상을 세속성으로부터 교회 안으로, 즉 우리가 참된 평화를 발견할 수 있는 곳으로 소환하는 것이다.[13]

문제는—좀 전에 나는 그것에 대해 언급했다—그동안 우리가 하나님 나라의 평화 사역을 세속화시켜왔다는 것이다. 아이러니하게도 이것은 다시 우리가 정치 과정에 의존해 우리나라를 우리의 신념을 따라

변화시키고자 하는 콘스탄티누스의 유혹(다음 단락의 "부록 1"을 보라)에 굴복하고 있음을 의미한다.[14] 평화를 말하는 대다수 사람은 세상에서의 평화에 대해 말할 뿐 교회 내의 평화에 대해서는 거의 말하지 않는다. 나는 하나님 나라의 평화는 무엇보다도 지금 상태의 하나님 나라, 즉 지금 교회의 특징을 이루는 샬롬*shalom*이라고 주장하는 편이다. 먼저 우리는 우리의 지역적 교제 안에서 화평을 추구하며 다툼을 끝내고 하나님과의 그리고 서로와의 화해를 이루어가야 한다. 그리고 **이런 평화에 의해 형성된 교회 곧 하나님 나라의 모양을 지닌 교회로부터 세상 속으로 평화를 흘려보내야 한다.** 그러나 오늘날 우리는 평화를 정치화시키고, 또한 그것을 국제관계와 인종 간의 싸움에 관한 것으로 만들고자 하는 경향을 보이고 있다. 그리고 그 두 가지 모두 오늘날 예수를 따르는 그 누구에게서든 나타나는 본능적인 갈망이 되고 있다. 하지만 나는 이것들을 "선행"이라고 부른다. 반면에 예수가 말하는 평화는 근본적으로 어느 한 지역 교회(혹은 보편 교회)의 구성원들이 평화의 왕의 다스림을 받으며 서로 더불어 살아가는 것과 관련되어 있다.

그동안 나는 자신이 평화주의자임을 분명하게 밝혀왔다.[15] 그리고 지금 나는 평화주의*pacifism*야말로 오늘날 이 세상에서 살아가는 그리스도인들을 위한 예수의 하나님 나라 비전의 지속적인 적용이라고 보다 굳게 확신하고 있다. 그러나 평화주의는 지역 교회의 교제 안에서 시작되는 하나님 나라의 윤리다. 다시 말해 우리가 평화를 우리의 세상에서 핵을 없애거나 전쟁을 종식시키기 위한 평화주의 프로그램으로 정치화시킬 때, 우리는 너무 자주 하나님 나라의 참된 구현으로서의 교회를 중심에서 밀어내고 그것을 왕이신 예수를 무시하는 사람들을 위한 세상의 윤리로 바꿔버린다. 따라서 나는 이것을 다시 한 번 강조하고자 한다. **교회가 우선이고, 세상은 그 다음이다.** 교회가 평화라는 특징을 드러내면, 세상이 교회에 귀를 기울일 것이다. 교회가 평화라는 특징을 드러내지 않고 오히려 분열하며 서로 물고 뜯으면 어째서 세상이 교회가 평화에 대해 믿는 것에 관심을 가져야 하는가?

높은 곳에서 들려오는 음성 듣기

하나님 나라의 사명을 지닌 이들은 예수의 하나님 나라 율법이 이 세상의 그 어느 나라에 속한 "땅의 법"이 아니라는 것과, 따라서 하나님 나라 백성들은 보다 높은 곳에서 들려오는 음성에 귀를 기울여야 한다는 것을 안다. 예수의 하나님 나라의 도덕적 비전과 관련해 제기되는 가장 일반적인 불평은 그것이 비실용적이거나 유토피아적이거나 비현실적이거나 혹은 지금 이곳에서는 온전히 성취될 수 없는 비전이라는 것이다. 아마도 가장 쓰라린 사실은 너무 많은 그리스도인이 예수의 윤리를 공적 윤리로 치부하면서 예수의 비전을 서구 자유주의가 내세우는 권리와 자유, 정의와 평등에 대한 강조라는 틀 속으로 밀어 넣거나 그런 식으로 해석하려 한다는 점일 것이다. 이런 태도는 하나님을 황제의 도구로 만드는 것이기에 그것에 합당한 이름으로 불릴 필요가 있다. 곧 콘스탄티누스주의Constantinianism라는 이름으로 말이다.

우리는 콘스탄티누스의 타협으로 되돌아가 하나님 나라의 영역을 국가의 영역과 분리시켰던 루터를 비난할 수 있다. 아니면 예수의 비전을 자신들의 정당의 강령과 동일시하는 수많은 미국인을 보다 면밀하게 살펴볼 수도 있다. 민주당원들은 예수를 가난한 자들을 위하는 이로 여긴다. 그리고 그들에게 가난한 자들을 위하는 것은 (연민, 지원, 평등을 위해) 민주당에 투표하는 것을 의미한다. 공화당원들 역시 예수를 가난한 자들을 위하는 이로 여긴다. 그리고 그들에게 가난한 자들을 위하는 것은 (기업, 자유시장, 자본주의를 위해) 공화당에 투표하는 것을 의미한다. 우리는 이곳저곳을 파헤칠 수 있다. 하지만 나는 이 삽으로 땅을 찔러보기 위해 보다 중요한 장소로 이동할 것이다.

예수의 도덕적 비전은 미국이나 아일랜드나 한국이나 중국이나 남아프리카나 페루나 뉴질랜드나 인도를 위해 고안된 것이 아니다. 예수의 도덕적 비전은 하나님 나라의 백성들, 즉 교회의 백성들을 위한 것이다. 예수는 자신의 말을 듣고 그것들을 행하게 하기 위해 교회를 소환한다. 그는 미국의 설립자들을 위해 헌법의 수정조항들이나 지혜를 제공하지 않는다. 오히려 그는 하나님의 백성들을 위해 하나님의 뜻을 계시한다. 그렇다. 그것은 하나님의 뜻이고 하나님은 만유의 왕이시다. 따라서 하나님의 뜻은 결국 모든 사람을 위한 것이다. 하지만 하나님이 이 세상에서 살아가는 사람들의 마음에 자신의 뜻을 새겨 넣는 방법은 법이나 투표가 아니라 예수를 통한 구속을 통해서다. 예수의 하나님 나라 비전은 구속을 얻은 그의 백성들을 위한 것이고 오직 그들만을 위한 것이다. 물론 우리는 이 세상에서 소금과 빛이 되라는 명령을 받고 있다. 하지만 우리가 소금과 빛이 되는 최선의 방법은 정치력을 동원해 국가의 나머지 사람들을 강압하는 것이 아니라, 우리가 속한 교회 안에서 예수의 하나님 나라의 비전을 따라 살아감으로써 대안적 현실에 대해 증언하는 것이다.

돈과 소유를 포기함

하나님 나라의 사명은 서구인들의 삶에서 가장 중요한 문제 중 하나를 건드린다. 바로 돈과 소유의 문제다. 하나님 나라의 도덕적 교제는 돈과 소유에 대한 새로운 견해를 드러낸다. 돈과 소유와 관련해 하나님 나라의 사명은 우리가 십자가를 지며 살고, 의롭게 살고, 하나님과 이웃들을 사랑하며 사는 것을 추구한다.

만약 우리가 십자가에 비추어 살아간다면, 만약 우리가 의롭게 되고자 한다면, 그리고 만약 우리가 그것들로 하나님과 이웃을 사랑하고자 한다면 우리의 돈과 소유에는 어떤 일이 일어날까?

의 | 두 번째 문제부터 살펴보겠다. 의는 우리가 무엇보다도 하나님 나라에, 우리의 왕이신 예수께, 그가 우리에게 가르치는 것에, 그리고 하나님 나라의 교제 안에서 우리가 속해 있는 이들에게 헌신하는 것을 의미한다. 우리의 일차적 헌신은 "땅의 법"이 아니라 예수에 대한 것이다. 따라서 하나님 나라의 사명은 내가, 당신이, 우리가 함께 예수가 가르치는 것을 실천하고자 애쓰는 것이다. 이것은 우리가 땅의 법에 호소하여 예수의 가르침을 타협하면 안 되고, 오히려 우리가 집과 교회에서 사는 것처럼 일터와 지역 공동체 안에서도 예수를 따라 살아야 한다는 것을 의미한다. 우리의 삶의 모든 국면에서 돈과 소유가 문제가 될 때 우리가 취해야 할 첫 번째 단계는 예수가 가르치는 것을 행하기 위해 헌신하는 것이다. 왜냐하면 주님이신 예수가 우리의 돈과 소유를 지배하기 때문이다. 예수가 말하는 "서기관과 바리새인을 능가하는 의"란 그의 뜻이 우리 소유의 문제를 결정하게 하는 것을 의미한다.

십자가와 사랑 | 십자가는 우리를 구속할 뿐 아니라 또한 우리의 삶의 방식을 위한 모범을 제시한다. 십자가는 우리의 죄를 용서한다. 또한 그것은 우리에게 하나님과 세상 앞에서 살아가는 방식을 제공한다.

이제 우리는 두 번째 것에 초점을 맞추려 한다. 십자가를 통해 형성된 하나님 나라의 사명은 **다른 이들을 위한 희생을 통한 자기부인의 삶**을 의미한다. 십자가에서 우리는 우리를 위한 하나님의 사랑과 모범을 발견한다. 십자가의 사랑은 돈과 소유에 대한 우리의 태도와 실천을 혁명적으로 변화시킨다. 예수가 제시한 것은 경제이론이라기보다는 경제이론이 될 수도 있는 사랑에 관한 이론이었다. 오래전에 사회복음의 옹호자들 중 한 사람이 예수와 관련해, 또한 그 무렵의 그의 동료 사회복음주의자들을 당혹시켰을 경제이론과 관련해 어떤 주장을 한 적이 있는데, 아마도 그 주장은 오늘날 보수주의자와 진보주의자 모두를 당혹시킬 것이다. 그 주장을 한 사람의 이름은 미국 사회복음주의의 지도자였던 샤일러 매튜스Shailer Mathews로서, 그는 이렇게 말했다.

[예수는] 자유방임laissez faire의 옹호자도 반대자도 아니다. 그는 노동조합, 파업, 직장폐쇄 등을 금하지도 않고 권하지도 않는다. 그는 사회주의자도 개인주의자도 아니다. 그는 노동자들의 친구도 부자들의 친구도 아니다. 그는 사람들을 상대했던 것이지 특정한 경제 계층을 상대했던 것이 아니다. 그가 사람들에게 제시했던 질문은 "당신은 부유한가?", "당신은 가난한가"가 아니라 "당신은 나의 아버지의 뜻을 행했고 **모든 사람들을 사랑했는가?**"였다.[16]

매튜스는 예수가 다른 이들을 사랑하는 일에 대한 헌신을 통해 모든 것을 바꿔놓았음을 알았다. 예수의 가르침 및 실천과 관련해 주목할 만한 것은 그가 돈과 소유에 대해, 그리고 (그러하기에 어떤 방식으로든) 경제에 관해 아주 많은 말을 했다는 점이다.[17] 그가 하나님 나라 백성들에게 제기했던 질문은 "세상이 어떻게 돌아가고 있느냐?" 혹은 "하나님 나라 백성들은 어떻게 해야 더 많은 돈을 벌 수 있느냐?" 혹은 "어떤 정책이 최상이냐?"가 아니라 "하나님 나라 백성들은 왕이신 예수 아래서 어떻게 살아야 하느냐?"였다. 또는 보다 직설적으로 말하자면, "십자가와 이웃 사랑이 소유의 세계 안으로 침투해 들어오면 무슨 일이 일어나는가?"였다.

우리는 예수가 살았던 유대 세계 안에 이미 준비된 답이 있었다는 것을 잊지 말아야 한다. 그리고 이상하게도 그 답은 오늘날 서구 민주 사회에서 통용되는 "땅의 법"과 일치하는 것이었다. 신명기 28장에서 발견되는, 그리고 예수 시대의 율법을 준수하는 유대인들의 의식에 깊숙이 뒤섞여 있는 축복과 저주의 법은, 부富란 순종에 대한 하나님의 복주심의 징표이고 가난이란 불순종에 대한 하나님의 심판의 징표라고 가르쳤다. 오늘날 서구인들은 부를 하나님의 은혜라기보다는 노동에 대한 보상으로 여기는 경향이 있다. 또한 그들은 가난을 게으름에 대한 공정한 보응이라고 보는 경향이 있다. 물론 보다 진보적인 관점을 지닌 이들은 확실히 자유기업 안에 조직적인 문제들이 내재되어 있음을 본다. 그런데 그 **조직**은 그 안에서 보상이나 소유가 노동과 상관하는 바로 그 조직이다. 이것이 의미하는 것은 우리가 버는 것은 우리의 것이며, 다른 이가 버는 것은 우리의 것이 아니라는 것이다. 다시 말해, 서구의 경제 시스템 안에서 우리가 소유 및 소유권과 관련해 믿는 내용 중 많은 것을 지배하는 것은 다름 아닌 자기중심성이다.

순종이 물질적 축복으로 이어진다는 단순한 상관관계 이론 혹은 노동과 돈 사이의 상관관계의 법칙은 이미 성서 안에서 도전을 받고 있다. 여기서 나는 그중 몇 가지만 언급하겠다. 솔로몬은 축복이 순종이 아니라 죄와 동행할 수 있음을 입증한 바 있다(왕상 4:20-26; 10:14-29; 11:1-13). 때때로 가난은 불순종이 아닌 압제와 불의의 결과였다(잠 13:23; 미 2:1-2). 사실 그런 상관관계의 법칙은 성서 전체에서 하나님이 가난한 자들의 편에 서시는 것으로 보일 정도로 크게 도전을 받는다. 하나님은 가난한 자들의 하나님이시다(잠 19:17; 시 140:12). 그러하기에 가난한 자들에 대한 하나님의 관심을 보여주는 규례들이 율법의 구조 속으로 직조되듯 스며들어 가 있다. 예컨대, 희년 규례(신 15:1-11), 안식년 규례(출 23:10-11), 그리고 가장 특별하게는 가난한 자들을 위한 십일조 규례(신 14:28-29)와 추수 규례(이스라엘 사람들은 곤궁한 이들을 위해 추수할 곡식의 일부를 남겨두어야 했다[레 19:9-10]) 같은 것들이다. 가장 단순하게 말해보자. **이스라엘의 하나님이 그러하시기에 이스라엘 백성은 관대함을 특징으로 갖는 백성이 되어 가난한 자들을 돌보아야 했다.** 그러나 상관관계의 법칙에 대한 가장 큰 도전은 **부가 그 자체로 자기만족과 관대함의 결여에 대한 유혹을 지니고 있다는** 경고다(이 경고는 신명기[8:11-14, 17]에서 시작되어 예수와 바울[막 10:23; 딤전 6:9-10]에게서 온전한 표현을 얻는다). 야고보가 사용한 "부한 자들"이라는 단어는 "압제자"를 가리키는 암호였다(약 5:1-6).

바로 이곳이 십자가와 이웃 사랑이 등장하는 지점이다. 왕이신 예수 아래서 다음과 같은 질문이 제기된다. "당신은 당신의 소유를 다른 이들의 유익을 위해 사용하는가, 아니면 당신 자신의 소비를 위해 사용하는가?" 그렇게 예수는 사람들로 하여금 결단할 것을 요구한다. 그리고 부자 청년은 그런 요구에 대해 다음과 같이 대응한다.

> 어떤 관리가 물어 이르되 선한 선생님이여, 내가 무엇을 하여야 영생을 얻으리이까? 예수께서 이르시되 네가 어찌하여 나를 선하다 일컫느냐? 하나님 한 분 외에는 선한 이가 없느니라. 네가 계명을 아나니 간음하지 말라, 살인하지 말라, 도둑질하지 말라, 거짓 증언 하지 말라, 네 부모를 공경하라 하였느니라. 여짜오되 이것은 내가 어려서부터 다 지켰나이다. 예수께서 이 말을 들으시고 이르시되 네게 아직도 한 가지 부족한 것이 있으니 네게 있는 것을 다 팔아 가난한 자들에게 나눠주라. 그리하면 하늘에서 네게 보화가 있으리라. 그리고 와서 나를 따르라(눅 18:18-22).

예수를 따른다는 것은 자신의 소유를 예수께 바치고 "맘몬숭배", 즉 물질에 대한 숭배로부터 회개하고 돌이키는 것을 의미한다. 그 부유한 관리는 십자가를 지거나 자기에게 가장 소중한 것을 다른 이에게 넘기는 것 같은 일은 결코 원하지 않았다. 예수는 그의 그런 우상숭배를 간파했고 그것을 시험했다. 그 부유한 관리는 자신의 돈으로 다른 이들을 섬기는 것 대신 자기 자신만 사랑했다. 왕이신 예수는 주님이시다. 그리고 그는 우리가 소유하고 있는 것을 포함해 우리의 모든 것을 원한다.

하나님 나라의 백성들은 예수에 의해 하나님 나라의 사명을 감당하는 일의 일부로서 그들의 물질을 왕이신 예수께 바치라는 도전을 받는다. 아마도 이에 대한 가장 고전적인 예는 삭개오 이야기일 것이다(눅 19:1-10). 그 이야기에서 삭개오는 "세리장"과 "부자"로 묘사된다. 하지만 그는 예수를 보기 원했다. 자신의 부를 포기하지 않기로 결정했던 부자 관원과 달리, 삭개오는 자신의 부를 포기한다. 그 결과 삭개오는 "구원"을 경험한다. 하나님 나라의 왕의 관대함을 통해 포도주가 풍성하게 공급되었던 것처럼(요 2:1-11) 삭개오는 자신이 과도하게 세금을 물려 빼앗은 것의 "네 갑절이나" 갚는 방식으로 넘치는 보상을 행한다(눅 19:8). 그러자 예수가 하나님 나라의 현실을 풀어놓는다. 그리고 이것은 그가 삭개오에게 속아 재물을 빼앗겼던 이들을 포함해 모든 이들을 위해 사랑을 풀어놓는 것을 의미한다. 이로써 우리는 삭개오의 적들이 그의 이웃이 되었다고 말할 수 있다. 삭개오의 회심은 세례자 요한이 가르쳤던(눅 3:7-9) 참된 회심을 보여준다. 그리고 그것은 다른 이들에 대한 경제적 돌봄을 포함하는 다른 이들에 대한 사랑의 삶을 분출한다. 자기부인의 십자가는 다른 이들에 대한 사랑으로 이어진다.

사도행전 2:42-47(혹은 4:32-37)은 종종 (충분히 타당한 이유로) 하나님 나라의 구속이 하나님 나라의 도덕적 교제 안에서 만들어내는 것, 즉 경제적 공유라는 특징을 지닌 교회에 대한 본보기로 인용된다. 베푸는 자는 자기부인의 십자가를 경험하고, 받는 자는 부활과 새로운 창조를 맞본다. 사람들이 자기들의 왕이신 예수의 다스림을 받으며 살아가고 있음을 인식하는 곳에는 의에 대한 민감성이 나타난다. 또한 그런 곳에서 분명히 사람들은 사랑하고 사랑을 받는 경험을 한다. 바울은 우리가 사도행전에서 발견하는 내용을 신약성서 전체에서도 소유에 관한 가장 급진적인 진술 중 하나의 형태로 가르친다. 그는 고린도 교인들에게 예루살렘에 있는 가난한 성도를 위해 관대하게 헌금할 것을 촉구하면서 그 상황과 관련해 실제로 일어나고 있는 일을 다음과 같이 설명한다.

> 이는 다른 사람들은 평안하게 하고 너희는 곤고하게 하려는 것이 아니요 균등하게 하려 함이니, 이제 너희의 넉넉한 것으로 그들의 부족한 것을 보충함은 후에 그들의 넉넉한 것으로 너희의 부족한 것을 보충하여 균등하게 하려 함이라. 기록된 것 같이 많이 거둔 자도 남지 아니하였고 적게 거둔 자도 모자라지 아니하였느니라(고후 8:13-15, 강조는 덧붙인 것임).

여기서 두드러지게 나타나는 "균등"이라는 단어는 하나님 나라의 도덕적 교제의 실상을 잘 드러낸다. 그 단어는 모두가 동일한 소유를 갖고 있다거나 수입이 동등하게 배분된다는 것을 의미하지 않는다. 오히려 그것은 각 사람이 그들의 "공정한 몫" 혹은 그들에게 필요한 것을 얻는 것을 의미한다. 아마도 그 단어에 대한 가장 정확한 번역은 "호혜"互惠, reciprocity일 것이다. 그 단어는 교회의 상호적 교제, 각 사람이 서로에게 드러내 보이는 상호적 사랑의 돌봄, 그리고 자신의 것을 곤경에 처한 이들과 나눔 등을 가정한다. 또한 이 구절에서 나타나는 중요한 개념은 다른 이들의 곤경에 대한 반응, 서로에게 유용해지는 것, 다른 이들과 공동체 전체의 선을 위해 요구되는 자기부인의 사랑이다. 십자가를 닮은 관대함의 반대는 탐욕과 이타성과 저장貯藏이다.

우리 중 많은 이들은 신약성서 전체를 통해 우리의 소유를 급진적으로 관대하게 베풀도록 만드는 십자가를 닮은 사랑이라는 주제가 나타난다는 사실을 알고 있다. 그리고 대개 우리는 우리가 이런 말들을 좋아한다고 말하지만 그런 말을 한 이후 그것들을 무시하는 경향이 있다. 우리의 이런 위선은 언젠가 미국의 여류 소설가 플래너리 오코너가 자기 편지에서 했던 말을 떠올리게 한다. "여기서는 모두가 나와 악수를 나누지만 아무도 내가 쓴 이야기를 읽지 않는다."[18] 우리 역시 예수의 말만 환영할 뿐이다. 내 블로그를 관리하는 블로거 "RJS"는 만약 우리가 그런 사실을 인식한다면 하나님의 말씀으로서의 성서에 대한 우리의 믿음은 어떻게 되는가라고 묻는다. 그녀는 다음과 같은 말로 이 문제에 대해 날을 세운다.

오늘날 이 명령은 때때로 교회 안에서 무시되는 것처럼 보인다. 그리고 이것은 수수께끼다. 우리는 성서를 믿는 그리스도인들에 대해, 또한 성서의 무오성과 권위에 대해 장황한 이야기를 늘어놓는다. 결국 여성 사역이 문제가 되는 것은 오직 두 개의 성서구절 때문이다(고전 14:34-35와 딤전 2:11-13). 적어도 많은 이들의 해석에 따르면 이런 구절들은 우리가 복종해야 할 절대적인 규칙을 형성한다. 우리는 이런 말을 듣는다. "미안해요, 아주머니. 그 법칙들은 내가 만든 게 아니에요. 하나님이 만드셨지요. 나는 그저 그분이 만드신 법칙들을 따를 뿐이랍니다."

그러나 관대함을 요구하고, 탐욕을 정죄하고, 가난한 자들에게 호의적인 구절들은 그 두 개보다 훨씬 더 많다. 그리고 그런 구절들의

내용은 아주 분명하다. 곧 고린도전서 14장과 디모데전서 2장보다 훨씬 더 분명하다.[19]

실제로 사도 요한은 내가 주장하는 내용을 그대로 보여준다. 그는 십자가와 관대함을 하나로 묶어 한 단락의 문장을 만들어낸다. "그가 우리를 위하여 목숨을 버리셨으니 우리가 이로써 사랑을 알고 우리도 형제들을 위하여 목숨을 버리는 것이 마땅하니라. 누가 이 세상의 재물을 가지고 형제의 궁핍함을 보고도 도와줄 마음을 닫으면 하나님의 사랑이 어찌 그 속에 거하겠느냐? 자녀들아 우리가 말과 혀로만 사랑하지 말고 행함과 진실함으로 하자"(요일 3:16-18). 여기서 요한은 사랑은 십자가에 의해 형성되며, 십가가에 의해 형성된 사랑은 관대함으로 나타난다고 말하고 있다.

감리교회의 창설자인 존 웨슬리John Wesley, 1703-1791는 예수가 돈과 관련해 한 말에 대해 거듭해서 설교했다. 누가복음 16:9은 예수의 말을 이렇게 전한다. "불의의 재물로 친구를 사귀라."[20] 웨슬리 설교선집의 편집자들은 웨슬리가 돈과 관련해 했던 급진적인 말들을 소개하면서 이렇게 말한다. "웨슬리가 그 시대의 부르주아적 정신에 대해 더더욱 지속적으로, 끈질기게, 그리고 엇박자를 맞추며 말했던 주제는 달리 없다." 웨슬리는 무엇을 가르쳤던가?

벌 수 있는 모든 것을 벌어라.
저축할 수 있는 모든 것을 저축하라.
줄 수 있는 모든 것을 주라.

확실히 웨슬리의 상황은 예수의 그것과 같지 않았다. 그리고 웨슬리의 그것 역시 우리의 그것과 같지 않다. 하지만 웨슬리가 한 말은, 내 생각에는, 소유에 대한 하나님 나라의 비전이다. 하나님 나라 백성들은 근면, 의지, 단순성, 지혜, 그리고 가장 특별하게 관대함이라는 특징을 지닌다. 벌고 저축하고 주는 것은, 웨슬리가 말하듯이, 우리 자신과 우리의 가족과 믿음의 권속과 동료 인간들을 부양하기 위해 고안된 것이다. 웨슬리가 한 말 중 나를 놀라게 하는 것은 근면과 지혜의 덕에 관한 말이 아니라, 그 두 가지 모두가 **관대함**을 지향하고 있다는 점이다. 하나님 나라의 사명은 십자가, 의, 사랑이 우리가 우리의 소유와 돈으로 하는 일을 수정하도록 허락할 것을 요구한다.

제11장

하나님 나라는 희망이다
—Kingdom Is Hope

하나님 나라는 하나의 이야기로 시작된다. 좋은 이야기에는 등장인물들과 어떤 문제 혹은 긴장을 만들어내는 플롯이 있고, 그 플롯은 긴장의 해소를 추구한다. 그런 까닭에 하나님 나라의 이야기는 하나의 해결책을 갖고 있다. 출범한 하나님 나라가 언젠가는 완성된 하나님 나라가 될 것이다. 언젠가는 교육이 소명으로 이어질 것이다. 이때 미래는 과거와 현재를 끌어당기는 자석이다. 미국의 시인 크리스챤 위맨 Christian Wiman이 말했듯이, "당신의 경험에서 미래성을 제거해보라. 그러면 당신은, 마치 당신이 어떤 이의 과거를 잘라냈을 때처럼 아주 분명하게 당신의 경험에서 의미를 없앨 수 있을 것이다." 다시 위맨의 말을 인용하자면, 미래를 보는 것(이 장의 주제가 그것이다)은 "영혼을 깨끗하게 해주는 궁극적인 것의 은은한 향기를 맡는 것"이다.[1] 치명적인 암에 걸렸던 위맨은 그 향기에 대해 알고 있었다.

"하나님 나라"라는 말을 들을 때 많은 그리스도인은 "천국"을 떠올리는데, 여기서 천국은 그들이 죽을 때 가는 곳을 의미한다. 대부분의 사람들이 천국에서의 삶을 육체가 아닌 영혼의 실존이 될 것이라고 여기는 듯하다.[2] 우리는 천사들처럼 이리저리 경쾌하게 날아다닐 것이고 벽들을 통과할 것이다. 이런 식으로 하나님 나라를 천국과 동일시하는 것은 우리가 사랑하는 이들과 함께 있고 더 나아가 아브라함과 다윗과 이사야 그리고 (특히 나에게는) 호세아 같은 이들과 만나게 되리라는 소망과 기대로 이어진다. 이어서 우리는 그런 만남에 베드로와 바울과 마리아와 요한과 브리스길라와 유니아(개인적으로 나는 그에게 묻고 싶은 게 아주 많다)를 덧붙인다. 더 있다. 우리는 페르페투아와 이레나이우스와 아타나시오스 같은 초기 그리스도인들을 추가해야 할 것이다. 또한 우리는 교회사를 훑으면서 우리가 알지 못하는 수많은 이들을 간과한 채 우리가 좋아하는 안셀무스와 루터와 존 웨슬리와 레베카 프로텐과 윌리엄 윌버포스와 메어리 베드윈 쿡맨과 존 스토트 등을 언급할 수도 있을 것이다. 이제 당신은 이렇게 이해할 것이다. 천국은 영적이며 육체를 갖고 있지 않은 성인들과의 영화롭고 영광스러운 재결합이라고 말이다.

그러나 예수 자신은 미래의 하나님 나라에 대해 무어라 말하는가? 그에게 하나님 나라는 "지금"이기도 하고 "아직"이기도 하다. 그래서 우리는 묻는다. 그 "아직"은 도대체 무엇인가? 미래의 하나님 나라에 대한 신약성서의 비전 안에서 작동하고 있는 주제는 최소 네 가지가 있다. 그리고 그것들은 우리의 희망을 고무하고 우리의 사명의 방향을 재설정해준다. 미래의 하나님 나라는,

- 성대한 교제 혹은 사회가 될 것이다.

- 절정의 심판과 더불어 시작될 것이다.
- 완벽한 공동체가 될 것이다.
- 무한한 기쁨과 행복이 될 것이다.

이제 우리가 해야 할 일은 이 각각의 요소들을 간략하게 훑어보는 것이다.

성대한 교제

우리가 하나님 나라에 관해 생각할 때 가장 먼저 떠올려야 할 것은 "천국"에 관한 후대의 기독교적 개념이 아니라, 잊지 말라! 거룩한 땅의 도성 "예루살렘"이다. 그 성읍을 둘러싸고 있는 황갈색의 언덕들, 서늘한 저녁바람, 동쪽과 남쪽의 먼지가 일고 무더운 광야, 북쪽의 갈릴리 언덕들, 그리고 서쪽의 거대한 지중해를 기억하라. 신약성서가 묘사하는 하나님 나라의 이미지는 재건되고, 개혁되고, 조정되고, 다시 만들어지고, 재생된 예루살렘이다. 하지만 그것은 여전히 예루살렘이다. 그곳에는 문들이 있다. 하지만 아무도 밤에 그 문들을 지키지 않을 것이다. 그 성읍은 전적으로 안전할 것이기 때문이다. 그곳에서 사람들은 각자의 사업과 가정생활을 영위하고 예배하고 가르치고 찬양할 것이다. 따라서 하나님 나라의 첫 번째 이미지는 **세상적인 것**earthly, **즉 하나님 나라 백성인 교회의 성대한 교제다.** 내가 앞에서 말했듯이, 이것은 (대체된 것이 아니라) 확대된 이스라엘이다. 내가 이 점을 강조하는 이유는, 나로서는 우리 중 많은 이들이 천국에 대해 생각할 때 그것에 대한 우리의 개념이 "영원한 주일 아침 예배"처럼 보이기 때문이다. 그런데 이 예배에서는 하나님이 설교를 하신다. 그리고 우리는 무엇보다도 그 예배 장소에 보다 안락한 좌석이 마련되어 있기를 희망한다.

이 문제를 이해하기 위해 나는 제임스 던이 제시했던 예수 당시의 유대인들이 하나님 나라가 도래할 때 발생하리라고 기대하던 일들에 대한 목록을 다시 한 번 언급하고자 한다.

- 포로살이에서의 귀환
- 번영, 치유, 혹은 낙원에 대한 소망
- 메시아
- 언약의 갱신
- 새 성전의 건립
- 여호와가 시온으로 돌아오심
- 이방인들에 대한 승리, 파괴, 그리고 때때로 포섭
- 땅의 상속과 확장
- 절정의 환란기
- 새로운 창조로 이어지는 우주적 소요
- 마귀의 패배
- 최후의 심판
- 부활
- 스올/하데스가 최종적 징벌을 위한 장소로 바뀜

여기서 우리는 무엇을 보는가? 하나님 나라, 즉 예수가 그의 비전

전체를 담아내기 위해 선택한 바로 그 개념에 대해 유대인들이 갖고 있던 기대는, 비록 세속적인 것earthy은 아닐지라도 세상적인 것earthly 이었다. 유대인들은 시온으로 돌아올 것이다. 그들은 번성할 것이고 치유를 얻을 것이다. 그들은 메시아가 보좌에 앉아 다스리는 것을 보게 될 것이다. 그들은 새로운 성전을 얻게 될 것이다. 언약이 그들의 마음 깊은 곳에 뿌리내려 모든 유대인이 율법을 지키게 될 것이다. 하나님 자신이 솔로몬 시대에 그러셨던 것처럼 그 성전으로 돌아오실 것이고, 이방의 압제자들은 패퇴할 것이다. 그들의 땅은 하나님 나라가 들어서는 곳이 될 것이다. 그리고 이 모든 일은 우주적 심판, 악의 폐기와 과격한 제거, 그리고 부활을 통한 영생이라는 맥락에서 이루어질 것이다. 바로 그것이―육체를 벗어버리고 천사처럼 이리저리 날아다니는 것에 관한 기독교적 숙고의 역사가 아니라―미래의 하나님 나라에 대한 예수와 사도들의 가르침을 위한 맥락이다. 예수가 했던 다음의 말이 우리의 주장의 요체다. "또 너희에게 이르노니, 동서로부터 많은 사람이 이르러 아브라함과 이삭과 야곱과 함께 천국에 앉으려니와, 그 나라의 본 자손들은 바깥 어두운 데 쫓겨나 거기서 울며 이를 갈게 되리라"(마 8:11-12).

여기서 예수는 하나님 나라를 이방인들이 포함된 것으로, 혹은 이스라엘의 여러 부족이 족장들과 더불어 성대한 교제를 이루기 위해 시온으로 다시 모여드는 것으로 묘사한다. 최후의 만찬 자리에서 예수는 자신의 제자들에게 자신이 하나님 나라(그는 그것을 "잔치"로 묘사했다)가 올 때까지 다시 그들과 함께 먹지 않을 것이라고 말했다. 그가 한 말은 이러하다. "진실로 너희에게 이르노니 내가 포도나무에서 난 것을 하나님 나라에서 새 것으로 마시는 날까지 다시 마시지 아니하리라"(막 14:25). 이것은 그가 미래의 하나님 나라를 가족과 친구들과 더불어 즐기는 휴일의 축제로 보고 있음을 의미한다.

종종 예수는 비유를 통해 미래의 하나님 나라의 모습을 비춰준다. 하지만 그가 말해준 이야기들은 자주 청중을 놀라게 했다. 그런 비유 중 하나는 흔히 "결혼식 잔치에 관한 비유"라고 불린다. 그 결혼 축하연의 주름진 부분이 종말에 있을 성대한 교제와 관련된 숨겨진 진실들을 드러낸다.

천국은 마치 자기 아들을 위하여 혼인 잔치를 베푼 어떤 임금과 같으니, 그 종들을 보내어 그 청한 사람들을 혼인 잔치에 오라 하였더니 오기를 싫어하거늘, 다시 다른 종들을 보내며 이르되 청한 사람들에게 이르기를 내가 오찬을 준비하되 나의 소와 살진 짐승을 잡고 모든 것을 갖추었으니 혼인 잔치에 오소서 하라 하였더니, 그들이 돌아보지도 않고 한 사람은 자기 밭으로, 한 사람은 자기 사업하러 가고, 그 남은 자들은 종들을 잡아 모욕하고 죽이니, 임금이 노하여 군대를 보내어 그 살인한 자들을 진멸하고 그 동네를 불사르고, 이에 종들에게 이르되, 혼인 잔치는 준비되었으나 청한 사람들은 합당하지 아니하니, 네거리 길에 가서 사람을 만나는 대로 혼인 잔치에 청하여 오라 한대, 종들이 길에 나가 악한 자나 선한 자나 만나는 대로 모두 데려오니 혼인 잔치에 손님들이 가득한지라. 임금이 손님들을 보러 들어올새 거기서 예복을 입지 않은 한 사람을 보고 이르되, 친구여, 어찌하여 예복을 입지 않고 여기 들어왔느냐 하니 그가 아무 말도 못하거늘, 임금이 사환들에게 말하되 그 손발을 묶어 바깥 어두운 데에 내던지라. 거기서 슬피 울며 이를 갈게 되리라 하니라. 청함을 받은 자는 많되 택함을 입은 자는 적으니라(마 22:2-14).

이 비유에서 우리는 두 가지 주제를 발견한다. 첫째, 결혼식에 초대받은 자들은 오기를 거절할 뿐 아니라 초대장을 들고 찾아온 종들을 죽인다. 둘째, 임금은 그 동네를 파괴하고 "악한 자나 선한 자나" 할 것 없이 모두를 초대해 연회장을 사람들로 가득 채운다(마 22:8-10).[3] 누가복음에 나오는 유사한 비유는 그렇게 초대받은 자들을 "가난한 자들과 몸 불편한 자들과 맹인들과 저는 자들"이라고 묘사한다(눅 14:21). 사실 이 비유에는 아직도 채워야 할 자리가 많이 남아 있다. 그래서 종들은 그 잔치 자리를 채우기 위해 "길과 산울타리 가"로 나아간다(눅 14:23). 이 비유가 가르치는 것은 미래의 하나님 나라가 흥청거리며 술잔치를 벌이는 이들, 즉 우리가 결혼식 잔치 자리에서 발견하는 술꾼들의 놀랄 만한 교제가 되리라는 것이다. 애초에 초대받은 손님들은 그 초대를 거부한다. 하지만 임금은 자비로우며 결국 자신의 나라를 잔치를 축하하는 이들로 가득 채울 것이다.

이 단락에서 중심적인 단어는 "교제"다. 예수와 그의 동시대인들에게 **잔치**는 하나님 나라의 현실에 대한 은유였다. 왜냐하면 하나님 나라의 본질은 평화와 사랑과 기쁨과 풍성함과 안전함 가운데서 서로를 축하하며 사귀는 교제이기 때문이다. 예수에게 중요한 은유는 나와 하나님의 개인적인, 마음을 빼앗길 만큼 흥미로운, 그리고 영광스러운 결합이다. 하지만 **하나님은 자신의 백성들과 함께 거하시고, 하나님**

의 백성은 서로를 축하하는 교제 속에서 서로와 함께 거한다. 여기에
는 하나님 나라의 사명을 이해하는 데 도움이 되는 많은 요소들이 존
재한다. 하지만 지금 우리는 그 주제를 다루기에 앞서 몇 가지 다른 주
제들을 살펴볼 필요가 있다.

심판

심판은 너무 자주 (하나님 나라에) "누가 속하는가?" 그리고 "누가 속하
지 않는가?" 하는 문제로 귀결된다. 그러나 이스라엘의 이야기 속에서
심판은 **하나님이 이 세상 속으로 들어와 잘못된 것을 끝장내시고 옳
은 것을 세우시는 것과** 상관이 있다. 예수가 역사 속으로 들어왔을 때,
그는 이런 핵심적 주제들에 새로운 형태를 부여했다. 그리고 거기서
나는 우리가 예수를 따라 하나님 나라의 사명을 수행하는 것의 의미를
찾고자 할 때 유념해야 할 몇 가지 주제들을 발견한다.

유대인들의 심판의 맥락은 세상적이다

우리가 구약성서를 처음부터 끝까지 하나의 이야기로서 읽는다면, 그
때 우리는 하나님이 역사 속으로 들어와 세상을 심판하시고 보응하
셔야 할 필요가 지속적으로 제기되는 것 때문에 놀랄 것이다. 사사기
에서 반복적으로 나타나는 주제는 하나님의 심판이 무엇을 의미하는
지 예시해준다. 그것은 곧 순종에 대한 축복과 불충에 대한 징계다. 하
나님은 "사사들"을 통해 심판하신다. 그리고 이스라엘은 회복되어 순
종하고 복을 얻는다(삿 2:6-3:6). 이스라엘 이야기에서 심판은 땅, 성

전, 그리고 왕과 이스라엘 백성과 관련되어 있다. 왕과 이스라엘 백성은 하나님의 은혜를 받아 땅에 거하든지, 아니면 그 땅에서 추방되어 하나님의 심판 차원의 징계를 경험하든지 한다. 징벌에는 외국의 군대가 쳐들어오고 이스라엘이나 유다의 부족들이 그들의 뜻에 반하여 외국 땅으로 강제 이주되는 것이 포함된다(렘 1:14-15; 4:6; 6:1, 22; 10:22). 보응은 그 땅에서 하나님의 신실한 백성들과 함께 거하는 것을 의미한다. 그곳에서 그들은 크고 실한 포도송이와 놀라운 밀 수확과 대가족과 그 어떤 외국의 압제도 없음과 성전 안에 영광스럽게 거하시는 하나님을 경험한다. 이처럼 매우 세상적인 심판 이해는 예수가 심판에 대해 말했던 상황을 형성한다.

예수는 심판관이다

심판이라는 주제는 예수의 가르침 속에서 두드러지게 나타난다. 그중 주목할 만한 특성에서 시작해보자. 예수는 심판관이 될 것이다. 예수가 사용했던 비유 중 널리 알려진 한 비유에서, 우리는 다음과 같은 구절을 본다. "인자가 자기 영광으로 모든 천사와 함께 올 때에 자기 영광의 보좌에 앉으리니"(마 25:31). 또한 밀과 가라지의 비유에서 예수는 이렇게 말한다. "인자가 그 천사들을 보내리니 그들이 그 나라에서 모든 넘어지게 하는 것과 또 불법을 행하는 자들을 거두어 내어"(마 13:41). 그리고 보응을 얻은 자들은 "자기 아버지 나라에서 해와 같이 빛날 것이다"(마 13:43). 요한과 야고보의 어머니가 예수께 청한다. "나의 이 두 아들을 주의 나라에서 하나는 주의 우편에, 하나는 주의 좌편에 앉게 명하소서"(마 20:21). 십자가에 달린 강도는 예수께 "당신의 나라가 임하실 때에" 자기를 기억해달라고 청한다(눅 23:42). 왜냐하면 그 동안 예수가 하나님 나라에 들어가는 것은 자기를 통해서 가능하다는 것을 분명히 밝혀왔기 때문이다. "누구든지 사람 앞에서 나를 시인하면 나도 하늘에 계신 내 아버지 앞에서 그를 시인할 것이요, 누구든지 사람 앞에서 나를 부인하면 나도 하늘에 계신 내 아버지 앞에서 그를 부인하리라"(마 10:32-33).

예수는 하나님 나라로 통하는 문이다. 비록 종국에는 그 나라가 성부 하나님에 의해 통치될지라도 그러하다(마 13:43; 고전 15:24-28).

심판은 세상적인 것이며 예수에게 중요하다

최후의 만찬 자리에서 예수는 자신의 제자들에게 이것에 대해 말한다. 그리고 만약 당신이 신중하게 읽는다면, 당신은 그 이야기에서 이스라엘, 제자들, 땅, 나라 등이 의미심장하게 연관되어 있음을 알아차릴 것이다. "너희는 나의 모든 시험 중에 항상 나와 함께한 자들인즉, 내 아버지께서 나라를 내게 맡기신 것 같이 나도 너희에게 맡겨, 너희로 내 나라에 있어 내 상에서 먹고 마시며 또는 보좌에 앉아 이스라엘 열두 지파를 다스리게 하려 하노라"(눅 22:28-30). 나라, 다스림(심판), 열두 지파, 이 모든 것은 세상적인 것을 지향하는 것처럼 보인다. 같은 방식으로, 심판과 관련된 다른 복음서의 본문들을 두드러지게 만들어주는 것은 예수가 예루살렘의 몰락을 예고하는 장면이다. 이 예고들은 마태복음 24장, 마가복음 13장, 그리고 누가복음 21장에서 발견된다. 거기서 예수는 기원후 66-73년 사이에 있었던 큰 전쟁에서 예루살렘이 로마의 손에 의해 파괴될 것에 대한 이야기를 하고 있었다. 그리고 만약 내가 이런 권면을 해도 된다면, 나는 예수가 심판과 관련해 사용한 이미지와 예언들이 얼마나 명확한지 알기 원하는 이들은 마가복음 13장과 함께 요세푸스를 읽을 것을 권한다.[4] 외형상 역사적인 이 심판은 마태복음 24장이 그다음 장에 실려 있는 최후의 심판에 관한 비유들로 이어지면서 강화된다. 그리고 마태복음 25장에서 우리는 역사 속에서 이루어지는 하나님의 심판(기원후 70년에 예루살렘을 향해 이루어진 것과 같은 심판)을 최후의 심판에 대한 예고로 이해하게 된다.

간단히 말해 우리가 복음서들 혹은 복음서들 중 어느 책을 어떤 식으로 읽든 간에, 우리는 그것을 통해 예수가 얼마나 자주 심판을 언급했는지 알게 된다. 그렇다. 심판에 대한 그의 인식은 세상적이다. 그리고 그 문제와 관련해 사용되는 언어의 엄중함은 때때로 아슬아슬할 정도다.

> 만일 네 오른 눈이 너로 실족하게 하거든 빼어 내버리라. 네 백체 중 하나가 없어지고 온 몸이 지옥에 던져지지 않는 것이 유익하며, 또한 만일 네 오른손이 너로 실족하게 하거든 찍어 내버리라. 네 백체 중 하나가 없어지고 온 몸이 지옥에 던져지지 않는 것이 유익하니라(마 5:29-30).

> 몸은 죽여도 영혼은 능히 죽이지 못하는 자들을 두려워하지 말고, 오직 몸과 영혼을 능히 지옥에 멸하실 수 있는 이를 두려워하라(마 10:28).

심판 이야기는 예수의 가르침의 거의 모든 곳에서 등장한다. 한 학자는 예수의 말 중 25%가 심판에 대해 언급한다고 추정한다.[5]

심판은 징벌을 포함한다

포스트모던 문화 속에서 성서의 심판 주제가 정의를 세우고 불의를 타파하는 것과 관련되어 있다고 말하는 것은 괜찮다. 하지만 하나님의 심판이 징벌과 상관이 있다고 말하는 것은 청중으로부터 야유를 불러일으킬 수 있다. 그러나 하나님 나라에 관한 한 예수의 팔뚝에는 징벌과 관련된 말들이 마치 문신처럼 잔뜩 새겨져 있다. 마태복음 13:24-30, 36-43에 실려 있는 밀과 가라지에 관한 비유를 생각해보라. "원수"(마귀)가 밀밭에 가라지(마귀의 사람들)를 뿌린다. 농부의 종들은 그 가라지들을 뽑아버리기를 원한다. 하지만 농부는 그들에게 기다리라고 말한다. 그들이 가라지들을 뽑다가 밀까지 뽑지 않을까 염려해서다. "세상 끝날"(하나님 나라가 임하기 직전) "추수 때에"(심판 이미지) 인자가 천사들을 보내 그 모든 것을 자른 후 밀과 가라지들을 분리할 것이다. 천사들은 그 가라지들을 "풀무 불에 던져 넣으리니 거기서 울며 이를 갈게 될 것이다"(42절). 여기서 마귀의 종들에 대한 징벌(어떤 의미에서는 보복)이 나타난다.

하지만 도대체 이 징벌은 어떤 것인가? 예수의 말에 거듭해서 나타나는 징벌의 이미지는 파멸이다. 크고 넓은 길은 파멸로 이어진다(마 7:13). 그리고 예수의 말을 듣되 그대로 행하지 않는 이들 역시 파멸할 것이다(눅 6:49). 배신자는 "멸망의 자식"이다(요 17:12). 비록 "도둑이 오는 것은 도둑질하고 죽이고 멸망시키려는 것뿐"(요 10:10)일지라도, 하나님은 "몸과 영혼을 능히 지옥에 멸하실 수 있는 이"(마 10:28)다. 따라서 이 개념은 하나님의 징벌적 심판은 어떤 이들의 생명을 파괴하지만 다른 어떤 이들을 위해서는 영생을 만들어낸다는 것이다.

심판은 갱신을 포함한다

생래적으로 개신교도들은 예수가 선한 이들이 그들의 적절한 삶의 방식 때문에 하나님의 손에서 얻는 것을 표현하기 위해 "상"reward이라는 단어를 일상적으로 사용하는 것에 짜증을 낸다. 많은 이들에게 이런 "천국의 경제"를 받아들이는 것은 어려운 일이기에, 이쯤에서 우리는 도덕적 삶의 영원한 결과로서 "상"이라는 단어를 사용하는 몇 가지 본문들을 열거해볼 필요가 있다.

> 기뻐하고 즐거워하라. 하늘에서 너희의 상이 큼이라. 너희 전에 있던 선지자들도 이같이 박해하였느니라(마 5:12).

> 사람에게 보이려고 그들 앞에서 너희 의를 행하지 않도록 주의하라. 그리하지 아니하면 하늘에 계신 너희 아버지께 상을 받지 못하느니라(마 6:1).

> 선지자의 이름으로 선지자를 영접하는 자는 선지자의 상을 받을 것이요, 의인의 이름으로 의인을 영접하는 자는 의인의 상을 받을 것이요, 또 누구든지 제자의 이름으로 이 작은 자 중 하나에게 냉수 한 그릇이라도 주는 자는, 내가 진실로 너희에게 이르노니, 그 사람이 결단코 상을 잃지 아니하리라(마 10:41-42).

분명히 예수는 어떤 이가 하나님 나라에 들어가는 것은 그가 자신의 삶을 어떻게 살았느냐에 의해 결정된다고 보았다. 반면에 마귀는 하나님 나라에서 쫓겨나 파멸한다. 이런 주장을 펼치는 가장 분명한 진술 중 하나가 마가복음 10:28-30에서 발견된다.

베드로가 여짜와 이르되. 보소서! 우리가 모든 것을 버리고 주를 따랐나이다. 예수께서 이르시되 내가 진실로 너희에게 이르노니, 나와 복음을 위하여 집이나 형제나 자매나 어머니나 아버지나 자식이나 전토를 버린 자는 현세에 있어 집과 형제와 자매와 어머니와 자식과 전토를 백배나 받되 박해를 겸하여 받고 내세에 영생을 받지 못할 자가 없느니라.

현세와 하나님 나라 모두에서 우리는 하나님의 뜻을 따른 것 때문에 상을 받는다. 현세에서 우리는 하나님 나라 백성들 가운데서 새로운 가족을 얻는다. 그리고 다가올 세상에서는 하나님의 백성들과의 교제 안에서 "영생", 즉 하나님의 풍성한 생명을 얻는다.

우리가 여기서 이 주제를 더 발전시킬 만한 여유는 없다. 그래서 나는 "상"에 대한 이런 의미 안에서 작동하고 있는 사고 구조를 간략하게 설명하는 것으로 마치려 한다. 예수가 보기에 우리의 삶은 보호관찰 상태에 있으며 하나님은 심판관이시다. 영생에 이르는 것은 당연한 것으로 간주될 수 없다. 하나님 나라에 들어가는 자들은 어떤 조건들을 충족시켜야 하기 때문이다. 예수는 생명의 떡이다. 그는 문이다. 그는 길이요, 진리요, 생명이다. 따라서 하나님 나라에 들어가기를 원하는 이들은 그의 말에 귀를 기울이고 그가 하는 말대로 행해야 한다. 예수의 말을 따르는 것에 대한 상은 지금 하나님 나라 공동체 안에서 누리는 교제와, 미래에 하나님 나라의 동일한 공동체 안에서 누리게 될 영원한 교제다.

예수가 심판과 관련해 하는 말에서 자주 등장하는 이 주제는 하나님 나라의 사명과 관련해서도 중요한 역할을 한다. 하지만 우리는 그 문제에 대한 논의를 예수가 미래의 하나님 나라에 대해 한 말에서 등장하는 또 다른 주제에 관해 논의한 이후로 미뤄두어야 한다.

완전한 공동체

희망으로서의 하나님 나라에 관한 논의에서 중요한 요소가 하나 있다면, 그것은 바로 유토피아*utopia*다.[6] 그러나 먼저 우리는 이 용어 자체를 명확하게 정의할 필요가 있다. 유토피아에 대한 모든 희망에 내포되어 있는 두 가지 차원을 구별해보자.

- 첫째, 유-토피아*u-topia*는 상상으로 이루어진 미래의 현실이다(유토피아는 "없음"을 의미하는 그리스어의 접두사 *u*와 "장소"를 의미하는 명사 *topos*의 합성어다. 따라서 유토피아는 실재하지 않는 이상향을 가리킨다—역자 주).
- 둘째, 에우-토피아*eu-topia*는 유토피아를 지금 이곳에서 구체화하려는 시도를 가리킨다(그리스어의 접두사 *eu*는 "좋은"을 뜻한다. 따라서 에우토피아는 좋은 곳을 의미한다—역자 주).

예수의 공동체 사상을 논하기에 앞서, 우리는 그가 꿈꿨던 미래의 하나님 나라가 유-토피아인 반면, 지금 출범한 상태에 있는 하나님 나라는 에우-토피아라는 사실에 주목할 필요가 있다. 이런 명백한 차이를 젖혀두면, 아주 중요한 관찰을 통한 한 가지 결론이 남게 된다. 그것은 예수의 하나님 나라 비전은 유토피아의 여러 가지 개념의 맥락에서 고찰될 필요가 있다는 것이다. 또한 그는 유토피아를 꿈꿨던 유일한 사람이 아니었다.

우리는 캐나다 서스캐처원 대학교의 종교학 교수 메리 앤 비비스 Mary Ann Beavis가 유대인들의 세계뿐 아니라 그리스-로마 세계 안에서 나타난 유토피아적 비전을 요약해서 설명해준 것에 대해 감사해야 한다.[7] 그리스-로마의 유토피아적 개념들은 신화적이고 환상적인 것에서부터 정치적인 것에 이르기까지 그 폭이 아주 넓다. 플라톤Plato은 하나의 모델이 될 만한 **관념상의** 도시국가를 묘사했던 반면, 다른 정치 사상가들은 얼마든지 실행에 옮겨질 수 있는 도시국가를 위한 **실제적인** 프로그램들을 개발했다(플라톤의 『법률』Laws[서광사 역간, 2009], 아리스토텔레스의 『정치학』Politics[숲 역간, 2009] 7-8, 키케로의 『국가론』On the Republic[한길사 역간, 2007]). 그러나 예수의 비전은 그리스-로마인들이 그렸던 유토피아보다는 오히려 유대인들이 그렸던 유토피아와 더 밀접하게 연결되어 있다. 실현된 유토피아적 사회에 대한 가장 훌륭한 본보기는 아마도 쿰란에서 발견된 에세네파 공동체일 것이다. 따라서 만약 우리가 유대식 유토피아의 비전을 살피고자 한다면, 우리로서는 아주 신뢰할 만한 자료를 갖고 있는 셈이다. 그리고 비비스는 유대식 유토피아의 비전 안에서 세 가지 흐름을 발견했다. 첫째는 에덴이라는 신화적 유토피아다. 둘째는 젖과 꿀이 흐르는 땅, 성전과 예루살렘에 관한 황금 시대의 비전, 모세나 다윗 시절 혹은 에스라와 느헤미야의 지도 아래 이루어진 포로생활에서 귀환하는 것과 같은 것들에 초점을 맞추는 땅에 기반을 둔 유토피아들, 그리고 모세의 율법이 단지 이상으로만 남아 있는 게 아니라 이스라엘 백성들에 의해 실제로 준행되는 율법적 유토피아들이다. 그리고 세 번째는 하나님이 통치하시고 인간 왕은 단지 왕이신 하나님을 섬기는 역동적 신정정치에 대한 비전이다(우리의 A-B-A′ 이야기).

이 모든 것은 즉각 예수의 하나님 나라에 대한 비전을 역사적 상황에 비추어 분명하게 밝혀준다. 예수는 에덴 전통에 크게 의존하지 않는다. 대신 그는 특정한 시기들이나 사건들(모세와 출애굽은 물론 포로기까지)에 의존한다. 특히 그는 하나님의 통치를 선포한다. **예수의 유토피아적 비전은 그 핵심에 메시아를 둔 신정정치다.** 하나님이 다스리신다. 그리고 예수 자신이 하나님을 대신하여 다스린다. 따라서 예수가 꿈꿨던 이런 유토피아는 비정치적인a-political 것이 아니라 혜롯과 빌라도와 로마 황제 같은 그 시대의 통치자들에게 맞서는 반정치적인 anti-political 그리고 과정치적인hyper-political 것이었다. 내가 그것을 과過 정치적이라고 부르는 것은 신정정치는 세상의 정치적 법칙을 넘어서기 때문이다.[8]

예수에 따르면 미래의 하나님 나라(유-토피아)는 어떤 모습일까? 나는 그 나라에서 두 가지 중요한 특색을 발견한다. 하나는 장엄함이고 다른 하나는 유토피아적인 사회다.

장엄함

장엄함과 영광이라는 주제 이상으로 하나님 나라의 비전을 유토피아

적인 것으로 만드는 것은 달리 없다. 먼저, 예수는 거듭해서 시대의
"끝"end이나 "완성"consummation(우리말 성서에는 "끝"이나 "끝날"로 번역되
어 있다―역자 주) 같은 것들에 대해 말한다(마 13:39, 49). "완성"이라는
단어는 그리스어 쉰텔레이아synteleia를 번역한 것인데, 이것은 이 세상
에서 펼쳐지는 하나님의 드라마에서 모든 이전 시대들이 완성에 이르
는 시기를 가리킨다. 베드로가 자신이 예수를 따르기 위해 아주 많은
것을 포기했다고 당당하게 말했을 때, 예수는 그에게 다가올 시대의
장엄함에 대해 말하는 방식으로 응답했다(독자들의 기억을 되살리기 위
해 다시 한 번 그 본문을 인용하겠다).

> 베드로가 여짜와 이르되, 보소서! 우리가 모든 것을 버리고 주를 따랐
> 나이다. 예수께서 이르시되, 내가 진실로 너희에게 이르노니 나와 복음
> 을 위하여 집이나 형제나 자매나 어머니나 아버지나 자식이나 전토를
> 버린 자는 현세에 있어 집과 형제와 자매와 어머니와 자식과 전토를 백
> 배나 받되 박해를 겸하여 받고 내세에 영생을 받지 못할 자가 없느니라
> (막 10:28-30).

현세(에우-토피아)에서 베드로는 "백배나 받을 것이나", 다가올 시
대(유-토피아)에서는 훨씬 더 많이 받을 것이다. 그리고 예수는 그것을
"영생"이라고 부른다.

여기서 우리는 잠시 멈춰서 간략하게나마 이 세대와 다가올 세대
사이의 **연속성**에 대해 살펴볼 필요가 있다. 예수는 베드로에게 그가
지금 얻은 것을 하나님 나라에서는 더욱 풍성하게 얻게 되리라고 말한

다. 우리는 모든 것을 처음부터 다시 시작하지 않을 것이다. 오히려 그때에는 우리가 지금 갖고 있는 것이 원래 되어야 할 모습으로 변화될 것이다. 크리스토퍼 라이트는 이 주제에 대한 설명을 수정만큼이나 명료한 일련의 주장으로 시작한다.

> 자주 그렇게 불리는 "다가올 세상"은 백지 상태, 즉 인간이 창조 명령을 이행하며 성취한 모든 것을 간단하게 구겨서 소각장에 던져 넣은 상태가 아닐 것이다. 오히려 그것은 우리의 타락으로 인한 모든 독과 부패로부터 정화되고 소독된 인간의 성취를 상상할 수 없는 미래, 즉 하나님께 온전히 영광을 돌리고 우리를 만족시켜주는, 그리고 친밀하기도 하고 타락하지도 않은 교제를 통해 영원히 누리게 될 새로운 창조와 새로운 창조력으로 가득 찬 영원을 위한 출발점으로 삼을 것이다.[9]

예수가 다가올 시대를 묘사하기 위해 즐겨 사용했던 용어는, 우리가 이미 보았듯이 "잔치"다. 그러나 장엄함이라는 주제를 다루는 또 다른 용어가 하나 있다. 바로 "영광"이다. 예수가 했던 아래의 진술들에 주목해보라.

> 내가 진실로 너희에게 이르노니 세상이 새롭게 되어 인자가 자기 영광의 보좌에 앉을 때에 나를 따르는 너희도 열두 보좌에 앉아 이스라엘 열두 지파를 심판하리라(마 19:28).

> 그때에 인자의 징조가 하늘에서 보이겠고 그때에 땅의 모든 족속들이

통곡하며 그들이 인자가 구름을 타고 능력과 큰 영광으로 오는 것을 보리라(마 24:30).

인자가 자기 영광으로 모든 천사와 함께 올 때에 자기 영광의 보좌에 앉으리니(마 25:31).

미래의 하나님 나라는 장엄함이 드러나는 시대다. 특별히 그 나라는 십자가에 달리셨던 성자가 이스라엘의 영광스러운 하나님의 영광을 발산하는 중심 이야기가 형성된 하나님의 면전에서 열리는 영원한 잔치가 될 것이다.

유토피아적 공동체

미래에 대한 모든 유토피아적 비전은 악이 제거되고 오직 선만 남아 있는 사회를 상상한다. 따라서 예수가 꿈꾸는 미래의 하나님 나라(사실상 그것은 이스라엘의 신정주의적이며 유토피아적인 전통에 잇닿아 있다)는 첫째, 하나님에 의한 그리고 오직 하나님 한 분에 의한 통치를 수반한다. 둘째, 그것은 정의, 평화, 사랑이라는 특징을 지닌 사회를 수반한다. 성서에서 이것을 누가복음 1장에 실려 있는 마리아와 스가랴의 노래들보다 더 정확하게 표현하는 구절은 없다. 만약 우리가 이 본문에 뮤지컬의 주제곡이라는 지위를 부여한다면, 우리는 예수 자신이 매우 자주 이 노래들을 부르면서 이 노래의 내용을 때로는 "유-토피아"로서 그려내고, 때로는 "에우-토피아"로서 그려낸다는 것을 알게 될 것이다. 아래에 마리아와 스가랴의 노래가 실려 있다. 나는 그중 중요한 표현을 굵은 글씨로 강조한 후 간단하게나마 그것들에 주목할 것이다.

마리아가 이르되,

내 영혼이 주를 찬양하며

내 마음이 하나님 내 구주를 기뻐하였음은

그의 여종의 **비천함**을 돌보셨음이라.

보라! 이제 후로는 만세에 나를 복이 있다 일컬으리로다.

능하신 이가 큰일을 내게 행하셨으니,

그 이름이 거룩하시며

긍휼하심이 두려워하는 자에게 대대로 이르는도다.

그의 팔로 힘을 보이사,

마음의 생각이 교만한 자들을 흩으셨고

권세 있는 자를 그 위에서 내리치셨으며 비천한 자를 높이셨고

주리는 자를 좋은 것으로 배불리셨으며 부자는 빈 손으로 보내셨도다.

그 종 이스라엘을 도우사 긍휼히 여기시고 기억하시되,

우리 조상에게 말씀하신 것과 같이

아브라함과 그 자손에게 영원히 하시리로다 하니라(눅 1:46-55).

그[세례자 요한] 부친 사가랴가 성령의 충만함을 받아 예언하여 이르되,

찬송하리로다, 주 이스라엘의 하나님이여!

그 백성을 돌보사 **속량하시며**

우리를 위하여 **구원의 뿔**을

그 종 다윗의 집에 일으키셨으니

(이것은 주께서 예로부터 거룩한 선지자의 입으로 말씀하신 바와 같이)

우리 원수에게서와

우리를 미워하는 모든 자의 손에서 구원하시는 일이라.

우리 조상을 긍휼히 여기시며

그 거룩한 언약을 기억하셨으니,

곧 우리 조상 아브라함에게 하신 맹세라.

우리가 원수의 손에서 건지심을 받고

종신토록 주의 앞에서

성결과 의로 두려움이 없이 섬기게 하리라 하셨도다.

이 아이여, 네가 지극히 높으신 이의 선지자라 일컬음을 받고

주 앞에 앞서 가서 그 길을 준비하여

주의 백성에게 그 죄 사함으로 말미암는 구원을 알게 하리니,

이는 우리 하나님의 긍휼로 인함이라.

이로써 돋는 해가 위로부터 우리에게 임하여

어둠과 죽음의 그늘에 앉은 자에게 비치고

우리 발을 평강의 길로 인도하시리로다 하니라(눅 1:67-79).

메시아적 하나님 나라, 즉 예수가 그렸던 유-토피아의 도래가 의미하는 것은 무엇일까? 정의, 불의의 종말, 가난한 자들에 대한 부양, 부자들의 착취와 빈곤의 종식, 이방인들 통치의 종식과 하나님의 내정 자치의 수립, 죄에 대한 용서와 성결 및 유일하신 참된 하나님에 대한 예배라는 특징을 지닌 백성, 그리고 평화 등이다.

하지만 우리는 이런 노래들에 대한 분석에서 자주 무시되는 한 가

지 주제에 관심을 가질 필요가 있다. 여기에는 강력하고도 단호한 그리스도 중심성christocentricity이 존재한다. 예수는 메시아다. 예수는 왕이다. 그리고 하나님이 그분의 나라를 다스리고 세우는 것은 예수를 통해서다. 예수 역시 나사렛에서 있었던 그의 취임 연설(눅 4:16-30)과 지복에 관한 설교(눅 6:20-26)에서 동일한 주제들을 강조한다. 예수에게 하나님 나라는 가난한 자들, 슬피 우는 자들, 의로운 자들에 대한 압제적인 불의의 종식, 그리고 내면에서 율법을 준수하는 백성 곧 예수의 가르침을 따라 하나님의 뜻을 행하는(이것은 그들이 거룩하고, 경건하며, 사랑스럽고, 지혜롭다는 것을 의미한다) 백성의 형성이라는 특징을 지니게 될 것이다.

우리는 몇 걸음만 움직이면 마리아와 스가랴로부터 예수에게로 넘어갈 수 있다. 그리고 다시 한 걸음만 더 움직이면 요한계시록 21-22장에서 평화로운 사회, 정의와 사랑과 지혜로 가득 찬 사회, 그리고 영원히 하나님을 예배하고 하나님과 더불어 살아가는 하나님의 백성에 대한 동일한 유토피아적 비전을 볼 수 있다. 신약의 "유-토피아적" 비전들은 비록 각기 나름의 뉘앙스를 갖고 있기는 하나 동일하게 웅장한 주제를 지지한다. 그것은 바로 하나님 나라는 하나님의 백성(이스라엘, 하나님 나라의 백성, 교회)의 완전한 공동체라는 것이다. 그러나 상기하는 차원에서 말해둘 것이 하나 있다. 예수의 유토피아적 비전의 전체적인 주제는 그 유토피아가 단순히 하나님 앞에서 영위하는 한 개인의 영원한 삶이 아니라, 하나의 교제, 하나의 공동체, 하나의 사회라는 것이다. 방금 묘사했던 각각의 비전들에서—우리는 이보다 훨씬 더 많은 것을 덧붙일 수 있다—그 비전들이 얼마나 사회적인지에 주목하라.

축복

미래의 하나님 나라에 대한 소망을 한마디로 요약하자면 "복이 있도다"이다. 복음서의 수많은 구절은 하나님께 궁극적으로 인정받는 사람을 묘사하기 위해 이 용어를 사용하고 있다. 지복에 관한 말씀(눅 6:20-26)에서 시작하여 "누구든지 나로 말미암아 실족하지 아니하는 자는 복이 있도다"(마 11:6), 혹은 내가 좋아하는 구절 중 하나인 "그러나 너희 눈은 봄으로, 너희 귀는 들음으로 복이 있도다"(마 13:16)에 이르기까지 그러하다. 베드로가 예수를 왕으로 고백한 후 예수가 그에게 한 말 역시 잊어서는 안 된다. "바요나 시몬아, 네가 복이 있도다. 이를 네게 알게 한 이는 혈육이 아니요 하늘에 계신 내 아버지시니라"(마 16:17).

그러나 사실 "복이 있다"blessed라는 단어는 복된 문젯거리a blessed problem다.[10] 그동안 성서의 여러 번역본은 이 단어의 근본이 되는 그리스어*makarios* 혹은 때때로 예수가 실제로 사용했을 가설상의 히브리어나 아람어 단어(아마도 시 1:1과 32:1에 등장하는 *ashre*, 혹은 창 14:19과 신 28:3에 등장하는 *baruk*)에 해당하는 완벽한 영어 단어를 찾기 위해 나름대로 최선을 다했다. 더 나아가 우리가 "…는 복이 있다"라고 말할 경우, 그 말 속에서는 언제나 "훌륭한 삶"에 관한 철학의 전역사와 보다 최근에 등장한 "행복"에 관한 이론들이 작동하고 있다. 따라서 이런 한 무리의 구절은 우리로 하여금 고대 그리스 철학자 아리스토텔레스가 사용했던 중요한 그리스어 "에우다이모니아"*eudiamonia*를 떠올리게 하는데, 이 단어는 행복이나 인간적인 번영 같은 무언가를 의미한다.

또한 그것은 우리로 하여금 사람들을 행복하게 만들어주는 것에 관한 현대의 연구들을 생각하도록 이끌어간다.[11] 이 모든 것이 지복에 관한 구절에 등장하는 "마카리오스"*makarios*라는 그리스어를 가장 잘 번역해줄 영어 단어가 무엇인지를 판단하는 데 관여했다. 만약 이 단어가 성서의 다른 어느 중요하지 않은 구절의 종속절에서 발견된다면, 아마도 그 단어에 해당하는 가능한 영어 단어들의 목록을 훑어나가는 모험적인 여행은 아주 재미있는 일이 될 수 있다. 그러나 성서에서는 모든 구절이 바로 이 단어에 의존하고 있으며, 또한 이런 구절들 전체가 바로 이 한 단어에 매달려 있다. 이 단어를 올바르게 해석하면 모든 것이 제자리에 들어맞고, 이 단어를 잘못 해석하면 모든 것이 무너진다. 따라서 우리는 이 단어를 바르게 이해하기 위해 애쓸 필요가 있다.

이 단어를 바르게 해석하기 위한 비결은, 그것을 누가 복을 얻고 누가 복을 얻지 못하는지에 관한 성서의 이야기에 비추어 살피는 것이다. 일단 우리가 이 이야기의 관점을 이해한다면, 우리는 이 단어를 이야기의 맥락에서 이해하는 데 필요한 테두리와 내용을 얻는 셈이다. 그리고 나면 비로소 우리는 훌륭한 삶과 행복을 추구하는 역사에 대해 살필 수 있게 된다. "복이 있도다"라는 단어 안에는 최소한 다섯 가지의 주제가 작동하고 있다.

첫째, "복이 있는" 사람은 **이스라엘 하나님에게** 복을 얻는다. 성서의 전체 이야기는 어느 의미에서 자신이 택한 백성 이스라엘을 지켜보시고, 그들의 언약 준수 상황을 평가하시고, 그들에 대한 인정이나 부정을 가시적인 방식으로 드러내시는 하나님에 의해 형성된다. 이 주제는 두 가지의 중요한 출발점을 갖고 있다. 하나는 레위기 26-27장이고,

다른 하나는 지혜 전승을 포함하고 있는 신명기 28장이다. 거기서 주제는 상식, 근면, 어른들의 말을 듣는 것(잠 3:13; 8:32; 20:7; 28:20; 시 1편; 32:1-2) 등에 근거한 분명하게 번성하는 삶을 가리킨다. 하나님이 순종하는 자에게 복을 주신다는 주제는 사사기와 사무엘상·하, 열왕기상·하, 역대기상·하, 에스라, 느헤미야 같은 역사서들을 형성한다. 분명히 이 주제는 예언서들 전체에서 되울리고 있으며, 여러 가지 방식으로 예수 시대에 하나님이 주시는 복을 갈구하던 (바리새인이나 에세네파 같은) 분파주의적 운동들을 불러일으켰다.

둘째, "복이 있도다"라는 단어에는 분명히 **종말론적**이고 **유토피아적인** 관심이 들어 있다. 비록 구약성서의 초점이 율법을 준수하는 자들에 대한 현재 삶의 축복에 맞춰져 있기는 하나, 거기에는 불의를 타파하고 이스라엘의 희망을 지향하는 또 다른 차원 역시 들어 있다. 그 희망이란 모든 것이 바로 잡힐 때 하나님 나라에서 하나님이 주시는 미래의 복이다. 그리고 구약성서에서 이것을 이사야 61장보다 더 잘 표현하는 본문은 없다. 미국 펜실베이니아 주에 있는 피츠버그 신학교의 신학교수 데일 앨리슨Dale Allison이 정확하게 지적하듯이, "우리가 여기[지복]에서 얻는 것은 경험에서 우러나오는 상식적인 지혜가 아니라 전례가 없는 종말론적 약속이다. 현재의 악은 몰락할 것이고 의로운 자들이 인정을 받고 상을 얻게 될 것이다."[12] 이 복은 비록 그 초점이 미래에 맞춰져 있을지라도 지금 시작된다(마 11:6; 13:16).

작동 중에 있는 세 번째 주제는 **조건성**이다. 복을 얻은 자들은 특별한 태도나 특징에 의해 구별된다. 반면에 명백하게 복을 얻지 못한 이들, 성서의 표현으로 "저주받은 자들"(눅 6:20-26; 신 28장을 보라)은 그런 특징의 부재나 정반대 특징의 존재에 의해 구별된다. 따라서 축복에는 조건성이라는 요소가 따른다. 하나님 나라에 들어가기 위해 우리는 믿고, 신뢰하고, 순종하고, 인내하고, 왕이신 예수의 다스림을 받으며 충성하는 삶을 살아가야 한다. 그러나 이것이―아마도 이쯤에서 우리는 즉각 여기저기에서 이의를 제기하며 올라가는 손들을 볼 수 있을 것이다―우리가 하나님 나라에 들어가는 길을 스스로 "열어야" 한다는 것을 의미하지는 않는다. 오히려 이것은, 하나님 나라에 들어가는 이들은 믿음의 패턴이라는 특징을 지니며, 그 패턴들을 갖고 있지 않은 이들은 그 나라에 들어갈 수 없음을 의미한다.

네 번째 요소는 인간의 **관계적 성향**이다. 우리는 "복을 얻은" 자들이 오직 하나님과만 적절한 관계를 맺고 있다고 여기기 쉽다. 하지만 지복에서는 우리와 하나님과의 관계만이 아니라 자신, 그리고 다른 이들과의 관계 역시 분명하게 드러난다. 마태가 "가난한 자"라는 말에 "심령이"라는 말을 덧붙였을 때, 우리는 세 번째 복("온유한 자"가 얻을 복)에서도 발견하게 되는 것을 발견한다. 그것은 바로 우리 자신에 대한 적절한 평가로 인해 하나님, 그리고 다른 이들과 관계하는 우리의 내적 성향이다. 더 나아가 어떤 복들은 사랑스러운 기질을 바탕으로 다른 이들과 관계하는 이들, 즉 "애통하는 자", "긍휼히 여기는 자", "화평케 하는 자"들에게 주어진다. 다른 이들은 보다 직접적으로 우리와 하나님의 관계에 관심을 갖는다. "의에 주리고 목마른 자"와 "마음이 청결한 자" 그리고 아마도 박해받는 자들이 그러하다. 그러나 결국 복을 얻는 자들은 하나님, 자신, 그리고 다른 이들과의 거룩하고 사랑스러운 관계로 인해 구별된다.

마지막 요소는 **전복적 혹은 대조적**이다. 나는 여기서 누가가 지복에 대해 기록하는 방식에 호소하는 것을 인내해줄 것을 독자들에게 부탁드린다. 누가는 복을 얻는 자들만이 아니라 저주를 받는 자들의 목록까지 열거한다(눅 6:20-22, 23-26). 예수가 여기서 하듯이, 어떤 이가 한 그룹의 사람들을 축복할 경우 그는 다른 사람들을 축복하지 않고 있는 것이다. 누가의 저주 목록은 마태에게서는 명시적으로 나타나지 않는다. 그러나 이런 긴장은 복을 얻는 자들의 기괴함으로 인해 지지를 얻는다. 박해받는 자들이나 온유한 자들을 축복하는 것은 정상적이지 않은 일이다. 또한 이런 긴장은 예수가 옳지 않은 사람을 다루는 과격하게 보이리만큼 비정상적인 방식으로 인해(마 9:9-13), 그리고 그가 사도들 가운데 포함시킨 부류의 사람들로 인해(마 4:18-22; 10:1-4) 보다 강력한 증거를 얻는다. 예수의 축복은 대항문화적이고 혁명적이며 따라서 문화를 뒤집고 사회를 전복시킨다. 이것은 마태복음 5:3-12을 외경 중 하나인 집회서에 등장하는 인습적인 목록과 비교해보면 분명하게 드러난다.

지혜를 따라 살고
그것을 옳게 새겨 깨우치는 사람은 행복하다.
마음속으로 지혜의 길을 찾고
그 신비를 깊이 묵상하는 사람은 행복하다.
그는 사냥꾼과도 같이 지혜를 뒤쫓고
지혜가 가는 길목을 지킨다.
그는 지혜의 창문을 엿보며

지혜의 문전에서 귀를 기울인다.

또 그는 지혜의 집 옆에 거처를 마련하고

지혜의 벽에 말뚝을 박아

지혜 가까운 곳에 천막을 치고

그 속에서 행복하게 산다.

그는 이렇게 지혜의 나뭇가지 아래에 자리를 잡고

자기 자녀들을 지혜의 보호 밑에 둔다.

그리하여 그는 지혜의 그늘로 더위를 피하고

지혜의 영광 속에서 살아간다(집회서 14:20-27, 「공동번역」).

내가 행복하다고 생각하는 사람에 아홉 종류가 있다.

열째 번 사람은 결론에서 말하겠다.

자기 자녀들에게서 즐거움을 맛보는 사람,

살아서 자기 원수의 몰락을 보는 사람,

지각 있는 아내를 가진 남편과,

소와 노새를 함께 써서 가래질을 하지 않는 농부,

혀로 죄를 짓지 않는 사람,

그리고 자기보다 못한 사람의 종노릇을 하지 않는 사람,

이 얼마나 행복한 사람인가?

또한 총명한 사람과

자기 말을 경청하는 청중을 가진 사람은 얼마나 행복한가?

그리고 지혜를 찾은 사람은 또 얼마나 위대한가?

그러나 아무도 주님을 두려워하는 사람을 당해낼 수는 없다.

주님을 두려워하는 것이 모든 것을 능가한다.

누가 주님을 두려워하는 사람과 견줄 수 있으랴?(집회서 25:7-11)

분명히 예수는 정상적인 것을 거스른다. 지혜와 이성을 추구하고
현자로서의 명성을 발전시키기는커녕, 게다가 좋은 가정을 지닌 이들,
혹은 율법 전체를 지키는 이들, 혹은 바른 친구들을 지닌 이들, 그리고
의로운 자로서 혹은 지도자로서의 명성을 발전시켜나가는 이들을 축
복하기는커녕, 오히려 예수는 자신 외에는 다른 아무도 축복하지 않는
이들을 축복한다. 지복의 핵심은 이런 대조적인 입장으로부터 나온다.
그것들은 하나님 나라의 백성에 대한 대항문화적인 계시인 셈이다.

이 모든 것을 종합해보면 우리는 이런 결론을 얻을 수 있다. "복이
있는" 사람은 하나님을 향한 그의 마음 때문에 그 자신의 지위나 대
항문화적 조건과 상관없이 하나님의 은혜를 약속받고 누리는 사람이
다. 따라서 복을 받는다는 것은 하나님의 은혜를 누리는 것을 의미한
다. 하지만 내가 여기서 주목하고 싶은 것은 이 복이 지니고 있는 **유토
피아적** 요소다. 미래의 하나님 나라에서 이 복됨은 영원하고 무한하며
무조건적이고 점점 더 깊어지고 넓어지고 길어지고 높아진다. 그것은
하나님의 백성을 위한 하나님의 순전한 기쁨이다.

하나님 나라의 사명과 희망

이제 우리는 예수의 희망에 대한 설명에서 하나님 나라의 사명과 관련
한 희망의 의미를 설명하는 것으로 넘어가야 한다.

희망에 닻을 내림

하나님 나라의 사명은 하나님 나라에 대한 희망과 깊이 결부되어 있다. 나는 기질적으로 낙관적이고 외향적이고 희망적이며 늘 꿈을 꾸는 사람이다. 그래서 내가 비관주의자들, 내성적인 이들, 냉소주의자들, 그리고 음울한 자들에게 짜증을 느낀다고 말할지라도 놀라지 말기 바란다. 반대로 의심할 바 없이, 아마도 그런 이들은 나 같은 사람들에게 짜증을 느낄 것이다. 그러나 성서가 말하는 희망은 우리의 기질이 아니라 우리의 믿음에 달려 있다. 오랜 시간에 걸쳐 희망은 우리의 기질 속으로 파고들어 와 우리를 좀 더 희망적으로 만들 수 있다. 그러나 우리는 성서가 말하는 희망을 우리의 심리적 성향과 구분하는 법을 배울 필요가 있다. 그렇다면 이 희망이란 과연 무엇인가? 이전 세대의 탁월한 신약성서학자이자 케임브리지 대학교의 교수였던 C. F. D. 모울C. F. D. Moule, 1908-2007의 말을 인용해보자. 그는 희망에 관한 그의 예리한 연구를 다음과 같은 말로 마무리한다.

> 단언하건대, 기독교적 희망은 의심스러운 소원 이상이며 심지어 좋은 것에 대한 기대 이상이다.
> 그것은 하나님에 대한 신뢰이자 그분의 가족 안에서 누리는 사랑이다.
> 그것은 분명히 그리스도의 부활의 승리에 닻을 내리고 있다.
> 그것은 성령이 살아 움직이는 공동체 안에서 드러난다.…
> 기독교적 희망은 그 자체로 복음전도적이지 않을 수 없다. 또한 그것은 복음전도적인 동시에 삶 **전체**와 상관하지 않을 수 없다.…
> 기독교적 희망은, 만약 그것이 인류 전체, 우주 전체, 예수 그리스도 안

에 있는 하나님의 사랑을 포괄할 정도로 넓지 않다면, 그 자체를 무효로 만드는 것 아닌가?[13]

하나님 나라의 사명이 희망을 제공하는 이유는 미래에 완성될 하나님 나라가 그런 희망을 발생시키는 데 있다. 그 나라가 어찌 될 것인지를 이해하기 전까지 우리는 성서적 의미의 희망에 대한 설명을 발전시켜나갈 수 없다. 아래에서 나는 하나님 나라의 사명에 내포된 희망의 세 가지 요소에 주목하고자 한다.

최종적인 하나님 나라를 예기하는 식탁 교제 | 하나님 나라의 사명은 그것의 매일의 생명력을 미래의 하나님 나라를 예기하는 포괄적인 식탁 교제에서 발견한다. 예수는 그의 행동 방식을 통해 하나님 나라를 구현했다. 그리고 예수가 했던 일 중 주목할 만한 것은 그의 추종자들과 함께했던 식탁 교제였다. 그러나 이런 교제는 엄격하게 통제된 것이 아니었다. 예수는 다른 이들도 자신과의 식탁 교제 자리에 초대했는데, 그들 중에는 악명 높은 죄인들도 포함되어 있었다. 예수를 지칭하는 말 중에는 "세리와 죄인의 친구"라는 표현이 들어 있었다(마 11:19). 예수의 보다 더 도발적인 행위 중 하나는 그가 시몬이라고 불리는 어느 유명한 바리새인의 집에서 식사하고 있을 때 그의 집 안으로 들어온 한 창녀가 감격하며 눈물을 흘리면서 그 눈물로 자신의 발을 씻기도록 허락한 것이었다(눅 7:36-50). 그의 식탁 교제 행위는 단순히 미래의 하나님 나라를 상징하는 것이 아니라 그 미래의 나라를 지금의 현실로 가져오는 것이었다.

하나님 나라의 사명에 내포되어 있는 희망은 우리가 함께 식탁에 둘러앉아 먹을 때 발견된다. 그러나 지금 나는 비슷한 사람들끼리 모여 형성된 작은 규모의 교제에 대해 말하고 있는 게 아니다. 내가 염두에 두고 있는 것은 그 폭과 넓이와 깊이와 높이가 놀랍기 그지 없는 최종적인 잔치다. 우리는 그 잔치의 모습을 요한계시록 5:11-14에서 흘끗 엿볼 수 있다.

> 내가 또 보고 들으매 보좌와 생물들과 장로들을 둘러 선 많은 천사의 음성이 있으니 그 수가 만만이요 천천이라. 큰 음성으로 이르되, 죽임을 당하신 어린 양은 능력과 부와 지혜와 힘과 존귀와 영광과 찬송을 받으시기에 합당하도다 하더라. 내가 또 들으니, 하늘 위에와 땅 위에와 땅 아래와 바다 위에와 또 그 가운데 모든 피조물이 이르되, 보좌에 앉으신 이와 어린 양에게 찬송과 존귀와 영광과 권능을 세세토록 돌릴지어다 하니, 네 생물이 이르되 아멘 하고 장로들은 엎드려 경배하더라.

만약 이것이 최종적인 잔치라면, 만약 이것이 하나님 나라라면, 이와 같은 함께 먹음과 식탁 교제는 무엇을 의미할까? 유-토피아가 에우-토피아가 되어간다는 것은 우리의 식탁 교제가 점점 더 방금 묘사된 것처럼 되어야 한다는 것을 의미한다. 또한 그것은 **집중적이고 의도적인 포용력**을 의미한다. 어린 양에 대한 찬양에 집중하고자 하는 모든 이들이 환영을 받는다. 이것은 **모두가 환영을 받는 것**을 의미한다. 그리고 이것은 모두가 초대되고 환영받는 것을 추구하고 있음을 의미한다. 그 최종적인 잔치 자리에서 천사들과 인간들, 모든 피조물은 자신의 고난과 대속 사역을 통해 그리고 죽음에 대한 승리를 통해 하나님 나라의 백성들을 구속한 어린 양께 한 목소리로 찬송을 드릴 것이다. 그 어린 양께 찬송을 드리는 이들은 용서받고 속죄되고 교화되고 치유된 이들이다. 하나님 나라에서 특정 교단의 사소한 신학상의 문제들은 어린 양의 통치라는 영광스러운 불에 의해 태워 없어질 것이다. 그곳에서 유일하게 중요한 항목은 보좌에 앉으신 어린 양에 대한 집중적인 경배와 복종이다. 바로 이것이 성만찬이 하나님 나라의 현실에 대한 가장 순결한 상징이자 구현이 되는 이유다. 거기서 우리는 우리를 지탱해주는 음식과 함께 그 동일한 음식을 찾고 있는 다른 이들을 발견한다.

오늘 우리의 식탁 교제는 이런 집중적인 포용력에서 나오는가, 아니면 집중적인 배타성에서 나오는가? 나는 어떤 이들을 배제한 채 오직 남아 있는 자들만을 격하게 환영하는 여러 그리스도인 집단들에 대해 생각할 수 있다. 하지만 그들의 그런 환영은 분파적인 것이며, 그들의 식탁 교제는 비슷한 유형의 사람들끼리의 교제일 뿐이다. 최종적인 하나님 나라는 유대인과 이방인, 종과 자유인, 남자와 여자 모두를 포함할 것이다. 지금 우리의 교제는 인종적 다양성을 확보하고 있는가? 경제적 다양성은? 성적 다양성은? 아니면 지금 우리의 교제는 비슷한 사람들끼리의 교제에 불과한가?

따라서 친구들을 한데 모으라. 서로 모여 하나의 교제를 이루라. 한 가족이나 개인이 그들의 식탁을 선택하게 하는 대신, 이름이 적힌 종이를 모자에서 뽑아 무작위로 서로 교제하라. 유사성이 아니라 포용력에 집중해 교제하자고 호소하면서 친구들을 모으라. 신학적 동의가 아니라 포용력에 집중해 교제하자고 호소하면서 친구를 모으라. 최후의 잔치가 갖고 있는 이런 포용력에 집중하는 것은 아침과 정오와 저녁에, 그리고 모든 교제가 이루어질 때마다 당신의 교회 안에서 에우-토피아가 되라는 도전을 내포하고 있는 유-토피아다. 하나님 나라의 사명은 지금 우리가 이와 같은 집중적인 포용력 안에서 살아가면서 최종적인 하나님 나라의 희망을 낳는 것과 상관이 있다.

심판을 갈망함 | 하나님 나라의 사명은 심판을 갈망하는 것을 의미한다. 하나님 나라의 사명에 내포된 희망은 우리가 하나님의 심판을 갈망할 때 나타난다. 유토피아라는 개념을 한 번 더 거론해보자. 미래의 하나님 나라는 정의, 평화, 고통의 종식, 안전하고 건강한 상태에서 누리는 기쁨, 파열된 관계들의 회복, 사랑과 지혜와 기쁨이라는 특징을 지닌 사회에 대한 유토피아적 비전이다. 나는 이 목록을 얼마든지 계속해나갈 수 있다. 오늘날 많은 이들이 그런 날이 오기를 갈망한다. 하지만 그 날이 오기 위해서는 먼저 불의, 깨어진 관계, 배신, 고통, 고난, 그리고 이 세상의 비극들이 심판을 통해 현재의 모습 그대로—그것은 사악하고 조직적인 악이며 악마적인 징후다—호출되어 처리되어야 할 필요가 있다.

따라서 하나님 나라의 사명은 죄에 대한 심판과 하나님 나라 질서의 수립을 통해 이루어진 희망을 약속한다. 최근에 나는 미국의 작가 레슬리 필즈Leslie Fields와 질 허버드Jill Hubbard가 함께 쓴 『부모 용서하기』Forgiving Our Fathers and Mothers라는 책의 원고를 읽었다. 그 원고의 내용은 정확하게 그 제목에 부합하게 사는 것에 관한 이야기였다. 그 책의 저자들이 세상의 모든 부모가 사랑스럽고 지혜롭고 의로운 방식으로 자녀를 양육해 세상 속으로 내보내는 오늘날과 같은 시절에 자기 부모들의 질병에 관한, 그리고 우리가 영위하는 유일회적인 삶 속에서 사랑에 대한 기억 없이 살아가는 법을 배웠던 것에 관한 이야기를 풀어놓기 위해서는 아주 큰 용기가 필요했을 것이다. 어느 날 레슬리는 언니가 아빠에게 일상적으로 성적 학대를 당해왔음을 알게 된다. 그녀는 아빠와 "화해해보려 한다." 하지만 그 이야기 전체의 배후에 숨어 있는 것은 돌이킬 수 없는 과거, 무력과 학대가 레슬리와 언니의 건강과 생기와 희망에 끼친 영향, 압도적인 지금의 현실, 하나님이 심판관이시며 언젠가는 심판하실 것이라는 확신, 불쑥불쑥 나타나는 참회와 회개와 화해에 대한 희망과 그것의 좌절로 인해 제기되는 고통, 그리고 바라던 화해가 마치 손가락 사이로 모래가 빠져나가듯, 심지어 눈과 희망에 모래를 불어넣듯 실패하는 현실 등이다.

이런 경우에 하나님 나라의 사명은 무엇과 같은가? 나는 그것은 수많은 악행자가 자신들의 모습 그대로, 그리고 그들이 행한 일로 인해 호출되는 것, 회개에 대한 희망이 지속되는 것, 언젠가 하나님이 악을 심판하시고 그것을 영원히 제거하시는 것을 의미한다고 제안하고자 한다. 이제 나는 내가 하나님 나라의 유토피아적 희망과 관련해 믿고 있는 또 다른 것에 대해 말하고자 한다. 그렇게 학대받은 아이들은 단순히 그 악한 일이 호출되어 처리되는 것만 보는 것에 그치지 않을 것이다. 오히려 그들은 느닷없이 완전히 새로워진 삶을 살게 되고, 마땅히 알아야 했던 사랑을 알게 되며, 마땅히 받았어야 할 아빠의 사랑과 엄마의 사랑을 알게 될 것이다. 또한 하나님 나라에서 그들의 교제는 너무나 영화롭고 선한 것이어서 과거의 모든 기억이 하나님 나라의 구속의 능력 안으로 삼켜지게 되리라는 것을 알게 될 것이다.

이런 유-토피아가 지금 에우-토피아가 될 수 있을까? 부분적으로는 에우토피아가 될 수 있다. 지금 우리는 하나님이 모든 이들의 숨은 행위를 드러내시고 질서를 세우실 다가올 심판에 비추어 용서의—그리고 가능하다면 화해의—과정을 통해 그 질서에 기대는 법을 배우기 시작할 수 있다.[14] 오직 하나님만이 용서를 가능케 하신다. 그리고 하나님은 왕이신 예수의 대속적 죽음을 통해 그것을 가능케 하신다. 심판의 여파를 우리의 세상 속으로 가져오는 그 어떤 행동도 하나님이 제공하시는 용서를 재연하고 다시 표현한다. 그 심판이 죄들을 호명할 것이기에 우리의 용서는 우리가 하나님이 호명하시는 것을 호명하려할 때까지는 일어날 수 없다. 죄에 대한 하나님의 심판은 가해자 쪽의 시인과 고백을 필요로 한다. 또한 이것은 우리에게 자행된 죄들에 대한 우리의 심판 역시 화해가 일어나려면 그전에 죄에 대한 시인과 고백을 필요로 한다는 것을 의미한다. 그렇다. 나는 용서forgiveness와 화해reconciliation를 구분한다. 전자는 희생자가 행하는 것을 묘사하고, 후자는 희생자와 가해자 사이에서 일어나는—가해자가 자신의 죄에 대해 회개할 경우에 일어나는—일을 묘사한다.

하나님 나라의 백성들은 하나님이 모든 것을 바르게 만드시는 유-토피아에 대해 알고 있기에, 그리고 하나님 나라가 순전하고 거룩한 사랑으로 충만하다는 것을 알고 있기에, 에우-토피아에서 가능한 정도 내에서 용서와 화해에 헌신한다. 예수가 유-토피아 혹은 낙원을 고려하며 십자가 위에서 자기에게 죄 지은 이들을 용서했던 것처럼, 그의 추종자들 역시 그들에게 죄 지은 자들을 용서해야 한다(마 6:12, 14-15).

지금의 하나님 나라의 교제 | 하나님 나라의 사명은 서로 간의 교제를 만들어낸다. 하나님 나라의 사명에 내포된 희망은 우리가 서로 교제하며 사는 법을 배울 때 발견된다. 때때로 목회자들은 나에게 교회의 갈등과 관련해, 그리고 교제의 폭을 넓히기 위한 노력과 관련해 조언을 청한다. 그런 조언에 응답하는 내 지혜는 하나님 나라의 현실에서 나온다. 만약 최종적인 하나님 나라가 하나님의 백성들과 하나님 사이의, 그리고 하나님의 백성들 서로 간의 교제에 초점을 맞춘다면, 지금 여기에서의 교제는 당연히 그 **최종적인 하나님 나라를 예시하는** 것이어야 한다. 따라서 다시 한 번 교회는 하나님의 백성이 가져야 할 보다 "사회적인" 모임들을 만들어내고 발전시켜야 할 필요가 있다.

우리들 대부분에게 "교회"가 하는 일은 주로 이러하다. 그리고 이와 관련해서는 목회자들 역시 회중과 조금도 다를 바 없이 책임이 있다. 우리는 일요일 아침에 "교회에 간다." 우리는 충분히 일찍 도착해 많은 이들과 대화를 나누거나 혹은 아주 늦게 도착해 거의 아무와도 대화를 나누지 못한다. 우리는 회중석에 앉았다가, 찬송이나 기도를 드리기 위해 일어서고, 다시 설교를 듣기 위해 자리에 앉고, 성찬을 받기 위해 앞으로 걸어 나가거나 자리에 계속 앉아 있다가, 축도송을 듣기 위해 다시 자리에서 일어선다. 그 후에는 예배당 밖으로 나오다가 몇 사람과 마주쳐 인사를 나누고, 각자의 차에 올라 점심을 먹으러 가거나 집으로 돌아온다. 그리고 그것으로 교회는 그 주의 일을 끝낸다. 내가 말했듯이 목회자들도 그런 문화를 기대하고, 때로는 그런 식의 교회 문화를 만들어낸다. 이것은 하나님 나라의 교제라는 의미에 전혀 미치지 못한다.

목회자들에게 들은 두 가지 이야기를 소개하고자 한다. 하나는 어느 대형 교회의 목사가 전해준 이야기다. 골프 한 라운드를 마친 후 그가 내게 말했다. 자기가 일요일 아침 예배를 없앨 수 있었던 것은 소그룹들이 자기가 믿는바 교회가 되어야 할 모습 모두를 이루었기 때문이라고. 물론 나는 이렇게 물었다. "어떻게 그럴 수 있는 거죠?" 그 질문에 그가 답했다. "교회는 교제이기 때문입니다. 그리고 나는 그 일이 일요일 아침에 일어난다고 믿지 않아요." 또 다른 목회자는 교회가 교제라는 특징을 지녀야 한다고 확신했기에 교인들로 하여금 목요일 저녁에 교회가 후원하는 가벼운 식사 모임에 참석하는 관습을 만들어냈다. 하지만 오랫동안 그 식사 모임에 참석했던 이들은 그 목사 부부와 부목사 부부, 그리고 가끔씩 어쩌다 찾아오는 이들뿐이었다. 회중이 그의 생각을 수용하기까지는 여러 해가 걸렸다. 어느 이탈리아 음식점에서 점심을 먹으면서 그는 내게 다음 두 가지 말을 했다. "교제하기에 우리는 너무 바빠요." 그리고 "어떤 이가 제게 도대체 교제가 교회와 무슨 상관이 있느냐고 묻더군요!"

만약 성대한 교제가 하나님 나라의 핵심이라면, 우리는 교제를 위한 기회를 확대하여 교회의 삶을 하나님 나라의 모임들로 만들어나갈 필요가 있다. 그런데 우리가 어떻게 그럴 수 있을까? 성서 공부나 신학 연구에 지나치게 몰입하기보다 서로의 삶을 나누는 여유로운 시간을 포함하고 있는 소그룹 활동을 통해서다. 각 교인이 회중 전체를 위해 조금씩 음식을 가져와 친교를 나누는 포틀럭potluck 모임 같은 것을 통해서다. 나는 그렇게 포틀럭을 행하는 교회에서 자랐다. 그리고 얼마 전에는 미국의 중심부인 일리노이 주의 페킨에 있는 어느 교회에서 초청을 받아 연설할 기회를 얻었는데, 그 교회는 모임을 포틀럭으로 시작했다. 아내 크리스와 나는 그 주말을 마음껏 즐겼다. 우리에게 그 주말의 하이라이트는 바로 포틀럭이었다! 분명히 그것은 내게 옛 기억을 되살려주었다. 또한 그것은 내가 이틀 동안 상대하여 설교하고 가르칠 이들과 대화를 나눌 수 있는 공간을 만들어주었다. 어떤 교회는 교우들이 서로를 좀 더 잘 알 수 있도록 그들이 알지 못하는 이들과 함께하는 저녁식사 교제 모임을 만들기도 한다.

너무 멀리 나가기 전에 우리 안에 있는 내성적인 이들을 위해 한마디 해두어야 할 것 같다. 교회는 외향적인 이들이 좋아하는 것을 확대하고 내성적인 이들이 좋아하는 것을 무시하는 경향이 있다. 그리고 확실히 보다 사교적인 이벤트를 제안하는 것은 내성적인 이들로부터 그나마 남아 있는 사회적 갈망을 위협해 말살시킬 수도 있다. 그래서 어떤 교회는 포틀럭 대신 조용한 저녁 모임, 혹은 무작위로 여러 신자들이 모이는 모임보다는 보다 신뢰할 수 있는 이들로 구성된 좀 더 작은 규모의 모임을 선호한다. 아마도 최종적인 하나님 나라는 외향적인 이들을 진정시키고 내성적인 이들을 들뜨게 하여 사회적 교제 안으로 이끌 것이다. 이런 점에 유념하면서 우리는 다시 한 번 미래의 하나님 나라가 하나님과 하나님의 백성들 사이의 교제임을 상기하도록 하자. 만약 그것이 유-토피아라면, 지금 그것이 발생시키고자 하는 우리의 시도는 우리가 서로서로 더 잘 교제하는 법을 배우는 것을 의미한다.

하나님 나라의 사명은 복된 삶을 목표로 한다

복을 얻는다는 것은 곧 최고의 의미의 행복을 누리며 성대한 삶 속으로 이끌린다는 것을 의미한다.[15] 우리가 살필 다섯 가지의 내용이 있다. 첫째, 우리 모두는 행복해지기 원한다. 언젠가 아우구스티누스St. Augustine, 354-430는 이렇게 주장했다. "모든 이들이 행복해지기를 바란다는 것은 두뇌를 사용하는 모든 이들의 분명한 견해다." 둘째, 우리 모두는 기쁨을 경험하는 것과, 고통을 경험하지 않는 것을 행복과 연관시킨다. 미국 펜실베니이아에 있는 얼시너스 대학교의 철학과 교수 스튜어트 괴츠Stewart Goetz가 요약해 말하듯이, "완전한 행복은 다름 아니라 기쁨이라는…의식적이고 심리학적인 상태로 이루어진다." 셋째, 우리가 지금 경험하는 이런 선한 기쁨들은 유-토피아에서 맛보게 될 최종적인 기쁨에 대한 에우-토피아다. 언젠가 C. S. 루이스가 말했듯이, "하나님은 완전하고 황홀한 행복에 대한 우리의 갈망을…이해하실 뿐 아니라 **공유하신다.**…그분이 나를 지으신 목적은 그것을 즐기게 하심 외에 다름 아니다." 넷째, 하나님은 이런 목적을 위해 우리를 지으셨다. 루이스의 말을 인용하면, "하나님은 완전하고 황홀한 행복의 바람을 이해하실 뿐만 아니라 공유하신다. 그분은 그런 바람을 향유하는 것 이외의 다른 목적을 위해 나를 창조하시지 않으셨다." 마지막으로 그리고 다시 한 번 루이스의 말을 빌리자면, "만약 내가 내 자신 안에서 이 세상의 그 어떤 경험도 만족시킬 수 없는 갈망을 발견한다면, 그것에 대한 가장 그럴 듯한 설명은 내가 다른 세상을 위해 지음을 받았다는 것이다."

하나님께 복을 받는 것은 단지 최종적으로 의를 경험하는 것이 아니며, 또한 단지 우리에 대한 하나님의 미소를 경험하는 것도 아니다. 하나님의 은혜는 말을 초월하며 우리를 멈출 수 없고 계속해서 강화되는 영광스러운 기쁨과 즐거움과 행복이라는 새로운 현실로 이끌어간다. 그러나 나는 여기서 여섯 번째 내용을 덧붙이고자 하는데, 아마도 그것은 우리의 이 멋진 사고를 새로운 차원으로 이끌어갈 것이다. 이 끊임없이 계속되는 하나님 나라의 복됨은 사랑이다. 즉 그것은 하나님과의 그리고 다른 이들과의 아름답고 영광스러우며 강렬한 관계다. 최종적인 복됨은 하나님 나라의 영원한 상호작용 속에서 하나님은 물론이고 다른 이들과의 영원한, 그리고 더더욱 친밀해지고 성대해지는 연합을 만들어낸다.

이제 하나님 나라의 사명에 대해 말해보자. 참된 하나님 나라의 사명은 사람들에게 하나님 나라의 복됨을 가리키며, 동시에 지금 여기에 있는 사람들에게 다음 두 가지 방식으로 그 복됨을 맛보게 한다. 첫째, 그것은 예수 그리스도(복음)를 통해 하나님과의 연합을 제공한다. 둘째, 그것은 하나님 나라의 교제를 통해 다른 이들과의 연합을 제공한다. 지금 우리는 이 둘 중 어느 것도 온전한 상태로 경험하지 못한다. 그럼에도 지금의 혼란스러운 교회의 삶으로 인해 낙심해서는 안 된다. 왜냐하면 지금 우리는 유-토피아를 기다리면서 에우-토피아 안에서 살아가는 중이기 때문이다. 그러나 우리가 성만찬에서 우리에 대한 인정과 용서의 말을 들을 때, 기도를 드릴 때, 우리를 사랑하는 이들이 우리를 인정하는 말을 할 때, 우리는 그 복됨을 흘끗 엿본다. 또한 우리는 다른 이들과 나누는 사랑스러운 관계 안에서 이것을 잠깐 엿본다. 그리고 이런 종류의 사랑은 삶 전체를 통해 현재에 대한, 옹호에 대한, 하나님 나라의 방향에 대한 견고한 헌신을 만들어낸다.

한마디로 하나님 나라의 사명은 사랑이다. 곧 우리를 향한 하나님
의 사랑, 하나님을 향한 우리의 사랑, 그리고 우리가 하나님의 사랑 안
에서 다른 이들을 사랑하고 그들을 포용할 수 있게 하기 위해 성령을
통해 우리 안으로 전해진 하나님의 사랑이다. 우리는 하나님 나라의
사명 안에서 기쁨으로 가득 찬 영광을 제공한다.

제12장　　　　　　하나님 나라와 관련된 논지들
Kingdom Theses

나는 이 책을 우리가 앞서 다뤘던 다양한 논지들의 목록으로 마무리하고자 한다.

1. 유대교(구약성서, 요세푸스 등)에서 "하나님 나라"라는 단어는 본래 "구속"이나 "구원"이 아니라 "국가"와 "이스라엘" 같은 단어들과 동의어다. 따라서 하나님 나라는 무엇보다도 하나의 백성과 관련되어 있으며, 사회 윤리나 구속의 순간 같은 것에 제한될 수 없다.

2. 하나님 나라는, 비록 강조의 정도는 다양하지만, 거의 언제나 왕, 통치, 백성, 땅, 율법의 복합체다. 교회 역시 복합체다. 즉 그것은 왕(그리스도), 통치(그리스도가 그의 몸을 다스린다), 백성(교회), 땅(이스라엘이 디아스포라까지 확대됨), 율법(그리스도의 율법, 즉 성령 안에서의 삶)의 복합체다.

3. 하나님 나라는 "종말론적이다." 즉 그것은 현재이자 미래다. 하나님 나라의 미래는 최후의 심판과 의의 수립을 뒤따르는 사람들 사이의 성대한 교제를 수반한다. 그리고 그 하나님 나라는 지금의 하나님 나

라의 삶을 위한 기조를 설정한다. 교회 역시 종말론적이다. 즉 그것도 현재이자 미래다. 교회의 미래 역시 역사 속에서 하나님의 계획을 따라 끊임없이 계속되는 성대한 교제다.

4. 대부분의 사람들은 하나님 나라를 교회와 비교할 때 아주 심각한 논리적 오류에 빠진다. 가장 일반적인 것은 미래의 하나님 나라와 현재의 교회를 비교하는 것이다. 하나님 나라는 둘 다, 즉 "지금"과 "아직" 모두다. 교회 역시 둘 다, 즉 지금과 아직 모두다. 따라서 교회는 하나의 종말론적 현실이다. 하나님 나라를 교회와 비교하려면, 우리는 지금의 하나님 나라와 지금의 교회를, 그리고 아직의 하나님 나라와 아직의 교회를 비교해야 한다. 우리가 현재의 하나님 나라와 현재의 교회를, 혹은 미래의 하나님 나라와 미래의 교회를 비교할 때, 우리는 거의 동일한 정체들과 마주하게 된다. 이것은 **하나님 나라가 곧 교회이고, 교회가 곧 하나님 나라**라고 말하는 것이, 다시 말해 그 둘이 동일하지는 않으나 **같다**고 말하는 것이 타당하다는 것을 의미한다. 그 둘은, 비록 각각의 용어가 약간 다른 연상을 제공하지만(특히 "하나님 나라"는 충성을 강조하는 반면에 "교회"는 교제를 강조한다), 동일한 왕이신 예수 아래에 있는 같은 백성이라는 점에서 같다. 사소한 차이들을 젖혀둔다면, 지금껏 내가 이 책에서 제시해온 증거들은 **우리가 그 두 용어를 동의어로 보아야 한다**는 결론에 이르게 한다.

5. 교회가 역사를 통해 받아온 유혹은 "하나님 나라"를 만방에 알리기 위해 자신을 국가 혹은 문화의 세력들과 동일한 반열에 올려놓으려는 것이었다. 이것은 종종 콘스탄티누스의 유혹Constantinian Temptation 이라고 불린다. 미국에서는 도덕적 다수Moral Majority 혹은 기독인 연합

Christian Coalition(보수적 성향의 기독교 단체들—역자 주)과 기독교적 진보주의자들 모두가 콘스탄티누스에게 굴복했다. 즉 그들은 자신들의 싸움을 수행하기 위해 국가의 힘을 사용해, 비록 그것이 다수의 힘이라고 할지라도, 성서의 가르침을 합법화하고 그 가르침의 적용 범위를 넓히려는 유혹을 받고 있다.

콘스탄티누스의 유혹은 다음 세 가지 방식으로 나타난다.

- 윤리화: 우리는 하나님 나라를 정의로 윤리화하고, 다음에는 정의를 "사회적" 정의로 바꾼다. 그리고 우리는 평화와 관련해서도 동일한 일을 한다.
- 세속화: 우리는 깊은 뿌리를 지닌 사랑의 윤리를 세속화하여 그것을 "관용"으로 만든다. 우리는 십자가를 세속화하여 그것을 "봉사"로 만든다. 우리는 부활 역시 동일하게 세속화하여 그것을 "일반화된 희망"으로 변질시킨다.
- 정치화: 우리는 예수와 성서가 전하는 바람직한 하나님 나라의 현실을 초래하기 위해 스스로 정치 과정 속으로 들어가 하나님 나라를 정치화시킨다.

6. 오늘날 대부분의 기독교 행동주의의 역사적 뿌리는 사회복음이다. 사회복음은 그리스도인들을 가난하고 무력한 자들에 대한 공적 옹호자들로 만들었다. 그리고 자주 이것은 정치적 행위에 관한 정치적 혹은 사회적 진보주의 이론에 의해 지지를 받는다. 그 후에 사회복음은 20세기 중반에 들어와 해방신학으로 그 모습을 바꿨다. 해방신학은

그리스도인들로 하여금 세상에서 작동하고 있는 경제 체계에 관심을 갖게 했다. 특히 마르크스주의(혹은 신마르크스주의나 그보다 부드러운 형태의 마르크스주의들)가 해방신학의 많은 부분을 형성했다. 그 후에 해방의 메시지는 압제받는 모든 이들(여성, 아프리카계 미국인 등)을 해방시키는 메시지로 확대되었다. 가장 주목할 만한 것은 얼마간 사회복음의 토대 위에서 형성된 해방신학이 **교회를 탈중심화시켜 정부의 진보적인 목적을 위한 수단으로 만들었다**는 점이다. 기독교의 보수적인 정책들이 그와 반대되는 것이라기보다 그저 보수적인 해방신학이라고 여기는 것은 결코 불공평한 일이 아니다. 어느 쪽이든, 문화 전쟁의 양쪽 당사자 모두가 콘스탄티누스에게 굴복했으며, 이 세상에서 하나님의 선교의 가장 중요한 부분은 정치적 영역이라는 잘못된 믿음을 따라 작동하고 있다.

7. 그리스도는 교회(하나님 나라)를 세우러 온 것이지 세상을 보다 살기 좋은 곳으로 만들기 위해서 혹은 "공동선"을 이루기 위해서 온 것이 아니다.

8. 왕의 특성이 왕국의 특성을 결정한다. 예수의 "특성"은 그에게 사용된 호칭들(인자, 하나님의 아들, 메시아)을 통해 드러난다. 그 호칭들은 고난받고 죽임을 당한 후에 왕으로 등극한 이의 이야기를 들려준다. 따라서 하나님 나라는 왕이신 예수의 특성으로 인해 십자가 모양을 닮는다.

9. 하나님 나라 백성들은 예수가 구속한 사람들, 즉 죄에서 구원을 얻고, 우주적 세력에게서 해방되고, 성령의 능력으로 조직적인 악을 정복하는 백성들이다. 구속받지 못한 사람들은 하나님 나라의 백성이

아니다. 따라서 오직 구속을 얻은 사람들만 하나님 나라의 일을 할 수 있다.

10. 하나님 나라와 교회는 성서가 "세상"을 어떻게 정의하는지를 이해하기 전까지는 자신들과 세상의 관계를 해결하지 못한다. 신약성서에서 이 단어의 용법은 거의 전적으로 부정적이다. 요더는 세상을 "구조화된 불신앙"structured unbelief이라고 부른다. 특히 니버 이후로 세상은 "문화"가 되었다. 그리고 오늘날 개혁주의 진영에서 "문화 만들기"는 특별한 관심을 받는 기독교적 활동이 되어 있다. 오늘날 "문화"라는 단어는 세상 그 자체를 위해 세상을 개선시키는 데 사용되기보다는, 사람들을 세상에서 구속해 하나님 나라(교회) 안으로 이끌라는 하나님의 소환 명령을 감추어버리는 가면으로 너무나 자주 사용된다.

11. 하나님 나라 신학은 최후의 심판을 믿을 뿐 아니라 그 미래의 심판이 하나님의 심판임을 안다. 그리고 하나님 나라 백성들은 불의한 현실에 대해 알고 있다. 따라서 하나님 나라 백성들은 하나님의 심판을 갈망한다. 그 심판은 죄를 종식시키고 하나님 나라를 세울 것이다.

12. 하나님 나라 백성들은 십자가를 닮은 의와 사랑의 삶이라는 특징을 지닌 도덕적 교제를 나눈다. 그리고 이 삶은 평화와 소유를 포함해 삶의 모든 차원으로 스며든다.

13. 하나님 나라를 교회와 연결시키는 것은 그리스도인들을 (세상에 대한 개입 의무로부터—역자 주) "해방시켜주지" 않는다. 오히려 그것은 다음과 같은 일들에 대한 개입을 재정의해준다.

• 지역 교회 안에서 대안적 공동체 만들기

- 마태복음 5:13-16이 말하는, 그러나 특히 베드로전서가 말하는 사랑에서 우러나오는 "선한 일"을 행하는 사랑스러운 공동체 만들기. 그리스도인들의 공적 행동은 교회 내부에서 일어나는 일의 "흘러넘침"이다. "선한 일"을 하면서 세상에 개입하지 않는 그리스도인은 하나님 나라의 비전을 따라 사는 데 실패한 것이다.

14. 따라서 하나님 나라의 사명은 곧 교회의 사명이다.

- 복음전도
- 예배
- 교리의 전수: 지혜
- 교제: 사랑
- 교화: 옹호
- 제자도: 양육
- 선물: 성령의 분출

15. 하나님 나라의 일이 발생하고 행해질 수 있는 유일한 장소는 제자들(하나님 나라 백성들, 교인들)이 그 안에서, 그리고 그것을 통해서 하나님 나라의 사명을 수행하는 지역 교회뿐이다.

부록 1   콘스탄티누스의 유혹

오늘날 하나님 나라 신학은 내가 "콘스탄티누스의 유혹"Constantinian
Temptation이라고 부르는 지속적인 위협, 즉 국가를 설득해 그것이 지니
고 있는 힘을 교회의 힘과 결합해 자신들이 거룩한 목적이라고 이해하
고 있는 것을 성취하고, 제도화하고, 법률화하려는 유혹에 직면해 있
다. 이 부록에서 나는 콘스탄티누스의 유혹의 몇 가지 기본적인 요소들
을 간략하게 설명하고자 한다. 여기서 나는 미국의 역사 속에서 교회와
국가가 어떻게 관계해왔는지에 특별히 초점을 맞출 것이다.

성서는 영원히, 모든 곳에 있는, 모든 사람을 위한 것이다

하나님이 세상의 창조주이시고 통치자시라면, 그리고 그분의 뜻을 성
서를 통해 알리셨다면, 하나님의 뜻은 그리스도인이든 아니든 상관없
이 모든 인간을 위한 것이다. 이로써 다음과 같은 논리가 불가피해진
다. 성서가 인간을 위한 하나님의 뜻이라면 그것은 미국인과 캐나다인
그리고 아시아인과 아프리카인을 포함하는 모든 인간을 위한 것이다.
이 명제는 누가 그리고 얼마나 많은 이들이 하나님의 뜻을 인식하는지
와 상관없이 하나님 나라가 이 세상을 향한 하나님의 보편적 통치라고

여기게 만드는 유혹을 대표한다.

우리는 정치권력을 이용하려는 유혹을 받는다

하나님의 뜻을 아는 것은 은혜이고 특권이고 책임이다. 그리스도인들은 성서에 나타난 하나님의 뜻을 알기에 (혹은 안다고 생각하기에) 하나님의 뜻을 알리고자 하는 그들의 책임감에는 순응과 강제 혹은 적어도 강압적 설득에 대한 유혹이 수반된다. 상대적으로 유연한 쪽에는 공적 영향력을 행사해 변혁과 해방을 이루고자 하는 그리스도인들이 있다. 그 스펙트럼의 다른 쪽에는 최초의 그리스도인 로마 황제였던 콘스탄티누스Constantinus, 재위 306-337가 있다. 그는 결과적으로 오늘날 우리가 신성로마제국이라고 부르는 것으로 이어지는 과정의 시작점이었다. 종종 크리스텐덤Christendom 혹은 콘스탄티누스주의Constantinianism[1]라고 불리는 그 제국은, 교회의 믿음을 국가와 혹은 국가를 교회와 지나치게 밀접하게 결합시켜 국가의 권력을 사용해 국가나 교회의 목표를 법제화해 시행하고 그것들에 반대하는 이들을 억압하기에 이른다. 미국 메노파 교단의 가장 대표적인 학자였던 존 하워드 요더John Howard Yoder, 1927-1997가 교회와 국가의 결합을 통해 나타나는 결과에 대해 보여준 인상적인 설명을 살펴보자.[2]

콘스탄티누스 이전에 우리는 일상의 경험을 통해 믿음을 지닌 그리스도인 공동체가 있다는 사실을 알았지만, 하나님이 역사를 주관하고 계시다는 "믿음에 의지해 그 사실을 받아들여야만" 했다.

콘스탄티누스 이후에 우리는 보다 큰 규모의 명목상의 그리스도인 대중 안에서, 신자들의 공동체가 있다는 것을 눈으로 보지 못한 상태에서 믿어야 했으나, 하나님이 역사를 통제하고 계시다는 것을 사실로 알았다.

또한 우리는 콘스탄티누스주의를 가톨릭교회가 유럽을 지배했던 시절로 돌아가는 것으로 여기려는 유혹을 받는다. 하지만 우리는 그런 유혹에 맞설 필요가 있다. 예컨대, 청교도 운동은 거룩한 콘스탄티누스주의와 크리스텐덤 운동이었다. 분명 청교도들은 신성로마제국과는 확연히 달랐다. 하지만 청교도와 신성로마제국의 불일치는 정치적·사회적 전략보다는 신학과 관련된 것이었다. 기억하라! 청교도들은 제임스 왕과 다른 왕들의 시대에 풍미했던 "콘스탄티누스주의" 때문에 영국에서 도망쳤으나 자기들이 버리고 떠나온 것을 식민지에서 재현했다. 개신교에 대한 신봉, 강압, 그리고 폭력이 청교도들과 동행했다. 여러분이 17세기 북미 동해안에 세운 매사추세츠 만 식민지Massachusetts Bay Company에서 그런 일이 어떻게 자행되었는지 알고자 한다면, 매사추세츠 만 식민지의 총독이었던 존 윈스롭John Winthrop, 1587-1649의 전기나, 자유와 민주주의 그리고 몇 가지 신학적 신념들에 대한 급진적인 몰입 때문에 청교도 공동체에서 추방당했던 로저 윌리엄스Roger Williams, 1603-1683의 전기를 읽어보라.[3]

오늘날 수많은 좌파들이 종교적 우파가 교회와 국가를 혼합하는 것에 대해 우려하는 것은 나름 일리가 있다. 그리고 우파들이 종교적 좌파들이 벌거벗은 광장이라는 버전으로 동일한 일을 하는 것에 대해 우려하는 것 역시 나름 일리가 있다. 정부 혹은 국가로 하여금 그리스도인들이 믿는 것을 법제화하게 하고 법을 통해 기독교적 신념들을 시행하려는 모든 시도는, 비록 정도의 차이는 있을지라도 결국 콘스탄티누스주의다. 몇 사람의 이름을 열거해보자. 복음주의 좌파의 지도자이자 자원봉사단체 소저너스의 대표 짐 월리스Jim Wallis와 미국 신앙과가족연맹Faith & Family Coalition의 설립자이자 대표인 랄프 리드Ralph Reed는 모두 교회와 국가의 혼합이라는 콘스탄티누스주의의 기초 위에서 움직인다. 두 사람 모두 워싱턴 D.C.가 자신들이 주장하는 기독교적 가치를 법제화해주기를 원한다. 교회와 국가가 결합될 때마다 "하나님 나라"라는 단어는 아주 신속하게 그것이 어느 특정한 도시나 국가나 지방의 사회정치적인 교회정부church government라는 의미를 떠안는다.

　미국의 듀크 대학교에서 신학과 윤리학을 가르치는 스탠리 하우어워스Stanley Hauerwas는 언젠가 자신이 어느 유대인 철학자와 나눴던 대화에 관한 이야기를 전한다. 그 유대인은 하우어워스가 공립학교에서 기도를 드리는 것에 반대했다며 그를 공박했다. 하우어워스가 단지 기독교 우파단체인 도덕적 다수Moral Marjority의 대표자였던 제리 폴웰Jerry Falwell을 반대했기 때문이다. 그런 공격을 받은 하우어워스는 잠시 동요했다. 그래서 그는 "기독교적 미국에 대한 기독교적 비판"A Christian Critique of Christian America이라는 제목의 탁월한 글을 썼다. 그 글에서 그는 다음과 같은 중요한 결론을 내린다. "내가 하고자 했던 것은 다음과 같은 것이었다. 곧 폴웰이 기독교 주류에 그토록 큰 도전이 되는 이유는, 그가 기독교 주류와 아주 다르다는 사실에 있는 것이 아니라 **오히려 그가 기독교 주류의 의제를 기본적으로 수용했다는 데 있다.**"[4] 아주 정확한 말이다. 이것은 영원히 "아멘"을 외칠만한 말이다. 기독교 좌파와 기독교 우파는 동일한 일을 하고 있다. 그들 모두 대중에게 강요하고 있다. 좀 더 부드럽게 말하자면, 그들 모두 정치적 선동과 다수결 원칙을 통해 대중에게 영향을 주어 그들로 하여금 자신들의 관점에 동의하도록 만들려고 한다. 하우어워스는 양쪽 모두의 궁극적 목표를 다음과 같이 묘사한다. "그들의 공통된 목표는 미국의 민주주의를 가능한 한 하나님 나라의 현시와 가깝게 만드는 것이다." 나는 다른 이들이 이미 훌륭하게 말해왔던 역사적 사건들의 세밀한 내용에 대해 다시 이야기할 필요를 느끼지 않는다.[5] 그러나 여기서 나는 하우어워스와 내가 미국의 민주주의는 무엇보다도 그것이 구속하는 왕이신 예수께 복종할 때까지는 하나님 나라가 될 수 없다고 믿는다는 점에서 일치한다는 것을 말해두고자 한다.

우리는 종종 이데올로기를 섬기고자 하는 유혹을 받는다

교회사 속에서 그리스도인들은 너무 자주 지배적인 이데올로기 안에서 길을 잃어버리곤 했다. 캐나다 앤캐스터에 있는 리디머 대학교에서 정치학을 가르치는 데이비드 코이지스David Koyzis는 최근에 그리스도인과 국가, 혹은 기독교적 정치 역학, 혹은 교회와 국가의 문제와 관련해 작동하고 있는 중요한 이데올로기들로 간주될 수 있는 것들을 간략하게 묘사한 바 있다.[6] 나는 이런 개념들을 우리의 논의 안으로 끌어들이기 위해 그가 요약한 내용을 되풀이하겠다. 오늘날 자유주의는 개인의 주권에, 보수주의는 사회적 규범의 근원으로서의 역사의 흐름에, 국가주의는 국가에 대한 신격화에, 민주주의는 하나님의 음성으로서의 인간의 음성에 대한 믿음에, 그리고 사회주의는 구원의 길로서의 공동 소유에 대한 헌신에 각각 초점을 맞춘다.

우리는 이런 각각의 이념들이 성서와 기독교 전통에서 솟아오르는 것으로 여길 수 있다. 또한 그것들은 근본적인 가치 혹은 심지어 우리가 그것들에 기초해 설계할 수 있는 세계관이라 여길 수도 있다. 하지만 이것들은 모든 값을 치르고서라도 이념 자체를 섬기고자 하는 유혹을 동반한다. 이런 주제는 교회사에서 나타난 논쟁 전체를 통해 고동쳤다. 따라서 우리는 그것들의 존재를 인지할 필요가 있다. 그것들은 만약 그것들이 안전한 것이 되게 하려면 사람들이 정치에 개입해야 한다고 유혹한다.

우리는 정치권력이 효과가 없으며 자유가 보호되어야 한다는 것을 안다

이것은 대담하지만 그럼에도 필요한 주장이다. 그리고 이것은 역사에 대한 간략한 설명을 필요로 한다. 16세기에 프로테스탄트 종교개혁은 세 가지의 다른 양상으로 나타났다. 첫째, 마르틴 루터는 독일에 대한 로마 가톨릭교회의 지배를 깨뜨리고 오늘 우리가 루터파교회라고 부르는 것을 만들어냈다. 둘째, 제네바에서 장 칼뱅은 루터와는 약간 다른 방식으로 나아가면서 오늘 우리가 개혁파교회라고 부르는 것을 만들어냈다. 이 두 가지 종교개혁운동은 용기 있는 지도자들과 기독교 신학의 두려움 없는 적용을 포함하고 있었다. 그러나 세 번째 그룹은 루터도 칼뱅도 충분히 멀리 나아갔다고 믿지 않았다. 그 세 번째 그룹은 재세례파라고 불리는데, 그들은 가톨릭교회는 물론이고 종교개혁운동과도 완전히 결별했다. 즉 재세례파는 가톨릭교회 안에 있는 콘스탄티누스의 유산과 싸웠을 뿐 아니라, 루터파교회와 개혁파교회 안에 있는 새로운 종류의 콘스탄티누스주의와도 맞섰다. 어째서 그랬던 것일까?

우리는 루터와 칼뱅이 새로운 종류의 국가-교회 관계를 만들어냈다는 사실을 자주 잊는다. 비록 그들의 운동이 서로 다른 신학적 특성을 갖고 있기는 하지만 그들 중 어느 쪽도 교회와 국가의 콘스탄티누스적 혼합과 국가의 권력을 사용해 기독교적 믿음을 강요하고자 하는 유혹에서 완전히 벗어나지 못했다. 반면에 재세례파는 국가로부터 완전히 벗어났고 그런 용어들을 사용하지 않으면서도 "양심의 자유"라는 원칙을 따라 교회와 국가 사이에 분리벽을 세웠다. 재세례파의 급진적 종교개혁을 루터와 칼뱅의 치안판사식 종교개혁과 구별하는 가장 훌륭한 요약적 진술은 존 하워드 요더에게서 나온다. "공인된 종교개혁파들과의 논쟁 과정에서 재세례파는 '오직 성서'라는 원리를 구원론만이 아니라 교회론과 사회윤리의 문제들에까지 적용했다."[7] 다시 말해 재세례파는 루터와 칼뱅이 교회에 대해서, 혹은 교회가 국가와 어떻게 관계해야 하는지에 대해서 성서에 의해 형성되고 성서에 의해 제한되는 이해에 철저하게 동의하지 않았다고 보았다. 가톨릭교회, 루터파교회, 그리고 개혁파교회는 국가의 권력을 사용해 기독교적 믿음과 실천을 이유로 재세례파 사람들을 죽였다.[8] 그렇게 재세례파는 가톨릭교회는 물론 그들의 "동료 프로테스탄트들"로부터도 콘스탄티누스적 박해를 경험했다.

비록 오늘날 많은 이들이 재세례파에 대해 많을 것을 알지 못하지만, 미국을 오늘날의 미국으로 만든 것은 바로 그들의 이야기였다. 미국이 새로운 종류의 나라를 만들었던 17세기와 18세기에 교회와 국가의 관계에 대한 새로운 접근법을 시도할 수 있는 기회가 찾아왔다. 매사추세츠 만 식민지에서 있었던 청교도들의 "콘스탄티누스적" 지배 아래서 어떤 이들, 가령 로저 윌리엄스같은 이들은 참된 양심의 자유를 위해 싸웠다. 윌리엄스는 단순히 신앙과 양심의 자유만을 바랐던 것이 아니다. 그는 그 자유가 법제화되어 국가가 더 이상 믿음의 문제에 관여하지 않게 되기를 바랐다. (오늘날 미국의 로드아일랜드 주에 있는) 프로비던스 식민지에서 윌리엄스가 만들어낸 것은 개인 양심의 자유—그는 그것을 "영혼의 자유"라고 불렀다—를 보호하고 소중히 여기는 나라였다.[9] 로저 윌리엄스는 승리했고 청교도들은 패했다. 그러나 그것은 지난한 싸움이었다(그리고 그 싸움은 여전히 어떤 식으로든 우리와 함께 지속되고 있다). 요컨대, 수많은 초기 미국인들이 마치 그 나라가 기독교 국가인 것처럼 행동했다. 그리고 대다수의 사람들이 그런 식의 접근법을 지지했던 시기와 관련해서는 우리로서는 할 말이 거의 없다. 하지만 윌리엄스와 더불어 강력하고 널리 퍼져가는 영향력을 지닌 무언가가 발생했다. 토머스 제퍼슨Thomas Jefferson, 1743-1826, 벤저민 프랭클린Benjamin Franklin, 1706-1790, 그리고 미국의 다른 창설자들—물론 우리는 그들 배후에서 종교를 개인적인 것으로 만들었던 존 로크John Locke, 1632-1704를 무시해서는 안 된다[10]—의 시기에 이르러 국가와 교회를 분리시키는 법률들이 제정되었다. 이런 접근법—지금 그것은 미국 내의 모든 교회와 교단들에서 "보호받는 자유"a protected freedom로서 소중하게 간직되고 있다—은 로저 윌리엄스의 재세례파적 비전에 의해 형성되었다. 바로 그것이 내가 미국에서의 모든 교회-국가 관계가 재세례파적 비전을 통해 덕을 보았다고 말하는 이유다.

많은 미국인이 건강보험개혁법Affordable Care Act(2010년에 오바마 대통령이 주도해 법제화한 미국의 의료법으로 공식 명칭은 "환자보호 및 부담적 정보호법"이다—역자 주) 아래서 교회와 종교기관들이 그들의 고용인들에게 어떤 의료 서비스를 제공해야 하는지에 대해 원칙적으로 그리고 법률에 의해 강요받아서는 안 된다고 항의할 때, 그들은 우리가 로저 윌리엄스에게서 배운 것을 주장하고 있는 셈이다. 교회와 국가의 이런 분리는 재세례파적 원리다. 그러나 이런 분리 이론은 성서가 모든 사람을 위한 하나님의 계시된 뜻이라는 기독교적 믿음과 상충한다(우리는 이 문제를 이 부록의 도입부에서 지적한 바 있다). 그런 긴장은 보다 광범위한 문화와 법률에 영향을 주기 위한 그리스도인들 편의 다양한 전략들, 즉 서구 세계가 점점 더 세속화되기 시작했을 때 처음으로 나타났던 전략들로 이어진다. 그러나 그런 전략들은 항상 콘스탄티누스의 유혹을 포함하고 있다.

20세기의 보수적인 복음주의자 중 칼 헨리만큼 존경받는 이는 별로 없다. 그리고 아마도 헨리 이상으로 그리스도인과 사회에 대해 여러 가지 말을 한 이도 없을 것이다. 그는 오늘날 많은 이들이 지나치게 공격적이 되었고 상황을 뒤로 돌리고 있다고 주장했다. 상기하는 차원에서 그가 한 말을 인용해보자. 헨리는 그리스도인들이 희망과 비전을 갖고 있다는 중요한 관찰에서 시작한다. 그는 이렇게 말한다. "그리스도인들은 대부분 중생한 사람들로 이루어진 사회를 추구해야 할 성서적 이유를 갖고 있다." 하지만 그런 목표는 많은 사람이 그것이 의미하는 대로 생각하는 것을 의미하지 않는다. 그는 몇 가지 날카로운 질문을 던진다. "그러나 그들은…정부와 학교를 비롯한 공공 기관들에 성서의 모든 원리를 법으로 정할 이유 역시 갖고 있는가? 설령 그들이 다수가 된다고 할지라도 그들이 그렇게 하는 것이 현명한 것일까?" 그는 더 강하게 압박해나간다. "만약 그리스도인들이 교회가 설교와 전도를 통해 이상적으로 추진해야 하는 목표를 정치적 수단을 통해 이루고자 한다면, 그들은 환멸이나 불신의 대상이 되지 않을까?" 이어서 그는 미국의 기독교라는 죽 그릇을 크게 휘저어놓을 것이 틀림없을 만큼 귀에 거슬리는 주장을 한다. "도덕적 다수Moral Majority에 대한 미디어의 법석과 그 운동의 지도자가 자주 공적 장소에 모습을 드러냈음에도, 지난 6년에 걸친 정치적 활동 기간에—그동안 그것은 6백만 가구를 대변한다고 주장하며 이루어졌다—광범위하게 진행된 기금 모금은 보수적 우파들이 소중하게 여기는 법률을 단 하나도 만들어내지 못했다."[11]

이것은 제임스 데이비슨 헌터가 그로부터 거의 30여 년 후에 하게 될 주장이기도 하다. 그는 복음주의자들이 그들의 목표를 이루기에 충분한 정치력을 갖고 있지 못하며, 어쩌면 그들의 접근법 전체를 자신이 "신실한 증인"faithful witness이라고 부르는 것 쪽으로 재고해야 할지도 모른다고 주장했다.[12]

미국 복음주의 계열의 가장 훌륭한 역사학자 중 하나인 랜디 발머Randy Balmer는 여러 해 동안 복음주의자들과 정치의 관계를 연구한 후에 펴낸 그의 책 『백악관과 하나님』God in the White House(CLC 역간, 2009)

에서 유사한 말을 한다. "내가 미국 종교의 역사를 읽고서 내린 결론은, 종교는 언제나 권력의 중심부에서가 아니라 사회의 주변부에서 최고의 역할을 한다는 것이다. 일단 당신이 신앙을 특정한 후보자나 정당 혹은 정치적 영향력에 대한 추구와 동일시한다면 궁극적으로 고난을 겪는 것은 바로 그 신앙이다." 이어서 그는 다음과 같이 아주 민감한, 그러나 아주 통렬한 말로 결론을 내린다. "타협은 정치에서는 유효할 수 있다. 하지만 신앙과 믿음의 영역에서는 적합하지 않다."[13]

아멘, 그리고 다시 말하노니, 아멘이다!

우리는 "적응"과 "영향력"을 통해 사회를 변화시키고자 해왔다

현대 세계에서 세속적 사고가 나타나는 것은 교회와 국가가 이전보다 덜 결합되어 있고, 콘스탄티누스주의가 쇠퇴했고, 개별 시민들이 믿을 자유나 믿지 않을 자유를 갖게 되었고, 교회가 덜 강력한 존재가 되었음을 의미한다. 현대에 들어와 신학자와 목회자들은 어떻게 그리스도인으로서 살 것인지 또한 어떻게 모든 방향에서 문화와 국가에 영향을 끼칠 것인지를 결정하기 위해 "그리스도와 문화"를 이해하는 새로운 방식을 모색하기 시작했다. 본질적으로 교회는 현대의 모습을 갖추면서 현대성에 **적응했다.** 교회사에서 이에 대한 가장 두드러지는 예는 아돌프 하르낙Adolf Harnack, 1851-1930이 쓴 『기독교의 본질』*Das Wesen des Christentums*(한들 역간, 2007)이라는 책이다. 그 책에서 하르낙은 모든 것을 하나님 나라, 하나님의 아버지 됨, 인간 영혼의 무한한 가치, 보다 높은 의, 그리고 사랑의 계명에 대한 그 자신의 견해로 축소시켰다. 그로 인해 우리가 얻게 된 것은 독일의 문화와 도덕과 사생활로 변형된 복음이었다. 한 가지 예를 들자면, 하르낙은 하나님 나라의 의미에 대해 이렇게 말한다. "그것은 개인들의 마음속에서 이루어지는 거룩하신 하나님의 통치다.…그것은 천사와 마귀들 혹은 왕좌와 권세에 관한 문제가 아니라, 하나님과 영혼 혹은 영혼과 그것의 하나님에 관한 문제다."[14] 현대 세계는 교회를 국가에서 몰아내 영혼 안으로 밀어 넣었다.

영향력은 다른 방향에서 발생했다. 우리는 화란의 신학자이자 정치가였던 아브라함 카이퍼의 음성을 통해 그것을 들을 수 있었다. 카이퍼는 일반은총에 대한 자신의 개념에 기초해 공공 정책을 수립했다.[15] 카이퍼에게 그리스도인의 소명은 더 이상 통제가 아니었다. 그의 목표는 국가에 **영향을 끼치고** 성서를 통해 계시된 하나님의 뜻을 따라 문화를 형성하는 것이었다. 시민의 대다수가 그리스도인일 때―그들이 대개 유럽과 북미에 있었던 20세기 후반까지가 그러했다―문화는 자연스럽게 기독교적 테마들을 취하며 또한 그리스도인들은 문화에 영향을 줄 수 있다. 그러나 기독교가 점차 다수가 아닌 것이 되어갈 때 그리스도인들은 저항을 통해 그들의 목소리를 내기 시작하며, 또한 (여기에 우리가 주목해야 할 요소가 있다) **정치적 수단을 통해** 문화와 국가에 영향을 끼치고자 한다. 우리는 이에 대한 한 가지 좋은 예를 (대개 무시되기는 하지만) 미국의 그리스도인들이 미국의 정치가 윌리엄 제닝스 브라이언William Jennings Bryan, 1860-1925의 정치적 진보주의를 강력하게 옹호했던 것에서 찾아볼 수 있다.[16]

여기서 중요한 것은 그리스도인들이 사회에 대한 기독교적인 비전을 실행에 옮기기 위해 공개적인 장소에서 소동을 일으키는 것이다.

요컨대, 그리스도인들이 그들의 역량을 결집해 투표와 정책을 통해 보다 기독교적인 사회를 만들기 위해 영향을 끼치는 것이다. 이것은 "부드러운 콘스탄티누스주의"soft Constantinianism라고 불릴 수 있다. 그리고 비록 그것을 통해 이루어진 것이 종종 많은 그리스도인에게 커다란 위안이 되었음에도 불구하고, 여전히 그것은 국가로 하여금 사람들에게 기독교적 믿음을 강요하도록 만드는 압력이다. 그것은 단지 종교적 우파나 종교적 좌파에만 해당하는 것이 아니다. 오히려 그것은 자신들의 견해를 공적인 장소로 가져가는, 그리고 행동을 통해 그것을 공공 정책이나 법률로 만들고자 하는 모든 그리스도인에게 해당한다. 직접적인 흥분을 피하기 위해 최근의 이슈들과 약간 동떨어진 문제에서 한가지 예를 언급하겠다. 1973년에 다양한 배경을 지닌 복음주의 활동가들이 「복음주의적 사회 참여를 위한 시카고 선언」The Chicago Declaration of Evangelical Social Concern에 서명했다.[17] 그들 중에는 남아메리카의 신학적 지도자인 사무엘 에스코바Samuel Escoba, 미국 캘리포니아에 있는 뉴칼리지버클리의 기독교 연구소의 부책임자인 샤론 갤러거Sharon Gallagher, 덴버 신학교의 명예 학장이었던 버논 그라운즈Vernon Grounds, 미국 복음주의 페미니스트 운동의 중요 인물이었던 낸시 하데스티 Nancy Hardesty, 칼 헨리와 그의 아들이자 정치가였던 폴 헨리Paul Henry, 고든 콘웰 신학교의 기독교 사회 윤리 교수인 스티븐 모트Stephen Mott, 풀러 신학교의 총장을 지낸 리처드 마우Richard Mouw, 『경제 저격수의 고백』Confessions of an Economic Hit Man(황금가지 역간, 2005)의 저자로 잘 알려진 존 퍼킨스John Perkins, 미국 이스턴팔머 신학교의 교수이자 기독교 작가로 유명한 로날드 사이더Ronald J. Sider, 짐 월리스, 그리고 존

하워드 요더 등이 포함되어 있었다. 그 선언의 주제는 이런 것들이었다. 그리스도의 통치에는 미국과 공적 삶도 포함되어 있다. 사랑은 사회적 학대를 당하는 이들에 대한 돌봄을 요구한다. 하나님은 인종을 불문하고 가난한 자들과 압제당하는 이들을 위한 정의를 요구하신다. 미국은 자신이 갖고 있는 조직적 불의에 대해 회개할 필요가 있다. 물질주의와 물질의 균형 잡히지 못한 배분은 악한 것이다. 시민들은 제국과 국가에 대한 우상숭배에 빠지려는 유혹에 맞서 나름의 몫을 다해야 한다. 남성우월주의는 변화될 필요가 있다. 복음은 해방시킨다. 그 비전이 얼마나 훌륭하든, 혹은 그런 모임이 발휘할 수 있는 영향력이 얼마나 하찮든 상관없이, 분명히 이것은 부드러운 콘스탄티누스주의다.

위에서 언급했듯이, 그리고 비록 그들이 정치적 스펙트럼에서는 서로 반대편에 서 있을지라도, 가난한 자들과 주변화된 자들에 대한 국가의 관심 부족에 대한 짐 윌리스의 예언자적 저항과 낙태와 안락사와 경제적 자유에 관한 기독교 우파의 예언자적 저항은 단일한 전략 안에서 서로 결합한다. 그 전략이란 정치적 수단을 사용해 미국의 문화와 정부에 영향을 주어 그것들이 기독교 신앙의 방향으로 나아가게 하는 것이다. 분명히 그런 주장은 매번 미국의 헌법의 토대 위에서 혹은 일반적 합의나 도덕적 논리의 토대 위에서 제시된다. 그러나 우리 모두가 알다시피 그리스도인들은 성서와 기독교 전통의 토대 위에서 기독교적 견해들을 옹호하고 또한 그것이 "공동선"에 호소할 수 있게 하기 위해 "세속의" 논리를 사용한다. 그럼에도 기독교 영향력 이론Christian influence theory은 일종의 콘스탄티누스주의다. 기독교 내부자들끼리는 이것을 "빛과 소금"이라고 부른다. 하지만 공적 영역에서 그것은 "공동선"을 위해 일하는 것이라 불리며, 때로는 "하나님 나라의 일"이라고도 불린다. 아이러니컬하게도 그리스도인들은 공적 영역에서 기독교적 가치를 위해 사회적 소동을 일으키는 것을 "하나님 나라의 일"이라고 부르면서 콘스탄티누스주의와 손을 잡는다. 그것은 하나님 나라를 국가와 동일시하는 것이다. 기독교 영향력 이론을 택해 승리를 얻는 것은 국가로 하여금 기독교의 주장을 뒷받침하게 하는 것이다. 이것이 무엇을 의미하는지 아는가? **그것은 우리가 국가에 최종적 권위를 넘겨주었다는 의미다.**

때때로 우리는 사회를 포기하려는 유혹을 받는다

우리가 20세기 전환기의 여러 나라에서 목격했듯이, 특정한 나라에서 기독교의 영향력이 줄어들면 들수록 기독교가 사회적 현실과는 아무런 혹은 별 상관없는 영적 종교의 상태로 머물게 하고 싶은 유혹이 점점 더 커진다. 미국에서는 이런 일이 분명하게 일어났다. 근본주의는 문화와 국가에 지옥의 고통을 던져놓고 모종의 방식으로 자신들만의 고립된 영토 안으로 철수했다. 그리고 모든 초점을 개인적 성결과 천국에 가는 것에 맞췄다.[18] 이것은 단순화다. 아마도 지나친 단순화일 것이다. 때때로 근본주의자들은 보다 이전의 시기로—심지어 청교도 시절로—돌아가기를 바랐다. 하지만 20세기 중반에 이르러 미국의 근본주의는 그리스도인들이 여전히 다수파로 남아 있는 몇몇 지역을 제외하고는—종종 남부가 그러했고, 중서부는 덜 그러했으며, 북동부와 태평양 북서부와 서부해안 지역은 훨씬 덜 그러했다—미국의 문화를 형성하는 일과 전혀 상관이 없는 상태가 되었다. 그들의 접근법은 사람들이 구원을 받게 하고 그렇게 구원을 받은 이들이 궁극적으로 미국에 영향을 끼치게 하는 것이었다. 근본주의자들에게 하나님 나라는 "천국"을 의미하는 경향을 보였다. 그리고 공동선을 위해 일하고자 하는 모든 노력은 돼지 앞에 진주를 던지는 것 혹은 개에게 거룩한 것을 주는 것으로 인식되었다. 근본주의자들이 그들의 맞은편에 있는 이들에게 즐겨 사용했던 두 가지 용어가 있다. 하나는 "자유주의자들"이고, 다른 하나는 "현대주의자들"이었다.

우리는 사회적 진보를
하나님 나라의 사명으로 여기려는 유혹을 받는다

어느 면에서 근본주의는 사회복음에 대한 반동이었다. 미국 사회복음의 지도적 인물은 뉴욕의 목회자이자 신학자였던 월터 라우센부쉬 Walter Rauschenbusch, 1861-1918였다. 라우센부쉬는 복음주의자들과 근본주의자들이 사회적 이슈들에 대해 보이는 무관심에 반발하면서 오늘날 많은 이들이 "사회복음"social gospel이라고 부르는 것을 창안했다. 본질적으로 복음은 사람들을 인격적으로, 경제적으로, 그리고 사회적으로 구원하며, 만약 충분히 많은 이들이 그 나라의 비전 안으로 들어간다면 평화와 정의의 나라를 선도할 수 있다. 사회복음은 구원의 의미를 확대하며 때로는 사회적 구속을 우리에게 필요한 모든 것으로 제시한다. 구원한다는 것은 시민의 권리를 세우는 것을 의미한다. 라우센부쉬에 따르면 사회를 선하게 변혁시키지 못하는 기독교는 예수가 염두에 두었던 것이 아니다. 따라서 그의 열정은 뿌리 깊은 사회 문제들에 대한 해결책을 찾는 것에 집중되었다. 그가 제시한 해결책은 미국 정치의 진보적 의제들의 일부가 되거나 혹은 그들의 의제가 그의 "하나님 나라"식 해결책의 일부가 되었다.

근본주의는 라우셴부쉬의 주장에 퇴짜를 놓았는데, 그로 인해 20세기 중반에 이르러 미국 내에서 과격한 불화가 나타났다. 한편에서는 미국의 문화를 형성하기도 하고 미국의 문화에 의해 형성되기도 한 주류 기독교의 사회복음이라는 동향이 나타났다. 그리고 다른 한편에서는 미국 초기의 크리스텐덤 시절로 돌아가거나 문화적인 모든 것으로부터 돌아서려 했던 근본주의적 복음이라는 동향이 나타났다. 사회복음 안에서 하나님 나라는 예수의 도덕적 비전이 되었다. 사실 사회복음의 접근법 중 (대부분은 아닐지라도) 많은 부분이 죄로부터의 개인적 구속의 필요성과 중요성을 포기했고 대신 "죄"를 "조직적 불의"로 여기는 사회정의에 초점을 맞췄다. 그 과정에서 하나님 나라의 비전은 현대화 혹은 세속화되었고 결국 하나님 나라는 현대적인 자유주의가 되거나 정의, 평화, 평등, 경제적 안정, 혹은 시민의 권리에 대한 점진적 추구가 되었다.[19] 사회복음은 좌파의 콘스탄티누스주의다.

때때로 우리는 사회에 대한 우리의 개입의 부족을 인식하며
깨어나야 한다

20세기 중반에 이르러 많은 근본주의자들이 근본주의가 문화와 단절되어 있는 것에 지쳤고, 그로 인해 기독교적 비전을 따라 문화와 국가

에 영향을 주는 기독교적 현존이라는 오래된 (카이퍼적인) 개념에 찬성 의견을 표명하기 시작했다. 나는 그중 중요한 목소리 하나에 주목하고자 한다. 1947년에 칼 헨리는 경종을 울리면서 미국의 신복음주의자들에게 근본주의가 고집하고 있는 문화로부터의 분리와 결별하라고 요구했다. 그는 그리스도인들에게 문화에 개입하고, 정치에 참여하며 최고의 기관들에서 교육을 받으라고 요구했다. 헨리의 유명한 저서 『복음주의자의 불편한 양심』*The Uneasy Conscience of Modern Fundamentalism*(IVP 역간, 2009)은 사실상 세상에 **영향을 끼치고자 하는** 새로운 시도였다. 하나님 나라에 대한 헨리의 접근법은 카이퍼의 그것과 같았다. 그에게 하나님 나라는 개별 그리스도인의 마음과 영혼 안에서의 하나님의 인격적인 통치이자 이 세상에서의 하나님의 통치(일반은총)였다. 그리고 그 나라의 모습은 미래에 영원한 하나님 나라에서 온전하게 드러날 것이다.[20] 칼 헨리의 편에는 빌리 그레이엄이 있었다. 하지만 아마도 헨리의 가장 큰 영향력은 복음주의 계열의 잡지인 「크리스채너티 투데이」*Christianity Today*에 대한 그의 비전과 편집 능력을 통해서 나왔을 것이다. 「크리스채너티 투데이」는 20세기 중반 이후 세상에 카이퍼 계열의 복음주의적 비전을 제공하여 당시에 잡지 「크리스천 센츄리」*Christian Century*가 드러내보였던 자유주의적이고 보다 사회복음적인 경향에 의식적으로 그리고 의도적으로 맞서고자 했다. 하지만 기독교 영향력 이론의 신복음주의적 부흥은 아주 비싼 값을 지불하면서 나타났는데, 그것은 부분적으로 그것이 콘스탄티누스주의의 또 다른 표명이었기 때문이다.

우리는 시민 종교를 만들기 위해 연합을 형성하려는 유혹을 받는다

나는 그 일이 1970년대와 1980년대에 일어났던 것으로 기억한다. 프랜시스 쉐퍼Francis Schaeffer와 제임스 케네디James Kennedy 같은 활동적인 기독교 지도자들이 유대교 지도자들과 손잡고 소위 "유대-기독교윤리"Judeo-Christian ethic를 만들어냈다. 이 혼합된 윤리는 한 가지 공통의 정치적 목표를 뒷받침해줄 종교적이고 도덕적이며 정치적인 힘을 만들어냈다. 그것의 목표는 미국에서 세속적 경향을 제거하고, 기독교 교회들과 기관들에 대한 연방정부의 개입을 억제하고, 낙태에 관한 "로 대 웨이드 판결"Roe v. Wade decision(여성이 임신 후 6개월까지 임신중절을 선택할 헌법상의 권리를 가진다는 내용의 판결—역자 주)은 물론 평등권 수정조항Equal Rights Amendment으로 인해 초래될 수 있는 영향을 차단하는 것 등이었다(아마도 우리는 여기에 다른 항목들을 덧붙일 수 있을 것이다). 종교적 우파와 함께 보다 진보적인 그리스도인들, 즉 종교적 좌파가 출현했는데, 그들의 노력은 기독교 우파의 그것을 그대로 반영했다. 그들은 사회정의, 평화, 핵확산의 종식, 전쟁의 종식, 그리고 인종 간의 화해와 정의를 원했다. 다양한 신앙적 배경을 지닌 이들이 이런 목표들을 위해 손을 맞잡았다.

전통적인 로마 가톨릭교회의 신자들은 물론 모르몬교도들까지 포함되었던 이런 종교적 연합이 만들어낸 것은 "시민 종교"civil religion였다.[21] 어떤 이들은 그것이 단지 공통의 정치적 전선을 중심으로 다양한 이들이 뭉친 것이었을 뿐이라고 주장할지 모르나, 그런 연합의 결과는 새로운 종교의 탄생이었다. 그러나 아주 단순한 한 가지 이유 때문에 "유대적인" 동시에 "기독교적인" 윤리 같은 것은 존재할 수 없다. 그런 윤리적 방정식의 "기독교" 부분은 그 방정식에 메시아로서의 예수, 전형으로서의 십자가, 능력으로서의 부활, 변혁의 대리자로서의 성령, 중생의 필요성, 그리고 하나님이 역사하시는 장소로서의 교회를 덧붙이기 때문이다. 따라서 "유대-기독교적 윤리"는 그런 기독교적 요소들을 벗겨 내거나 그것의 "유대교" 부분을 기독교적 윤리로 바꾸거나 할수밖에 없다. 대체로 그런 윤리가 행하는 것은 관련된 모든 종교의 윤리를 세속화하는 것이다. 그것은 각각의 윤리가 각각의 독립적인 힘을 지니고 서게 하는 대신, 하나의 공통분모를 찾아내 각각의 윤리 체계를 부분적으로 수정하여 하나의 새로운 윤리 체계를 만들어낸다. 보수적인 것이든 진보적인 것이든 상관없이 그것은 도덕적 힘을 창출하고 서로 다른 믿음을 지닌 이들로부터 지원을 얻어내기 위해 종교적 주장이라는 겉모양을 취한 정치 윤리에 불과하다. 다시 말해, 이것은 시민 종교다.

시민 종교의 매력은 두 방향에서 온다. 첫째, 정치인들은 표를 원한다. 이것은 그들이 종교 지도자들의 지원을 원한다는 것을 의미한다. 그런 까닭에 정치인들은 자신들의 "믿음"을 확대해 그런 지도자들의 입장과 연합하려 한다. 둘째, 유권자들은 승리를 원한다. 그래서 그들은 자신들의 종교적 견해를 정치적 직무를 통해 대표해줄 후보자들을 찾는다. 시민 종교는 중독성이 강한 종교적 혼합이며 "시민적 콘스탄티누스주의"civil Constantinianism라고 할 수 있다. 왜냐하면 우리는 그 안에서 교회와 국가를 혼합하고, 제국과 신앙을 혼합하고, 국가로 하여금 사람들에게 신앙을 강요하도록 요구하는, 기독교가 처음으로 마주했던 유혹으로 돌아가기 때문이다. 미국 오하이오 주에 있는 애쉬랜드 신학대학원의 교수 앨런 비비어Allan Bevere는 이에 대해 다음과 같은 인상적인 말을 했다.

일단 국가가 성서의 일차적인 해석학적 목표가 되고 나면 일차적인 신앙 공동체는 국가가 된다. 이 세상에서 교회는 빛을 잃고, 그로 인해 하나님 나라 역시 빛을 잃는다. 또한 일단 성서가 일차적으로 국가에 적용됨으로써 국가가 일차적인 신앙 공동체가 되고 나면 시민 종교가 나타난다. 교회는 더 이상 국가에 대해 예언자적 역할을 하지 못하고 오히려 국가의 꼭두각시가 된다.[22]

시민 종교는 오직 **어떤 정치적 목표를 이루기 위해** 어느 한 종교에만 독특하고 구별되게 존재하는 모든 것을 부인하고, 대신 협력을 위한 공통의 기반을 추구하여 작동한다. 그 과정에서 시민 종교의 제안자들과 참여자들은 서로 대립하는 정치적 견해들을 배제하고 일련의 기독교적 (혹은 유대교적, 혹은 모르몬교적, 혹은 가톨릭적, 혹은 침례교적) 신앙들을 하나의 정치적 강령으로 바꾼다. 그 후에 시민 종교는 신앙을 정치에 종속시키고 교회를 국가의 도구로 삼는다. 시민 종교는 십자가, 부활, 그리고 만유에 대한 그리스도의 주되심을 부정하며, 그로 인해 복음과 일치될 수 없다. 지금 우리는 도덕적 다수Moral Majority에 대해서만이 아니라 또한 "도덕적 소수"Moral minority[23]에 대해서도, 즉 우파와 좌파 모두에 대해서 이야기하고 있는 것이다. 왜냐하면 그들 모두가 오직 공동선을 위해 신앙의 핵심적 차원들을 부정하여 정치적 강령을 얻어낼 수 있는 연합을 형성하고 있기 때문이다.

이런 시민 종교는 미국의 역사 속에서 다른 방식으로, 즉 우리의 시민적 희망, 시민적 불안, 그리고 시민적 활동을 설명하는 데 성서의 언어를 사용하여 국가에 세례를 주는 방식으로 나타났다. 이에 대한 수많은 예들이 있으나 여기서 나는 그중 하나만 언급하겠다. 미국의 정치사 속에서 나타난 가장 영향력 있는 연설 중 하나로서 그것의 수사학에 대한 연구가 여전히 계속될 정도로 유명한 것은 윌리엄 제닝스 브라이언—그렇다. 진화론과의 전투에서 승리했으나 전쟁에서는 패배했던, 그리고 그 과정에서 시민 종교를 새로운 차원으로 이끌었던 바로 그 윌리엄 제닝스 브라이언이다—이 했던 "황금 십자가"The Cross of Gold라는 연설이다.[24] "황금 십자가"는 화폐의 가치를 금의 가치로 나타내는 금본위제도gold standard가 상업을 위한 유일한 대안인지, 아니면 미국이 화폐의 가치를 은의 가치로 나타내는 은본위제silver standard나 금과 은 두 가지 이상의 금속을 본위 화폐로 하는 복본위제bimetallism를 채택할 수는 없는 것인지에 대한 연설이었다. 1986년 7월 9일 시카고에서 열린 민주당 전당대회에서 윌리엄 제닝스 브라이언은 은본위제를 주장하면서 그의 수사학적 역량뿐 아니라 정치적 싸움에 성서의 언어를 사용하려는 의지까지 드러냈다. 여기서 문제가 되는 것은 그가 무엇을 믿었는지도 그의 행동주의도 아니다. 문제는 성서의 언어가 특정한 정치적 입장을 승인하기 위해 사용될 때 성서의 메시지에 어떤 일이 발생하느냐 하는 것이다.

세 가지 예가 내가 주장하는 요점을 예시해줄 것이다. 첫째, 브라이언은 이렇게 말했다. "이 싸움에서는 형제가 형제와, 아버지가 아들과 맞서 전선을 벌이고 있습니다." 분명히 이것은 예수가 제자도의 대가에 관해 했던 말에서 끌어온 표현이었다(참고. 마 10:21). 그로 인해 여기서 제자도는 "어느 정당에 속할 것인가?"하는 문제가 되고 만다. 둘째, 브라이언은 관세와 화폐의 기준에 대해 논하면서 이렇게 말했다. "만약 보호[관세]가 수천 명의 사람들을 죽였다면, 금본위제는 수만 명의 사람들을 죽였습니다." 여기서 그는 사울에 대한 다윗의 우위를 드러내는 성서 구절을 관세에 대한 싸움에 그리고 은본위제와 금본위제 사이의 싸움에 적용했다(참고. 삼상 18:7). 그러나 이 인상적인 연설의 결론 부분에서 나온 말을 능가할 만한 것은 달리 없다. 거기서 브라이언은 평범한 노동자 계급을 금본위제를 옹호하는 공화당의 부유한 자들과 맞세우면서 이렇게 말한다. "여러분은 그들의 이마에 이 가시 면류관을 내리눌러서는 안 됩니다. 여러분은 사람들을 황금 십자가에 못 박아서는 안 됩니다." 가장 최근에 브라이언의 전기를 펴낸 마이클 카진Michael Kazin은 분명히 그 기록에서 빠져서는 안 되는 한 가지 내용을 상세하게 덧붙인다. "이 마지막 말을 하면서 브라이언은 마치 멜로드라마의 주인공 같은 몸짓을 취하면서 군중을 놀라게 했다. 그는 연단으로부터 살짝 뒤로 물러선 후 양손을 이마에 대었다가 떼면서 앞으로 활짝 뻗었다. 그리고 몇 초 동안 [십자가에 달린] 그리스도와 같은 포즈를 취했다."[25]

이 지점에서 우리는 시민 종교에 대해 경례를 붙일 수도 있고, 아니면 그리스도인들이 때때로 자신들의 정치적 입장을 강요하기 위해 기독교적 언어나 자세를 사용하면서 빠져들게 될 심연에 대해 슬퍼할 수도 있다. 어떻든 간에 그것은, 그것이 존 윈스롭의 "언덕 위의 도시"이든 윌리엄 제닝스 브라이언의 "황금 십자가"이든 상관없이, 황제를 위해 성서의 선한 것들을 훼손하는 일종의 시민 종교로 순화된 콘스탄티누스주의일 뿐이다.

우리는 불의로부터의 해방이 하나님의 뜻임을 안다

미국의 정치적 원장元帳보다 진보적인 부분에 기초해 형성된 사회복음은 라틴 아메리카의 신학자들, 특히 구스타보 구티에레즈[26]의 손에 의해 해방신학으로 개정 혹은 재형성되었다. 라틴 아메리카와 유럽 양쪽 모두에 유사한 개념과 의제들을 갖고 있는 여러 친구들이 쿠티에레즈에게 있었는데, 그들 중 하나가 위르겐 몰트만Jürgen Moltmann이었다.[27] 해방신학은 사회복음의 사회적·경제적 구속을 마르크스주의 사상과 결합시켜 그것을 새로운 차원으로 이끌었다. 구속은 가난한 자들이 경제적 분배를 통해 유익을 얻고 부자들(기업이나 자유기업의 지지자들)이 중심에서 쫓겨나는 형태의 경제적 발전이 되었다. 여기서 구원은 자유시장에 맞선 사회적 혁명과 가난한 자들을 위한 정의의 수립이 된다. 구티에레즈가 발아시켜놓은 것은, 그런 기본적인 개념들이 특히 미국과 유럽 전역으로 퍼져나갔을 때, 아주 새로운 방향을 얻게 되었다. 해방신학은 무시되고 있던 주변부의 목소리들—가령, 아프리카계 미국인, 여성, 그리고 20세기와 21세기의 동성애자의 권리를 위한 운동 같은—에 의해 비판을 받기도 하고 새롭게 되기도 했다.

　본질적으로 여러 형태의 해방신학들 안에서 구원은 억압으로부터, 특히 빈곤과 사회적 배제로부터의 사회적 해방이 된다. 해방신학에 수

반되었던 여러 가지 현상 중 가장 놀라운 것은 교회가 중심에서 물러나고 그 대신 국가가 중심이 된 것이었다. 일반은총과 더불어 시작되고 사회복음에 의해 더욱더 국가 안으로 밀려들어 갔던 것이 점차 서구 세계에서 구원을 전하는 "국가의 역량"에 대한 점진적인 믿음으로 나타나고 있었다. 정의는 사회적 정의가 되었다. 구원은 사회적·경제적·인종적·성적 해방이 되었다. 요컨대, 미국의 자유주의적 진보주의와 하나님 나라가 서로 결혼한 셈이었다. 하나님 나라는 평화, 정의, 경제적 평등, 평등한 권리가 되었다. 우리는 정의와 평화와 경제적 평등과 평등한 권리를 발견하는 모든 곳에서 하나님 나라를 발견한다. 간디는 예수만큼이나 하나님 나라의 일을 했다. 왜냐하면 그 두 사람 모두 정의와 평화를 위해 일했기 때문이다.

이쯤 해두자. 이런 논의는 얼마든 계속될 수 있다. "부록 2"에서 우리는 이에 대한 좀 더 상세하지만 약간 다른 접근법을 취할 것이다. 우리가 알아야 할 것은 스키니진 스타일 하나님 나라의 비전이 미국의 토양에서 성장하고 있으며, 하나님 나라에 대한 이 새로운 견해가 널리 퍼져나감에 따라 이제 만개를 앞두고 있다는 점이다.

하나님 나라가 새로운 의미를 얻고 있다

오늘날 우리 문화 안에서 하나님 나라는 아래와 같이 짧게 네 줄로 정의될 수 있다.

하나님 나라는

선한 사람들이 (그들이 그리스도인이든 아니든 간에)

공적 영역에서

공동선을 위해 행하는 선한 일들을 묘사한다.

나는 독자들에게 오늘날 "하나님 나라"라는 용어가 교회와 문학 안에서 어떻게 사용되고 있는지에 주목해줄 것을 요청한다. 나는 우리가 이 네 줄로 된 정의를 거듭해서 살펴야 할 필요가 있다고 여긴다. 아마도 우리는 최근에 조너선 메릿Jonathan Merritt이 「디 애틀랜틱」*The Atlantic*에 기고한 칼럼에서 지금 내가 말하는 것에 대한 완전한 예를 발견할 수 있을 것이다.

소저너스Sojourners(짐 월리스가 이끄는 기독교 단체─역자 주)의 재정이사인 리사 샤론 하퍼Lisa Sharon Harper는 젊은이들이 예수와, 그리고 특정 정당에 반대되는 그의 가르침[하나님 나라]과 연계하는 쪽을 택해서 변화가 발생하고 있다고 말한다. 하퍼는 미국공화당GOP이 낙태 같은 문제들에서 극단주의자들의 입장을 따라 극우로 이끌리면서 예수가 지지하고 옹호했던 이들, 즉 가난한 자들, 인종적 소수자들, 그리고 여성들을 잊고 소외시키고 있다고 믿는다.

"나는 예수라는 인물에 대한 집중이 [예수의 산상수훈에 의해] 영감을 얻는 젊은 세대를 낳고 있다고 생각해요"라고 그녀는 말한다. "그들의 정치적 의제는 굶주린 자를 먹이고, 목마른 자에게 깨끗한 물을 제공하고, 모든 이가 의료 혜택을 입고, 미국을 이민자들을 환영하는 나라로 만들고, 불공평한 형벌제도를 바로잡고, 해외와 우리의 도시 및 시골 공동체들의 잊힌 구석에 존재하는 절망적인 빈곤을 종식시키라는 예수의 명령에 의해 형성되고 있어요."[28]

나는 이것을 스키니진 스타일 하나님 나라라고 부르는데, 그것은 내가 젊고 날씬한 몸매를 부러워해서도 아니고, 세상을 보다 살기 좋은 곳으로 만들고자 하는 수많은 젊은 그리스도인들이 수행하고 있는 고귀하고 존경할 만한 일들을 폄하하기 때문도 아니다. 내가 그것을 그렇게 부르는 이유는 그것이 "하나님 나라"라는 용어를 사용하는 일에서 오늘날 세대의 특성을 드러내는 데 있다. 하나님 나라에 대한 이런 식의 비전은 본질적으로 주로 특권층 백인들의 목소리가 주류를 이루는 미국이라는 상황 속에서 나타난 사회복음이자 해방신학이다. 그것의 특징은 **박애**다. 하지만 박애는 특권을 지닌 강력하고 부유한 자들이 사회적 구속의 한 형태로서 가난한 자들과 주변화된 자들에게 기부 형식으로 제공하는 것이다. 우리는 혹시 박애가 사회의 실제적 변혁보다는 오히려 특권층 사람들이 지향하고 있는 그 무엇이 아닌지 물어야 한다. 박애는 그것이 개선하고자 하는 바로 그 불의를 퍼뜨리는, 가난한 자들에 대한 기부다. 때때로 우리는 혹시 이런 종류의 박애가 "보상"이라고 불리는 편이 낫지 않은지 물어야 한다. 그렇다면 이것 역시 또 다른 형태의 콘스탄티누스주의에 불과하다.

그러나 간략하게 진술될 수 있는 또 하나의 분명한 관찰 내용이 있다. 그것은 **하나님 나라에 대한 이런 이론에서 모든 에너지는 정치적 과정에 집중된다**는 것이다. 그럴 경우 교회를 하나님 나라가 표현되는 중심적 장소로 여기지 않는, 그리고 표를 얻고 공적 정책을 수립하는 것을 통해 공동선을 이루고자 하는 공적 행동주의야말로 하나님 나라의 일을 가장 잘 이룰 수 있는 도구가 된다.

부록 2   오늘의 하나님 나라

언젠가 내 친구는 자신이 갖고 있던 게르하르트 키텔Gerhard Kittel, 1888-1948[1]이 편집한 『신약 신학사전』Theologisches Wörterbuch zum Neuen Testament 독일어 원서들을 내가 갖고 있던 영어 번역본들과 교환한 적이 있다. 그것은 비록 시카고 컵스가 루 브록Lou brock을 세인트루이스 카디널즈의 어니 브로글리오Ernie Broglio와 트레이드한 것에 비할 정도는 아니었지만, 내 생애 최악의 거래였다. 그러나 한 가지 점에서는 예외였다. 비록 내가 얻은 키텔의 책들이 독일어로 되어 있고 인용하기에 적합하지 않으며 페이지가 다르게 매겨져 있었지만, 나는 그것들을 통해 그 시리즈의 3권과 4권에 대한 독일어 서문들을 읽을 수 있었던 것이다. 그 두 권의 책은—이제부터 조금 심각해진다—키텔의 편집을 통해 나왔는데, 당시 키텔은 독일 국가사회당National Socialist Party의 일원이었고 독일 역사에 대한 연구를 위해 제3제국 연구소에 고용된 상태였다. 이 대규모 프로젝트가 히틀러의 제3제국으로부터 재정 지원을 받아 이루어졌음은 그 책들의 서문을 통해 분명하게 드러난다. 우리는 그 서문의 한 문장—영어 번역본이 제3제국의 서문을 번역하지 않았기에 내가 직접 번역했다—만으로도 하나님 나라 백성들이 권력과 관계를 맺도록 소환되는 방식에 관한 토론 안으로 이끌릴 수 있다.

"추도문"In Memoriam은 독일을 지키기 위해 죽은 네 명의 성서학자들의 이름—알브레히트 스텀프Albrecht Stumpff, 발터 구트브로드Walter Gutbrod, 헤르만 프리취Hermann Fritsch, 그리고 헤르만 한스Hermann Hans—을 열거한다. 그리고 이어지는 서문은 그들의 "피의 희생"에 대해, 그리고 어떻게 그들이 세례자 요한처럼 "길을 예비"했는지에 대해 말한다. 오늘날 신약성서의 용어들과 관련해 가장 널리 사용되고 있는 사전의 3권과 4권은 제3제국의 협력을 받아 만들어졌고 편집자 키텔 자신은 국가사회주의자였다. 사실 그는 많은 이들에 의해 희생양이 되었다. 그중 가장 기억할 만한 것은 미국 학계의 거목인 윌리엄 폭스웰 올브라이트William Foxwell Albright, 1891-1971에게서 받았던 신랄한 비판이었다. 미국 워싱턴 주에 있는 퍼시픽루터란 대학교의 역사학 교수인 로버트 에릭센Robert Ericksen은 그의 책 『히틀러 치하의 신학자들』Theologians under Hitler[2]에서 나치 청산과 재판 기간에 키텔을 옹호했던 수많은 저명한 독일인들과 오스트리아인들을 열거한 후에 불가피한 최소주의적인 결론에 이른다. 그 결론이란 키텔의 "기독교는 이 불경건한 [나치의] 목적을 위해 왜곡되었다"는 것이었다. 비극적이게도 기회주의자인 게르하르트 키텔은 1933년 유대인들에 대한 관용을 잃었다. 그로 인해 그가 편찬한 이 탁월한 사전은 사실을 알고자 하는 모든 이에게 영원히 "불경건한 목적"에 의해 얼룩진 것이 되고 말 것이다.

에릭센의 말을 빌려 말하자면, 키텔은 "비록 그 자신은 상황이 달리되기를 바랐을지 모르나 결국 나치의 개울에서 헤엄을 쳤다." 키텔은 국가사회주의에 연루되었다. 보다 낮은 차원에서이기는 하나 루돌프 불트만Rudolf Bultmann, 1884-1976 역시 그러했다. 제3제국 시대에는 히틀러에게 충성을 맹세하지 않고서는 독일의 대학에서 강의를 계속할 수 없었기 때문이다. 1930년대 독일에서의 유혹은 인종, 국가, 혈연, 그리고 땅에 의해 삼켜진 루터주의의 한 형태인 "독일 그리스도인"Deutsche Christen이 되는 것이었다. 이 이야기는 아브라함 헤셸Abraham J. Heschel, 1907-1972의 딸인 수잔나 헤셸Susannah Heschel이 그녀의 책 『아리아인 예수』The Aryan Jesus [3]에서 한 것이다. 물론 그 책에는 독일 그리스도인들, 즉 교회의 리더와 전문적인 주석가와 신학자들이 어떻게 히틀러에게 굴복하고, 그들의 직업을 보존하고, 가르치는 일을 계속하고, 전쟁 후에 조사를 받고, 그들 중 대부분이 어떻게 살아남았는지에 대한 으스스한 이야기들이 있다. 하지만 이것과 전혀 다른 이야기가 있다.

그 상황에 저항했던 이들은 누구일까? 디트리히 본회퍼의 이야기는 되풀이할 필요가 없을 만큼 잘 알려져 있다. 그리고 최근에는 본회퍼가 어떻게 히틀러 암살계획을 공모하면서 자신의 평화주의를 굽혔는지에 대한 면밀한 조사가 이루어지고 있다.[4] 이런 연구는 에버하르트 베트게Eberhard Bethge, 1909-2000가 그의 방대한 책 『디트리히 본회퍼』 Dietrich Bonhoeffer: A Biography (복있는사람 역간, 2006)[5]에서 제시했던 히틀러 암살 계획 공모에 대한 전통적인 암시들을 뒤집을 수도 있을 것처럼 보인다. 그렇다면 본회퍼 외에 누가 저항했는가? 나는 독자들의 관심을 20세기의 가장 위대한 신학자인 칼 바르트[6]에게 집중시키고자 한다. 본회퍼 세대 모두가 그랬던 것처럼, 바르트 역시 지평선 위로 희미하게 떠오르는 문제를 보았고 신속하게 큰소리를 내면서 제3제국에 맞섰다. 바르트는 하나님께 몰두하는 하나님 나라 신학이 국가적 우상숭배를 간파하는 동시에 하나님 나라의 현실을 구체화하는 방식을 보여준다.

처음에 바르트는 스위스 자펜빌에 소재한 작은 교회의 목사로 출발했다. 그곳에서 그는 로마서 주석을 쓰고 개정했으며 곧 이어 독일 신학계 안으로 편입되었다. 독일에서 그는 처음에는 괴팅겐에서, 그 후에는 뮌스터에서, 그리고 마지막으로 1930년부터는 본에서 가르쳤다. 본 대학에 재직하고 있던 때 그는 철학자 하인리히 숄츠Heinrich Scholz에게 "학문적 신학은 그 기초를 예수 그리스도가 죽음에서 부활한 것에 두고 있다"라고 말했다. 이런 주장은 바르트가 그의 정치적 사고를 비롯해 모든 사고의 출발점을 어디에 두고 있는지를 보여준다. 당시 많은 목회자와 신학자들이 불길한 가능성이 현실화되지 않기를 바라며, 혹은 상황이 바뀔 거라고 믿으며, 혹은 단지 이런저런 정도로 이런저런 일들에 가담하면서 앉아 있었다. 하지만 바르트는 그러지 않았다. 그가 말했듯이, "나는 조용히 있을 수가 없었다. 나는 교회를 향해 그것이 빠져 있는 위험에 대해 필요한 경고를 발하는 책임을 떠맡아야 했다." 「바르멘 선언」Barmen Declaration과 고백교회Confessing Church 의 배후에 그가 있었다. 하지만 결국 바르트는 그중 어느 것도 충분하지 않다고 여겼다. 그래서 그는 직접 히틀러에 맞서 발언하는 사람이 되었다. 본질적으로 바르트는 국가사회주의를 첫 번째 계명에 대한 담대하고도 악마적인 포기라고 보았다. 또한 그는 프리드리히 슐라이어마허Friedrich Schleiermacher, 1768-1843부터 에밀 브루너Emil Brunner, 1889-1966에 이르는 모든 자연신학의 주장을 그 첫 번째 계명에 대한 부인으로 보았다.[7]

그래서 그는 자신의 수업을 "하일 히틀러!"Heil Hitler로 시작하는 것을 거부했다. 그리고 1934년 11월 7일에는 충성을 맹세하는 것마저 거부했다. 바르트가 직접 그 일과 관련하여 했던 말을 들어보자. "내가 공식적 맹세 자체를 거부했던 것은 아니다. 하지만 나는 오직 복음주의 그리스도인으로서의 내 책임 안에서만 총통에게 충성을 바칠 수 있다는 취지의 부대조항을 조건으로 내세웠다." 11월 26일에 있었던 바르트의 수업은 어떤 결과로 이어질지 알면서도 하나님의 선한 도우심에 대한 찬양으로 시작되었다. 그리고 이튿날 그는 교수직에서 해고되었다. 2백 명이나 되는 학생들이 그의 해고에 반대했다. 심문을 받던 중에 바르트는 플라톤의 『소크라테스의 변명』*Apology*(EJB 역간, 2014)의 한 구절을 인용했다. "나는 당신들보다는 신(하나님)께 순종할 것이오." 이어서 그는 그들이 "히틀러를 육체를 가진 신으로 만들고 있으며 첫 번째 계명을 아주 심각하게 위반하고 있다"고 선언했다. 이듬해 봄에 바르트는 자신이 이끌던 성서연구 모임에서 자신의 학생들에게 이별을 고하면서 이렇게 말했다. "이제 다 끝났습니다. 그러니 내가 드리는 마지막 조언을 듣기 바랍니다. 주해하고, 주해하고, 더더욱 주해하십시오!" 1935년 3월 1일, 바르트는 공공장소에서의 연설을 전면적으로 금지당했다. 하지만 그 직후에 그는 스위스 바젤에서 교수직을 얻었다. 그곳에서 그는 국가사회주의, 히틀러, 그리고 우상숭배에 관련한 교회의 공모에 대한 예언자적 비판을 계속해나갔다. 그 이야기는 신정정치에 관한 이야기와 더불어 계속된다. 그런 이야기들 중 어떤 것은 그 자체로 아주 흥미롭다. 하지만 그중 어느 것도 독일이 국가주의라는 우상숭배에 굴복했을 때 바르트가 보여준 예리한 통찰과 즉각적인 인식만큼 중요하지는 않다.

이 서론은 단지 한 가지 목적에 봉사한다. 그것은 우리에게 이렇게 묻는다. "나라면 어떻게 했을까?" 그리고 우리는 또한 이렇게 물을 수도 있을 것이다. "불트만과 키텔 같은 다른 중요한 신학자들이 이런저런 방식으로 굴복했을 때 바르트나 본회퍼와 같은 인식을 갖기 위해서는 무엇이 요구되는가?"

의심할 바 없이 바르트 신학의 핵심에는 하나님과 하나님에 대한 찬양이 존재한다. 이와 더불어 성서에 대한 헌신이 존재하는데 그것은 아주 깊은 것이어서 우리로 하여금 성서가 문화에 **맞서 말하는 것을 하나의 기준으로, 그리고 성서가 말하는 방식에 대한 예외가 아닌 것으로** 여기도록 만든다. 국가사회주의에 대한 바르트의 직접적인 저항은 그저 어떤 반대의견을 가진 이가 드러내 보이는 반사작용 이상이었다. 바르트는 그의 정신으로 우상숭배를 꿰뚫어 보았던 사람이다. 이것은 우리로 하여금 또 다른 질문을 하도록 이끈다. 오늘날 우상숭배는 어디에 있는가? 우리는 무엇과 공모하고 있는가? 우리는 어디서 경계를 풀고 잠에 빠지는가?

나는 우리가 "하나님 나라"라는 용어를 사용하는 방법에 대한 연구가 우리의 논의 전체를 위한 창문들을 열어준다고 주장하고자 한다.

하나님 나라 신학의 두 가지 주제들: 변혁과 해방

신약성서학자들은 하나님 나라를 하나의 견고한 현실로 정의하지 않는 경향이 있다. 신학자들, 특히 윤리와 정치신학에 초점을 맞추는 이들은 하나님 나라를 홀로 내버려두려고 하지 않는다. 그들은 하나님 나라에 다리를 제공하려고 한다. 그리고 나는 그들이 쓴 글들을 읽으면서 하나님 나라가 살아 있는 신학이 되기를 바라는 사람들 가운데서 두 가지 중요한 주제가 나타나고 있음을 발견한다. 그 두 주제란, 첫째는 문화 변혁적 하나님 나라의 비전이고, 둘째는 사회적인 그리고 해방을 추구하는 하나님 나라의 비전이다. 여기에는 긴 역사가 있다. 잘 모르기는 해도, 그 역사는 특히 아우구스티누스, 아퀴나스, 루터,[8] 그리고 칼뱅을 포함한다. 또한 그들을 넘어서는 아주 많은 변종들이 있었다. 첫 번째 주제인 변혁은 교회가 다원주의 세상 안에서 나름의 자리를 갖고 있다고 주장한다. 그것은 완전한 통제권을 갖는 것을 피한다. 하지만 콘스탄티누스의 유혹("부록 1"을 보라)은 남아 있다. 요컨대, 그것은 사회와 문화의 다양한 영역에 대해 영향을 미치고 그것들을 변혁시키는 것을 꾀한다.[9] 즉 하나님 나라 비전은 기독교적 비전을 세속 문화 안으로 확장시킨다. 하지만—그리고 바로 여기에 이 접근법에 내포된 중요한 문제가 있다—종종 변혁주의자들은 성서의 하나님 나라의 비전을 문화에 맞춰 재구성하고 축소하며 왜곡한다. 사회적 해방이라는 두 번째 주제 안에서 하나님 나라는 신속하게 정의와 평화를 위한 행동주의와 결합된다. 그리고 그로 인해 종종 그것은 "하나님 나라"의 비전으로 인식되는 것을 제도화하기 위해 정치적 차원에서 시행될 필요가 있는 경제이론과 단단하게 결합된다. 이것들 각각을 좀 더 충분하게 설명하기에 앞서 마지막으로 살필 내용이 하나 있다. 변혁 모델은 **다소간 시스템 내부로부터** 작동하는 반면, 해방 모델은 **다소간 시스템에 맞서서** 작동한다는 것이다. 따라서 소수자들은 해방 모델로 향하고, 다수자들은 변혁 모델로 향하는 경향이 있다.

이 대화는 하나님 나라에 대한 변혁적 이해와 더불어 시작되어야 한다. 왜냐하면 이 견해야말로 북아메리카(와 유럽)의 기독교적 사고의 유산이기 때문이다. 오늘날 변혁적 관점이 하나님 나라에 대한 해방적 이해를 통해 보완되고 수정되며 때로는 해방신학에 의해 대체되고 있다는 것은 분명한 사실이다. 하지만 이 이야기의 미국적 버전은 하나님 나라에 대한 칼뱅주의적이고 개혁주의적인 이해와 더불어 시작된다. 요컨대, 우리는 다양한 방식으로 우리의 문화와 미합중국의 헌법 제정자들을 키워냈던 우리의 청교도 선조들을 통해 교회와 국가에 대한 변혁적 접근법을 물려받았다.[10]

기원들은 같으나 청교도들이 가르치고 생각했던 것은 지금 우리가 보고 듣는 것과 같지 않다. 따라서 나는 좀 더 우리 시대와 가까운 지점으로, 즉 직전 세기의 중심에 있는 신학자인 리처드 니버H. Richard Niebuhr, 1894-1962에게로 나아간다. 니버는 『그리스도와 문화』Christ and Culture(IVP 역간, 2007)[11]라는 책을 썼는데, 그 책은 그리스도인들이 그리스도와 교회가 세상과 문화와 맺는 관계에 관해 생각하는 방식을 형성해온 범주들—그리고 그로 인해 종종 "하나님 나라" 신학이라고 불리는 것—을 정리한 것이다.[12] 니버는 이런 관계들에 대한 자신의 견해를 아래의 다섯 가지 범주를 통해 제시했다.

- 문화에 맞서는 그리스도: 재세례파 전통
- 문화의 그리스도: 자연법과 문화적 프로테스탄트
- 문화 위에 있는 그리스도: 아퀴나스와 로마 가톨릭교회

- **역설적 관계에 있는 그리스도와 문화**: 루터와 라인홀드 니버
- **문화를 변혁하는 그리스도**: 칼뱅, 에드워즈, 바르트

　　지금 나는 경험에 근거한 이야기를 하는 중이다. 미국의 역사 기간 내내 문화를 변혁하는 그리스도식 접근법이 우파와 좌파 모두의 교회들을 지배해왔다. 우리가 어디로 향하고 있는지 살피고자 한다면, 이 견해가 불과 20여 년 전까지만 해도 북미에서 통용되었던 바로 그 **견해**였다는 사실에 주목할 필요가 있다. 그러나 지난 20여 년 동안 우리는 니버가 말하는 범주들 중 그 어디에도 해당되지 않는 해방주의적 접근법으로의 점차적인 변화를 목도해왔다. 만약 이런 경향이 계속된다면, 미국의 교회들은 한 세대 안에 그것이 지니고 있는 문화 변혁적 접근법을 모두 잃어버리고 지금보다 훨씬 더 해방주의적이 될 수도 있을 것이다. 그러나 여기서 우리는 변혁적 접근법을 좀 더 면밀하게 살펴볼 필요가 있다.

　　우리가 청교도 순례자인 존 윈스럽John Winthrop과 존 데이븐포트 John Davenport나 프린스톤의 신학자인 찰스 하지Charles Hodge, 1797-1878 에 대해 살피든, 아니면 20세기로 건너 뛰어 프랜시스 쉐퍼, 제리 폴웰, 팻 로버트슨Pat Robertson, 제임스 케네디James Kennedy, 제임스 돕슨James Dobson, 웨인 그루뎀Wayne Grudem 같은 활동가들을 살피든, 혹은 팀 켈러Tim Keller와 제임스 데이비슨 헌터 같은 이들에게서 발견하는 훨씬 더 온건한 접근법을 살피든 간에, 우리가 얻게 되는 것은 그리스도인이 세상과 미국의 문화와 관계하는 방법에 대한 "문화를 변혁하는 그리스도식 접근법"the Christ-transforming culture approach이다. 그러나 변

혁적 접근법을 옹호하는 이들이 오직 개혁주의 신학이나 정치적 보수주의라는 특색을 지닌 자들뿐이라는 주장은 부정확한 것이 될 수 있다. 사실 우리는 진보적 기독교의 입장 역시 문화를 변혁하는 그리스도식 접근법과 전적으로 동일한 것으로 여길 수도 있다. 그러기에 나는 존 웨슬리John Wesley의 행동주의에 대해, 그리고 미국 일리노이 주에 있는 휘튼 대학교를 설립한 조나단 블랜차드Jonathan Blanchard나 『톰 아저씨의 오두막』Uncle Tom's Cabin을 쓴 해리엇 비처 스토Harriet Beecher Stowe 같은 19세기의 노예폐지론자들에 대해 생각한다. 혹은 찰스 피니Charles Finney, 피비 팔머Phoebe Palmer, 월터 라우센부쉬 같은 이들에 대해, 혹은 토니 캠폴로Tony Campolo와 짐 월리스처럼 해방신학의 영향을 받은 20세기 후반의 사람들에 대해 생각한다. 그들 모두는 변혁적 접근법의 대표자들이다. 따라서 문제는 단순히 내용만이 아니다. 지금 우리가 어디에 서 있는지를 결정하는 것은 일반론 혹은 접근법이다. 이와 같은 미국의 정치적 스펙트럼의 양편 모두는 문화를 변혁시키기 위해 그것에 영향을 주기를 꾀한다. 또한 양편 모두는 신학, 윤리학, 경제학, 그리고 정의와 권력과 평화에 대한 이론들과 관련해 그들이 취하는 나름의 입장에서 그렇게 한다. 양편 모두는 시스템 안에서 그런 일을 하며, 또한 그렇게 함으로써 공적 영역을 그들 자신의 견해에 맞게 바꿔내기 위해 이미 존재하고 있는 공적 영역 안으로 들어간다.

이렇게 연결되며 이어지는 이름들 사이를 관통하는 하나의 이야기가 있다. 그 이야기는 하나님 나라의 이야기다. 문화를 변혁하는 그리스도식 접근법은 모든 것을 형성하며 작동하고 있는 하나님 나라 신학을 갖고 있다. 위에서 언급한 각각의 사상가들은 하나님 나라의 가치,

윤리, 비전, 그리고 신학을 향한 나름의 도덕적 기준을 따르고 있다. 이 제부터 우리는 그런 이들 중 몇 명을 살펴보려 한다.

아브라함 카이퍼 │ 우리는 이런 변혁적 접근법에 대한 가장 훌륭한 서론 적 묘사들 중 하나를 네덜란드의 칼뱅주의자인 아브라함 카이퍼에게 서 찾아볼 수 있다. 그의 사상에 대한 개요는 리처드 마우가 쓴 『리처 드 마우가 개인적으로 간략하게 소개하는 아브라함 카이퍼』*Abraham Kuyper: A Short and Personal Introduction*(SFC 역간, 2015)에서 발견할 수 있 다.[13] 카이퍼가 칼뱅주의 전통 전체를 대표하는 것은 아니다. 하지만 그가 하는 말은 그 전통 안으로 들어가는 좋은 입구가 된다. 그리고 그 전통은 콘스탄티누스 이전 시대까지 거슬러 올라간다. 하지만 그것 은 특히 교회가 로마 제국의 권력에 대한 자신의 영향에 대해 생각하 기 시작했던 아우구스티누스 시절로 거슬러 올라가는 전통이다. 변혁 적 전통에서 교회는 사회, 국가, 혹은 문화를 소유하거나 운영하지 않 는다. 교회는 단지 전체의 일부일 뿐이다. 교회는 복음을 갖고 있다. 그 리고 교회의 임무는 법의 한계 안에서, 그리고 훌륭한 기독교적 행위 와 설득이라는 조건 안에서 자신이 할 수 있는 한 문화를 기독교화하 고 또한 (유사한 조건에서 신학적으로 이해되는 바) 인간화하는 것이다.

　백과사전파encyclopedist(18세기에 프랑스를 중심으로 발전한 계몽주의 자들을 가리키는 용어─역자 주)였던 아브라함 카이퍼는 1837년에 네덜 란드에서 태어나 목회자, 신문 편집자, 대학 설립자, 신학자, 수상, 그 리고 국가의 우두머리로서 귀중한 경력을 쌓았다. 1898년에 카이퍼는 미국 프린스톤 대학교에서 스톤 강좌를 진행했는데, 나중에 그것은 종교, 정치, 과학, 예술에 대한 칼뱅주의적 이해를 제시하는 그의 유명하고 영향력 있는 책 『칼빈주의 강연』*Lectures on Calvinism*(크리스찬다이제스트 역간, 2002)으로 출간되었다.

이 책에서 카이퍼의 주된 비전(문화 형성적 접근법의 비전이다)은 다음과 같은 인상적인 도전을 통해 드러난다. "우리 인간 실존의 모든 영역 중 만유를 통치하시는 그리스도께서 그것을 향해 '나의 것이다!'라고 외치지 않는 영역은 단 한 치도 없습니다." 이것은 그리스도인들에게 삶의 모든 영역에서 타락의 영향력에 맞서서, 그리고 복음의 영향력을 위해서 일할 것을 요구하는 문화 명령을 제시한다. 그러나 개혁주의의 비전은 우리가 사는 세상의 다원주의와 마우가 창조질서의 "다양성"many-ness이라고 부르는 것에 대해 알고 있다. 마우는 다음과 같이 인상적인 말을 했다. "그 어떤 이도 창조주께서 우리에게 거리 두기를 원하는 것을 우리 자신과 밀착시켜서는 안 된다." 이것은 카이퍼의 매우 영향력 있는 "영역 주권"이라는 개념으로 이어진다. 카이퍼에게 그리고 문화를 변혁하는 그리스도식 접근법을 취하는 이들에게 이 세상에서의 삶은 그들이 그것을 의식하든 하지 않든 간에 교육, 교회, 국가, 가족, 사업, 예술, 그리고 (이것은 내가 덧붙이는 것인데) 스포츠 같은 "영역들"spheres로 분할되어 있다. 마우에 따르면 카이퍼는 이렇게 말한다. "하나님은 이것들 각각이 그들 나름의 '일'을 하기를 바라신다. 그것들 각각은 자신의 창조에 대한 하나님의 계획 안에서 서로 다른 역할 혹은 '지점'을 갖고 있다. 각 영역은 그 나름의 권리들과 규율들과 질서들을 갖고 있다. 국가는 예술을 통제해서는 안 되며, 대학들(혹은 신학교들!)은 스스로를 사업체라고 여겨서는 안 된다." 우리로서는 여기서 작동하고 있는 큰 문제에 주목하는 것이 현명할 것이다. "각각의 문화적 영역은 창조에 대한 하나님의 계획 안에서 나름의 공간을 차지하고 있다. 그리고 그들 각각은 직접 하나님의 규칙 아래에 있다."

나는 이쯤에서 잠시 정지 버튼을 누르고자 한다. 왜냐하면 바로 이 문장 안에서 하나님 나라에 대한 카이퍼의 근본적인 이해가 나타나기 때문이다. 여기서 "하나님 나라"는 모든 창조질서에 대한 하나님의 포괄적인 통치로 이해된다. 그리고 **교회는 하나님의 우주적인 나라 안에 있는 하나의 요소일 뿐이다.** 마우는 다음과 같이 요약한다. "카이퍼는 그리스도의 나라가 제도적인 교회보다 훨씬 더 크다는 사실을 중시한다. 그 나라는 그리스도가 다스리는 광범위한 현실이다." 더 나아가 "사실 그리스도의 나라는 온 우주다." 마우는 카이퍼의 말을 좀 더 상세히 설명한다. "그 나라는 그리스도의 통치가 그 통치를 가시화하기 위해 일하는 이들에 의해 **인정되는** 현실의 모든 영역을 포괄한다." 물론 "제도적인 교회는 그리스도의 나라의 중요한 일부임이 분명하다." 하지만 "교회는 단지 그 나라의 일부일 뿐이다." 나중에 마우는 이렇게 말한다. "사람들이 '교회'를 '그 나라'와 동일시하는 말을 할 때 나는 내적으로 (그리고 때로는 외적으로) 움츠러든다. 그렇게 되면 당신은 그 나라와 관련된 무언가를 행하기 위해 교회에 갈 필요가 없다." 나는 내 친구인 리처드 마우의 주장을 조금 반박해보겠다. 나는 사람들이 하나님 나라를 그분의 우주적 통치와 동일시하는 말을 할 때, 예수가 움츠릴 것이라고 여긴다! 그리고 나는 그들이 "교회"를 우리가 그리로 "들어가는" 무언가로 만드는 말을 할 때 움츠린다. 여기서 우리 문제의 일부는 "교회"라는 단어가 건물이나 제도가 됨으로써 그것이 성서에서

부록 2 오늘의 하나님 나라   *409*

취했던 우주적 모습(골로새서와 에베소서를 읽어보았는가?!)을 잃어버렸다는 것, 그리고 "하나님 나라"가 교회라는 느낌을 전혀 주지 않고 모든 이들이 좋아하는 중립적인 단어가 되었다는 것이다. 다시 말해, 하나님 나라는 일반은총에 대한 칼뱅주의적 개념과 크게 다르지 않다. 우리는 더 잘 할 수 있다.

마우는 그의 설명을 계속해나간다. "따라서 교회는 특정한 영역을, 즉 다른 영역들 곁에서 존재하는 문화적 활동이라는 분야를 점유하고 있다." 대조적으로 "하나님 나라는 다양한 영역들에 대한 참여라는 복잡한 삶을 지속하는 믿음의 공동체를 포함한다. 그리스도의 추종자들은 그들이 문화적 상호작용의 이런저런 영역에서 하나님께 영광을 돌리기 위해 애쓰는 모든 곳[예술, 농업 등]에서 하나님 나라의 활동에 개입한다. 그 모든 것이 하나님 나라다." 우리는 이것을 하나님 나라에 대한 "세속적" 견해라고 부를 수도 있을 것이다.[14]

그리스도인의 소명은 하나님을 섬기는 것이고 또한 그렇게 하는 과정에서 각각의 영역들이 하나님 나라를 향하도록 영향을 끼치는 것이다. 이것은 각각의 영역들을 강화할 뿐 아니라 그와 동시에 정부가 그것의 범위와 통제력을 확장하는 것을 가로막는 활동이기도 하다. 마우가 이런 말을 하는 방식은 중요하다. "그리스도인들은 하나님의 주권[지배, 나라]에 대한 우리의 고백을 견고하게 만들기 위해 그 각각의 영역들 안에서 집단적인 독립체들, 즉 예술협회, 정당, 농민연합, 노동자 협회 등을 형성해야 한다." 바로 이것이 마우가 하나님 나라를 "하나님의 통치가 인정되는 곳"으로 보는 것과 관련된 앞선 인용문에서 의미했던 내용이다. 개별적인 그리스도인들이 주어진 영역의 경계 안에서 그리스도의 통치가 가시화되도록 하기 위해 일할 때, 그들은 하나님 나라 안에 있는 것이고 또한 하나님 나라의 일을 하고 있는 것이다.

마우는 세 가지 접근법과 관련해 특별히 도움이 될 만한 지도들을 제공한다. **중세적 접근법**은 맨 위에 하나님을, 하나님 아래에 교회를 두고 있으며, 교회는 하나님을 대신해 국가, 예술, 경제, 가정, 과학을 지배한다. 이것은 콘스탄티누스적 접근법이다. **세속주의적 접근법**은 하나님과 교회를 그들의 영역 안으로 밀어 넣어 그것들이 사적인 영역에서 자신들의 일을 할 수 있게 하고, 반면에 공적 영역에서는 정치, 예술, 경제, 가정, 과학 등이 나름의 일을 감당하도록 만든다. **카이퍼적 견해 혹은 문화를 변혁하는 그리스도식 접근법**은 하나님을 그분 아래에 있는 서로 분리될 수 있는 각각의 영역들(국가, 예술, 경제, 가정, 과학, 그리고 교회 등) 모두 위에 계신 분으로 여긴다.[15] 문화와 국가에 대한 그리스도인들의 개입에 관한 이 이론은 그 나름의 문제들을 갖고 있는데 여기서 나는 그중 두 가지를 언급하려 한다.

카이퍼적 견해가 갖고 있는 첫 번째 문제는 바로 그것이 갖고 있는 콘스탄티누스적 모델을 향한 지속적인 유혹이다(지금 나는 가장 강력한 용어들을 사용해 말하고 있다). 어느 카이퍼주의자는 그가 "카이퍼적 세속주의"Kuyperian secularism 혹은 "세상의 시스템에 삼켜진 카이퍼"라고 부르는 것에 대한 그 자신의 유혹에 대해 고백한 바 있다. 칼빈 대학교의 철학과 교수인 제임스 스미스James K. A. Smith는 이렇게 말한다.

이상하게도, 그리고 종종 의도하지 않은 방식으로 "정의", **샬롬**, "통전적" 복음에 대한 추구는 스스로를 세속화시키는 효과를 낼 수 있다. 복음을 통해 동기를 부여받은 정의에 대한 관심으로 시작된 것이 그 안에서 복음이 전혀 드러나지 않고 자연의 법칙을 따라 설명되는 정의에 대한 병적인 집착으로 바뀔 수 있다. 그리고 그런 일이 일어날 때 "정의"는 전혀 다른 그 무엇, 즉 하나의 우상, 다시 말해 그 안에서 하나님의 계시로서의 예수의 독특성이 이상하게도 드러나지 않는 사회적 개량 프로젝트에 복음을 꿰어 맞춤으로써 그 결과 복음을 자연의 법칙에 따라 설명하는 하나의 방법이 된다.…이것이 내가 다른 이들을 지적하는 것으로 비쳐진다면, 내 자신을 겨냥한 보다 날카로운 세 가지 지적 사항이 있다. 실제로 내가 젊은 시절의 내 자신에게 보내는 이 (또 다른) 편지를 살펴보라. 내게 통전적 복음에 대한 성서적 비전을 가르쳐주었던 이들은 전에 근본주의자들이었던 아브라함 카이퍼의 후계자들이었다. 하지만 나는 만약 우리가 **온전한** 카이퍼에게 주목하지 않는다면, 다시 말해 만약 카이퍼의 계획의 일부분만 취사선택한다면, 우리는 괴물과 같은 것으로—역설적으로 우리가 **샬롬**을 자연의 방식을 따라 설명하는 "카이퍼적 세속주의"라고 부를 수 있는 것으로—끝날 수도 있음을 알게 되었다.[16]

카이퍼적 세속주의는 복음이 타협되거나 혹은 심지어 사회적 선이라는 이름으로 소개疏開되거나 할 때 발생한다.

카이퍼적 견해가 갖고 있는 두 번째 문제는 "도를 넘는 것"overreaching 이라고 불릴 수 있다. 여기서 나는 미국의 종교사 분야의 원로인 마크 놀Mark Noll과 기독교가 정치 분야에 끼친 영향에 대한 그의 연구에 호소하려 한다.[17] 놀은 그리스도인들이 그동안 어떻게 정치에 개입해왔는지를 네 단계의 개입에 대한 놀라운 설명으로 마무리한다. (1) 기독교의 신앙과 도덕적 비전으로부터 나온 원리들과 가치들을 옹호하는 것을 통해, (2) 특정한 도덕적 프로젝트를 수행하고 악폐를 바로잡기 위해 대중을 동원하는 것을 통해, (3) 특별 이익 집단들에 의해 개발된 개념과 가치들을 입법화하고 정책화하는 것을 통해, (4) 기독교 정당을 창설하는 것을 통해. 이어서 놀은 다음과 같은 사실을 강력하게 상기시킨다. "대체로 일반적 확신이라는 단계에서 기독교적 정치는 매우 유익한 것이었다. 실제적인 정치적 영향력과 기독교 신앙에 대한 충성 양쪽 측면에서 모두 그러했다. 반면에 개인적인 혹은 일련의 기독교적인 확신을 중심으로 완전한 기독교 정당을 창설하고자 하는 노력과 관련해 그것은 크게 실패했다. 정치와 기독교 양쪽 모두에서 그러했다." 이것들은 카이퍼적 접근법이 역사 속에서 겪었던 불가피해 보이는 듯한 과정을 충분히 설명해준다.

리처드 니버 | 아브라함 카이퍼가 칼뱅주의 전통으로부터 나온 변혁적 접근법들 중 하나를 제공했다면, 리처드 니버는 또 다른 접근법을 제공한다. 그동안 그의 접근법은 많은 이들을 매료시켰고 계속해서 매료시키고 있는 중이다.[18] 변혁적 접근법은 창조주로서의 하나님, 피조물로서의 인간, 그리고 창조질서의 중요성을 중시한다. 덧붙여 이 접근법은 인간의 타락이 창조를 왜곡시킨 것으로 보는 견해와 어울린다. 이것은 인간이 행하는 일이 "왜곡된 선이지, 악이 아님"을 의미한다. 더 중요한 것은 니버가 오늘날 많은 이들이 "하나님의 사명"mission of God 이라고 부르는 것에 대해 언급한다는 사실이다. 니버에 따르면 변혁주

의자들은 "근본적으로 단순히 인간적 사건들의 과정이 아니라 언제나 하나님과 인간의 극적 상호작용인 역사 안에서 하나님께는 모든 일이 가능하다고 주장하는 역사관"을 갖고 있다. 이것은 역사의 전개가 세상을 변혁시키는 하나님의 능력 안에서 소망의 현장이 된다는 것을 의미한다. "바로 이것이 문화가 될 수 있는 것이다. 문화는 하나님의 영광 안에서 그리고 그 영광을 위해 변화된 인간의 삶이 될 수 있다." 다시 말해, 회심을 통해 하나님의 은혜가 작동해 사람을 변화시킨다. 그리고 이번에는 그 사람이 문화에 영향을 주어 그것을 하나님 나라의 현실에 맞추어 변화시킨다.

니버가 이런 접근법을 요한복음과 아우구스티누스를 살피는 방식으로 촉구하는 것은 그를 카이퍼적 사고 계열에 머물게 해준다. 하지만 니버가 그 다음으로 살피는 예는 그에게 새로운 어조를 부여한다. 니버는 영국의 위대한 자유주의자인 프레데릭 데니슨 모리스Frederick Denison Maurice, 1805-1875가 자신의 기호에 아주 잘 맞는다는 것을 알게 되었다. 모리스의 죄 개념의 핵심에는 인간의 이기심, 개인주의, 교만이 있다. 그것은 마치 각 사람이 자신을 우주의 중심이라고 여기는 것과 같다. 그런 까닭에 그에게 가장 중요한 것은 자기중심성에서 그리스도 중심성과 타인 중심성으로의 회심(변혁)이었는데, 그것은 점차적으로 기독교 사회주의Christian socialism에 대한 이끌림으로 이어졌다. 우리가 여기서 주목해야 할 것은, 자유주의 신학이 그 안에 문화를 형성하기도 하고 문화에 의해 형성되기도 하는 능력을 갖고 있으며, 그것의 최고의 형태는 "기독교적"Christian(보다 나은 표현으로는, "기독교화된" Christianized) 문화로 이어진다는 점이다.[19] 변혁적 모델의 비극은 그것이 반대의 현상, 즉 교회가 문화에 의해 변화될 가능성을 열어놓는다는 점이다.[20] 니버 자신의 말에 따르면 이 우주적 회심이 "우주적이었던 것은…모든 인간이 말씀으로 창조된 것으로 인해 그리스도의 나라의 구성원들이었기 때문이다." 그리스도의 나라는 우주적이고 구속도 우주적이다. 그리고 구속에 대한 추구는 모든 인간이 그리스도의 우주적 통치를 향하도록 이끈다. 여기서 우리는 많은 이들이 니버식 접근법의 특징이라고 여겨왔던 한 가지 주제를 발견한다. 그것은 복음과 신학과 윤리는 문화적 형태로 변화됨으로써 문화에 대해, 그리고 문화를 위해 의미 있는 것이 되어야 한다는 것이다. 이런 "세속적" 접근법은 우리가 아래서 살피게 될 "자유주의적" 접근법과 직접적인 상관이 있다. 요컨대, 이런 식의 접근법에서 그리스도의 통치는 마치 그것이 "이 세상의" 것이 아닌 것처럼 인간의 정신 안에 국한된다. 하지만 그런 발전은 단순히 사회적 발전으로 설명될 수 없다. 오히려 그것은 문화 전체의 변혁 안에서 이루어지는 하나님께 대한 인간의 회심으로 간주되어야 한다. 니버의 말대로 하자면 "하나님 나라는 변혁된 문화다."

니버 자신은 자신이 그 다섯 가지 접근법 중 어느 것도 편들지 않는다고 주장한다. 하지만 그의 글은 그가 변혁적 접근법을 편들고 있음을 아주 분명하게 보여준다. 그러나 그는 그의 책 마지막 장에서 이것을 우리가 "신 중심적 상대주의"theocentric relativism—그것은 실존주의적이고 다원주의적 태도다—라고 부를 수 있는 것으로 한 단계 더 밀고 나가는데, 내가 보기에 그를 비판하는 이들 중 많은 이들은 그가 거기서 하는 말을 무시하고 있다.[21] 거기서 그는 이렇게 말한다. "그리스도와 문화의 문제는 오직 개별적인 신자들과 책임 있는 공동체들의 자유로운 결정을 통해 모든 연구를 넘어서는 영역에서만 끝날 수 있고 또 끝나야 한다." 우리의 모든 결정은 파편적이고 상대적이다. 그리고 이것은 니버가 무엇을 결정하고 무엇을 할지를 판단하는 실존적 자유가 공동체라는 상황 속에 있는 개인에게 있음을 지지한다는 것을 의미한다. 이것은 허무주의나 확신주의 같은 접근법으로 이어져서는 안 된다. 오히려 "사람들은 자신들의 상대성을 자신들의 모든 상대적 관점과 가치와 의무들이 거기에 종속되는 무한한 절대자에 대한 믿음과 함께 받아들일 수 있다." 그는 이런 생각을 다음과 같은 말로 심화시킨다. "믿음 안에서 동일한 예수를 바라보고 있는 모든 남자[혹은 여자]들은 자기에게 그리스도가 어떤 존재인지에 대해 진술할 것이다. 하지만 그들은 자신들의 그런 상대적인 진술을 절대적인 그리스도와 뒤섞지 않을 것이다." 우리의 소명은 그리스도가 성부께 그리고 성부가 성자께 보인 신실함을 보이는 것이다. 그 다음의 말들은 놀랍다. "이런 믿음이 이 사람과 이 사건을 통해 우리의 역사 안으로, 우리의 문화 안으로, 그리고 우리의 교회와 우리 인간의 공동체 안으로 도입되었다. 이 믿음은 그를 통해 우리 안에 야기되었기에 우리는 그것이 늘 거기에 있었다고, 그것이 없으면 우리는 결코 살아올 수 없었을 것이라고, 그리고 신실함은 모든 것의 도덕적 이유라고 여긴다." 그러나 니버가 믿음이라는 말로써 의미하는 것은 영감을 받아 쓰인 본문에 대한 믿음도, 정통 교회의 신조에 대한 믿음도 아니다. 그의 개념은 인간의 실존 전체에 스며들어 있는 하나님에 대한 인격적 믿음이다.[22]

그는 이 위대한 책을 다음과 같은 주장으로 마무리한다. "그것은 우리의 결정을 그리스도가 죽음에서 부활하셨고, 교회의 머리이실 뿐 아니라 세상의 구속주라는 사실에 비추어 내리는 것이다. 그것은 우리의 결정을 문화의 세계(인간의 성취)가 은혜의 세계(하나님 나라)안에 존재한다는 사실에 비추어 내리는 것이다." 이것은 우리가 카이퍼에게서 발견하는 그 어떤 것보다 훨씬 더 멀리 나아가는 주장이다. 하나님 나라는 하나님의 일반 은총과 인간의 성취의 결과가 되었다. 그것은 신실함이라는 도덕적 원리에 대한 보편적 계시를 시행하는 그리스도인의 실존적 결단과 행위가 되었다. 그러나 카이퍼의 경우에서처럼 니버에게서도 하나님 나라는 거의 전적으로 남자와 여자들이 공적 영역에서 공동선을 추구하면서 행하는 일들에 양도된다.

변혁적 접근법 안에서는 그리스도인이 **어떻게 해야 정치적 수단들—보다 시끌벅적한 것에서부터 보다 조용한 것에 이르기까지—을 통해 공적 영역에 가장 효과적으로 영향을 끼칠 수 있는지**에 관한 논쟁이 벌어진다. 그러나 이 모든 것 배후에는 하나님 나라 신학이 있고, 이때의 하나님 나라는 그리스도인 활동가들의 노력을 통해 사회와 문화 안에서 분명하게 드러나는 하나님의 우주적 통치로 이해된다.

그러나 20세기 중반에 이르러 무언가가 변화하기 시작했다. 그리고 그동안 논쟁의 여지가 없는 것으로 간주되어왔던 변혁적 접근법의 몇 가지 가정들이 크게 도전을 받고 때로는 그보다 훨씬 더 급진적인 접근법에 의해 폐기되었다. 그 접근법은 바로 해방신학이었다.

해방

20세기와 21세기에 하나님 나라 신학과 관련해 나타난 발전은 해방신학이 그런 고전적인 변혁 모델을 수정한 것이다. "변혁"이라는 단어는 이 새로운 운동이 염두에 두고 있는 것을 담아내기에는 너무 단조롭다. 그것이 염두에 두고 있는 변혁의 방식은 안에서 밖을 그리고 아래서 위를 향하는 급진적인 것이었다. 또한 그것이 염두에 두고 있는 해방은 경제적인 것, 즉 누가 권력을 갖고 있는지, 누가 돈을 갖고 있는지, 누가 권력과 돈을 가져야 하는지에 대한 것이었다. 지금 해방신학은 북아메리카와 유럽 기독교의 구석구석에서 눈에 띄지 않게, 그리고 지대한 영향을 가져올 의미들을 지닌 채 성장하고 있다. 또한 그것은 "하나님 나라"라는 단어의 의미 역시 혁명적으로 변화시키는 중이다.

어떤 이들은 "해방신학" 하면 오직 한 종류의 해방 즉 라틴 아메리카 사람들의 해방과 오직 한 사람의 신학자 즉 구스타보 구티에레즈만을 떠올린다.

하지만 여기서는 오늘날 우리가 하나님 나라 신학을 이해하는 방법과 관련해 몇몇 중요한 사상가들이 이룬 다양한 공헌들을 살펴봄으로써 해방신학이란 표현으로 다양한 형태의 해방신학을 포괄해보고자 한다. 앞으로 나는 사회복음의 창시자인 독일 출신의 침례교 신학자 월터 라우셴부쉬로부터 시작해서 독일의 신학자인 위르겐 몰트만을 살피고, 이어서 해방신학의 최고봉인 구스타보 구티에레즈를 살필 것이다. 하지만 이 신학은 구티에레즈에게서 끝나지 않는다. 오히려 그것은 다른 형태의 해방신학들을 낳았거나 표현했다. 예컨대, 로즈마리 래드포드 류터Rosemary Radford Ruether의 여성해방주의적 사상, 브라이언 블라운트Brian Blount의 아프리카계 미국인의 해방신학적 접근법 같은 것들이다. 오늘날 미국에 나타난 다양한 진보적 기독교 사상은—우리가 그것을 뉴욕에 있는 포담 대학교의 엘리자벳 존슨Elizabeth Johnson 같은 로마 가톨릭 신자에게서 발견하든, 아니면 브라이언 맥라렌Brian McLaren 같은 신흥 사상가에게서 발견하든 간에—통전적 구원에 대한 표현으로서의 정의와 평화가 그 핵심 가치인 해방신학의 반복 악절이다.

내가 그리고자 하는 지도의 형세는 이러하다. 구원에 대한 우리의 인식은 라우센부쉬에 의해 공적 영역에서의 사회적이고 조직적인 것으로 바뀐다. 몰트만으로부터 시작된 희망에 대한 새로운 인식은 모든 압제적인 세력으로부터의 해방으로서의 구원이라는 보다 광범위한 인식을 낳는다. 그리고 구티에레즈에서 우리는 해방과 구원과 하나님 나라가 의미하는 것에 대한 참된 마르크스주의의 공헌을 처음으로 발견한다. 거기서 새로운 구원은 자본주의의 권력에 맞서는 아래로부터의 사회적 혁명을 포함한다. 마지막으로 나는 하나님 나라 신학으로서의 해방신학이 여성들과 아프리카계 미국들에게 힘을 부여함으로써 그들이 불의로부터의 해방이라는 자신들의 필요를 충족하기 위해 예수의 복음으로 돌아서게 했던 방식을 간략하게 설명할 것이다. 이런 다양한 이야기들의 결과, 하나님 나라 신학의 초점은 하나님의 우주적 통치로서의 사회의 다양한 영역들에 대한 변혁으로부터 우리 시대의 압제받는 사람들의 사회적 해방과 권리 획득에 대한 구체적인 관심으로 이동하게 되었다. 이런 두 가지 주요한 사상적 흐름에 의해 형성된 하나님 나라 신학은 선한 사람들이 공적 영역에서 선한 일을 하는 것과 특히 자본주의와 식민주의라는 압제적이고 조직화된 세력에 맞서 불의를 철폐하고 정의를 세우고자 하는 행동주의적 노력의 결합이 되었다.

월터 라우센부쉬: 사회적 구원으로서의 구원 | 먼저 아버지의 영향 아래서, 그

리고 로체스터 신학교에서 신학적으로 양육된 독일 출신의 침례교 신학자 월터 라우센부쉬에 대해 살펴보자. 라우센부쉬는 학생 시절에 독일에서 배웠던 신학의 영향으로[23] 회심했다. 하지만 훗날 그는 이런 회심이 단지 개인적인 죄만이 아니라 조직적인 죄를 인식하는, 그리고 단지 개인적인 구원이 아니라 조직적인 구원도 목표로 하는 여행의 첫 번째 단계였음을 깨달았다. 전통적인 복음주의자였던 라우센부쉬를 사회복음의 창시자로 재탄생시키고 그에게 영감을 불어넣어 사회주의에 대한 이상적인 이해를 그의 신학—그것 자체가 사회주의에 대한 이상적 이해로부터 나온 것이다—에 적용하게 한 것은 뉴욕의 헬스키친 Hell's Kichen에 있는 세컨드저먼 침례교회서 수행했던 그의 목회 사역이었다. 이것은 목회 사역이 종종 신학과 제자도 양쪽 모두에 대한 가장 극적인 표현을 만들어낸다는 사실을 다시 한 번 예시해준다. 이 풋내기 라우센부쉬는 미국의 종교 지형에 그야말로 혜성처럼 나타났다. 그는 미국 기독교계 주류의 핵심을 형성하며 20세기의 상당 기간 동안 니버 형제를 비롯한 여러 신학자들에게 주목할 만한 영향을 끼쳤다. 오늘날 미국 기독교계 주류의 특징을 이루는 해방신학은 그 에너지를 라우센부쉬로부터 끌어왔다. 해방신학이 라우센부쉬에게서 죄와 구원 모두에 대한 심원하게 확대된 의미를 얻었기 때문이다. 죄는 개인적인 동시에 사회적이며, 구원 역시 개인적인 동시에 사회적이다.

라우센부쉬가 제시한 비전의 핵심은 예수의 가르침이 미국 사회에서 현실이 될 수 있다는 것이었다. 이 점에서 라우센부쉬는 변혁주의자처럼 보인다. 하지만 그의 비전은 경제, 정치, 교육 등 모든 것에 초점을 맞추었다. 그에게 이것은 하나님 나라를 위한 노력이었다. 따라서 우리는 라우센부쉬에게 하나님 나라는 예수의 사회적·도덕적 비전의 시행을 통해 변화된 세속적인 사회 현실이었다고 말할 수 있을 것이다. 그 무렵에 그가 사용했던 중요한 용어들은 그가 그리스도인의 전형적인 변혁주의적 접근법에서 발견했던 개인 구원과 개인적 영향력에 맞서는 것으로서 "사회적 기독교"social Christianity와 "사회복음"social gospel이었다. 그가 가난한 자들의 경제적 해방에 초점을 맞추면서 지향한 것은 그것보다 훨씬 더 큰 구조, 다른 용어로 말하자면 "사회 구원"social salvation이었다. 자신이 복음전도를 이해했던 방식을 알려주는 라우센부쉬의 유명한 말은 다음과 같다. 하나님 나라는 "개인들이 천국에 들어가는 문제가 아니라 이 세상에서의 삶을 변혁해 천국의 조화를 이루게 하는 것이다."[24] 라우센부쉬에게 개인의 구속은 사회적 구속의 일부였다. 하지만 후자가 동력이었다.

라우센부쉬는 사역 과정에서 많은 책을 저술했다. 그러나 아마도 그가 쓴 글 중 가장 인상적인 것은 1904년 「인디펜던트」Independent 에 기고했던 "새로운 복음전도"The New Evangelism일 것이다.[25] 그 기고문에서 라우센부쉬는 참된 복음전도는 단지 예수의 "원시적이고 부패하지 않고 여전히 지치지 않는 능력"에 대해서만이 아니라 또한 "우리 시대의 삶"에 대해서도 예민해져야 할 것이라고 거침없이 주장했다. 그는 시대가 변했으며 따라서 우리가 복음을 보다 포괄적으로 이해할 필요가 있다고 주장했다. "우리의 복음과 그 복음이 동일하다고 추정하는 것은 기독교적 겸손이 부족한 것이다." 그 복음은 살아 움직인다. 여기서 그는 교회 밖에 있는 하나님 나라에 대한 해방신학적 접근법의 특징을 이루는 어조를 슬쩍 드러낸다. "그것은 종교적 정신이 실패했기 때문이 아니다. 사실 그것은 놀라울 정도로 강력하게 움직이고 있다. 하지만 대개 그것은 교회 밖에서 움직인다." 어째서인가? 교회가 부적절하기 때문이다. "거기[사회]에서 제기되는 가장 절박한 질문들 중에는 하나의 몸으로서의 교회가 바보가 아니냐 하는 것이 들어 있다."

그의 이 고전적 에세이는 그가 쓴 두 권의 책 『기독교와 사회의 위기』 Christianity and the Social Crisis와 『사회복음을 위한 신학』 A Theology for the Social Gospel(명동 역간, 2012)에서 다시 전개되었다. 여기서 두 번째 책은 라우센부쉬의 비전에 대한 가장 완벽한 표현으로 간주된다. 이 책에서 그는 "물론 개인의 구원은 구원의 핵심적 일부다"라고 강조한다. 바로 이것이 라우센부쉬가 종종 "복음주의적 자유주의자"라고 불리는 이유다. 그러나 복음은 그보다 더 크고 구원 역시 그보다 더 크다. "만약 죄가 이기심이라면 구원은 인간을 자기로부터 하나님과 인류에게로 돌려놓는 변화여야 한다." 더 나아가 "그러므로 완전한 구원은 인간이 상호적 섬김을 추구하는 거룩한 유기체 안에서 자신의 몫을 감당하면서, 또 하나님의 영의 사랑스러운 강박에 순종하면서 자신의 삶을 동료 인간들의 삶과 조화시키고자 하는 사랑의 자세로 이루어질 것이다." 다음 인용구는 아마도 그가 한 말 중 가장 강력할 것이다. "구원은 영혼의 자발적인 사회화다." 라우센부쉬의 말 속에는 모종의 종말론이 작용하고 있는데 그것은 그로부터 50여 년 후에 위르겐 몰트만에게서 다시 뚜렷한 형태로 나타난다. 라우센부쉬가 한 말을 직접 들어보자. "원시 기독교에서 기대를 갖고 앞을 내다보는 것은 믿음의 특징이었다." 따라서 "이것[희망]은 사회복음에 의해 강조되는 믿음의 한 측면이다. 그것은 과거에 형성된 개념에 대한 지지라기보다는 다가오는 하나님의 구원에 대한 기대와 확신이다.…그 확신이란 이 세상은 좋은 세상이며 삶은 살아볼 만한 가치가 있다는 것이다. 이것은 아주 의로운 그리고 우애로 가득찬 사회질서의 실현 가능성을 주장하는 믿음이다.…이것은 세상 안에서 활동하시는 하나님을 보고 그분의 일에서 자신이 감당할 몫을 요구하는 믿음이다." 결국 "다른 것들이 동일하다면 연대적인 종교적 경험은 개인적인 종교적 경험보다 훨씬 더 분명하게 기독교적이다." 이 "연대"solidarity라는 인식은 라우센부쉬에게 핵심적이다. 그리고 나는 이 주제를 다음과 같은 그의 글로 마무리하고자 한다. "미래의 신자들은 그들로 하여금 하나님을 인식하게 해줄 '신 중심적 신비주의'뿐 아니라, 그들로 하여금 하나님 안에 있는 동료 인간들을 인식하게 해줄 '인간 중심적 신비주의' 역시 필요할 것이다."

이 책의 맥락에서 라우센부쉬의 근본적 중요성은—비록 그가 그렇게 한 최초의 사람은 아닐지라도[26]—그가 "하나님 나라"라는 표현을 다른 이들, 특히 가난하고 주변화된 사람들을 위해 공적 영적에서 행하는 사회적 행동과 연결시켰다는 점에 있다. 나중에 해방신학은 구원을 사회적인 것으로 만들면서 이런 기조를 더욱 강화하게 된다. 그러나 아마도 그보다 더 주목할 만한 현상은 현재 미국의 복음주의자 중점점 더 많은 이들이—그들이 라우센부쉬나 사회복음 운동에 대해 알든 모르든 상관없이—사회복음의 21세기 초기 버전을 형성해나가고 있다는 점이다. 초기부터 라우센부쉬가 개인 구원과 사회 구원을 결합시켰음을 감안해 복음전도와 사회복음이 양립할 수 있다는 주장이 제기되어왔다. 지금 나는 우리가 앞서 살펴보았던 팀 서틀을 염두에 두고 있다.[27] 존 알렉산더, 짐 월리스, 마크 하트필드, 샤론 갤러거, 사무엘 에스코바, 그리고 로날드 사이더 같은 기독교 활동가들은 사회복음에서 나온 통찰들을 다양한 수준에서 배우기도 하고 채택하기도 했다.[28]

그러나 사회복음에 대한 추구는, 반드시는 아니겠지만 거의 불가피하게 교회의 희생을 수반한다. 존 하워드 요더는 사회복음의 영향을 이런 말로 설명한 바 있다. "강조점은 계속해서 우리의 관심을 교회로부터 그리고 교회 안에서 진행되는 것으로부터 떼어내 하나님이, 만약 그렇게 하는 것이 필요하다면, 교회와 독립적으로 이 세상에서 사회의 구조와 그것의 진화 과정을 통해 해오고 계신 것이 무엇인지 식별하도록, 그래서 그분의 역사를 식별함으로써 교회가 그것을 환영하고 그것에 동조할 수 있도록 하는 것에 맞춰져 왔다."[29] 즉 세상을 교회로 부르는 대신—사실 그것이야말로 교회의 사명이다—세상이 교회를 권해 세상의 진보를 돕도록 만든다는 것이다.

위르겐 몰트만: 해방을 위한 세속적 희망으로서의 정치신학 | 위르겐 몰트만은 20세기 후반부터 21세기 초반에 이르기까지 왕성한 활동을 펼치고 있는 위대한 독일 신학자다.[30] 스코틀랜드에 있는 독일군 포로수용소에서 몰트만은 우리를 위해 고난받고 몸소 우리의 고통과 죄책과 수치 안으로 들어오시는 그리스도의 의미를 이해하며 신앙과 새로운 신학 모두를 위한 토대를 발견했다. 이런 통찰을 바탕으로 몰트만은 그의 책 『희망의 신학』*A Theology of Hope*(대한기독교서회 역간, 2002)에서 사회적 비전에 대한 강력한 표현을 만들어냈다. 몰트만은 유럽의 무신론 철학자 에른스트 블로흐Ernst Bloch, 1885-1977의 이론적 기초 위에서 다음 세 가지 싹을 틔워내어 그의 철학을 희망의 신학으로 변화시켰다. 첫

째, 하나님의 약속이라는 개념. 둘째, 고난당하는 자들과 세상을 위한 하나님의 약속으로서의 십자가에 달리신 그리스도의 부활. 셋째, 하나님 나라의 사명으로서의 인간의 역사(세상)에 대한 믿음. 비록 몰트만은 사회주의자이지만, 그의 핵심적 주장에서 우리는 구티에레즈에게서 발견되는 정도의 분명한 사회주의를 발견할 수는 없다. 우리는 그 라틴 아메리카 신학자에 대해 살피기에 앞서 이들 사이에 존재하는 중요한 차이에 주목해야 한다. 가난한 자들과 인간의 역사 속에서 진행되는 하나님의 계획 안에서 이루어지는 그들에 대한 차별적 우대에 의식적으로 동조하는 구티에레즈와 달리, 몰트만은 특권화된 권력의 입장에 서 있다. 몰트만은 이렇게 말할 수 있었다. "모든 종말론적 신학은 정치신학, 즉 사회적으로 비판적인 신학의 형태가 될 수밖에 없다." 현대의 정치신학을 연구하는 날카로운 학자 중 하나인 스웨덴의 아르네 라스무손Arne Rasmusson은 몰트만이 끼친 중요한 공헌을 "지난 30년 동안 급진적인 정치적 사상과 행위를 지배해왔던 사회적·정치적 운동들에 대해, 혹은 그런 것들에 공감하는 그리스도인들에 대해 기독교 신앙의 적실성을 보이고자 했던 그의 시도"라고 지적한다.[31] 그리고 아마도 더 중요하게, 라스무손은 "정치신학"이 몰트만의 모든 학문적 노력에 대해 갖는 의미를 다음과 같이 정의한다. "몰트만에 따르면 정치신학은 정치적인 것에 관한 신학이 아니다. 또한 그것은 신학을 정치화하려고 하지 않는다."[32] 그렇다면 정치신학의 목적은 무엇인가? 라스무손은 계속해서 이렇게 말한다. "오히려 그것의 목적은 신학을 **정치적 기능들에 비추어 전체적으로** 분석하고 재구성하는 것이다."

여러 가지 점에서 몰트만은 정치신학으로서의 해방신학의 중요성을 옹호하는 유럽의 대변인이 되었다. 그리고 그의 광범위한 영향력을 감안해 여기서는 몰트만이 교회의 의미에 대한 자신의 견해를 밝히느라 애썼던 1973년 방콕세계선교대회Bangkok World Mission Assembly의 선언문 중 몇 구절을 인용하려 한다. 나는 몇 개의 항목으로 이루어진 "분열된 인류 안에서의 구원과 사회정의"Salvation and Social Justice in a Divided Humanity라는 단락에 집중할 것이다. 그 단락의 첫 번째 항목은 "하나님의 선교"The Mission of God다. 이 항목은 하나님이 그리스도를 세상에 보내 사람들을 해방시키고 그들에게 능력을 부여해 "메시아적 사역"에 참여하게 하시는 것에 관한 내용으로 시작된다. 그리스도는 해방자다. "그분은 역사에서 필연성을 취하신다. 그분 안에서 하나님과 자유민의 나라가 임한다." 요컨대 그리스도는 해방시키는 구주시다. 또한 그분은 "이 분열된 삶 속으로 포괄적인 온전함을" 가져오신다. 해방신학의 흐름 안에서 발견되는 한 가지 지속적인 주제에 의지하면서 몰트만은 이렇게 말한다. "마귀가 개인의 삶과 인간을 낮추는 착취적인 사회 구조 안 모두에서 일하듯이, 하나님의 정의 역시 죄인에 대한 의인義認과 사회적이고 정치적인 정의正義 모두 안에서 그 모습을 드러낸다. 죄책이 개인적인 동시에 집단적이듯, 하나님의 해방시키시는 능력역시 개인들과 구조들 모두를 변화시킨다." 하나님의 사명은 이제 다음과 같은 모든 시대를 위한 거창한 사명 선언문fulsome statement이 된다. "그러므로 우리는 경제적 정의, 정치적 자유, 그리고 문화적 갱신을 위한 투쟁을 하나님의 선교를 통한 세상의 온전한 해방의 요소들로 여긴다." 우리가 여기서 보는 것에 유의하라. 변혁적 접근법이 하나님의 우주적 왕국을 강조하듯이, 해방신학 역시 그러하다. 하나님 나라의 우주적 의미는 해방으로서의 구원의 우주적 의미다. 내가 보기에 몰트만은 우리가 카이퍼에게서 보는 것보다 훨씬 더 경제에 초점을 맞추었으나 교회가 사회에 영향을 끼치는 방법에 관한 한 여전히 변혁적 모델에 훨씬 더 가깝다. 해방신학자들은 이미 신속하게 몰트만을 넘어서 나아가고 있었다. 그리고 그는 해방신학자들 사이에서 출현하고 있는 개념들과 보조를 맞추기 위해 애썼다.

다시 방콕세계선교대회의 선언문으로 돌아가보자. 두 번째 항목은 "교회와 그리스도인들의 구원과 해방"Salvation and Liberation of Churches and Christians에 관한 것으로서 부유하고 자본주의적인 사회가 그들 자신이 압제와 불의에 묶여 있음을 알아차리지 못하는 상태에 대해 언급하는 동시에 해방을 위한 마르크스주의적 접근법을 제안한다. "교회가 지배적인 계급, 인종, 그리고 나라들의 이익에 포로가 된 상태로부터 구원을 얻지 못한다면 구원하는 교회란 있을 수 없다." 따라서 교회는 모든 이들, 특히 가난한 이들과의 연대를 발전시켜야 하며 방콕 선언문에서와 같은 갈망을 드러내야 한다. "우리는 그리스도의 나라를 위해 일하고 고난당하는 그리스도의 참된 공동체를 추구한다." 교회는 선교적이 되어야 하며 "단순히 구원을 얻은 이들의 피난처가 아니라 그리스도의 사랑 안에서 세상을 섬기는 공동체가 되어야 한다."

세 번째 항목은 "구원의 네 가지 차원"Salvation in Four Dimensions에 대해 언급한다. 구원은 "인간의 인간에 대한 착취에 맞서 경제적 정의를 추구하는 분투 안에서" 나타난다. 나아가 "인간의 동료 인간에 대한 정치적 압제에 맞서 인간의 존엄을 지키기 위해" 그리고 "인간으로부터의 인간의 소외에 맞서 연대를 지키기 위해" 나타난다. 마지막으로 그것은 "개인의 삶 속에서 절망에 맞서는 희망의 투쟁 안에서" 나타난다. 이것은 추상적으로 들릴 수도 있다. 하지만 이 시의적절한 방록 선언문은 세계의 구체적인 상황을 염두에 두고 있었다. 그러기에 "구원은 베트남에서는 사람들의 평화, 앙골라에서는 독립, 북아일랜드에서는 정의와 화해, 그리고 북대서양 공동체에서는 권력의 압제에서의 해방이다. 혹은 궁핍한 사회에서 벗어나 희망을 갖거나 집단적인 이기심과 냉담함 가운데서 새로운 삶의 방식을 택하는 개인적인 변화다." 이런 투쟁이 세상에 영향을 끼치기 위해 택하는 적절한 수단에는 "정치권력"과 "문화적 영향력"을 사용하는 것이 포함된다. 그렇다면 폭력은 어떠한가? 선언문의 마지막 부분은 이 문제를 다룬다. "그러나 제도화된 폭력, 구조적인 불의, 합법적인 부도덕에 직면한 경우, 사랑은 또한 저항할 권리와 우리가 갖고 있는 가능성들 가운데서 책임 있는 선택을 통해 '폭정을 제압하는'[스코틀랜드 고백] 의무를 포함한다. 그럴 경우 우리는 사랑을 위해 죄책을 지게 될지도 모르지만, 죄책에 대한 용서를 믿을 수 있다. 구원을 위한 실제적인 일은 대결을 통해 진행되지만, 모든 곳에서 그리고 언제나 하나님과의 화해에 의존한다."

50년 남짓한 기간에 우리는 카이퍼와 라우셴부쉬를 훌쩍 넘어섰다. 몰트만과 함께 우리는 하나님의 사명이 구원이고, 해방이고, 하나님 나라(여기서 하나님 나라는 압제받는 자들의 사회적 해방이 되었다)이고, 압제적인 지배 권력에 대한 예언자적 비판이고, 사회정의와 사회의 평화에 대한 격렬한 추구임을 알게 되었다. 우리는 이런 논의에서 교회는 어디에 적합한지를 질문해야 한다. 몰트만은 거의 재세례파와 같은 말투로, 비록 그의 강조점이 특히 이 세상에서의 경제적 정의를 위한 투쟁에 맞춰지고는 있으나, 교회를 "대조 사회" 혹은 "다가오는 나라의 백성"이라고 부른다. 이것은 세상과 교회가 재세례파의 비전에서처럼 그렇게 산뜻하게 구별되어 있지 않음을 의미한다.[33] 우리는 몰트만에게 교회는 예수의 길, 즉 가난한 자들과 연대하고 불의를 제거하기 위해 사회 속에서 일하는 길을 따르기로 헌신한 자들의 교제라고 말하는 것이 옳을 것이다. 하나님의 사명은 온 세상을 해방시켜 자유, 정의, 평화에 이르게 하는 것이다. 그리고 교회의 과업은 이 세상에서 하나님의 그런 활동을 분별하고 그것에 협력하는 것이다.

몰트만의 이런 신학은 방콕 선언문의 구원론을 보여준다. 거기서 구원은 조직적 불의를 제거하고 조직적인 정의를 세우는 일에 의해 삼켜진 것처럼 보인다. 우리는 몰트만이 유대인들과 유대교를 이해하는 방식과 관련해 내비치는 보편구원론 안에서 이것을 엿볼 수 있다. "이스라엘[역사적 이스라엘과 오늘날의 이스라엘]과 교회는 역사 속에 존재하는 하나님 나라의 두 가지 서로 다른 형태다. 만약 그들이 세상 사람들에게 하나님의 오심에 대한 희망을 전하고자 한다면, 그들은 각자의 차이 속에서 서로를 인정해야 하고 또한 공통의 근거 안에서 서로를 존중해야 한다." 그가 1980년대에 이르러 말하듯이 "유대인들과 그리스도인들은 나름의 방식으로 주님의 증인들이다." 그러나 무엇에 대한 증인이란 말인가? 그들은 "메시아적 왕국에 대한 소망 안에서 묶여 있다."

아브라함 카이퍼 같은 보수적인 학자의 변혁적 모델조차 아주 분명하게 교회와 하나님 나라의 과격한 구별에 초점을 맞췄다. 그리고 하나님 나라는 인간 삶의 모든 영역에 대한 하나님의 우주적 통치가 되었다. 그러나 교회는 여전히 이 세상에서 이루어지는 하나님의 일의 중추부다. 해방신학자들은 그와 동일한 우주적 하나님 나라와 이 세상을 향한 하나님의 계획을 포착한다. 하지만 그들은 결과적으로 거기서 교회의 중심성을 벗겨내고 하나님 나라 신학을 공적 해방으로 바꾼다. 아마도 그런 일을 가장 강력하게 수행한 이는 라틴 아메리카의 신학자 구스타보 구티에레즈일 것이다. 그는 우리가 몰트만에게서 발견하는 것보다 훨씬 더 날카로운 마르크스주의의 면도날을 휘두른다. 구티에레즈에 이르면 니버와 북아메리카의 기독교 전통에서 그토록 소중히 여기던, 문화를 변혁하는 그리스도 모델은 파괴된다. 그리고 그 자리에서 우리는 마르크스주의적 해방신학의 해석학을 보게 된다.

구스타보 구티에레즈: 마르크스주의의 면도날 | 공적 영역에서의 하나님 나라를 위한 행동은 1971년에 아주 특별한 형태를 취했다. 그해에 페루의 신학자이자 사제인 구스타보 구티에레즈는 엄청난 영향력을 지닌 그의 책 『해방신학』*A Theology of Liberation*(분도출판사 역간, 2000)[34]을 통해 하나님 나라 신학에 라우센부쉬가 말했던 약자에 대한 경제적 온정주의 태도와, 몰트만이 주장했던 유럽 중심의 접근법 모두를 훨씬 뛰어넘는 "해방"이라는 주제를 도입했다. 구티에레즈와 더불어 모든 것이 변했다. 부유한 이들(실제로는 자비를 베풀 수 있는 백인 기득권층) 편의 가난한 자들에 대한 돌봄이라는 메시지 대신, 만인을 위한 정의와 평화를 추구하는 새로운 사회를 위해 기존의 권력들을 몰아냄으로써 부유한 자들(미국식 자본주의 제도 자체)에 맞서 일어서는 가난한 자들의 봉기라는 메시지가 나타났다.

구티에레즈에게 신학은 실천에 대한 "비판적 성찰"이지 단순히 텍스트를 통해 혹은 신학의 역사라는 토대 위에서 신학적으로 사유하는 것이 아니었다. 신학은 상황 속에서 그리고 상황을 위해서 행해진다.[35] 구티에레즈의 신학에서 작동하고 있는 요소들로는 사랑, 영성, 인류학, 교회의 삶은 물론이고 철학, 마르크스주의, 근본주의적 종말론 등도 있다. 또한 구티에레즈의 비전에는 의와 마르크스주의 경제이론의 가능성과 역사에 대한 그의 확신이 내재되어 있다. 구티에레즈에게 그리스도는 모든 해방의 기원이다. 그리스도는 우리를 죄(하나님과 타인들과의 교제 안에 생긴 틈)에서 해방시키고, 또한 자유의 삶(하나님과 타인들을 위한 사랑)으로 해방시킨다. 표면적 차원에서 구티에레즈는 카이퍼, 라우셴부쉬, 몰트만과 달라 보이지 않는다. 하지만 그가 말하는 해방은 주로 공적 영역에서 형성된다. 그 자신의 말처럼 "사회적 실천은 점차적으로 그것 자체가 그 안에서 그리스도인들이 다른 이들과 더불어 인간으로서 그들 자신의 운명과 역사의 주님에 대한 믿음의 삶을 이끌어가는 영역이 되어가고 있다." 이것은 선택 사항이나 부차적인 것이 아니다. 그가 말하듯이 여기서 우리는 **"기독교의 의미 그 자체"**를 다루고 있는 셈이다. 이 책의 주제와 관련해 그것의 함의는 분명하다. 해방은 하나님 나라의 일이다. 해방은 구원이다. 그리고 이것은 하나님 나라와 사회적 현실이 이 세상에서 하나님의 일을 위한 기본적인 공간임을 의미한다. "일하는 것과 이 세상을 변혁시키는 것은 인간이 되는 것이고 인간의 공동체를 세우는 것이다. 또한 그것은 구원하는 것이다." 여기서는 종말론 역시 분명하게 드러난다. "따라서 인간의 역사는 그리스도 안에서 하나님과 우리의 만남을 위한 공간이다." 요컨대, 불의로부터의 해방은 우리가 하나님을 만나고 하나님 나라 안으로 기울어지는 곳이다.

구원이자 하나님 나라이며 인간의 역사이자 진보로서의 해방은 구티에레즈의 해방의 비전에 대한 중요한 질문을 처음부터 불러일으킨다. **그렇다면 교회는 어떻게 되는 것인가?** 우리가 구티에레즈에게서 얻는 답은, 비록 그가 때때로 타격의 강도를 낮추기는 하지만, 교회를 과격하게 탈중심화시키는 것이다. 교회는 가난한 자들에 의한, 그리고 가난한 자들을 위한 정의와 평화와 힘을 위한 투쟁에 참여하도록 세상 속으로 소환된다. 그가 생각하는 교회의 역할은 그가 한 다음과 같은 말을 통해 분명하게 드러난다. 라틴 아메리카에서 "교회는 복음을 전하는 것을 통해 정치화되어야 한다." 이것은 참된 하나님 나라의 일이란 가난한 이들이 정의와 힘을 얻게 하기 위해 공적 영역에서 일하는 교인들을 통해 이루어지는 일이라고, 또한 그런 일이 일어나기 위해서는 자본가들의 권력이 분권화되어야 한다고 말하는 하나의 방법이다. 다시 말해 "구티에레즈는 교회의 사명을, 나아가 결과적으로 그것의 정체성 일부를 형성하는 책무를 세상에 부여한다."[36]

따라서 구원은 우리가 처한 상황에 따라 재정의되거나 확대된다. 내가 읽었던 보다 날카로운, 아마도 "입이 떡 벌어질 만큼"이라는 표현이 더 어울릴 문장들 중 일부는 푸에르토리코의 침례교인이었던 올랜도 코스타스Orlando Costas, 1942-1987의 것이다. 그는 이렇게 말했다.

인간의 삶에 위엄을 주고
공평한 경제적 관계를 촉진하고

개인들과 사람들 사이의 연대를 고무하는 모든 순간은
복음의 구원 능력의 현시로 간주될 수 있다.[37]

여기서 구원과 하나님 나라는 해방하고 구속하고 화해시키는 사회적 행동이다.

라틴 아메리카 해방신학의 상황화된 공간은 하나의 환경을 제공한다. 그리고 그 환경은 모든 신학과 모든 해방을 위한 공간이다. 구원과 하나님 나라는 관념들이 아니다. 오히려 그것들은 경제적 해방과 권한의 배분이empowerment 일어나는 구원을 필요로 하는 사람들과 관련이 있다. 자신의 권위 있는 작품을 발표했던 시기와 특히 그 이후의 시기에 구티에레즈는 모든 라틴 아메리카 해방신학이 취하게 될 특별한 형태는 물론 모든 형태의 해방들이 가진 공통점들에 대해 점점 더 깊이 의식하게 되었다. 그는 우리가 생각하는 대상이 남아프리카의 아프리카인들이든, 아프리카계 미국인들이든, 혹은 세계의 여성들이든 간에 그들 각각은 해방을 필요로 하는 또 다른 특별한 사람들을 보여준다고 보았다. 실제로 1977년에 미국의 가장 영향력 있는 아프리카계 미국인 신학자 중 하나인 제임스 콘James Cone과 해방신학자들이 멕시코시티에서 유명한 대결을 벌인 적이 있다. 그때 콘은 예언자적인 어조로 라틴 아메리카의 상황에서 흑인들이 겪고 있는 곤경에 주목해줄 것을 호소했다. 그가 던진 날카로운 질문은 이러했다. "당신들의 흑인 해방신학자들은 어디에 있는가?" 그때 그는 라틴 아메리카의 신학자들이 때로는 구조적으로 북미의 백인 신학자들과 유사하다고 주장한 것이다! 도라 에이스 발렌틴Dora Ace Valentin이 콘의 뒤를 이었다. 그녀는 인류의 절반이 여성임에도 여성 해방신학자들이 그 자리에 참석하지 않았다고 말하면서 모두를 압박했다. 몰트만과 구티에레즈 모두를 괴롭혔던 그녀의 질문은 이러했다. "여성 해방신학자들은 어디에 있는가?"[38]

따라서 구티에레즈가 처음 시작한 일은 완전하지 않았다. 그는 자신이 내놓은 제안들의 영적 차원과 지역적 차원들 모두를 계속해서 발전시켜 나갔다.[39] 그 상황에서 문제가 되는 것은 이런 해방신학적 제안들 안에서 "하나님 나라"라는 용어가 점점 더 "해방" 혹은 "구원" 같은 단어들과 연결되었고, 그런 일들이 주로 공적 영역에서 그리고 경제적·사회적·문화적·국가적 차원에서 일어나는 것으로 이해되었다는 점이다. 그리고 그 속에서 개인 구원의 필요와 교회의 자리는 점차적으로 축소되었다. 하나님 나라에 대한 우주적 인식은 점차적으로 경제적 혹은 정치적 이론들에 의해 소멸되었다.

브라이언 블라운트: 아프리카계 미국인의 현실 | 해방신학의 표현들이 아무리 다양할지라도 모든 해방신학은 다름 아닌 경험에서 출발한다. 단순히 모든 경험이나 심지어 종교적 경험에서 출발하는 것이 아니라 억압과 빈곤이라는 상황에서 출발한다. 해방신학은 억압과 빈곤이라는 상황에서 그런 상황을 염두에 두고 성서를 읽으며 신학하는 법을 습득한다. 그로 인해 우리는 해방신학과 관련해 새로운 획을 그은 구티에레즈의 책에 대한 이 간략한 고찰 과정에서 해방신학이 그것의 "정보 수집" 대상의 일부로서 가난한 자들과 그 가난한 자들 가운데 있는 목회자 및 신학자의 실천을 포함한다는 사실을 보았다. 이러한 실천과 신학의 연결을 위해서는 또 다른 연결 고리가 필요하다. 이런 압제적인

상황에서 발전된 신학은 그 근본적인 주제가 해방이나 자유로 귀결되는 하나님 나라 신학이다. 모든 종류의 해방신학은 서로 다른 일련의 결핍 상황과 더불어 시작되지만, 모든 해방신학은 결국 거기서 시작된다. 또한 우리는 서로 다른 발생 과정을 지닌 상황들에서 해방을 옹호하는 이들—예컨대, 비록 동정적인 자세를 견지하지만 여전히 유럽의 대학교수직에 안락하게 머무는 몰트만 같은 이들—이 압제당하는 자들에게서 듣는 법을 배우고, 압제당하는 자들을 대신해 그들을 위한 신학을 하고, 또한 이어서 그 상황에서 벗어나는 법을 배우고 있다고 덧붙여 말할 수 있다. 미국이나 미국의 교회들도 마틴 루터 킹Martin Luther King Jr., 1929-1968의 사회적 해방신학이 없었다면 지금과 동일한 상황을 맞이하지는 못했을 것이다. 하지만 여기서 나는 특히 아프리카계 미국인들이 주도한 해방신학의 두 번째 세대에 대해 살펴보고자 한다.

브라이언 블라운트는 신약학을 전공한 아프리카계 미국인 해방신학자다. 그는 버지니아 주 뉴포트뉴스에 있는 장로교회 목사였고 프린스턴 신학교의 교수였으며 지금은 버지니아 주 리치몬드에 있는 유니언 장로교신학교의 총장으로 있다. 아프리카계 미국인의 해방신학적 해석학의 렌즈를 통해 본 신약의 윤리학에 관한 중요한 연구서인 『그때 휘파람 소리가 육신을 입었다』Then the Whisper Put on Flesh[40]는 다음과 같은 익숙한 주제에 관한 진술로 시작된다. "우리의 상황이 우리가 성서의 자료에 대해 제기하는 질문들의 종류를 결정한다." 그의 상황은 아프리카계 미국인의 상황이다. 나의 상황은 백인 특권층(대개 눈에 보이지 않는다)[41]의 상황이다. 그는 소수자이기에 눈에 띄지 않는다. 하지만 그의 해석학은 아프리카계 미국인을 눈에 띄게 만든다. 더 나아가 그가 자신의 상황에서 성서를 읽으며 취하는 자의식적인 태도는 권력의 자리에 있는 이들을 편견을 가진 자들로 몰아세우며 공박한다. 반면에 권력의 자리에 있는 이들은 자신들 역시 어떤 특정한 상황에서—이 경우에 그 상황은 오직 권력이라는 상황이다—성서를 읽는다는 사실을 깨닫는 데까지 나아가지 못한다. 요컨대, 하나님의 말씀이라는 휘파람 소리는 구체적인 상황 속에서 육신을 입는다. 그렇기 때문에 우리는 우리 자신의 상황에 대해 민감해질 필요가 있다.

상황에 대해 언급하면서 블라운트는 제임스 콘과 같은 방식으로 백인 특권층을 직접 겨냥해 이렇게 말한다. "그런 인정을 받는 [혹은 권력을 누리는] 지위는 유럽과 미국의 학자, 사역자, 그리고 평신도들 집단에 속해 있다. 그들은 오랜 세월 동안 자신들의 경제적·학문적·종교적 지배 그리고 정치적 지배를 통해 자신들의 경험을 바탕으로 읽는 성서가 올바르게 읽는 성서라는 환상을 만들어냈다." 다시 말해—이것은 중요하다—신학이 사용하는 방법들이 성서를 읽는 기존의 방식들에서 나왔다는 것이다. 우리는 신학적 방법들이 우리로 하여금 우리의 위치를 뛰어넘게 하리라고 생각할지 모른다. 하지만 방법들 그 자체가 우리의 상황에서 나오며, 더 나아가 그 상황을 지지하고 지탱한다. 우리의 성서 연구에서 사용되는 방법은 주로 백인 특권층에 의해 개발된 것들이다. 그래서 블라운트에 따르면 "그 휘파람 소리는 백인의 육신을 입었다." 그가 묻는다. 그 휘파람 소리가 "유색인의 육신"을 입으면 어떤 일이 벌어질까? 블라운트가 자신의 여러 책과 강연에서 하고 있는 일이 바로 그것이다. 블라운트는 아프리카계 미국인 노예들과 더불어 시작할 것을 제안한다. 아프리카계 미국인들의 상황은 그들이 새로운 세계와 그들에 대한 압제와 맞서 싸우는 법을 배웠을 때 해방신학이라는 렌즈의 발전으로 이어졌고, 그로 인해 아프리카계 미국인 해방신학African American liberation theology이 나타났다. 그들이 약 3천여 년 전에 있었던 출애굽을 다시 경험했을 때 "이스라엘의 신화가 그들의 신화가 되었다." 그로 인한 결과는 부정할 수 없는 것이었다. "갑자기 예수는 자유, 즉 사회적인 그리고 정치적인 자유를 의미하게 되었다."

우리 중 많은 이들이 지나친 것으로 여기며 놀라지만 블라운트만큼이나 구티에레즈의 사상의 특징을 이루는 것은 해방이 정경 속의 정경이 되어버렸다는 사실이다. "본문이 해방과 긴밀하게 연관되지 않는 곳에서 그 본문은 그것을 작성한 인간의 연약함 때문에 도전을 받아야 하고, 만약 필요하다면 그것이 지지하고 있다고 추정되는 노예제도만큼이나 저항에 직면해야 한다." 제임스 콘 역시 동일한 주장을 한다.

나는 성서를 나의 신학적 성찰의 중요한 자료로 여길 것이나 출발점으로 여기지는 않을 것이다. 흑인으로서의 나의 경험과 성서가 변증법적 긴장 속에서 하나가 되어 오늘과 어제의 나의 출발점 역할을 한다. 그 순서가 중요하다. 내가 흑인이라는 것이 먼저다. 그리고 다른 모든 것은 그 뒤를 잇는다. 이것은 내가 성서를 객관적인 하나님의 말씀으로서가 아니라 흑인의 투쟁 전통이라는 렌즈를 통해 읽는다는 것을 의미한다. 따라서 성서는 다른 중요한 증거들과 함께 인간의 역사 속에 능력 있게 임재하시는 하나님에 대한 하나의 증언인 셈이다.[42]

하지만 콘이나 블라운트가 해방을 성서와 성서 해석자들에게 맞서게 할 때, 우리가 콘과 블라운트를 간단하게 일축할 수 있다고 생각하지 말라. 성서 본문 자체는 우리가 부정의와 압제에 반대하시는 하나님을 만나도록 돕는 것을 부정하지 않으면서도 우리의 압제에 대해서는 확실하게 등을 돌린다. 성서를 이런 식으로 읽는 것은 권력의 자리에 있는 자들에 대한 저항의 문화를 만들어낸다. 왜냐하면 블라운트가 확언하듯이 "이 렌즈는 성서 이야기 자체 안에 이미 존재하기 때문이다."

블라운트에게 이런 해방신학은 곧 하나님 나라 신학이다. "따라서 신약성서의 윤리학, 적어도 공관복음의 견해는 묵시적이고 미래적인 하나님 나라의 윤리학이다." 그것은 예수와 더불어 시작되는데 다음과 같은 질문을 불러일으킨다. "하지만 그는 현재와 현재에 살고 있는 모든 이들을, 압제당하는 자들의 해방을 예시하고 고무하는 역사적 변혁을 향해 이끌어가는 미래의 하나님 나라의 대표자인가? 나의 답은 '그렇다'이다." 하나님 나라는 해방이고 구원이며 정치적 해방이자 사회적인 해방이다. 다시 말해—그리고 이 모든 말들은 블라운트 자신에 의해 다음과 같이 굵은 글씨로 쓰였다. **"해방이라는 이 렌즈는…공관복음의 본문들 안에서 하나님 나라라는 상징적인 표상과 함축을 통해 존재한다."** 그는 마가복음에서는 경계를 허문다는 개념을 통해서, 마태복음에서는 "가시적 제도"를 해방시키는 윤리를 통해서, 그리고 누가복음에서는 반전의 윤리를 통해서 하나님 나라의 해방 윤리를 설명한다. 또 그는 요한복음은 적극적인 저항을 제안한다고 주장한다.

엘리자베트 몰트만 벤델: 여성주의 해방신학 | 우리가 여기서 여성주의 해방신학의 스펙트럼 전체를 살필 수는 없다.[43] 대신에 나는 아주 유명한 여

성신학자의 깨우침에 관한 이야기를 해볼 생각이다. 그녀의 이름은 엘리자베트 몰트만 벤델Elisabeth Moltmann-Wendel이다.[44] 엘리자베트의 이야기는 제2차 세계대전 후 서독에서 해방신학이 출현하는 과정에서 보수적인 독일 신학계 안에서 자기 목소리를 냈던 동독 출신의 독일 신학자에 관한 이야기다. 그녀 자신의 말처럼 "갑자기 나는 흑인들, 라틴 아메리카의 그리스도인들, 학생들, 소수자들, 그리고 세계 전역에서 권리 없이 살아가는 이들에게 영향을 주고 있던 격변 속으로 빨려 들어갔다. 나는 그들을 **위해** 발언할 필요가 없었다. 나는 **내 자신**에 관해 말할 수 있었다." 그 시절에 독일 교회 안에서 허용된 목소리는 남자들의 목소리였다. 그리고 그것은 분명히 비인격적인 것이었다.

그녀가 보기에 교회는 문젯거리였다. 비록 10대 시절에 가정에서 성서공부를 하면서 혁명적인 사고의 가능성들을 포착했을지라도 그러했다. 그녀는 이렇게 말한다. "우리는 늘 정의보다 질서를 원했던 국가에서, 하나님 나라를 결코 원하지 않았던 교회에서, 결코 그 나라가 될 수 없었던 사회에서 살고 있다." 그녀가 말하듯이 "내 혁명은 미국의 페미니즘 저술가이자 활동가인 케이트 밀렛Kate Millett이 아니라, 미국의 페미니즘 여성 철학자 메리 데일리Mary Daly와 더불어 시작되었다. 그리고 그것은 혁명이 사회와 더불어 시작되어야 한다는 것을 의미했다." 대학생 시절에조차 그녀는 공적 영역에서 후퇴하는 자들은 자기에게 어떤 호소력도 갖지 못했다고 고백한다. "나의 욕구는 거의 그것과 정반대였다. 신학은 정치까지 확대되어야 했다." 그러나 몰트만-벤델은 가족의 삶에서 너무도 자주 나타나는 긴장을 경험했다. 그녀의 남편인 위르겐 몰트만이 유명해져서 점점 더 자주 집을 비우게 되었을 때 그녀의 결혼생활에 긴장이 발생했다. "그가 가족을 돌보는 일보다 자신의 선교 사역을 우선시했기 때문이었다." 엘리자베트의 신학적 비전은 수많은 해방신학자들과 여성신학자들의 그것이었다. "그것은 더 이상 전통적인 독일이 가르치던 바울 계열의 그리스도, 즉 십자가에 달리셨다가 부활하신 그리스도가 아니라…갇힌 자에게 자유를 선포하고, 가난한 자들에게 복음을 약속하고, 얻어맞은 자들을 치유하는 누가복음 4장의 예수였다."

여기서 그녀의 이야기를 모두 다룰 수는 없다. 하지만 엘레자벳 몰트만-벤델이 제시한 여성신학의 핵심은 한 사람의 여성으로서 그리고 다른 여성들과의 교제 안에서—그것은 한 사람이 다른 사람에게 프로젝트에 대해 쓰고 말하는 형태의 교제인데, 그녀는 거기서 다른 여성들 및 다른 해방의 목소리들과 기반을 공유할 수 있었다—성서 읽기를 20세기와 21세기에 "여성"이 의미하는 것에 대한 발견과 결합시키는 것이다. 그녀에게 하나님 나라 신학은 남성이 주도하는 문화의 조직적인 압제에서 해방된 사회 및 교제에 대한 비전이며 또 그런 문화를 정당화하는 신학이다. 이것은 변화된 교회 안에서 명확하게 드러날 수 있다. "여성을 위한 희망으로서의 교회, 여성의 자기 발견 과정을 위한 장소로서의 교회, 그리고 이어서 그것을 통해 교회가 변화된다." 그녀의 해방 작업은 집에서 그녀의 남편 위르겐과 더불어 시작되었다. 이것은 그들 부부의 경험에서 가장 기억할 만한 대목들 중 일부였다. "열린 교제를 위한 준비가 되어 있는 형제가 태어나기 위해서는 그 남자 안에 있는 주인이 죽어야 한다. 남자들이, 마리아가 예수의 발치에 앉았던 것처럼 여자들의 발치에 앉아 여자들의 말을 듣는 법을 배우는 것이 중요해질 것이다."

　때때로 여성주의 해방신학은 전면적인 혁명이다. 아마도 그것은 칭
의교리—그것은 우리에게 모든 독일의 프로테스탄트 신학의 핵심을
상기시킨다—를 재구성하는 엘리자베트의 일기 한 대목에서 가장 잘
드러나는 듯하다.

　　아마도 최고의 것은 여성주의 칭의교리를 발견한 것이 될 것이다.
　　나는 선하다—
　　나는 온전하다—
　　나는 아름답다.
　　위르겐은 그것을 이해했다. 지역봉사대회에서 사람들은 그것에 귀를
　　기울였다. 그것은 독일 중부 니더작센 주의 도시 브라운슈바이크와 독
　　일 남부 지역의 진델핑겐에 살던 어떤 이들을 크게 놀랐게 했다. 내가
　　그것을 보다 분명히 할 수 있을지는 아직 지켜봐야 한다.

　여기서 중요한 것은 그녀가 한 명의 여성으로서 자신에 대한 하나
님의 무조건적인 사랑을 발견한 것과 그녀가 남자의 별 볼 일 없는 장
식물이 아니라 하나님 나라의 해방에 메시지를 전할 수 있는 그리스도
인 여성 운동가가 되었다는 사실이다.

지금 우리는 어디에 있는가

하나님 나라에 대한 이와 같은 해방신학적 접근법은 다양한 상황 속에

서 압제당하고 있는 이들의 해방을 통한 사회적 정의와 평화에 초점을 맞춘다. 내가 생각하기에 이런 흐름은 이미 강독을 넘어서 그리스도인의 삶을 이해하기 위한 고도로 정치화된 틀을 갖고서 미국의 교회 안으로 흘러들어오고 있다. 오늘날에는 점점 더 많은 사람들이 그리스도인의 소명이 근본적으로 가난한 자들의 구조와 압제당하는 자들의 해방과 관련되어 있으며, 또 이것이 그 기본적인 에너지가 주로 정치력과 사회적 행동에 맞춰지는 공적 영역에서 이루어진다고 이해하게 되었다. 백인 복음주의자들 중 점점 더 많은 이들이 이런 비전에 사로잡히고 있다. 또한 그들은 해방에 대한 몰트만적 해석에 여성주의적 해방신학과 아프리카계 미국인의 해방신학적 관심이라는 색조를 제공하는 경향을 보인다. 나는 이 흐름이, 만약 그것이 강독 안에 머문다면 교회와 사회에 많은 것을 제공하리라고 생각한다. 하지만 만약 그것이 고삐가 풀려 제멋대로 돌아다닌다면 다른 물줄기들을 덮쳐서 하나님 나라를 고작해야 하나님 나라의 복음이 결여된 정치적 행동의 영역으로 식민지화시킬 것이며, 그로 인해 교회가 이 세상 안에서 갖는 소명을 빼앗아갈 것이다.

그러나 나는 이런 비판적 시각을 좀 더 날카롭게 할 필요가 있다. 그동안 해방신학의 하나님 나라 신학은 복음주의자들의 여러 블록들(종종 젊은 층의 블록들)을 포함해 급격하게 증가하고 있는 진보적인 그리스도인들에 의해 수용되어왔다. 그리고 이제 그것은 대다수의 사람들에게 하나님 나라에 대한 기본적인 정의가 되었다. 기독학생회IVF의 스태프이자 성공회 집사인 티쉬 해리슨 워렌Tish Harrison Warren은 그녀의 블로그인 「더 웰」The Well에서 오늘날 많은 이들이 갖고 있는 하나님 나라의 비전을 이렇게 설명한다.

나는 무소유 공동체 심플웨이의 설립자인 쉐인 클레어본Shane Claiborne, 1975- 의 세대다. 그리고 내 이야기는 수많은 젊은 복음주의자들의 이야기다. 나는 비교적 부유한 복음주의 가정에서 어느 정도 유복하게 성장했다. 내가 어렸을 적에 예수는 내 마음과 상상력을 사로잡았다. 나는 "예수라면 어떻게 하실까"What Would Jesus Do?라는 약어 WWJD가 적힌 팔찌를 차고 무대 리허설 전에 친구들과 함께 기도를 드리는 소녀였다. 그러나 머지않아 나는 복음이 인종적 화해와 빈곤에 어떻게 영향을 주는지에 대해 질문하기 시작했다. 나는 영혼 구원과 널리 존경받는 텍사스 출신 공화당원이 되는 것에 초점을 맞추는 안락한 기독교 이상의 무언가를 갈망하기 시작했다.

나는 대학에 들어간 후에도 질문을 그치지 않았고, 20대 시절을 마르크스와 성 프란체스코를 읽고 CCM 가수인 리치 멀린스Rich Mullins, 1955-1997, 로날드 사이더, 토니 캠폴로 등이 한 일을 추종하며 신수도원주의(비록 그것이 그런 이름으로 불리지는 않았으나)에 관해 배우고, 미국의 가톨릭 평화주의자인 피터 모린Peter Maurin, 1877-1949과 도로시 데이Dorothy Day, 1897-1980와의 사랑에 빠지면서 보냈다. 대학 졸업반 때 나는 아메리카 학교the School of the Americas(중남미 후진국들에게 민주주의와 인권을 전파한다는 미명 아래 그 나라 군인들을 데려와 학살과 고문하는 방법을 가르치고 테러리즘을 양산했던 학교—역자 주)에 반대하는 일에 동참하도록 내가 아는 모든 이들을 내가 속한 큰 규모의 학생 복음주의 모임에 초대하기도 했다.

나는 두 개의 서로 다른 국제적인 기독교 공동체에서 집 없는 10대들과 어울리면서, 그리고 "지구의 쓰레기"Scum of the Earth라고 불리던 (실제로 그렇게 불렸다!) 교회에 다니면서 얼마간 시간을 보냈다. 나는 사람들에게 옷 보따리를 전하고 맨발로 다니면서 "이 작은 자" 가운데 있기를 원했다. 어느 기독교 공동체의 모임에서 나는 옥수수 밭에서 잠을 자고, 재래식 화장실을 사용하고, 스스로 세제를 만들어 사용하는 법을 배우고, 미위다웃유mewithoutYou(필라델피아 출신의 밴드 이름—역자주)의 음악을 들으며 기독교적 무정부주의에 대해 토론을 하면서 일주일을 보내기도 했다.

그리고 이제 나는 두 아이를 가진 30대 주부로서 다소 평범한 삶을 살아가고 있다. 그리고 지금은 한 살과 두 살짜리 아이들과 함께 하루 종일 집안에 있는 것이 전쟁으로 파괴된 아프리카의 어느 마을에 있는 것보다 훨씬 더 두렵고 고된 일이라는 것을 서서히 깨달아가고 있는 중이다.[45]

그녀의 이야기는 오늘날 많은 이들의 전형적인 이야기다. 개인적인 영적 복음에서 사회복음으로, 그리고 이어서…그 다음에는 무엇이 올까? 바로 이것이 이 책이 쓰인 이유다.

오늘날 하나님 나라의 신학은 대개 압제당하는 자들과 가난한 자들과 주변화된 자들을 대신해 백인들이 설명하는 해방신학이 되는 경향을 보이는데, 어쨌거나 그들은 자주 백인들이 제공하는 것 너머로 움직여왔다. 변혁적 접근법은 성서가 말하는 현실 곧 하나님의 우주적 통치를 가리켰다. 월터 라우센부쉬는 구원을 사회적인 것으로 확대했던 사람들을 대표한다. 해방신학은 구원을 거의 전적으로 사회적인 것으로 만들었다. 이것은 미끄러운 경사면도 아니고, "물에 빠진 사람을 건져줬더니 보따리 내놓으라고 한다"는 속담 같은 상황도 아니다. 사회적인 것은 하나님 나라에 대한 성서의 의미와 관련해 아주 중요하다. 그러나 오늘날 구원의 사회적 차원은 하나님 나라에 관한 여러 방식의 사고 안에서 전제적專制的인 권력이 되었다. 진보적인 하나님 나라 신학은 너무 자주 과거의 불의에 대해 보상하는 것을 신학적 틀로 갖고 있는 이들이 내세우는 무기력한 신학이 되고 말았다. 그런 신학은 고작해야 사악한 역사에 대한 죄의식을 달래기 위한 미약한 시도에 불과한 무언가에 구원론을 살짝 얹어놓은 진보적인 서구 자유주의와 정치학의 허수아비 춤에 지나지 않는다. 오늘날 많은 복음주의자들과 진보주의자들은 자기들이 세상을 변화시키고, 중요한 존재가 되고, 무언가 중요한 일을 할 가능성에 대해 흥분하고 있다. 그러나 나는 이런 운동이 할 수 있고 실제로 하고 있는 모든 "선한 일들"에도 불구하고, 그것이 결국은 피상적인 복음과 성서가 말하는 하나님 나라에 대한 서투른 이해를 감추기 위한, 주로 수치에 기반을 둔 운동a shame-based movement에 불과하다고 주장하고자 한다. 이는 매우 중요한 사항이다. 때때로 우리는 오늘날 많은 이들에게 하나님 나라 신학이 대부분의 다른 관찰자들에게는 그저 고상한 이들이 공동선을 위해 행하는 선한 행동들에 세례를 주기 위해 사용되는 종교적 언어에 불과한 것이 아닐까 하는 의구심을 갖는다. 그렇다면 하나님 나라에 관한 말은 전적으로 세속적인 무언가를 다소 성스러운 것으로 만들기 위한 시도인가?

우리는 우리의 기독교 문화 안에서 지금 벌어지고 있는 일을 직시해야 한다. 해방신학적 접근법은 이 세상의 제도 안에서 작동하고 있는 불의를 제거하기 위해 애쓰는 과정에서 분명하게 교회를 탈중심화시키고 있다. 매우 아이러니컬하게도 변혁적 접근법을 옹호하는 많은 이들은 그리스도인들을 하나둘씩 교회로부터 빼내 공적 영역에서 하나님 나라의 일을 하도록 이끌고 있는데, 그것은 그런 접근법이 거듭해서 하나님 나라를 교회보다 큰 것으로 여기기 때문이다. 그 신학의 틀을 형성하는 이야기framing story는 하나님 나라가 우주적이며 이 세상에서 하나님의 우주적 통치에 대해 말한다는 것이다. 그러하기에 우리는 하나님 나라의 일을 할 수 있으며 교회와는 아무런 상관없이 그럴 수 있다는 것이다. 다시 말해, 하나님 나라의 일은 그리스도인들이 공적 영역에서 행하는 선한 일이 되고, 교회의 일은 그리스도인들이 교회라는 경계 안에서 행하는 일이 된다. 이 책『하나님 나라의 비밀』은 공적 영역이 아니라 교회에 뿌리를 둔 하나님 나라 신학을 재구성하기 위한 시도다.

시험 문제

내가 여러 해에 걸쳐 하나님 나라 신학에 관해 말해오는 동안, 어떤 사람이 어느 입장에 있는지 알고자 하거나 어떤 학생으로 하여금 그가 하나님 나라의 문제와 관련해 어디쯤에 서 있는지에 대해 보다 정확하게 생각해보도록 이끌고자 할 때 던지는 질문이 하나 있다. 그 질문은 이것이다. **간디는 하나님 나라의 일을 했는가?**

　문화를 변혁하는 그리스도식 접근법의 경우, 그 질문에 대한 답은 모호하게 "비슷하기는 하나 실제로는 아니다"에서 "아니다"에 이르는 스펙트럼 위의 어느 지점에 있다. 간디가 한 일은 하나님의 교회가 하도록 부르심을 받은 일과 유사하기에, 또한 그가 한 일은 선하고 정당하기에…또는 이런저런 다른 이유들로 인해 변혁적 접근법을 택한 많은 이들에게, 간디는 비록 그리스도인이 아닌 것이 분명하더라도 어떤 의미에서 하나님 나라의 일을 한 셈이다. 해방신학적 접근법의 경우에는 이렇게 답할 것이다. "그렇다. 간디가 수행한 평화의 일은 하나님 나라의 일이다. 간디는 하나님의 뜻을 행했기 때문이다." 정의와 평화를 세우는 그 어떤 이도 그의 신앙의 여하와 상관없이 하나님 나라의 일을 하는 셈이다. 하지만 나는 그 질문에 이렇게 답한다. "아니다. 오직 하나님 나라의 백성만이 하나님 나라의 일을 한다. 간디는 하나님 나라의 백성이 아니므로 그는 하나님 나라의 일을 하지 않았다."

/ 감사의 글 /

노던 신학교의 앨리스테어 브라운 총장님, 두 분의 학과장인 카렌 워커-프리버그와 블레이크 월터, 나의 동료들인 데이빗 핏치, 케리스 피노들링, 봅 프라이스, 마이클 퀴케, 크라우드 마리오티니, 샘 햄스트라에게 감사한다. 그리고 2013년 겨울에 내가 진행한 하나님 나라에 관한 수업에 참여했던 학생들에게 감사한다. 그들은 공동선을 위해 공적 영역에서 행해지는 행동들과 관련한 언급이 있는지 살피기 위해 신약성서에 나오는 하나님 나라와 관련된 각각의 언급들을 꼼꼼하게 살폈다. 또한 하나님 나라의 의미를 탐색하기 위해 노던 신학교에서 내가 진행했던 예수와 관련된 수업에 참여했던 이들에게도 감사한다.

마크 티센 네이션은 이 원고의 가장 초기 원본에 대해 포괄적인 논평을 해주었다. 당시에는 그가 해야 할 일의 범위가 거의 보이지 않을 정도였다. 하나님 나라에 대한 바르트의 견해로 내 귀를 가득 채워주었던 데이빗 맥그레거와 타볼 아델라이데에게 감사한다. 몇 가지 논문들의 복사본을 제공해준 크리스 라이트에게 감사한다. 조쉬 그레이브와 조녀선 스토먼트는 나에게 다시금 공부할 필요가 있는 몇 가지 개념들에 대해 지적해주었다. 내 강의에 대해 피드백을 보내준 그리스도 교회의 젊은 사역자와 지도자들에게 감사한다. 2012년 9월에 열린 통합 학술대회에 감사한다. 그때 나는 브라이언 잔드로부터 미주리 주 세인트 조셉에서 열린 신앙과 문화 대회에서 강연해달라는 친절한 초대를 받았다. 톰 라이트가 논찬자로 참여했던 시카고에서 열린 워드 메이드 프레쉬 강연에 특히 감사한다. 토마스 오드와 돈 토르센에게 감사한다. 또한 매년 윌로우 크릭 커뮤니티 교회에서 열리는 파트너링 투 프리베일 대회에 참석한 세계의 여러 지도자들에게 연설하도록 초대해준 게리 쉬왐라인에게 감사한다. 2013년 휘튼 칼리지 신학대회에서 하나님 나라와 정치에 관해 연설하도록 초대해준 제프 그린맨에게 감사한다. 버지니아 주 알링톤에서 열린 제1회 미주리 연합대회에서 이런 주제들에 대해 연설하도록 초대해준 크리스 백커와 J. R. 로즈코에게 감사한다. 유사한 초대를 해준, 교회 개척자들의 에클레시아 네트웍에 감사한다. 2013년 여름에 나를 환대해주고 대화를 나눴던 리젠트 칼리지의 켄과 조안 브라운, 루이스 가족, 월트케 가족, 휴스톤 가족, 그린맨 가족, 조너선 윌슨에게 감사한다. 서미트 강연을 하도록 초대해준 애빌레인 크리스천 대학교의 여러 관계자들에게, 그리고 랜디 해리스, 짐 마틴, 마이크 코프를 포함해 나와 교제했던 학생들과 교수진에게 감사한다. 이 원고가 거의 완성되었을 때, 나는 마이크 그렌을 통해 브렌트우드 침례교회에서 여러 지도자들에게 연설할 기회를 얻었다. 나는 그 자리에 참석했던 이들과 다른 모든 이들이 하나님 나라와 교회와 관련해 나와 대화를 나눠준 것에 대해 감사한다. 잉그리드 파로, 킴 카펠레스, 캐롤 마샬, 그리고 미첼 밴 룬이 나를 트리니티 여성 신학 대회에서 연설하도록 초대해준 것에 감사한다. 거기서 나는 여성들로부터 교회가 그녀들의 은사를 억누르고 있는 현실에 대해 들었다. 그로 인해 이 책은 교회로서의 하나님 나라의 현실은 지역 교회의 현실을 맹렬히 비판해야 한다는 사실에 유념하며 쓰이게 되었다.

모든 저자는 훌륭한 편집자에게 빚을 진다. 나 역시 그러하다. 그런 까닭에 나는 브라조스 출판사의 밥 호색, 팀 웨스트, 베다니 머피, 아리카 데울 밴 담, 그리고 제스 라이머가 이 책의 세밀한 것에까지 감탄할 만하게 세심한 관심을 기울여준 것에 깊이 감사한다. 내 친구이자 에이전트인 그렉 다니엘은 말로 표현할 수 없을 만큼 지원과 도움을 아끼지 않았다. 나는 타라 베스 리치가 이 책의 색인들을 만들어준 것에 감사한다.

마지막으로 나는 우리의 가정 안에서 하나님 나라를 내가 받을 만한 정도 이상으로 현실화시켜준 아내에게 깊은 사랑을 표한다.

2013년
추수감사절에

/주/

1장___ 스키니진 스타일의 하나님 나라

1. Tim Suttle, *An Evangelical Social Gospel? Finding God's Story in the Midst of Extremes* (Eugene, OR: Cascade, 2011), 7, 73.

2. 데릭이 속해 있는 밴드의 이름 — 역자 주

3. Ryan Gregg and Ryan Brymer, "Derek Webb Explains Himself (Finally)," Faith Village.com, Sept. 10, 2013, http://www.faithvillage.com/article/c2f4c8cdb3394cc4 958446df7f3c63bf/derek_webb_explains_himself_finally를 보라.

4. Matt Conner, "Derek Webb Grows Up," Christianity Today.com, Sept. 4. 2013, http://www.christianitytoday.com/ct2013/october/dereck-webb-grows-up-i-was-wrong.html.를 보라.

5. Jim Wallis, *On God's Side: What Religion Forgets and Politics Hasn't Learned about Serving the Common Good* (Grand Rapids: Brazos, 2013), 52-54(『하나님 편에 서라』, 한국 IVP 역간). 이 책은 2014년에 *The (Un)Common Good: How the Gospel Brings Hope to a World Divided*라는 제목으로 재출간되었다.

6. Charles Marsh, *The Beloved Community: How Faith Shapes Social Justice, from the Civil Rights Movement to Today* (New York: Basic Books, 2005), 207-16.

7. Walter Wink, *The Powers That Be: Theology for a New Millennium* (New York: Doubleday, 1998).

8. Tyler Wigg-Stevenson, *The World Is Not Ours to Save: Finding the Freedom to Do Good* (Downers Grove, IL: InterVarsity, 2013).

9. 오늘날 하나님 나라 신학이 콘스탄티누스주의(Constantinianism)에 대해 서로 얼마나

다른 입장을 보이고 있는지에 대한 소개를 위해서는, 이 책의 부록 1 "콘스탄티누스주의의 유혹"을 보라. 20세기와 21세기의 정치신학으로서 하나님 나라 신학의 발전에 대한 보다 학문적인 서론을 위해서는, 이 책의 부록 2 "오늘날의 하나님 나라"를 보라.

10. Walter J. Houston, *Contending for Justice: Ideologies and Theologies of Social Justice in the Old Testament* (London: T&T Clark, 2006), 52-98.

11. Louis W. Knight, *Jane Addams: Spirit in Action* (New York: Norton, 2010), xiv, 61, 105-16, 161. 그녀의 믿음에 관한 논의를 위해서는, 21, 22, 28, 45-46, 54, 55, 57, 71, 75, 259를 보라. Addams의 어린 시절에 대한 보다 상세한 설명을 위해서는, Louis W. Knight, *Citizen: Jane Addams and the Struggle for Democracy* (Chicago: University of Chicago Press, 2005)를 보라. Jane Addams는 *Twenty Years at Hull-House, with Autobiographical Notes* (New York: Signet Classics, 1961)라는 제목의 멋진 회고록을 썼다(『헐하우스에서 20년』, 지식의숲 역간). 그녀의 저작 모음집으로는 Jean Bethke Elshtain, ed., *The Jane Addams Reader* (New York: Basic Books, 2002)가 있다. 또한 그녀의 이론을 잘 보여 주는 가장 중요한 저작 모음집으로는 Jane Addams, *Democracy and Social Ethics* (New York: Macmillan, 1902)가 있다.

12. Jean Bethke Elshtain, *Jane Adams and the Dream of American Democracy: A Life* (New York: Basic Books, 2002), 76.

13. 유사한 비판을 위해서는, Stanley Hauerwas, *Against the Nations: War and Survival in a Liberal Society* (Minneapolis: Fortress, 1985), 107-21을 보라.

14. 지금 나는 *Unbowed: A Memoir* (New York: Alfred A. Knopf, 2006)가 묘사하는 Wangari Muta Maathai가 수행하고 있는 나무를 구하기 위한 고귀한 노력에 대해 생각하고 있다. 우리는 Maathai가 물었던 것과 동일한 질문을 제기할 수 있다. 케냐에서 나무를 구하고 성장시키고자 하는 그녀의 노력은 하나님 나라 사역이었을까?

2장___ 정장바지 스타일의 하나님 나라

1. 이와 관련된 문헌은 방대하다. 나는 이 연구의 역사에 초점을 맞추고 있는 두 가지 문헌을 추천한다. 첫 번째 것은 그 주제를 연구하는 학자들을 임의로 선택해서 소개하고, 두 번째 것은 그 주제의 중요한 연구 분야들을 소개한다. Bruce D. Chilton, ed., *The Kingdom of God, Issues in Religion and Theology 5* (Philadelphia: Fortress, 1984); Wendell Willis, ed., *The Kingdom of God in 20th-Century Interpretation* (Peabody, MA: Hendrickson, 1987. 『하나님의 나라』, 솔로몬 역간). 성서에 등장하는 "하나님 나라"라는 용어를 살피는 두 개의 문헌으로는 George Eldon Ladd, *The Presence of the Future: The Eschatology of Biblical Realism* (Grand Rapids:

Eerdmans, 1974)와 George R. Beasley-Murray, *Jesus and the Kingdom of God* (Grand Rapids: Eerdmans, 1986)이 있다. 이 주제에 관한 성서적인 동시에 신학적인 연구에 대한 훌륭한 개론을 위해서는, Mark Saucy, *The Kingdom of God in the Teaching of Jesus in 20th Century Theology* (Dallas: Word, 1997)을 보라.

2. Karl Barth, *The Christian Life, in Church Dogmatics* IV.4 (Lecture Fragments) (Grand Rapdis: Eerdmans, 1981), 246(『교회교의학 IV/4』, 대한기독교서회 역간).

3. 그 단어에 해당하는 히브리어는 말쿠트(*malkuth*)이고, 그리스어는 바실레이아 (*basileia*)다.

4. 어째서 그런가? 확신할 수는 없지만 나는 세 가지 요소가 작용했다고 추측한다. 첫째, 로마 가톨릭교회와 동방 정교회에서는 "영역과 통치"라는 개념이 지배적인 반면, 프로테스탄트의 학문의 틀을 형성하는 것은 "통치"라는 개념이다. 그동안 프로테스탄트의 논객들은 하나님 나라를 "영역"으로 여기는 것이 지나치게 가톨릭적이거나 정교회적이라고 완곡하게 주장해왔다. 그러나 이것은 두 번째 중요한 요소를 제기한다. "영역"이 "하나님 나라"를 국가 정치, 즉 오늘 우리의 정부라는 "영역"에 묶은 것 역시 성서학자들에게 근심거리가 되었다. 그것은 현대성이 계속해서 국가들과 대륙들을 파편화시켰기 때문이다. 계속해서 살아갈 수 있기 위해 종교는 국가와 정부를 초월해야 했다. 그리고 이것은 세 번째 요소로 이어진다. 아마도 "영역"이 예수의 하나님 나라 비전을 유대교와 지나치게 밀접하게 그리고 보편적 종교와는 너무 느슨하게 묶음으로써 반셈족주의(anti-Semitism)─그것이 아무리 교묘한 형태로 나타나는 것이든 간에─가 이 논의에 얼마간 영향을 주었다. 이 세 가지 요소가 작용했다. 그 이상의 요소들이 있었는지 여부를 알고자 한다면, 내가 19세기의 언어에 대해 알고 있는 것 이상이 필요할 것이다. 아마도 그 대화를 재형성하고 있는 가장 영향력 있는 연구는 Gustaf Dalman, *The Words of Jesus*, trans. D. M. Kay (Edinburgh: T&T Clark, 1902), 91-147일 것이다. Gerhard Lohfink는 동일한 실수를 지적하는 아주 최근의 연구에서 다시 한 번 독일의 학계가 다음 세 가지를 강조하고 있음을 지적한다. (1) 하나님 나라에 대한 순전히 종교적인 관점, (2) 하나님 나라의 타자성, (3) 그것이 교회와 동일시될 수 있다는 두려움. Gerhard Lohfink, *Jesus of Nazareth: What He Wanted, Who He Was*, trans. Linda M. Maloney (Collegeville, MN: Liturgical Press, 2012), 53-56을 보라. 나는 Dalman을 지적한 반면, 이 책에서 그는 Johannes Weiss를 가리키고 있다.

5. Ladd, *Presence of the Future*, 218.

6. 내가 Ladd에게 초점을 맞추는 것은 그가 지닌 영향력 때문이다. 하지만 다양한 입장을 지닌 여러 학자들이 유사한 개념들을 사용하고 있다. 예컨대, Douglas Oakman은 *The Political Aims of Jesus* (Minneapolis: Fortress, 2012), 45-78에서 "하나님 나라"를 "능력"이라는 말로 번역한다. Jane Addams는 좀 더 나아가 그의 책 *Pure Kingdom:*

Jesus' Vision of God (Grand Rapids: Eerdmans, 1996)에서 하나님 나라를 "능력 있게 행동하시는 하나님"이라는 견지에서 생각한다. Oakman은 예수가 차안적인 정치적 활동가였으나 그의 제자들에게 오해를 받았다는 Reimarus의 오래된 이론을 되풀이한다. 그리고 Chilton은 예수와 그의 하나님 나라에 대한 자신의 이해의 근거를 아람어역 이사야(*Targum to Isaiah*)에서 찾는다. 지금까지 등장한 구속적 역학으로서의 하나님 나라에 대한 가장 광범위한 연구는 복음주의 학자 George Beasley-Murray, *Jesus and the Kingdom of God*에서 찾아볼 수 있다. Beasley-Murray는 하나님 나라를 "구원하는 주권"으로 여긴다. 내가 제시하는 마지막 예는 Karl Barth가 *The Christian Life in Church Dogmatics* IV. 4에서 제시했던 하나님 나라를 "하나님의 임재와 구속 행위"로 여기는 관점이다.

7. Rudolf Schnackenburg, *God's Rule and Kingdom*, trans. John Murray (New York: Herder & Herder, 1963), 95. 강조는 덧붙인 것임.

8. John G. Stackhouse Jr., *Making the Best of It: Following Christ in the Real World* (New York: Oxford University Press, 2008), 21. 나는 이 문장이 그보다 앞서 19-20페이지에 실려 있는 하나님 나라에 관한 그의 묘사와 얼마간 긴장을 이루고 있다고 여긴다.

9. Ibid., 259.

10. N. T. Wright, *Simply Jesus: A New Vision of Who He Was, What He Did, and Why He Matters* (New York: HarperOne, 2011), 207-31.

11. 예컨대, George Ladd는 "예수와 사회 윤리"에 정확하게 두 페이지를 할애하는데, 거기서 "복음 안에 있는 사회 윤리에 관한 명확한 가르침은 거의 없다"고 말한다. 이것은 "구속의 역학"식 접근법이 지니고 있는 근본적인 약점을 예시한다.

12. 이에 대한 한 가지 좋은 예는 여러 가지 정보를 제공하는 유익한 책인 Jordan Seng, *Miracle Work: A Down-to-Earth Guide to Supernatural Ministries* (Downers Grove, IL: InterVarsity, 2013), 30에서 "하나님 나라"라는 단어가 사용되는 방식이다.

13. Marilynne Robinson, *When I Was a Child I Read Books* (New York: Farrat, Straus & Giroux, 2012), 158.

14. 여기서 언급된 이들 이외의 사람들은 부록 1과 2에서 언급될 것이다.

15. Carl F. H. Henry, *Confessions of a Theologian: An Autobiography* (Waco: Word, 1986), 145, 270-71 (*Christianity Today*를 이끄는 다섯 가지 조항들); Andy Crouch, *Culture Making: Recovering Our Creative Calling* (Downers Grove, IL: InterVarsity, 2008. 『컬처 메이킹』, 한국 IVP 역간); James K. A. Smith, *Desiring the Kingdom: Worship, Worldview, and Cultural Formation, Cultural Liturgies* 1 (Grand Rapids: Baker Academic, 2009); James K. A. Smith, *Imaging the*

Kingdom: How Worship Works, Cultural Liturgies 2 (Grand Rapids: Baker Academic, 2013); Miroslav Volf, *A Public Faith: How Followers of Christ Should Serve the Common Good* (Grand Rapids: Brazos, 2011. 『광장에 선 기독교』, 한국 IVP 역간); Os Guinness, *The Global Public Square: Religious Freedom and the Making of a Safe World for Diversity* (Downers Gorve, IL: InterVarsity, 2013); James Davison Hunter, *To Change the World: The Irony, Tragedy, and Possibility of Christianity in the Late Modern World* (New York: Oxford University Press, 2010. 『기독교는 어떻게 세상을 변화시키는가』, 새물결플러스 역간). 또한 정치 이론에 관한 중요한 카이퍼적·개혁주의적 연구 결과물로는 David T. Koyzis, *Political Visions and Illusions: A Survey and Christian Critique of Contemporary Ideologies* (Downers Grove, IL: InterVarsity, 2003)가 있다. Koyzi가 그 책에 붙인 색인에 교회에 관한 표제가 포함되어 있지 않은 것은 의미심장하다.

16. Timmothy Keller, *Center Church: Doing Balanced, Gospel-Centered Ministry in Your City* (Grand Rapids: Zondervan, 2012), 181-245.

17. Stackhouse, *Making the Best of It.*

18. 또한 John C. Nugent, *The Politics of Yahweh: John Howard Yoder, the Old Testament, and the People of God, Theopolitical Visions* 12 (Eugene, OR: Cascade, 2011), 196이 제시하는 "가볍게 살기"(living lightly)라는 도발적인 제안을 보라. 또한 그리스도인의 삶에 대한 그의 보다 포괄적인 이해를 위해서는 pp. 191-210을 보라. 거기서 그는 그리스도인들은 추방자들의 도시, 망명자들의 도시, 희생자들의 도시, 그리고 산 위에 있는 도시가 되어야 한다고 주장한다.

19. 우리는 창조 신학의 관점에서 그리고 세상에 대한 신학의 필요를 창조의 구속이라는 틀 안에서 유지하면서 전개하는 탁월한 논의를 Jonathan R. Wilson, *God's Good World: Reclaiming the Doctrine of Creation* (Grand Rapids: Baker Academic, 2013), 199-206에서 발견할 수 있다.

20. 바울 역시 유사한 가르침을 전한다. 고전 7:31("이 세상의 외형은 지나감이니라")을 보라. 참고. 고전 2:12; 3:19. 그러므로 세상은 하나님과 화해할 필요가 있다(고후 5:19).

21. Stanley Hauerwas and William H. Willimon, *Resident Aliens: Life in the Christian Colony* (Nashville: Abingdon, 1989), 96(『하나님의 나그네 된 백성』, 복있는사람 역간).

22. Christopher J. H. Wright, "The World in the Bible," *Evangelical Review of Theology* 34, nol. 3 (2010): 207-10은 균형 잡힌 연구물이다.

23. 내가 여기와 다른 곳에서 John Howard Yoder의 작품을 거론하는 것은 상당히 고통스러운 일이다. 그의 저작들은 나를 포함해 수많은 이들에게 영향을 주었으나, 그

의 유산은—이것은 반드시 주목되어야 한다—언제나 그가 행한 성적 학대의 흔적
이 될 것이다. Mark Oppenheimer, "A Theologian's Influence, and Stained Past,
Live On," NYTimes.com. Oct. 11, 2013, http://www.nytimes.com/2013/10/12/
us/john-howard-yoders-dark-past-and-influence-lives-on-for-mennonites.
html?_r=0.

24. John Howard Yoder, *The Royal Priesthood: Essays Ecclesiological and Ecumenical* (Scottdale, PA: Herald Press, 1998), 56, 62.

25. Stanley Hauerwas, *The Peaceable Kingdom: A Primer in Christian Ethics* (Notre Dame, IN: University of Nortre Dame Press, 1983), 100. 이 주제와 관련해서는, 59-63, 99-102를 보라.

26. Hauerwas and Willimon, *Resident Aliens*, 94.

27. Robinson, *When I Was a Child*, 49.

28. Christian Wiman, *My Bright Abyss: Meditation of a Modern Believer* (New York: Farrar, Straus & Giroux, 2013), 52.

29. Maria Edgeworth, "An Essay on the Noble Science of Self-Justification," in *The Art of the Personal Essay: An Anthology from the Classical Era to the Present*, ed., Phillip Lopate (New York: Anchor Doubleday, 1994), 150; Marilyn Chandler McEntyre, *Caring for Words in a Culture of Lies* (Grand Rapids: Eerdmans, 2009), 44.

3장___ 하나님 나라 이야기

1. Elizabeth Achtemeier, *Not Til I Have Done: A Personal Testimony* (Louisville: Westminster John Knox, 1999), 12, 16-17, 18, 19, 20.

2. Brandon K. McKoy, *Youth Ministry from the Outside In: How Relationship and Stories Shape Identity* (Downers Grove, IL: InterVarsity, 2013), 164-66.

3. 나는 C-F-R-C 이야기를 나의 책 *The Blue Parakeet: Rethinking How You Read the Bible* (Grand Rapdis: Zondervan, 2008)에서 "하나 됨의 이야기"(story of oneness)로 소개한 바 있다. 또한 나는 A-B-A´ 이야기를 *The King Jesus Gospel: The Original Good News Revisited* (Grand Rapids: Zondervan, 2011), 136-42, 148-53 에서 다른 각도로 소개한 바 있다(『예수 왕의 복음』, 새물결플러스 역간).

4. James Thurber, *The Thurber Carnival* (New York: HarperPerennial, 1995), 13.

5. Barth, *Christian Life*, 233.

6. 성서의 보다 큰 이야기 안에서 교회를 무시하는 것에 관한 좋은 예가 D. A. Carson,

Christ and Culture Revisited (Grand Rapids: Eerdmans, 2008), 44-59에서 발견된다(『교회와 문화, 그 위태로운 관계』, 국제제자훈련원 역간). 그는 p. 81에서 자신의 성서신학을 요약하는데, 다시 한 번 거기서는 우리가 감지할 수 있을 정도로 "교회"라는 단어가 나타나지 않는다. 지금 나는 어느 한 단어가 아니라 교회가 곧 오늘날 하나님이 역사하시는 자리라고 여기는 하나의 패턴을 찾고 있는 중이다. Carson에 관한 논의를 괴롭게 만드는 것은 자신이 성서신학에 "양도할 수 없는 것들"(nonnegotiables)을 제공하고 있다는 그의 주장이다.

7. N. T. Wright, *Jesus and the Victory of God, Christian Origins and the Question of God* 2 (Minneapolis: Fortress, 1996), 226(『예수와 하나님의 승리』, 크리스챤다이제스트 역간).

8. N. T. Wright, *The New Testament and the People of God, Christian Origins and the Question of God* 1 (Minneapolis: Fortress, 1992), 215-43(『신약성서와 하나님의 백성』, 크리스챤다이제스트 역간). 특히 217, 232에서 인용.

9. Carey C. Newman, ed., *Jesus and the Restoration of Israel: A Critical Assessment of N. T. Wright's Jesus and the Victory of God* (Downers Grove, IL: InterVarsity, 1999).

10. Wright, *New Testament and the People of God*, 243.

11. John H. Walton, *The Lost World of Genesis One: Ancient Cosmology and the Origins Debate* (Downers Grove, IL: IVP Academic, 2009); Walton, *Genesis 1 as Ancient Cosmology* (Winona Lake, IN: Eisenbrauns, 2011)을 보라.

12. 그러나 John Bright, *The Kingdom of God: The Biblical Concept and Its Meaning for the Church* (Nashville: Abingdon, 1981), 17-44를 보라(『하나님의 나라』, 크리스챤다이제스트 역간). 지금 내가 플랜 B와 관련해 논하는 주제를 다루는 것으로서 창세기부터 열왕기하까지에서 등장하는 정치신학에 관한 좀 더 광범위한 연구는 J. Gordon McConville, *God and Earthly Power: An Old Testament Political Theology* (Genesis-Kings) (New York: T&T Clark, 2008), 특히 133-47에서 찾아볼 수 있다.

13. 이 구절에 대한 다른 번역은 "그 문제가 사무엘의 눈에 악해 보였다"가 될 것이다. 이 구절에서는 "왕"이라는 단어가 문제가 된다. 마지막 사사이자 첫 번째 예언자였던 사무엘은 왕이 아니었고, 그의 아들들 역시 왕들이 아니었다. 장로들이 그의 아들들을 대체하려 했던 것은 사무엘에게는 문제가 되지 않았던 것으로 보인다. 그의 관심사는 백성들이 "왕"을 바란다는 사실이었다.

14. (이 본문에서 인용된) 삼상 8:5은 신 17:14-15에 흥미로운 평행구를 갖고 있다. 신명기에서 저자는 여호와께서 사무엘에게 주신 말씀을 소홀히 하지 않으면서 이 첫 번째

반역을 넘어서 그 땅에서 있었던 왕들의 시대를, 그리고 그런 왕에게 무엇이 요구되는
지를 내다본다. 삼상 8-13장에서도 얼마간 군주제에 대한 선호와 불호 사이의 긴장이
나타난다.

15. 이 단락의 주장과 관련해 나는 내 친구인 Joel Willitts에게 빚을 졌다.

16. 예언자들이 일어나 왕들에 맞서 외친다. 호 13:11에 주목하라.

17. 소위 왕이신 여호와에 관한 시편들(가령, 89, 93, 96-99편)은 많은 사람들에 의해 인간
왕에 맞서 왕이신 여호와를 주장하는 것으로 간주된다. 그것들은 우리의 접근법 중 플
랜 B의 요소에 상응한다. 이에 대해서는 J. Gordon McConville, "Law and Monarchy
in the Old Testament," in *A Royal Priesthood? The Use of the Bible Ethically and
Politically; A Dialogue with Oliver O'Donovan, Scripture and Hermeneutics 3*
(Grand Rapids: Zondervan, 2002), 69-88을 보라.

18. Wright, *New Testament and the People of God*, 그리고 *Jesus and the Victory of
God*을 보라.

19. John Bright: "종이라고? 그는 이스라엘이다; 그는 참되고 충성스러운 이스라엘이다;
그는 종된 백성의 지도자가 될 위대한 종이다-그리고 이 모든 것이 하나다!" 그의 책
Kingdom of God, 151을 보라.

20. 이 주제는 N. T. Wright, *How God Became King: The Forgotten Story of the
Gospels* (New York: HarperOne, 2012)에서 발전된다(『하나님은 어떻게 왕이 되셨
나』, 에클레시아북스 역간). 하지만 나는 톰이 교리적 정통에 맞서면서 그것보다 하나
님 나라 신학을 우선시하는 것에는 동의하지 않는다.

21. Jonathan T. Pennington, *Heaven and Earth in the Gospel of Matthew* (Grand
Rapids: Baker Academic, 2009), 253-330.

22. Barth, *Christian Life*, 248-49.

23. Dietrich Bonhoeffer, *Life Together and Prayerbook of the Bible*, ed. Eberhart
Bethge, trans. G. L. Müller, Dietrich Bonhoeffer Works 5 (Minneapolis: Fortress,
1996), 36, 37(『신도의 공동생활·성서의 기도원』, 대한기독교서회 역간).

24. George Eldon Ladd, *A Theology of the New Testament*, rev. ed., ed. Donald A.
Hagner (Grand Rapids: Eerdmans, 1993), 초판 1974년(『신약신학』, 은성 역간).

25. 예상할 수 있듯이, WTS 그룹 사람들은 H. Orton Wiley와 John Wesley를 꼽았다. 그
들의 목록에 Ladd는 없었다.

26. John A. D'Elia, *A Place at the Table: George Eldon Ladd and the Rehabilitation
of Evangelical Scholarship in America* (New York: Oxford University Press,
2008).

27. Carl H. Henry, *The Uneasy Conscience of Modern Fundamentalism* (Grand

Rapids: Eerdmans, 2003), 초판 1947년(『복음주의자의 불편한 양심』, 한국 IVP 역간).

28. Yoder에 관해서는, Stanley Hauerwas, *Hannah's Child: A Theologian's Memoir* (Grand Rapids: Eerdmans, 2010), 243-47을 보라.

29. Suzanne Selinger, *Charlotte von Kirschbaum and Karl Barth: A Study in Biography and the History of Theology* (University Park: Pennsylvania State University Press, 1998).

4장___ 하나님 나라의 사명은 전적으로 상황과 관련되어 있다

1. James D. G. Dunn, *Jesus Remembered, Christianity in the Making* 1 (Grand Rapids: Eerdmans, 2003), 391-92, 393-96, 398(『예수와 기독교의 기원 상·하』, 새물결플러스 역간).

2. 이와 관련된 좋은 책들의 목록은 끝이 없다. 나는 그중 두 가지만 언급하려 한다. Shaye J. D. Cohen, *From the Maccabees to the Mishnah, Library of Early Christianity* 7 (Philadelphia: Westminster, 1987), 124-73; E. P. Sanders, *Judaism: Practice and Belief*, 63 BCE-66 CE (Philadelphia: Trinity Press International, 1992), 315-494.

3. 이것은 A-B-A´ 이야기의 플랜 B 부분을 기세 좋게 시작한다.

4. 「솔로몬의 시편」의 인용문들은 R. B. Wright in *The Old Testament Pseudepigrapha*, ed. James H. Charlesworth (New York: Doubleday, 1985), 2:665-69에서 재인용했다.

5. 막 3:18은 "가나안 사람 시몬"이라는 표현을 사용하지만, 2011년 판 NIV는 아주 자유롭고 적당하게 "가나안 사람"(Cananaean)으로 번역하고 있다. "가나안 사람"이라는 단어는 열정(zeal) 혹은 질투(jealousy)와 관련된 히브리어에서 파생되었으며, 막 3:17에서 사용된 "열심당원"과 일치하는 평행어다.

6. N. T. Wright, *Scripture and the Authority of God: How to Read the Bible Today* (New York: HarperOne, 2011), 115-42(『성경과 하나님의 권위』, 새물결플러스 역간). 나는 McKnight, *Blue Parakeet*에서 이것에 대해 상세히 설명했다.

7. Kevin J. Vanhoozer, *The Drama of Doctrine: A Canonical-Linguistic Approach to Christian Theology* (Louisville: Westminster John Knox, 2005), 32-33.

8. Wayne Gordon, *Real Hope in Chicago: The Incredible Story of How the Gospel Is Transforming a Chicago Neighborhood* (Grand Rapids: Zondervan, 1995), 169-70.

9. 그에 관한 이야기는 Tim Dickau, *Plunging into the Kingdom Way: Practicing the Short Strokes of Community, Hospitality, Justice, and Confession* (Eugene, OR:

Cascade, 2011)에서 찾아볼 수 있다. 내가 전하는 이야기는 pp. 4-26에 실려 있다. 강조는 덧붙인 것임.

10. 나는 *Embracing Grace: Discovering the Gospel That Restores Us to God, Creation, and Ourselves* (Brewster, MA: Paraclete, 2012), 72-87에서 보고, 듣고, 연계하고, 사랑하는 것에 대해 설명했다.

11. Hunter, *To Change the World*. 여기서 나는 "겉보기에"(seemingly)라는 단어를 사용하는데, 그것은 나로서는 헌터가 "신실한 현존"과 "권력"을 연결시키는 방식이 그다지 분명해 보이지 않기 때문이다.

12. 우주적 정치에 대한 초기 그리스도인들의 대응에 대한 탁월한 설명을 위해서는, John Howard Yoder, *The Priestly Kingdom: Social Ethics as Gospel* (Notre Dame, IN: University of Notre Dame Press, 1984), 49-54를 보라.

13. Steven Wilkens and Mark L. Sanford, *Hidden Worldviews: Eight Cultural Stories That Shape Our Lives* (Downers Grove, IL: InterVarsity, 2009. 『은밀한 세계관』, 한국 IVP 역간).

14. Dickau, *Plunging into the Kingdom Way*, 105-18.

15. Scot McKnight and Joseph B. Modica, eds., *Jesus Is Lord, Caesar Is Not: Evaluating Empire in New Testament Studies* (Downers Grove, IL: IVP Academic, 2013)을 보라.

16. Morten Hørning Jensen, *Herod Antipas in Galilee: The Literary and Archaeological Sources on the Reign of Herod Antipas and Its Socio-Economic Impact on Galilee*, 2nd ed., Wissenschaftliche Untersuchungen zum Neuen Testament 2.215 (Tübingen: Mohr Siebeck, 2010)이 그런 결론을 내리고 있다. 또한 Alan Storkey, *Jesus and Politics: Confronting the Powers* (Grand Rapids: Baker Academic, 2005), 75-94를 보라.

17. 이 문제와 관련해 나는 John Howard Yoder, *Revolutionary Christian Citizenship*, ed. John C. Nugent, Branson L. Parler, and Andy Alexis-Baker (Harrisonburg, VA: Herald Press, 2014), 132-37에서 도움을 얻었다.

18. Hauerwas and Willimon, *Resident Aliens*, 30.

5장___ 하나님 나라는 백성이다

1. Betsy Halperin Amaru, "Land, Concept of," in *The Eerdmans Dictionary of Early Judaism*, ed. John J. Collins and Daniel C. Harlow (Grand Rapids: Eerdmans, 2010), 866.

2. David Frankel, *The Land of Canaan and the Destiny of Israel: Theologies of Territory in the Hebrew Bible, Siphrut: Literature and Theology of the Hebrew Scriptures* 4 (Winona Lake, IN: Eisenbrauns, 2011), 382, 강조는 덧붙인 것임. .

3. 그 이름은 "나의 아버지는 왕이시다"를 의미한다.

4. D. A. Carson, "Kingdom, Ethics, and Individual Salvation," *Themelios* 38, no. 2 (August 2013), http://thegospelcoalition.org/themelios/article/kingdom_ethics_and_individual_salvation을 보라.

5. Lohfink, *Jesus of Nazareth*, 25. 하나님 나라에 대한 Lohfink의 설명의 목표는 그것이 하나님의 백성과 연결되어야 한다는 것을 보이는 것이다(pp. 39-71). 나는 이 원고를 마감할 때까지도 하나님 나라에 대한 우리 두 사람의 접근법이 갖고 있는 즐거운 유사성을 인식하지 못했었다.

6. 왕의 통치는 법으로 이어지고, 왕의 통치의 범위는 땅으로 이어진다. 또한 왕이 다스린다는 것은 그 왕이 백성을 구원하거나 구속한다는 것을 의미한다. 이것들이 왕국의 요소들이다. 왕, 통치, 구속, 백성, 땅, 그리고 법.

7. Paul S. Minear, *Images of the Church in the New Testament* (Philadelphia: Westminster, 1960).

8. Walter Rauschenbusch, *A Theology for the Social Gospel* (Louisville: Westminster John Knox, 1997), 133-45(『사회복음을 위한 신학』, 명동 역간).

9. Alfred Loisy, *The Gospel and the Church* (Buffalo: Prometheus Books, 1988), 145.

10. Jim Botts, "The Church vs. the Kingdom," Church Leaders.com, http://www.churchleaders.com/outreach-missions/outreach-missions-articles/148827-the-church-vs-the-kingdom.html. 강조는 원래의 것임.

6장___ 교회 밖에는 하나님 나라가 없다

1. Ladd, *Theology of the New Testament*, 109.

2. Right, *Kingdom of God*, 236.

3. H. Richard Niebuhr, *The Purpose of the Church and Its Ministry: Reflections on the Aims of Theological Education* (New York: Harper & Brothers, 1956), 19-20.

4. Ibid. (강조는 덧붙인 것임).

5. Ibid. (강조는 덧붙인 것임).

6. Dallas Willard, *The Divine Conspiracy: Rediscovering Our Hidden Life in God* (San Francisco: HarperSanFrancisco, 1998), 25, 26, 27(『하나님의 모략』, 복있는사람

주 *463*

역간).

7. Gustavo Gutiérrez, *A Theology of Liberation: History, Politics, and Salvation*, rev. ed (Maryknoll, NY: Orbis, 1983), 32(『해방신학』, 분도출판사 역간).

8. Ibid., 91.

9. Ibid., 143-44.

10. Leonardo Boff, *Ecclesiogenesis: The Base Communities Reinvent the Church*, trans. Robert R. Barr (Maryknoll, NY: Orbis, 1986); Veli-Matti Kärkkäinen, *An Introduction to Ecclesiology: Ecumenical, Historical and Global Perspectives* (Downers Grove, IL: IVP Academic, 2002), 175-83을 보라.

11. 이 말장난은 다음과 같이 익살스럽게 번역될 수 있다. "너는 불안정하다[rocky], 그리고 나는 이 바위[rock] 위에 나의 교회를 세울 것이다."

12. E. B. White, "The Ring of Time," in Lopate, *Art of the Personal Essay*, 541.

13. Wright, "The World in the Bible," 216.

14. 의심할 바 없이 그로 인한 긴장이 발생했다. 그리고 사도행전과 특히 바울 서신들은 그 긴장을 드러낸다. 이스라엘에서 확장된 이스라엘로 이동하면서 일어나는 일은 하나의 혈통적 정체성에서 인위적인 가족 정체성으로의 변화를 수반한다. 이와 관련해서는, Joseph H. Hellerman, *The Ancient Church as Family* (Minneapolis: Fortress, 2001), 59-126을 보라.

15. "교회"라는 용어에 대한 아주 뛰어난 연구를 위해서는, Paul Trebilco, *Self-Designations and Group Identity in the New Testament* (Cambridge, Cambridge University Press, 2012), 164-207을 보라.

16. Hellerman, *Ancient Church as Family*; 특히 비교용 차트를 위해서는 p. 6을 보라.

17. C. K. Barrett, *Church, Ministry, and Sacraments in the New Testament* (Grand Rapids: Eerdmans, 1983), 13, 25.

18. Dietrich Bonhoeffer, *The Young Bonhoeffer*, 1918-1927, ed. Hans Pfeifer et al., Dietrich Bonhoeffer Works 9 (Minneapolis: Fortress, 2003), 316.

19. Rudolf Schnackenburg, *The Church in the New Testament*, trans. W. J. O'Hara (New York: Herder & Herder, 1965), 188. Schnackenburg는 우리가 교회를 하나님 나라와 너무 밀접하게 연결시킬 경우 교회를 "영광의 교회"로 바꾸고 현재 교회의 불완전한 현실을 보지 못하게 될 수도 있음을 우려한다. 하지만 나는 그가 하나님 나라를 오직 "영광의 나라"로 만들었고 그로 인해 그 나라의 현재의 실현 형태가 혼란스러운 것을 보지 못하고 있다고 주장한다. 그렇게 해서 우리는 그런 비교에서 자주 나타나는 잘못을 보게 된다. 하나님 나라는 완전하고 교회는 불완전하다고 여기는 실수를!

20. 사실을 말하자면, Wayne은 노던 신학교에서 일하는 나의 동료다. 이 이야기는

Gordon, Real *Hope in Chicago*에서 찾아볼 수 있다.

21. Ibid., 108(강조는 덧붙인 것임).

7장___ 교회의 사명이 곧 하나님 나라의 사명이다

1. Melissa Steffan, "1,500 Pastors Who Deliberately Broke Politics Law Cain Unexpected Ally." *Christianity Today*, August 14, 2013. http://www.christianitytoday.com/gleanings/2013/august/grassley-ecfa-commission-endorsements-pulpit-freedom-sunday.html.

2. Yoder, *Priestly Kingdom*, 93.

3. 성서 본문에 기초해 정의론을 펼치는 이들 중에 Nicholas Wolterstorff, *Justice: Rights and Wrongs* (Princeton, NJ: Princeton University Press, 2008), 그리고 *Justice in Love* (Grand Rapids: Eerdmans, 2011)가 있다.

4. 나는 정의와 평화 두 가지 모두를 Scot McKnight, *One Life: Jesus Calls, We Follow* (Grand Rapdis: Zondervan, 2010), 57-84에서 좀 더 상세히 설명한 바 있다.

5. John Howard Yoder, *Body Politics: Five Practices of the Christian Community before the Watching World* (Scottdale, PA: Herald Press, 2001), 57-84.

6. 참으로 좋은 예가 David E. Fitch and Geoff Holsclaw, *Prodigal Christianity: Ten Signposts into the Missional Frontier* (San Francisco: Jossey-Bass, 2013), 66-82에 실려 있다.

7. 이 주제에 대한 충분한 논의를 위해서는, Joseph H. Hellerman, *When the Church Was a Family: Recapturing Jesus' Vision for Authentic Christian Community* (Nashville: R&H Academic, 2009)를 보라.

8. Ibid., 144-62.

9. 여기서는 "질서 지우다"(order)라는 단어가 "굴복하다"(submit)라는 단어보다 낫다. 왜냐하면 후자는 교회 안에서 하나님 나라의 현실이 파괴하는 바로 그것, 즉 열등함을 의미하기 때문이다. "굴복하다"에 해당하는 그리스어는 "~밑에서 명령을 받다"(ordered under)를 의미하는 휘포스타쏘(hypostasso)다. 그러나 이 경우에 나타나는 것은 위-아래의 질서가 아니라, 동등한 이들 사이의 급진적인 새로운 교제다.

10. Arne Rasmusson, *The Church as Polis: From Political Theology to Theological Politics as Exemplified by Jürgen Moltmann and Stanley Hauerwas* (Notre Dame, IN: University of Nortre Dame Press, 2009), 231-47에 실려 있는 논쟁을 보라.

11. 나는 이 표현을 Volf가 Michel de Certeau의 말을 인용하는 것으로부터 얻어왔다. Volf, *Public Faith*, 91을 보라.

12. Yoder는 종종 "편협하다"(sectarian)는 비난을 받아왔는데, 이것은 적절하게 정의될 경우 정확하기도 하고 긍정적이기도 하지만, 그와 동시에 세상이나 문화로부터의 이탈로 이어지지는 않는다. Yoder의 문화신학을 옹호하는 입장과 관련해서는, Branson L. Parler, *Things Hold Together: John Howard Yoder's Trinitarian Theology of Culture* (Harrisonburg, VA: Herald Press, 2012)를 보라.

13. 이에 대한 가장 광범위한 논의는 John H. Elliot, *1 Peter: A New Translation with Introduction and Commentary*, Anchor Bible 37B (New York: Doubleday, 2000), 84-103에 실려 있다.

14. Bruce W. Winter, *Seek the Welfare of the City: Christians as Benefactors and Citizens, First Century Christians in the Graeco-Roman World* (Grand Rapids: Eerdmans, 1994), 37. 나는 가독성을 위해 Winter의 산문을 재배열했다.

15. Miroslav Volf, "Soft Difference: Theological Reflections on the Relation between Church and Culture in 1 Peter," *Ex Auditu* 10 (1994): 16-19.

16. Wayne Gordon과 John Perkins가 주장하는 것에 대한 간결한 요약은 John M. Perkins and Wayne Gordon, *Leadership Revolution: Developing the Vision and Practice of Freedom and Justice*, ed. Randall Frame (Ventura, CA: Regal, 2012), 142-51에서 찾을 수 있다. 지역 공동체의 발전에 대한 그들의 보다 최근 설명은 Wayne Gordon and John M. Perkins, *Making Neighborhoods Whole: A Handbook for Christian Community Development* (Downers Grove, IL: InterVarsity, 2013)에서 찾을 수 있다.

17. Jay Pathak and Dave Runyon, *The Art of Neighboring: Building Genuine Relationship Right Outside Your Door* (Grand Rapids: Baker Books, 2012).

18. Fitch and Holsclaw, *Prodigal Christianity*, Lance Ford and Brad Brisco, *The Missional Quest: Becoming a Church of the Long Run* (Downers Grove, IL: InterVarsity, 2013).

19. Stackhouse, *Making the Best of It*, 222. 그러나 나는 John이 그 책의 이어지는 페이지들에서(223-59) 이런 견해를 취해 적용하는 방향들 모두에 동의하지는 않는다. 거기서 그는 하나님 나라는 모든 곳에 존재한다는 진술(앞서 인용한 바 있다)로 자신의 주장의 결론을 맺는다.

20. Crouch, *Culture Making*, 23, 24, 67, 189.

21. J. R. R. Tolkien, *Tree and Leaf* (Boston: Houghton Mifflin, 1987), 75-95.

22. 이 주제와 관련된 중요한 신간으로는 Steven Garber, *Visions of Vocation: Common Grace for the Common Good* (Downers Grove, IL: InterVarsity, 2014)가 있다. Crouch처럼 Garber의 책도 교회를 하나님이 그리스도를 통해 형성하고 계신 문화에

충분할 만큼 핵심적인 것으로 여기지 않는다.

23. Marsch, *Beloved Community*.

24. 이 문제와 관련해서는 읽을 만한 자료들이 아주 많다. March의 *Beloved Community* 외에도 나는 Curtiss Paul DeYoung, Michael O. Emerson, George Yancey, and Karen Chai Kim, *United by Faith: The Multiracial Congregation as an Answer to the Problem of Race* (New York: Oxford University Press, 2003); Korie L. Edwards, *The Elusive Dream: The Power of Race in International Churches* (New York: Oxford University Press, 2008); Efrem Smith, *The Post-Black and Post-White Church: Becoming the Beloved Community in a Multi-Ethnic World* (San Francisco: Jossey-Bass, 2012)를 추천한다.

25. Stanley Hauerwas, *The Hoauerwas Reader*, ed. John Berkman and Michael Cartwright (Durham, NC: Duke University Press, 2001), 462(강조는 덧붙인 것임).

26. 예컨대, Jürgen Moltmann, *The Church in the Power of the Spirit: A Contribution to Messianic Ecclesiology*, trans. Margaret Kohl (Minneapolis: Fortress, 1993), 126-30. "이 가장 작은 자들"이 가난한 사람들이 아니라 예수의 추종자들을 가리킨다는 견해에 대한 일반적인 해설을 위해서는, R. T. France, *The Gospel of Matthew, New International Commentary on the New Testament* (Grand Rapids: Eerdmans, 2007), 957-60을 보라.

27. 문제가 되는 구절들이 있다. 마 5:22-23(동료 유대인들); 5:47(동료 유대인들); 7:3-5(동료 유대인들); 18:15, 21, 35(동료 신자들); 28:10(동료 신자들).

8장____ 하나님 나라의 왕

1. Wright, *Jesus and the Victory of God*; Wright, *How God Became King*.

2. Barth, *Christian Life*, 233-60. 아래의 내용은 237페이지에서 인용함.

3. 왕에 관한 다른 중요한 시편들로는 시 2, 18, 20, 21, 45, 89, 101, 110, 132, 144편 등이 있다.

4. 비록 오래된 것이기는 하나, 칭호와 관련된 책들 중 Oscar Cullmann, *The Christology of the New Testament*, rev. ed., trans. Shirley C. Gurthrie and Charles A. M. Hall A (Philadelphia: Westminster, 1963)보다 나은 것은 달리 없다(『신약의 기독론』, 나단 역간).

5. 2세기에 이미 그런 주장이 있었다. Ignatius, *To the Ephesians* 20.2; *Epistle of Barnabas* 12.10; Irenaeus, *Against Heresies* 3.16.7; 3.17.1.

6. Daniel Boyarin, *The Jewish Gospels: The Story of the Jewish Christ* (New York:

New Press, 2012), 25-70. 38페이지에서 인용함.

7. 유대 세계 안에 존재하던 "하나님의 아들" 개념에 대한 탁월한 묘사는 Adela Yarbro Collins and John J. Collins, *King and Messiah as Son of God: Divine, Human, and Angelic Messianic Figures in Biblical and Related Literature* (Grand Rapids: Eerdmans, 2008)에서 찾을 수 있다.

8. 내 친구와 나는 예수의 적대자들이 예수에 대해 퍼부었던 7가지 비난과 관련된 책을 공동으로 저술한 적이 있다. 예수는 율법 파괴자, 귀신들린 자, 먹보요 술주정뱅이, 신성모독자, 거짓 선지자, 유대인의 왕, 사생아였다. Scot McKnight and Joseph B. Modica, eds., *Who Do My Opponents Say I Am? An Investigation of the Accusations against Jesus*, Library of Historical Jesus Studies 327 (London: T&T Clark, 2008).

9. 이와 관련된 최근의 가장 중요한 연구서로는 Michael Peppard, *The Son of God in the Roman World: Divine Sonship in Its Social and Political Context* (New York: Oxford University Press, 2011)가 있다. 증거들을 새롭게 개정해 펴낸 작품으로는, N. T. Wright, *Paul and the Faithfulness of God*, 2 vols., Christian Origins and the Question of God 4 (Minneapolis: Fortress, 2013)을 보라(『바울과 하나님의 신실하심』, 크리스챤다이제스 역간).

10. 복음서에서 예수 자신이 "메시아"에 대해 언급한 구절들로는 다음과 같은 것들이 있다. 막 9:41; 12:35; 13:21; 마 22:42; 23:10; 24:5, 23; 눅 20:41; 24:46; 요 17:3.

11. 이에 대한 탁월한 설명이 Craig A. Evans, "Messianism," in *Dictionary of New Testament Background*, ed. Craig A. Evans and Stanley E. Porter (Downers Grove, IL: InterVarsity, 2000)에 실려 있다. 여기서 Evans는 아주 긴 참고문헌 목록을 제시한다. 또한 Kenneth E. Pomykala, "Messianism," in *The Eerdmans Dictionary of Early Judaism*, ed. John J. Collins and Daniel Harlow (Grand Rapids: Eerdmans, 2010), 938-42를 보라.

12. Evans는 몇 가지 성서 본문들(창 49:10; 민 24:17; 사 11:1-6)이 메시아니즘의 발전에서 어떻게 중요한 역할을 했는지를 밝힌다.

13. Barth, *Christian Life*, 252-53, Barth의 말을 내가 재배열했다.

14. Leonardo Boff, *Jesus Christ Liberator: A Critical Christology for Our Times* (Maryknoll, NY: Orbis, 1978).

15. Elisabeth Moltmann-Wendel, *Autobiography*, trans. John Bowden (London: SCM, 1997), 48, 108. Moltmann-Wendel에 관한 더 많은 정보를 위해서는, 이 책의 부록 2를 보라.

16. *Incarnation of the Word* 54.3. in *Nicene and Post-Nicene Fathers*, Second Series, ed. Philip Schaff and Henry Wace (Grand Rapids: Eerdmans, 1953), 4:65.

17. Dickau, *Plunging into the Kingdom Way*, 2.

18. Gordon, *Real Hope in Chicago*.

19. Daniel Ruffle, "Kirsten Powers: How a Liberal Democrat and Former Atheist Came to Know Jesus Christ as Her Savior," *Young Conservative*, July 14, 2013, http://youngcons.com/kirsten-powers-how-a-liberal-democrat-and-former-atheist-came-to-know-jesus-christ-as-her-savior/.

20. Henry, *Confessions*, 45-47.

9장___ 하나님 나라의 구속의 분출

1. 요한복음은 "하나님 나라" 대신 "영생" 혹은 그저 "생명"에 초점을 맞춘다. 어째서 그런 변화가 일어났는지에 관한 여러 가지 주장이 있다. 하지만 우리가 눈을 열고 요한복음에서 나타나는 "생명"이라는 단어가 갖고 있는 뉘앙스에 집중한다면, 우리는 요한이 갑자기 궤도에서 벗어났다고 생각하지는 않게 될 것이다. 비록 "영생"과 "하나님 나라" 사이에 미묘한 차이가 있기는 하나, 그 둘 사이에는 더 많은 중첩 부분과 유사성들이 있다. 이에 대한 연구를 위해서는 Paul Woodbridge, "Theological Implications of 'Eternal Life' in the Fourth Gospel," in *God's Power to Save: One Gospel for a Complex World?*, ed. Chris Green (Leicester: Inter-Varsity/Apollos, 2006), 55-78을 보라.

2. Richard Bauckham, *The Bible in Politics: How to Read the Bible Politically*, 2nd ed. (Louisville: Westminster John Knox, 2011), 143.

3. 그동안 퇴마와 치유는—기적 일반은 물론이고—집중적인 연구의 대상이 되어왔다. Graham Twelftree, *Jesus the Miracle Worker: A Historical and Theological Study* (Downers Grove, IL: InterVarsity, 1999); Craig S. Keener, *Miracles: The Credibility of the New Testament Accounts*, 2 vols. (Grand Rapids: Baker Academic, 2011)을 보라.

4. 마 4:12-16; 8:17; 11:2-6; 12:15-21.

5. "하나님의 손"이라는 표현은 출애굽 과정에서 하나님이 행하신 역사를 반향한다(참고. 출 8:19). 또한 어떤 이들은 이 표현을 하나님이 그분의 "손"으로 십계명을 쓰시는 장면과 연관시킨다(출 31:18; 신 9:10을 보라). 또한 하나님이 그분의 "손"으로 행하시는 창조 사역에 주목하라(시 8:3).

6. 로마 제국의 감옥에 대한 주목할 만한 묘사를 위해서는, B. M. Rapske, "Prison, Prisoner," in *Dictionary of New Testament Background*, ed. Craig A. Evans and Stanley E. Porter (Downers Grove, IL: InterVarsity, 2000), 827-30을 보라.

7. 쿰란에서 메시아에 대한 이런 기대와 관련된 문서 하나가 발견되었다(4Q521).

8. 초기 그리스도인들이 이런 능력을 행했음을 보여주는 전형적인 예는 약 5:13-16에서 발견된다.

9. C. S. Lewis, *The Screwtape Letters* (New York: HarperCollins, 2002), ix(『스크루테이프의 편지』, 홍성사 역간).

10. Graham Twelftree, "Demon, Devil, Satan," in *Dictionary of Jesus and the Gospels*, ed. Joel B. Green, Scot McKnight, and I. Howard Marshall (Downers Grove, IL: InterVarsity, 1992), 163-72, 168에서 인용함.

11. Christopher J. H. Wright, *The Mission of God's People: A Biblical Theology of the Church's Mission, Biblical Theology for Life* (Grand Rapids: Zondervan, 2010), 273-78(『하나님의 선교』, 한국 IVP 역간).

12. "Evangelism and Social Responsibility: An Evangelical Commitment," Lausanne Occasional Paper 21, http://www.lausanne.org/en/documents/lops/79-lop-21.html. 강조는 덧붙인 것임.

13. 또한 정의와 평화에 관한 교황 위원회(Pontifical Council for Justice and Peace)가 펴낸 획기적인 문서인 *Compendium of the Social Doctrine of the Church* (Vatican City: Vatican Press, 2004)를 보라.

14. John Goldingays, "Your Iniquities Have Made a Separation between You and Your God," in *Atonement Today*, ed. John Goldingay (London: SPCK, 1995), 39-53.

15. 이런 긴장에 관한 유익한 토론을 위해서는, James K. Beilby and Paul Rhodes Eddy, eds., *Understanding Spiritual Warfare: Four Views* (Grand Rapids: Baker Academic, 2012)를 보라(『영적전쟁 어떻게 할 것인가』, 부흥과개혁사 역간).

16. D. G. Reid, "Satan, Devil," in *Dictionary of Paul and His Letters*, ed. Gerald F. Hawthorne, Ralph P. Martin, and Daniel G. Reid (Downers Grove, IL: InterVarsity, 1993), 862-67을 보라.

17. Scot McKnight, *A Community Called Atonement* (Nashville: Abingdon, 2007).

18. D. G. Reid, "Principalities and Powers," in *Dictionary of Paul and His Letters*, ed. Gerald F. Hawthorne, Ralph P. Martin, and Daniel G. Reid (Downers Grove, IL: InterVarsity, 1993), 746-52를 보라. 추가적인 읽기를 위해서는, John Howard Yoder, *The Politics of Jesus: Vicit Agnus Noster*, 2nd ed. (Grand Rapids: Erdmans, 1994), 134-61; Wink, *The Powers That Be*; Hendrikus Berkhof, *Christ and the Powers*, trans. John Howard Yoder (Scottdale, PA: Herald Press, 1977)를 보라.

19. 이것은 Wright, *Simply Jesus*, 120-27에서 잘 드러난다.

20. G. B. Gaird, *New Testament Theology*, ed. L. D. Hurst (Oxford: Clarendon,

1994), 118-35.

10장___ 하나님 나라는 도덕적 교제다

1. 예수의 윤리학이 갖고 있는 공동체적 특성과 관련해서는, Hauerwas and Willimon, *Resident Aliens*, 69-92를 보라.

2. Scot McKnight, *Turning to Jesus: The Sociology of Conversion in the Gospels* (Louisville: Westminster John Knox, 2002), 1-25, 66-74; Scot McKnight and Hauna Ondrey, *Finding Faith, Losing Faith: Stories of Conversion and Apostasy* (Waco: Baylor University Press, 2008).

3. 이에 대한 추가적인 토론을 위해서는, Scot McKnight, *A New Vision for Israel: The Teaching of Jesus in National Context* (Grand Rapids: Eerdmans, 1999), 110-15를 보라.

4. 여기서 "의"(righteousness)는 예수가 가르친 하나님의 뜻에 순종하는 도덕적 행위를 의미한다.

5. Martin Hengel, *Crucifixion: In the Ancient World and the Folly of the Message of the Cross*, trans. John Bowden (Philadelphia: Fortress, 1977); David W. Chapman, *Ancient Jewish and Christian Perceptions of Crucifixion*, Wissenshaftliche Untersuchungen zum Neuen Testament 2,244 (Tübingen: Mohr Siebeck, 2008). 이에 대한 간략하지만 신뢰할 만한 설명을 위해서는, J. B. Green, "Death of Jesus," in *Dictionary of Jesus and the Gospels*, ed. Joel B. Green, Scot McKnight, and I. Howard Marshall (Downers Grove, IL: InterVarsity, 1992), 147-48을 보라(『예수 복음서 사전』, 요단출판사 역간).

6. Dietrich Bonhoeffer, *Discipleship*, Dietrich Bonhoeffer Works 4 (Minneapolis: Fortress, 2001), 86-87. Bonhoeffer가 한 말 중 가장 자주 인용되는 말은—사실 그것은 그가 했던 원래의 말보다 훨씬 더 시적이다—"예수가 어떤 이에게 오라고 명령할 때, 그는 그에게 와서 죽으라고 명령하는 것이다"였다. 하지만 우리는 우리가 인용한 문단 안에서 이보다 훨씬 더 정확하고 훨씬 덜 시적인 번역을 발견한다. "그리스도가 우리를 부를 때마다 그의 부름은 우리를 죽음으로 이끈다."

7. 이하의 내용과 관련해서는 나의 주석서 *The Sermon on the Mount, Story of God Bible Commentary* (Grand Rapids: Zondervan, 2013)를 보라.

8. Dunn, *Jesus Remembered*, 265-92; Tom Holmén, *Jesus and Jewish Covenant Thinking*, Biblical Interpretation Series 55 (Boston, Brill, 2001).

9. Leon Lamb Morris, *Testaments of Love: A Study of Love in the Bible* (Grand

Rapids: Eerdmans, 1981); Thomas Jay Oord, *Defining Love: A Philosophical, Scientific, and Theological Engagement* (Grand Rapids: Brazos, 2010).

10. Oord, *Defining Love*, 15.
11. Niebuhr, *Purpose of the Church*, 35.
12. Rolf Rendtorff, *The Covenant Formula: An Exegetical and Theological Investigation*, trans. M. Kohl (Edinburgh: T&T Clark, 1998).
13. 그런 종류의 노력이 어떻게 효과를 거둘 수 있는지에 관한 아주 훌륭한 설명을 위해서는 Glen H. Stassen, *Just Peacemaking: Ten Practices for Abolishing War* (Cleveland, OH: Pilgrim, 1998)을 보라.
14. 이와 관련된 가장 완전한 연구와 관련해서는, Willard M. Swartley, *Covenant of Peace: The Missing Peace in New Testament Theology and Ethics* (Grand Rapids: Eedmans, 2006)을 보라.
15. McKnight, *Sermon on the Mount*, 130–38.
16. Shailer Mathews, *Jesus on Social Institutions* (New York: Macmillan, 1928), 103–4, 강조는 덧붙인 것임.
17. McKnight, *New Vision for Israel*, 187–94.
18. Flannery O'Connor, *Flannery O'Connor: Collected Words*, Library of America 39 (New York: Library of America, 1988), 936(『플레너리 오코너』, 현대문학 역간).
19. RJS, "It Is a Conundrum, Pt. 2," *Jesus Creed*, Nov. 21, 2013, http://www.patheos.com/blogs/jesuscreed/2013/11/21/it-is-a-conundrum-pt-rjs/.
20. Albert C. Outler and Richard P. Heitzentrater, eds., *John Wesley's Sermons: An Anthology* (Nashville: Abingdon, 1991), 347–57.

11장___ 하나님 나라는 희망이다

1. Wiman, *My Bright Abyss*, 56, 58.
2. 이 주제에 관련된 아주 좋은 책을 위해서는, N. T. Wright, *Surprised by Hope: Rethinking Heaven, the Resurrection, and the Mission of the Church* (New York: HarperOne, 2008)을 보라.
3. 혼인 잔치에 적합하지 않은 옷을 입고 참석한 사람이 사실 잔치에 어울리는 옷을 알 았을 것이라고 생각하기란 어렵다. 아마도 부적절한 옷은 임금에 대한 그리고 그 결 혼 잔치의 신성함에 대한 모독으로 보였을 것이다. 이 사람은 원래 그 잔치에 초대되었 던 이들이 그 초대에 대해 보였던 거부감을 보여주고 있다. 이 비유에 관해서는, Klyne Snodgrass, *Stories with Intent: A Comprehensive Guide to the Parables of Jesus*

(Grand Rapids: Eerdmans, 2008), 299-324를 보라.

4. McKnight, *New Vision for Israel*, 141n52, 거기서 나는 일련의 긴 평행구들을 제시했다.

5. Marius Reiser, *Jesus and Judgment: The Eschatological Proclamation in Its Jewish Context*, trans. Linda M. Maloney (Minneapolis: Fortress, 1997), 304.

6. Gregory Clacys, ed., *The Cambridge Companion to Utopian Literature* (Cambridge: Cambridge University Press, 2010); Mary Ann Beavis, *Jesus and Utopia: Looking for the Kingdom of God in the Roman World* (Minneapolis: Fortress, 2006).

7. Beavis, *Jesus and Utopia*, 9-52.

8. Beavis는 이스라엘을 예수의 하나님 나라 비전으로부터 배제시키는 잘못을 저지른다. 그녀가 그렇게 한 것은 예수의 어떤 말들을 진정성이 없는 것으로 처리함으로써만 가능했다. ibid., 85-102를 보라.

9. Wright, "The World in the Bible," 218.

10. 이 단락의 주장은 McKnigt, *Sermon on the Mount*, 32-36에 의존하고 있다.

11. 행복의 역사와 관련해서는, D. McMahon, *Happiness: A History* (New York: Atlantic Monthly Press, 2006); 그리고 행복의 연구에 관한 나의 에세이, "Happiness: Given, Lost, Regained," *Books & Culture*, November/December 2008, 44-46, http://www.booksandculture.com/articles/2008/novdec/14.44.html.을 보라.

12. D. C. Allison, *The Sermon on the Mount: Inspiring the Moral Imagination, Companions to the New Testament* (New York: Crossroad/Herder & Herder, 1999).

13. C. E. D. Mouole, *The Meaning of Hope: A Biblical Exposition with Concordance*, Facet Books 5 (Philadelphia: Fortress, 1963), 54-55. 굵은 글씨와 배열은 나의 것임.

14. 나는 용서의 주관적 차원(용서)과 객관적 차원(화해)을 구별한다. Scot McKnight, *The Jesus Creed: Loving God, Loving Others* (Brewster, MA: Paraclete, 2004), 224-26을 보라(『예수 신경』, 새물결플러스 역간).

15. Stewart Goetz, *The Purpose of Life: A Theistic Perspective* (New York: Continuum, 2012). 이 문단에서 Augustine과 Lewis와 관련된 모든 인용문은 행복의 역사에 관한 Goetz의 논의로부터 나온 것이다. pp. 1, 10, 11-12, 16.

부록 1___ 콘스탄티누스의 유혹

1. "콘스탄티누스주의"라는 단어는 그 이름을 가진 황제와 그의 이념과 영향력을 훨씬 넘

어서는 무언가를 가리킨다. 그 용어는 오늘날까지도 그리스도의 이름으로 계속되고 있
는 것을 포함해 온갖 형태로 교회와 국가를 결합시키고자 하는 강력한 유산을 가리킨
다. 콘스탄티누스주의와 관련해서는 John Howard Yoder의 다양한 저작들을 보라. 특
히 *Priestly Kingdom*, 82-85, 그리고 *Royal Priesthood*, 192-203을 보라.

2. Yoder, *Priestly Kingdom*, 137.

3. Francis J. Bremer, *John Winthrop: America's Forgotten Founding Father* (New
York: Oxford University Press, 2003); John M. Barry, *Roger Williams and the
Creation of the American Soul: Church, State, and the Birth of Liberty* (New
York: Viking, 2012).

4. Hauerwas, *Hauerwas Reader*, 459-80, p. 473에서 인용. 굵은 글씨는 덧붙인 것임.

5. 복음주의가 정치에 개입하는 문제에 관한 보다 통렬한 진술 중 하나는 Randall
Balmer, *God in the White House: A History; How Faith Shaped the Presidency
from John F. Kennedy to George W. Bush* (New York: HarperOne, 2008)이다. 보
다 더 비판적인 것으로는 Balmer, *Thy Kingdom Come: How the Religious Right
Distorts Faith and Threatens America* (New York: Basic Books, 2007)가 있다.

6. Koyzis, *Political Visions and Illusions*.

7. John Howard Yoder, "Reformed versus Anabaptist Social Strategies: An
Inadequate Typology," *Theological Students Fellowship Bulletin* 8 (May/June
1985), 2-10, 3페이지에서 인용. 또한 Yoder는 개혁주의자들이 이성에 보다 많이 의존
했던 반면, 재세례파는 "오직 믿음"(*sola fide*)을 인식론의 영역으로 끌어들였다고 주
장한다(p. 3). John Howard Yoder의 "예수의 정치학"이 어떻게 해서 Yoder를 부정
확하게 읽는 빌미가 되었는지에 관해서는, 탁월한 연구물인 Mark Thiessen Nation,
"The Politics of Yoder Regarding the Politics of Jesus: Recovering the Implicit in
Yoder's Holistic Theology for Pacifism," in *Radical Ecumenicity: Pursuing Unity
and Continuity after John Howard Yoder*, ed. John C. Nugent (Abilene, TX:
Abilene Christian University Press, 2010), 37-56을 보라.

8. 이에 대한 가장 훌륭한 역사적 기록을 위해서는, William R. Estep, *The Anabaptist
Story: An Introduction to Sixteenth-Century Anabaptism*, 3rd ed. (Grand Rapids:
Eerdmans, 1996)을 보라.

9. 그렇다. 개인의 믿음에 대한 국가의 간섭을 몰아내기 위해 국가의 힘을 사용하는 것에
는 약간의 아이러니가 있다. 하지만 그런 분리벽의 설치는 그 나라 그리고 결국 세계 많
은 부분의 역사를 바꿨다. 무슬림의 콘스탄티누스주의는 여전히 세계 전역에서 발견되
고 있다.

10. Jean Bethke Elshtain, *Sovereignty: God, State, and Self, The Gifford Lectures*

(New York: Basic Books, 2008), 127-30.

11. Henry, *Confessions*, 394.

12. Hunter, *To Change the World*. 다른 이들도 영향력의 부족과 관련해 동일한 주장을 한다. 2008년 2월에 Trinity Law School 컨퍼런스에서 다양한 분야의 학자들로 이루어진 팀이 모여 "복음주의자들이 미국의 정치적·사회적 환경의 변화에 적극적으로 대처하지 못하는 까닭은 무엇인가?"라는 주제를 놓고 토론을 벌인 적이 있다. 그 토론에서 발표된 논문들은 다음과 같은 이름으로 출간되었다. Roger N. Overton, ed., *God and Governing: Reflections on Ethics, Virtue, and Statesmanship* (Eugene, OR: Pickwick, 2009). "신실한 증인"에 대한 헌터의 요구와 유사한 방식으로, Dallas Willard는 그 컨퍼런스에서 성품 개발과 직접 연결되고 또한 그것에 초점을 맞춘 복음을 요구했다(pp. 74-91).

13. Balmer, *God in the White House*, 167(『백악관과 하나님 나라』, CLC 역간).

14. Adolf Harnack, *What Is Christianity?*, trans. Thomas Bailey Saunders (Gloucester, MA: Peter Smith, 1978), 56(『기독교의 본질』, 한들 역간).

15. James D. Bratt, *Abraham Kuyper: Modern Calvinist, Christian Democrat* (Grand Rapids: Eerdmans, 2013). 또한 이 책의 부록 2를 보라.

16. Michael Kazin, *A Godly Hero: The Life of William Jennings Bryan* (New York: Alfred A. Knopf, 2006).

17. David R. Swartz, *Moral Minority: The Evangelical Left in an Age of Conservatism* (Philadelphia: University of Pennsylvania Press, 2012), 267-69.

18. George M. Marsden, *Fundamentalism and American Culture: The Shaping of Twentieth-Century Evangelicalism, 1870-1925* (New York: Oxford University Press, 1980).

19. Christopher H. Evans, *The Kingdom Is Always but Coming: A Life of Walter Rauschenbusch* (Grand Rapids: Eerdmans, 2004).

20. Henry, *Uneasy Conscience*; Henry, *Confessions*.

21. Yoder, *Priestly Kingdom*, 172-95.

22. Allan R. Bevere, *The Politics of Witness: The Character of the Church in the World*, Areopagus Critical Christian Issues 111 (Gonzalez, FL: Energion, 2011), 40.

23. Swartz, *Moral Minority*.

24. William Jennings Bryan, *The Cross of Gold*, ed. Robert W. Cherny (Lincoln: University of Nebraska Press, 1996), 18, 24, 28.

25. Kazin, *A Godly Hero*, 61.

26. Gutiérrez, *Theology of Liberation*; Gutiérrez, *We Drink form Our Own Wells: The Spiritual Journey of a People* (Maryknoll, NY: Orbis, 2010. 『해방신학』, 분도 출판사 역간).

27. Jürgen Moltmann, *A Broad Place: An Autobiography*, trans. Margaret Kohl (Minneapolis: Fortress, 2008).

28. Jonathan Merritt, "The Rise of the Christian Left in America," *The Atlantics*, July 25, 2013. http:www.theatlantic.com/politics/archive/2013/07/will-the-religious-left-become-the-new-moral-majority/278086/을 보라.

부록 2 ___ 오늘의 하나님 나라

1. Gerhard Kitel and Gerhard Friedrich, eds., *Theological Dictionary of the New Testament*, trans. Geoffrey W. Bromiley, 9 vols. (Grand Rapids: Eerdmans, 1964).

2. Robert P. Ericksen, *Theologians under Hitler: Gerhard Kittel, Paul Althaus, and Emanuel Hirsh* (New Haven: Yale University Press, 1985), 70-76.

3. Susannah Heschel, *The Aryan Jesus: Christian Theologians and the Bible in Nazi Germany* (Princeton: Princeton University Press, 2008).

4. Mark Thiessen Nation, Antony G. Siegrist, and Daniel P. Umbel, *Bonhoeffer the Assassin? Challenging the Myth, Recovering His Call to Peacemaking* (Grand Rapids: Baker Academic, 2013).

5. Eberhard Bethge, *Dietrich Bonhoeffer: A Biography*, rev. ed. (Minneapolis: Fortress, 2000, 『디트리히 본회퍼』, 복있는사람 역간).

6. Eberhard Bush, *Karl Barth: His Life from Letters and Autobiographical Texts*, trans. John Bowden (London: SCM, 1976), 207, 223, 255, 257, 259.

7. Barth라면 "창조 위임" 혹은 "창조 질서" 혹은 "자연의 질서"에 대한 논의들을 확실하게 비난할 것이다.

8. 루터의 접근법은 변혁과 영향력의 측면에서, 즉 이 세상의 왕국에 영향을 미치는 하늘의 왕국이라는 측면에서 고찰될 필요가 있다. 루터에 대한 이런 접근법의 한 예로, Martin Hengel, *Christ and Power*, trans. Everett R. Kalin (Philadelphia: Fortress, 1977), 69-82를 보라.

9. 기독교의 사회에 대한 개입과 관련된 가장 완벽한 연구물을 위해서는, the Pontifical Council for Justice and Peace, *Compendium of the Social Doctrine of the Church*, http://www.vatican.va/roman_curia/pontifical_councils/justpeace/documents/rc_pc_justpeace_doc_20060526_compendio_dott_soc_en.html.을 보라.

10. Francis J. Bremer, *First Founders: American Puritans and Puritanism in an Atlantic World* (Durham: University of New Hampshire Press, 2012).

11. H. Richard Niebuhr, *Christ and Culture* (San Francisco: HarperSanFrancisco, 2001. 『그리스도와 문화』, 한국 IVP 역간). Niebuhr에 대한 최고의 비평은 John Howard Yoder, "How H. Richard Niebuhr Reasoned: A Critique of Christ and Culture," in *Authentic Transformation: A New Vision of Christ and Culture*, ed. Glen H. Stassen, D. M. Yeager, and John Howard Yoder (Nashiville: Abingdon, 1996), 31-89에서 찾아볼 수 있다. 개혁주의적인 C-F-R-C식 접근법을 위해서는, Carson, *Christ and Culture Revisited*를 보라(『교회와 문화, 그 위태로운 관계』, 국제제자훈련원 역간).

12. 또 다른 책에서 Niebuhr는 미국 교회의 역사를 하나님 나라에 대한 그것의 기본적인 이해들을 따라 분류했다. 청교도들에게 그것은 하나님 나라 혹은 하나님의 통치였다. 19세기와 복음주의의 발흥기에 그것은 그리스도의 나라였다. 20세기에 사회복음의 옹호자들에게 그것은 세상에서 이루어진 하나님 나라 혹은 다가오는 하나님 나라였다. H. Richard Niebuhr, *The Kingdom of God in America*, Martin E. Marty의 서문을 붙인 개정판(Middletown, CT: Wesleyan University Press, 1988). Niebuhr가 묘사하는 역사적 체계는 이야기를 기록하는 이가 영광을 얻는다는 사실을 다시 한 번 입증해준다.

13. Richard J. Mouw, *Abraham Kuyper: A Short and Personal Introduction* (Grand Rapids: Eerdmans, 2011), 4, 22, 23-24, 41, 42, 57, 58, 96(『리처드 마우가 개인적으로 간략하게 소개하는 아브라함 카이퍼』, SFC 역간). Kuyper에 대한 최근의 설명을 위해서는, John Bolt, "Abraham Kuyper and the Search for an Evangelical Public Theology," in J. Budziszewski, *Evangelicals and the Public Square: Four Formative voices on Political Thought and Action* (Grand Rapids: Baker Academic, 2006), 141-61(또한 pp. 55-72)를 보라. 그의 삶에 대한 가장 완벽한 연구서로는 Bratt, *Abraham Kuyper*가 있다. 또한 Bratt은 카이퍼의 중요한 저작들을 모아 James D. Bratt, ed., *Abraham Kuyper: A Centennial Reader* (Grand Rapids: Eerdmans, 1998)를 펴냈다.

14. 이에 대한 명백한 재진술이 우리가 이 책의 2장에서 인용했던 John Stackhouse에게서 발견된다.

15. 마우는 *Abraham Kuyper*, 42페이지에 실려 있는 그의 지도에서 "교회"를 빠뜨리고 있다.

16. James K. A. Smith, "Naturalizing 'Shalom': Confessions of a Kuyperian Secularist," *Cardus*, June 28, 2013. http://www.cardus.ca/comment/article/3993/

natrualizing-shalom-confessions-of-a-kuyperian-secularist/. 강조는 원래의 것임.

17. Mark A. Noll, *One Nation under God? Christian Faith and Political Action in America* (San Francisco: Harper & Row, 1988), 146.

18. Niebuhr, *Christ and Culture*, 190-229. 인용은 xii, 194, 196, 225, 228, 233, 238, 255, 256에서 이루어짐. 대부분의 사람들은 Niebuhr가 결국 변혁적 모델이 승자가 되게 하기 위하여 다섯 가지 모델을 내세웠다는 데 동의하며, 나 역시 그러하다. 그러나 230-56페이지에 실려 있는 그의 "A 'Concluding Unscientific Postscript'"라는 글은 대부분의 사람들에게 무시되는 것처럼 보인다. 여기서 Niebuhr는 그런 변혁이 일어나게 하는 방법을 결정하는 것과 관련해 보다 실존적인 방향으로 나아간다.

19. Gary Dorrien, *The Making of American Liberal Theology*, 3 vols. (Lousville: Westminster John Knox, 2001-6)라는 기념비적인 작품을 보라. 그 세 권의 작품은 vol. 1, *Imagining Progressive Religion* (1805-1900); vol. 2, *Idealism, Realism, and Modernity* (1900-1950); 그리고 vol. 3, *Crisis, Irony, and Postmodernity* (1950-2005)로 이루어져 있다.

20. 미국의 주류 기독교가 그것과 미국의 문화 사이에 더 이상 구별이 존재하지 않는 방식으로 미국의 문화를 형성해왔다는, 적어도 그것의 일부를 형성할 수 있다는 주장은 많은 이들에 의해 제기되어왔다. 이에 대해서는, N. Jay Memerath, "Cultural Victory and Organizational Defeat in the Paradoxical Decline of Liberal Protestantism," *Journal for the Scientific Study of Religion* 34, no. 4 (1995): 458-69를 보라.

21. 여기서 Niebuhr는 독일의 종교철학자이자 역사가인 Ernst Troeltsch는 물론 덴마크 철학자 Søren Kierkegaard의 주장을 반복한다.

22. Lonnie D. Kliever, *H. Richard Niebuhr*, ed. Bob E. Patterson, Makers of the Modern Theological Mind (Waco: Word, 1977), 63-72, 85-109. 그의 "신학적 상대주의"를 위해서는, 70-72를 보라.

23. 사회복음의 보다 광범위한 상황을 위해서는, David W. Bebbington, *Baptists through the Centuries: A History of a Global People* (Waco: Baylor University Press, 2010), 121-38을 보라.

24. Evans, *Kingdom Is Always but Coming*, xxvii.

25. 내가 지금껏 인용한 글들은 Rauschenbush의 작품 선집인 Winthrop S. Hudson, ed., *Walter Rauschenbush: Selected Writings* (New York: Paulist Press, 1984), 137, 139, 141, 143, 197, 199, 201, 202, 205, 206에 실려 있다.

26. Ibid., 3-41.

27. Suttle, *An Evangelical Social Gospel?*

28. "복음주의 좌파"에 대한 놀라운 연구는 Swartz, *Moral Minority*에서 찾아볼 수 있다.

29. Yorder, *Royal Priesthood*, 93.

30. Moltmann, *A Broad Place*, 108, 172-75, 267, 275.

31. Rasmusson, *The Church as Polis*, 45. 이 책의 부제는 그가 추구하는 방향을 보여 준다. *From Political Theology to Theological Politics as Exemplified* by Jürgen Moltmann and Stanley Hauerwas. Moltmann은 정치적 영역에 초점을 맞추는 신학 인 "정치신학"(political theology)을 하는 반면, Hauerwas는 교회가 하나의 정치 역 학이 되는 신학인 "신학적 정치"(theological politics)를 한다. Moltmann은 공적 영 역에서 하나님 나라의 일을 보는 반면, Hauerwas는 교회 안에서 그것을 본다. 나의 친 구이자 동료인 David Fitch는 나와 나눴던 사적인 대화에서 "정치신학"은 "정치적 문 제들을 해결하기 위해 제시된 신학적 주장"인 반면, "신학적 정치"는 "신학적 주장들 을 해결하기 위해 제시된 정치적 문제들"이라고 말했다. A. C. Thiselton은 정치신학 에 "사회적-실용적 주해"(socio-pragmatic exegesis)라는 딱지를 붙인다. Anthony C. Thiselton, *New Horizons in Hermeneutics* (Grand Rapdis: Zondervan, 1992), 379-470을 보라.

32. Rasmusson, *The Church as Polis*, 47.

33. Jürgen Moltmann, *The Way of Jesus Christ: Christology in Messianic Dimensions* (Minneapolis: Fortress, 1990), 116-36. Rasmusson은 Moltmann과 동 일한 것을 강조하며 결론을 맺는다. Rasmusson, *The Church as Polis*, 84.

34. Gutiérrez, *Theology of Liberation*, 32, 91, 106, 154.

35. 이에 대한 좋은 설명을 위해서는, João B. Chaves, *Evangelicals and Liberation Revisited: An Inquiry into the Possibility of an Evangelical-Liberationist Theology* (Eugene, OR: Wipf & Stock, 2013), 40-43.

36. Ibid., 78-85를 보라. 인용은 83에서.

37. Ibid., 117에서 재인용. 글의 배열은 내가 다시 한 것이다.

38. 이와 관련된 상세한 내용은 Moltmann, *A Broad Place*, 227-32에 실려 있다.

39. Gutiérrez, *We Drink from Our Own Wells*. 이런 발전에 대한 설명을 위해서는, Chaves, *Evangelicals and Liberation Revisited*를 보라.

40. Brian K. Blount, *Then the Whisper Put on Flesh: New Testament Ethics in an African American Context* (Nashville: Abingdon, 2001), 10, 15, 32, 34, 43, 48, 49, 50.

41. 대개 권력과 특권은 권력의 자리에 있거나 특권을 갖고 있는 이들에게는 보이지 않는 다. 이에 대해서는, Edwards, *Elusive Dream*을 보라.

42. James H. Cone, *God of the Oppressed*, rev. ed. (Maryknoll, NY: Orbis, 1997), xi. 강조는 원래의 것임.

43. 이에 대한 오래되기는 했으나 가치 있는 설명으로는 Thiselton, *New Horizons in Hermeneutics*, 439-52가 있다.

44. Moltmann-Wendel, *Autobiography*, x, xiii, xvii, 11-14, 19, 41, 48, 86, 104, 108에서 인용. 강조와 재구성은 나의 것임.

45. Tish Harrison Warren, "Courage in the Ordinary," *The Well Blog*, InterVarsit, April 3. 2013. http://thewell.intervarsity.org/blog/courage-ordinary.

/ 인명 색인 /

/ 주제 색인 /

/ 성서 색인 /

하나님 나라의 비밀
하나님 나라 내러티브와 교회의 비전과 사명

Copyright © 새물결플러스 2016

1쇄발행_ 2016년 1월 28일
4쇄발행_ 2017년 7월 24일

지은이_ 스캇 맥나이트
옮긴이_ 김광남
펴낸이_ 김요한
펴낸곳_ 새물결플러스
편   집_ 왕희광·정인철·최율리·박규준·노재현·한바울·유진·신준호
          정혜인·김태윤
디자인_ 송미현·이지훈·이재희·김민영
마케팅_ 임성배·박성민
총   무_ 김명화·이성순
영   상_ 최정호·조용석·곽상원

아카데미_ 유영성·최경환·이윤범

홈페이지 www.hwpbooks.com
이메일 hwpbooks@hwpbooks.com
출판등록 2008년 8월 21일 제2008-24호
주소 (우) 07214 서울특별시 영등포구 양평로11, 4층(당산동5가)
전화 02) 2652-3161
팩스 02) 2652-3191

ISBN 979-11-86409-40-4   03230

책값은 뒤표지에 있습니다.

이 도서의 국립중앙도서관 출판시도서목록(CIP)은 서지정보유통지원시스템 홈페이지
(http://seoji.nl.go.kr)와 국가자료공동목록시스템(http://www.nl.go.kr/kolisnet)에서
이용하실 수 있습니다(CIP제어번호: CIP2016001614).